Marketing

高水平高职学校和专业建设项目

市场营销实务

第3版

刘厚钧　曹　源　苏会侠　主　编
张晓丽　李雁涵　田　鑫　副主编

電子工業出版社
Publishing House of Electronics Industry
北京 · BEIJING

图书在版编目（CIP）数据

市场营销实务 / 刘厚钧 , 曹源 , 苏会侠主编 . — 3 版 . —北京 : 电子工业出版社 , 2020.12

ISBN 978-7-121-39928-2

Ⅰ . ①市… Ⅱ . ①刘… ②曹… ③苏… Ⅲ . ①市场营销学—高等职业教育—教材 Ⅳ . ① F713.50

中国版本图书馆 CIP 数据核字 (2020) 第 223039 号

责任编辑：刘　殊
印　　刷：三河市鑫金马印装有限公司
装　　订：三河市鑫金马印装有限公司
出版发行：电子工业出版社
　　　　　北京市海淀区万寿路 173 信箱　邮编：100036
开　　本：787 × 1 092　1/16　印张：18　字数：432 千字
版　　次：2010 年 3 月第 1 版
　　　　　2020 年 12 月第 3 版
印　　次：2020 年 12 月第 1 次印刷
定　　价：57.00 元

凡所购买电子工业出版社图书有缺损问题，请向购买书店调换。若书店售缺，请与本社发行部联系，联系及邮购电话：（010）88254888，88258888。

质量投诉请发邮件至 zlts@phei.com.cn，盗版侵权举报请发邮件至 dbqq@phei.com.cn。

本书咨询联系方式：（010）88254199，sjb@phei.com.cn。

前言

互联网的迅速发展，给市场营销带来了前所未有的变革，给市场营销提供了新的营销方式，打破了传统市场营销模式下的时间限制、空间限制，提高了营销效率，有效降低了营销的成本，使传统的市场营销方式日益朝着与互联网相结合的方向上发展。《市场营销实务》（第3版）正是在互联网经济的大环境下进行修订的，对互联网时代线上线下的营销新策略进行了探讨。

同时，《市场营销实务（第3版）》也是落实教育部、财政部《关于实施中国特色高水平高职学校和专业建设计划的意见》，打造高水平专业群建设的项目之一，通过建设开放共享的专业群课程教学资源，深化教材与教法改革，推动课堂革命。

1. 课程定位的创新

“市场营销”是企业生存和发展的经营之道、生财之道，具有极强的职业性、技能性和实践性。因此，市场营销课程的培养理念是“把学生培养成能够适应企业营销岗位工作需要的具有发现（创造）消费需求、满足消费需求和管理消费需求的线上线下综合能力的创新型营销合格职业人”。贯彻落实市场营销课程的培养理念，就要以市场营销应该具备的发现（创造）消费需求、满足消费需求和管理消费需求的职业能力作为培养目标，把传统的普通高等教育市场营销学知识导向的学科型课程模式，转变为高等职业教育工作过程导向的技能型课程模式。不是把市场营销作为一门学科去研究，而是当作一种技能去培养。所以就要把体现知识导向的学科型课程“市场营销学”更名为“市场营销”。把传统的“市场营销”作为基础课改变并将其定位为专业核心技能课。进而确定“市场营销”课程整体设计的内容，包括课程培养理念、课程定位、课程培养目标、课程培养内容、课堂形式、培养模式与培养特色、学生学习角色定位、课程考核评价标准等。从根本上改变重知识、轻能力，重书本、轻技能，重课堂讲授、轻实践教学的弊端，突出高等职业教育职业性、开放性和实践性的特点，培养出有用之才，为实现学生“零距离上岗”打下良好基础。

2. 培养内容和培养模式的创新

（1）为了体现高等职业教育工作过程导向的技能型课程模式，本书内容的设计打破了传统的市场营销学科理论体系，在总结中国式市场营销的“生意经”三部曲——“找生意（寻找生意）”“做生意（经营生意）”“管生意（管理生意）”的基础上，有机地把中国式市场营销“生意经”的三部曲与“市场营销”的三个环节——“发现（创造）消费需求”“满足消费需求”“管理消费需求”结合起来，对本书的内容进行全新的设计。

全书共分为三个模块：

第1模块：找生意——发现（创造）消费需求；

第2模块：做生意——满足消费需求；

第3模块：管生意——管理消费需求。

书中针对互联网时代背景下市场营销的创新进行了分析，将互联网时代的营销新方法贯穿全书的每一个项目中，形成了传统市场营销与互联网时代背景下市场营销的融合。

（2）为了实现职业能力培养目标和社会能力培养目标，创立了制定《××公司市场营销方案》团队项目任务化实战培养模式，设计“市场营销”课程的11个项目任务，让学生针对选择的企业运用所学的营销理论和策略同步进行诊断分析、策划解决、撰写方案、宣讲评价，形成了课程实战培养模式的特色。

3. 编写方法的创新

（1）开篇增加了绪论，即市场营销课程整体设计，第一节课首先学习课程整体设计，解决学生“为什么学”“学什么”“如何学”的问题，使学生处于“明确”“清晰”的学习状态。

（2）每个模块设计了“学习指导”。在“学习指导”中，梳理了模块中项目与项目之间的逻辑关系，确立了学习与训练的思路，使学生更容易理解和掌握市场营销内容的整体性、逻辑性、统一性。

本书由刘厚钧、曹源、苏会侠主编，刘厚钧负责课程整体设计、编写思路、编写内容、编写方法的规划设计，对教材进行修改和统稿。张晓丽、李雁涵、田鑫任副主编。其中刘厚钧编写了前言、绪论、附录，曹源编写了项目1、项目9，苏会侠编写了项目3、项目4，张晓丽编写了项目2、项目8，李雁涵编写了项目6、项目7，田鑫编写了项目5、项目10。

本教材不仅适用于高职高专学生，也可作为个人自学和企业培训教材。

刘厚钧

目录

第3模块 管生意（管理生意）——管理消费需求

绪论

为了提升对“市场营销”的认识，进而提高“市场营销”的培养质量，首先要掌握课程整体设计的内容，包括：课程定位、课程设计理念、课程培养目标、课程培养内容、课堂形式、立体化培养模式、学生学习角色定位，以及制定《××公司市场营销方案》工学结合团队项目任务化实战培养模式。解决学生“为什么学”“学什么”“如何学”的问题，使学生处于“明确”“清晰”的学习状态，而不是“迷茫”“模糊”的学习状态，便于学生积极、主动地配合教师完成学习任务，有利于学生自我培养、实现课程培养目标。

1. 课程定位（解决学生为什么学习“市场营销”的问题）

（1）课程的作用。市场营销是从整体上对企业营销活动的把握。通过运用市场营销不断地发现（创造）消费需求、满足消费需求和管理消费需求，能够使企业从无到有、从小到大、由弱到强。市场营销是企业生存和发展的经营之道、生财之道。因此，学生要具有运用经营之道、生财之道为企业创造效益的能力。

（2）课程在专业课程体系中的定位。市场营销是在学习经济学、消费行为学、市场调查的基础上，开设的专业核心技能课，而非专业基础课。这是由市场营销的实质和职业性、应用性、技能性、实践性的属性决定的。改变了传统的把“市场营销”课程作为基础课的定位，定位为专业技能课。因此，把“市场营销学”更名为“市场营销”，并将传统的学科型课程模式转变为技能型课程模式，变知识导向为工作过程导向，培养学生的职业应用能力。改变重知识、轻能力，重书本、轻技能，重课堂讲授、轻实战训练的弊端，突出高等职业教育职业性、开放性、实践性的特点，为实现学生“零距离上岗”打下良好基础。

2. 课程设计理念（解决教师备课时考虑的因素）

“市场营销”课程设计理念是，以找生意（寻找生意）——发现（创造）消费需求、做生意（经营生意）——满足消费需求和管生意（管理生意）——管理消费需求为中心的课程培养目标而设计的。打破传统的学科型模式，建立“以职业化课程质量建设为条件，以项目化培养内容为基础，以立体化实践培养体系为主体，以多样化课堂形式为手段，以学生自我培养为保证”的工作过程导向的技能型模式。通过综合培养实现“市场营销”课程培养目标，使学生具备综合能力。

本课程设计主要考虑以下因素。

（1）课程培养质量的重要性。

（2）体现高等职业教育以就业为导向的方针，学生就业岗位应具备的岗位职业能力。

（3）涉及职业资格证书考试的内容，便于学生考取职业资格证书。

（4）营销职业人的职业发展与岗位晋升。

（5）“市场营销”课程由学科体系转向工作过程体系的情况。

（6）学生综合能力的自我培养问题。

3. 课程培养目标（解决学生学什么的问题）

（1）知识学习目标。

①熟悉市场营销、营销观念、顾客让渡价值概念；掌握营销观念、顾客让渡价值的内容和运用的方法。

②熟悉找生意（寻找生意）——发现（创造）消费需求的相关概念（市场营销环境、市场分析、市场细分、目标市场选择、市场定位）；掌握发现消费需求的内容、操作程序和策略。

③熟悉做生意（经营生意）——满足消费需求的相关概念（产品策略、价格策略、分销策略、促销策略）；掌握满足消费需求的内容、操作程序和策略。

④熟悉管生意（管理生意）——管理消费需求的相关概念；掌握市场营销管理的内容、操作程序和方法。

（2）营销职业能力培养目标。

①培养找生意（寻找生意）——发现（创造）消费需求（创造消费需求）的能力。

②培养做生意（经营生意）——满足消费需求的能力。

③培养管生意（管理生意）——管理消费需求的能力。

④培养综合运用市场营销理论和方法，进行市场营销诊断分析、策划、制定营销方案的能力。

⑤培养市场营销创新的能力。

（3）社会能力培养目标。

①培养营销道德。

②培养交际与沟通的能力。

③培养团队合作的能力。

④培养自我管理、自我培养的能力。

4. 课程培养内容（解决学生学什么的问题）

依据本课程营销知识学习目标、营销职业能力培养目标和社会能力培养目标，课程内容为3个模块共10个项目。（见目录）

5. “市场营销”课堂形式（解决学生如何学的问题）

课堂形式由理论课堂向实训课堂、网络课堂、双创课堂、社会（市场）课堂、企业课堂延伸，形成课堂形式的多样化，保证课程培养目标的实现。

第一课堂	+	第二课堂	+	第三课堂	+	第四课堂	+	第五课堂	+	第六课堂
为基础		为条件		为辅助		为依托		为提升		为关键
理论课堂		校内实训课堂		网络课堂		创新创业课堂		社会（市场）课堂		企业课堂

6. 学习、训练、展示立体化培养模式（解决学生如何学的问题）

（1）学习。结合制定《×× 公司市场营销方案》工学结合团队实战项目任务，边学边做，边做边学，营销理论学习与运用实战同步进行。

（2）训练。学中做、做中悟。通过作业、实战项目，让学生在“反思中行动，行为中反思”，促进学生运用营销理论解决问题的能力，以及思想交流、组织计划、信息运用、团队协作等关键能力的形成。

（3）展示。通过作业、项目成果等展示、宣讲、分享，展示者与学习者的交流、质疑、探究、拓展，使两者都能实现知识与能力的完善与提升。在展示的过程中，对展示者而言，它是一种表达、证实、展现；对学习者而言，它是一种借鉴、吸收、分享。因此，展示过程是一个生生之间、师生之间互动学习的过程，进而形成“学习共同体”。

7. 实施制定《×× 公司市场营销方案》工学结合团队实战项目任务（解决学生如何学的问题）（见附录）

8. 学习角色定位（解决学生如何学的问题）

依据“市场营销”课程的属性、培养目标、立体化培养模式，以及工学结合团队实战项目任务的要求，学生需要掌握“市场营销”的学习规律和方法，进行学习“市场营销”课程的角色定位。

（1）学习者。学习发现消费需求、满足消费需求和管理消费需求的内容，包括操作程序、策略、方法，以及营销策略运用的适用条件与运用中应注意的问题。

（2）分析者。运用发现消费需求、满足消费需求和管理消费需求的内容，包括操作程序、策略、方法，结合 ×× 公司的营销现状，分析存在哪些营销方面的问题。

（3）解决者。运用发现消费需求和满足消费需求的观念、策略与方法，提出解决 ×× 公司营销问题的营销观念、营销策略，撰写 ×× 公司市场营销方案，制作 PPT 并宣讲营销方案。

（4）提高者。通过“市场营销”的学习，以及制定工学结合团队实战项目任务化的培养，使学生具备运用市场营销观念、策略与方法，分析市场营销问题、解决市场营销问题的能力；具备写作、展示、宣讲、答辩营销方案的能力；具备运用 PPT 的能力；具备基本的社会能力，实现课程培养目标。

第1模块

找生意（寻找生意）
——发现（创造）消费需求

【学习指导】

如果一个企业对为哪些消费者服务、满足消费者哪些类型的需求都不明确，那它就如同无舵的航船，只能在茫茫的大海中漂荡，没有抗击任何市场波澜的能力，难以生存。所以，找生意——发现（创造）消费需求是企业市场营销活动的起点。

首先，要运用市场营销环境分析。一方面，分析市场营销环境给企业创造的市场机会和可能给企业带来的某种威胁；另一方面，分析企业内部环境影响市场营销的优势和劣势，以便制定相应的市场营销战略。其次，购买者行为分析。进行购买者行为分析要解决三个问题：一是谁来分析购买者行为；二是分析哪些购买者行为；三是如何分析购买者行为。消费者市场购买行为重点分析消费者购买行为模式，掌握了消费者购买行为规律，即发现了消费者需求，便于消费品生产企业、中间商制定营销组合策略，满足消费者的需求。组织市场购买行为重点分析营销策略在各类组织市场购买类型中的运用，便于供应商开发不同购买类型的组织顾客。最后，进行市场细分、目标市场选择和市场定位。进行市场细分、目标市场选择和市场定位解决两个问题：一是找位，找对象，即企业服务对象是谁、满足谁的需求、哪些类型的需求；二是定位，在目标市场上为产品、品牌、企业形象确定一个富有市场竞争优势的定位。

项目 1 市场营销

【课前五分钟】

1. 从市场营销的角度来看，市场的主要构成因素有哪些？
2. 什么是市场营销？市场营销活动的构成要素有哪些？
3. 以消费者为中心的市场营销理念有哪些？
4. 互联网营销形式有哪些？
5. 如何运用顾客让渡价值？

【教学目标】

知识目标：

- 通过学习，理解市场的构成要素；掌握市场营销的内涵与市场营销活动的要素；掌握市场营销理念、大市场营销理念、绿色营销理念、关系营销理念、网络营销理念、服务营销理念和全员营销理念；掌握互联网营销形式；掌握顾客让渡价值的策略。

能力目标：

- 通过培养，具备运用营销观念和顾客让渡价值的能力。

1.1 市场营销的内涵

1.1.1 市场

1. 市场的内涵

从狭义的角度来看，市场是商品交换的场所。从空间形式来考察，市场就是一个地理概念，如国内市场、国际市场等。这种概念下，买卖双方一手交钱，一手交货，各得其所。

从广义的角度来看，市场是指一定时间、一定地点条件下商品交换关系的总和。任何一个商品生产者、经营者的买卖活动必然会与其他商品生产者、经营者的买卖活动发生联系，市场就是商品生产者、中间者、消费者交换关系的总和。

从市场营销的角度来看，市场是由人口、购买力、购买欲望三者有机构成的总和。这是站在卖方的角度、从买方的行为出发来定义的。市场包含 3 个主要构成因素，即有某种需要的人、有满足这种需要的购买能力和购买欲望，用公式来表示为：

市场＝人口＋购买力＋购买欲望

1）人口因素。人口是构成市场最基本的条件。凡是有人居住的地方，就有各种各样的物质和精神方面的需求，从而才可能有市场；没有人就不存在市场。人口即购买者，包括现实的购买者和潜在的购买者。

2）购买力因素。购买力是消费者支付货币购买商品或服务的能力。消费者购买力是由消费者的收入决定的。有支付能力的需求才是有意义的市场。购买力水平的高低是决定市场容量大小的重要指标。

3）购买欲望因素。购买欲望是指消费者产生购买行为的动机、愿望和要求，是消费者把潜在购买力变成现实购买力的首要条件。

市场的这 3 个因素是相互制约、缺一不可的，只有三者结合起来才能构成现实的市场，才能决定市场的规模和容量。例如，一个国家或地区人口众多，但收入很低，购买力有限，则不能构成容量很大的市场。又如，一个国家或地区，其购买力虽然很大，但人口很少，也不能成为很大的市场。只有满足人口既多、购买力又高的条件，才能成为一个有潜力的大市场。但是，如果产品不适合需要，不能引起人们的购买欲望，对卖方来说，仍然不能成为现实的市场。所以，市场是上述 3 个因素的统一。

2. 市场的特点

1）市场的双向选择性。一方面，企业可以选择市场，如果企业所进入的市场对自己不利或发现了更有发展前景的市场，企业可以退出现在的市场。另一方面，市场（消费者）也可以选择企业及其产品。

2）市场的时间推移性变化。市场会因经济、社会、文化的进步和发展等，随时间推移而发生变化，既有量的变化，又有质的变化。这种变化与企业意图没有任何关系。因此，企业对于这种变化必须给予极大的关心，并通过市场调研等对其进行分析，把握现在的状况和未来的动向，以发展的眼光和动态的观点予以应对。

3）市场的竞争性。市场是企业竞争的场所，众多的企业在市场上展开激烈的竞争。市场经济体制的一个重要前提就是企业之间在市场中决定优劣，谁能在市场中战胜对手，就说明它在市场上获得了更多的消费者及其所给予的支持。

4）市场的导向性和归着性。市场承担着起点和终点的双重职能。一方面，市场是企业一切经营活动的出发点。产品的研究开发、生产、销售及服务的提供都必须以市场为导向，企业绝不能想法主观、自以为是。另一方面，市场又是企业一切经营活动的直接目标和归着点。企业在市场上展开激烈竞争，并不是为了竞争本身，也不是为了其他目的，而是为了争夺市场、争夺消费者，即获得更大的市场和更多的消费者。

5）企业对市场的可改变性。市场会随时间的推移而自然发生变化，也可以通过企业的积极作用而发生改变。也就是说，市场蛋糕可以做大，甚至可以创造。企业可以开发全新市场，关键是看企业是否有这种意识，并愿意为此付出积极努力。

3. 市场的类型

（1）根据市场出现的先后划分市场。

1）现实市场。现实市场指的是当前对企业经营的某种商品既有需求，又有支付能力，同时有购买意愿的消费者。

2）潜在市场。潜在市场指的是有可能转化为现实市场的市场。上述构成市场的3个要素中，任何一个要素处于潜在状态都意味着市场是潜在市场。对某种产品有购买动机但没有足够支付能力的人（包括组织机构，下同）是该产品的潜在市场，对某种产品只有需求但尚未形成购买动机的人是该产品的潜在市场，对某种产品仅有潜在需求的人也是该产品的潜在市场。

3）未来市场。未来市场是指暂时尚未形成或只处于萌芽状态，但在一定条件下必将形成并发展的市场。例如，对一些进入老年化社会的国家或地区，供老年人安度晚年、锻炼身体和保障健康的各种消遣用品、运动器械、保健食品及药物均存在着一个巨大的、健康服务业的未来市场。

（2）根据消费者性质划分市场。

市场营销强调企业的经营要以满足消费者需求为中心，那么市场分类也应以消费者购买行为的差异为依据。

1）消费者市场。消费者市场是指为了个人消费而购买商品（及服务）的个人和家庭。它是现代市场营销研究的主要对象。

2）组织市场。组织市场指工商企业为从事生产、销售等业务活动，以及政府部门和社会团体为履行职责而购买产品和服务所构成的市场。它包括生产者市场、中间商市场、政府市场和社会团体市场。

头脑风暴

通过对整个市场结构性变化的分析，把整个市场划分成了线下、线上、社群营销三个空间结构，三度空间构成了当前完整的市场结构。随着三度空间的出现，整个渠道形式，包括零售形式发生了变化，由原来单一的线下渠道形式变成了线下渠道、线上渠道、社群营销渠道三个渠道形式。

你认为应该如何应对市场结构性变化？

1.1.2 市场营销

1. 市场营销的内涵

市场营销最权威的概念是世界著名营销专家、美国西北大学教授菲利普·科特勒博士与北卡罗来纳大学教授加利·阿姆斯特朗合著的、1996年美国出版的《市场营销原理》第7版中给出的定义——市场营销是通过创造和交换产品与价值，使个人或群体满足欲望和需求的社会与管理过程。从这一概念中可以看出，市场营销主要包括以下内容：

1）市场营销是一种创造性行为。市场营销不仅寻找已存在的需求并满足它，而且激发和解决消费者并没有提出的要求，正像索尼公司的创始人盛田昭夫所宣称的，他不是服务于市场而是创造市场。

2）市场营销是一种自愿交换的行为。买卖双方自由交换，使各方通过提供某种东西并取得回报。交换是市场营销的基础。

3）市场营销是一种满足人们需求的行为。消费者的各种需求和欲望是企业营销工作的出发点。因此，企业必须对市场进行调研，寻求、了解、识别并研究和掌握消费者的需求和欲望，从而确定需求量的大小。

4）市场营销是一个系统的管理过程。它不仅包括生产经营之前的具体经济活动，如收集信息、市场调研、分析市场机会、进行市场细分、选择目标市场、设计开发新产品等，而且包括生产过程完成后进入销售过程的一系列具体的经营活动，如产品定价、选择分销渠道、开展促销活动、提供销售服务等，还包括销售过程之后的售后服务、信息反馈等一系列活动。可见，市场营销过程是远远超出了流通领域而涉及生产、分配、交换和消费的总循环过程。

5）市场营销是联结企业与社会的纽带。营销工作者在制定市场营销政策时必须权衡企业利益、消费者需求和社会利益。只有满足社会利益的企业才能获得经营成功。

通过市场营销的内涵，可以归纳出简练的市场营销概念，即市场营销是企业发现（创造）消费需求、满足消费需求和管理消费需求的活动过程。

市场营销概念的再认知：

中国式市场营销“生意经”的三部曲为找生意—做生意—管生意。找生意即寻找生意，做生意即经营生意，管生意即管理生意。将其与市场营销3个环节的内容“发现（创造）消费需求—满足消费需求—管理消费需求”进行比较，不难发现中国式市场营销“生意经”三部曲的内容与市场营销3个环节的内容有着内在规律上的一致性。因此，也可以这样理解市场营销的概念：市场营销是企业找生意（寻找生意）—发现（创造）消费需求、做生意（经营生意）—满足消费需求、管生意（管理生意）—管理消费需求的活动过程。

2. 市场营销活动的构成要素

1）市场营销活动的主体。企业是市场营销活动的主体，所以市场营销是卖方企业的活动。卖方企业包括消费品生产企业、工业品生产企业、中间商及服务类企业。

2）市场营销活动的客体。消费者即买方是市场营销活动的客体，是企业营销活动的对象。企业营销活动正是围绕着发现消费需求、满足消费需求和管理消费需求而进行的。买方包括消费品生产企业、工业品生产企业、中间商、服务类企业消费者及非营利性组织。

3）市场营销活动的交易对象。产品是市场营销活动的交易对象。产品包括有形产品和无形产品。

4）市场营销活动涉及的范畴。从市场营销的概念及内涵可见，市场营销活动涉及生产、分配、交换和消费全过程。

1.2 市场营销理念

1.2.1 以企业为中心的市场营销理念

1. 生产营销理念

时间：生产营销理念盛行于19世纪末20世纪初。

背景：卖方市场。

特点：以生产为中心，以产定销，“我们生产什么，就卖什么”。

内容：一切从生产出发，强调生产的产品数量和成本，产量越大、成本越低，盈利就越多。企业的主要任务就是努力提高效率，降低成本，扩大生产。

实质：重生产、传统、古老的经营思想。

2. 产品营销理念

时间：产品营销理念存在于1920—1929年。

背景：卖方市场。消费者对产品的要求由“量”转变为“质”，并在心理上总是喜欢高质量、多功能又有特色的产品。

特点：以产品为中心，以产定销，“皇帝的女儿不愁嫁”“酒香不怕巷子深”。

内容：企业致力于生产高质量产品，并不断加以改进，做到物美价廉。

实质：产品营销理念会导致“营销近视症”，它过于重视产品本身，而忽视市场的真正需求。

生产营销理念和产品营销理念都属于以生产为中心的经营思想，其区别只在于前者注重以量取胜，后者注重以质取胜，二者都没有把市场需求放在首位。产品营销理念在本质上仍然是以生产为中心。

3. 推销理念

时间：推销理念存在于1929年至第二次世界大战后。

背景：1929年开始的经济大萧条，使大批产品供过于求、销售困难，使竞争加剧，企业担心的已不是生产问题而是销路问题。

特点：产品是卖出去的，而不是被卖出去。

内容：企业以销售为中心，强调千方百计地采取各种措施销售产品，各种广告术、推销术应运而生，以刺激消费者大量购买本企业产品。

实质：既定产品的推销，“我卖什么，顾客就买什么”。

推销理念与生产营销理念相比较，不同的是后者是以抓生产为重点，通过增加产量、降低成本来获利；前者则是以抓推销为重点，通过开拓市场、扩大销售来获利。从生产导向发展为推销导向是经营思想的一大进步，但基本上仍然没有脱离以生产为中心、“以产定销”的范畴。

1.2.2 以消费者为中心的市场营销理念

1. 市场营销理念

时间：市场营销理念形成于20世纪50年代。

背景：买方市场。

特点：“顾客至上”“顾客是上帝”“顾客永远是正确的”“顾客才是企业的真正主人”。

内容：市场营销理念是“发现需要并设法满足它们”，而不是“制造产品并设法推销出去”；是“制造能够销售出去的产品”，而不是“推销已经生产出来的产品”。

意义：市场营销理念取代传统理念是企业经营思想上一次深刻的变革，是一次根本性的转变。

新旧营销理念的根本区别可归纳为以下4点。

1）起点不同。按传统理念，市场处于生产过程的终点，即产品生产出来之后才开始经营活动；市场营销理念则以市场为出发点来组织生产经营活动，市场处于生产过程的起点。

2）中心不同。传统理念以卖方需要为中心，着眼于卖出现有产品，“以产定销”；市场营销理念则强调以买方需求即顾客需求为中心，按需求组织生产，“以销定产”。

3）目的（终点）不同。传统理念以销出产品取得利润为终点；市场营销理念则强调通过消费者的满足来获得利润，因而不但关心产品销售，而且十分重视售后服务和消费者意见的反馈。

4）手段不同。传统理念主要采取广告等促销手段千方百计地推销既有产品；市场营销理念则主张通过整体营销的手段，充分满足消费者物质和精神上的需求，实实在在为消费者服务，处处为消费者着想。

2. 社会市场营销理念

时间：社会市场营销理念形成于20世纪70年代。

背景： 市场环境发生了许多变化，如能源短缺、通货膨胀、失业增加、消费者保护运动盛行等。在这种背景下，人们纷纷对单纯的市场营销理念提出了怀疑和指责，某些企业忽视了满足消费者个人需要同社会长远利益之间的矛盾，从而造成了资源大量浪费和环境污染等社会弊端。

特点： 保护社会环境，以消费者整体的和长远的利益为中心。

内容： 不仅要满足消费者的需求和欲望并由此获得企业的利润，而且要符合消费者自身和整个社会的长远利益，要正确处理消费者欲望、企业利润和社会整体利益之间的矛盾，统筹兼顾，求得三者之间的平衡与协调。

意义： 社会市场营销理念是对市场营销理念的补充、完善和发展。

3. 大市场营销理念

时间： 大市场营销理念形成于20世纪80年代。

背景： 许多国家的政府加强了对经济的干预，贸易保护主义抬头。

特点： 企业可以影响其周围的经营环境，而不是仅仅顺从它和适应它；改造、改变目标消费者的需求；用6P来打开和进入某一市场。

内容： 在市场营销组合4P（产品策略、定价策略、分销策略、促销策略）的基础上，增加“政治力量”和“公共关系”，形成6P。

1.2.3 市场营销理念的新发展

1. 绿色营销理念

时间： 绿色营销理念形成于20世纪80年代。

背景： 各国经济都进入高速增长时期，带来了人口爆炸、环境恶化、资源耗竭等问题，要求走可持续发展之路，对环境保护日益关注。

特点： 掀起了一股绿色浪潮，绿色工程、绿色工厂、绿色商店、绿色商品、绿色消费等新概念应运而生，许多绿色环保组织也相继成立。

内容： 企业以环境保护理念作为经营指导，充分利用资源研制开发产品，保护自然、变废为宝，以此满足消费者绿色消费需求，努力消除和减少生产经营对生产环境的破坏和影响。

意义： 绿色营销理念是社会营销理念的新的、更高的体现。

2. 关系营销理念

时间： 关系营销理念形成于20世纪70年代。

背景： 市场竞争激烈化，企业营销是一个与各种组织和个人发生互动作用的过程，正确处理企业与各种组织和个人的关系是企业营销的核心，是企业成败的关键。

特点： 同消费者结成长期的相互依赖的关系，发展消费者与企业及其产品之间的连续性的交往，以提高品牌忠诚度，巩固市场，促进销售。

内容： 把市场营销活动看成一个企业与消费者、供应商、分销商、竞争者、政府机构及其他公众发生互动作用的过程，其核心是建立和发展与这些公众的良好关系。

3. 服务营销理念

背景：70%的客户流失是因为服务水平的欠缺；争取一个新客户比维护一个老客户的费用高6～10倍；满足客户的基本需求，便可使营业额增长20%左右；客户的满意度提高5%，营业额就可以增加一倍；客户不满意时，可能有75.3%的人停止或减少购买；每位投诉的客户身后，有49位不满意却没吭声的客户，投诉后得到迅速解决会有82%的客户重新购买。

特点：以服务为导向，企业营销的是服务。

内容：服务是企业从产品设计、生产、广告宣传、销售安装到售后服务等各个部门的事，甚至是每位员工的事。服务营销理念下，企业关心的不仅是产品是否成功售出，更注重的是用户在享受企业通过有形或无形的产品所提供服务的全过程感受，使企业与用户建立长久的、良好的客户关系，为企业积累宝贵的用户资源。

4. 全员营销理念

背景：企业之间的市场竞争进入争夺消费者资源阶段，要求企业内部每个人参与整个企业的营销活动。

内容：全员营销的关键是协调企业内部所有职能来满足消费者的需求，让企业内部所有部门、全体员工都为消费者着想，在营销理念、质量意识、行为取向等方面形成共同的认知和准则，一心一意地为消费者提供优质产品与优质服务，提高消费者的满意度。

5. 互联网营销理念

背景：随着互联网技术发展的成熟及网络营销成本的低廉，互联网好比一种“万能胶”将企业、团体、组织及个人跨时空联结在一起，使他们之间信息的交换变得“唾手可得”。市场营销中最重要也最本质的是组织和个人之间进行信息传播和交换。

内容：这种理念是以国际互联网络为基础，利用数字化的信息和网络媒体的交互性来实现营销目标的一种新型的市场营销方式。它是指组织或个人基于开放便捷的互联网，对产品、服务所做的一系列经营活动，从而达到满足组织或个人需求的全过程。互联网营销是一种新型的商业营销模式。

相关链接

2020年6月1日，格力电器积极创新新零售营销模式，全面推动线上线下有机融合，为用户提供更优质的家电产品和更便利的购物体验，举行“格力健康新生活”直播活动。格力电器董事长董明珠携3万家线下门店，联动线上六大平台全部同时开启线上服务，正式开启新零售直播品牌日活动。当天的累计销售额高达65.4亿元，创下了家电行业的直播销售纪录。市场上大部分直播带货，都是靠主播一个人完成引流和转化的，而董

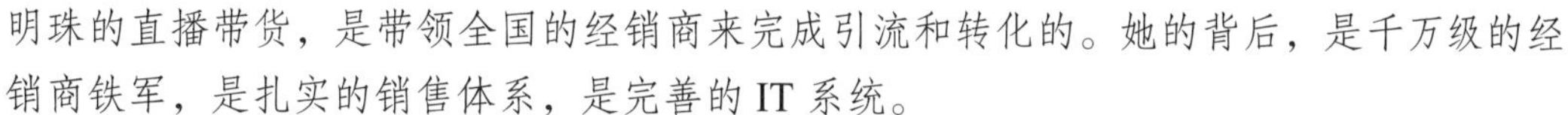
明珠的直播带货，是带领全国的经销商来完成引流和转化的。她的背后，是千万级的经销商铁军，是扎实的销售体系，是完善的 IT 系统。

1.3　互联网时代的营销发展

1.3.1　认知互联网时代的营销机遇

1. 互联网时代改变了企业传统营销观念和策略

互联网时代改变了人们的生活方式，同时影响着企业传统的营销观念和策略。互联网思维改变了企业传统的营销观念，在这种思潮的影响下，市场营销观念从单向传播变为以客户为中心的双向互动传播。互联网时代下催生了许多新型营销方式，如微信公众号运营、网络广告、微博营销、抖音营销、快手营销等。

2. 互联网时代为企业提供了新的营销平台

互联网的快速发展为企业带来了许多低门槛的营销平台，如为企业提供免费地域名、免费电邮的平台，节省了企业传统营销中的相关费用。企业利用互联网信息技术方便快捷地开展市场预测，并对相关数据进行整理和分析，提供满足市场需求的产品。此外，互联网时代，企业可以采取更多的营销手段，如利用微信、微博、短视频、网络直播等平台推广产品。例如，在 2018 年的“双 11”期间，天猫商城互联网销售的额度就达到 2 135 亿元。通过网络进行市场营销，不仅顾客可以实现方便快捷的购物，企业还能借助互联网保存顾客的浏览和购物数据，以及方便快捷地获得顾客的购物评价，增强企业与用户之间的互动。

3. 互联网时代促进了企业与客户的双向沟通

互联网时代，企业不仅可以利用多种平台进行营销，还可以通过网络建立客户信息数据库，实现与客户随时随地进行双向沟通。互联网时代，企业可以不受时间、地点的限制进行信息收集和发布，借助网络及时了解顾客的消费心理，缩短顾客与企业的距离，实现与客户的双向沟通，从而实现针对性更强的营销。

4. 互联网时代降低了企业的营销成本

互联网销售平台相对于其他销售渠道具有明显的价格优势。互联网时代拓宽了企业的营销渠道，减少了营销环节，节省了企业营销过程中的时间和成本，如减少了企业的市场调查成本、宣传成本、产品流通成本，直接通过互联网平台销售避免了经销商赚差价，从而实现低价销售。传统的市场营销需要消耗大量的人力、物力、财力，“互联网 +”时代大大降低了企业的营销成本。

1.3.2　互联网时代的营销挑战

1. 互联网时代对营销人员提出了更高的要求

传统的市场营销对营销人员的要求较低，多是要求其打电话或者上门推销。互联网时代改变了传统的营销模式，对营销人员提出了更高的要求。互联网时代市场快速发展，日新月异的变化要求营销人员要善于发现市场潜藏的商机，敏锐地捕捉并分析消费者的需求变化。这就要求营销人员具备综合素质，不断学习，更新观念，积极地适应“互联网+”时代下市场营销的特点。

2. 互联网时代企业面临技术同质化的挑战

互联网时代企业的竞争越来越激烈，产品技术同质化是企业不得不面对的巨大挑战。互联网时代信息快速发展且更加开放，企业间同质化产品面临着包装设计、营销手段等技术同质化的挑战。目前我国相关知识产权保护机制尚不完善，出现了许多“山寨”产品。面对产品的功能、技术日趋同质化的挑战，企业如何创新营销策略以提高市场占有率至关重要。

1.3.3 互联网营销形式

随着互联网时代的兴起，互联网营销已经成为21世纪营销模式的新宠。未来谁能营销网络，谁就能营销市场，否则“错过的将不是一个机会，而是一个时代”。

1. 搜索引擎营销

搜索引擎营销是目前最主流的一种营销手段，因其大多数是自然排名，不需要太多花费，因此受到中小企业的重视。搜索引擎营销主要方法包括：搜索引擎优化（SEO）、竞价排名、分类目录、网盟广告、图片营销、网站链接策略、第三方平台推广营销等。个人可以把搜索引擎与自己所建立的网络门户，如博客、微博等相互关联，以增加访问量，提高知名度和关注度。

2. 即时通信营销

即时通信营销是互联网营销最普遍的一种形式，常见的即时通信工具有QQ、微信等。企业用户可通过即时工具与用户及时互动，此外还可以发布一些企业信息和产品信息，让更多的消费者认识和了解。

3. 聊天群组营销

聊天群组营销是即时通信工具的延伸，是利用各种即时聊天软件中的群功能展开的营销，目前的群有QQ群、旺旺群、微信群等。聊天群组营销时借用即时通信工具成本低，具备即时效果和互动效果强的特点，广为公司和营销员采用。它是通过发布一些文字、图片、计划书等方式传播公司品牌、产品和服务的信息，从而让目标客户更加深刻地了解企业的产品和服务，最终达到宣传公司的品牌、产品和服务的目的，是加深市场认知度的网络营销活动。营销员可以直接建立自己营销的QQ群，来销售自己公司的产品。

4. 病毒式营销

病毒式营销是企业最希望能够用到的一种互联网营销方式，因其能够在短时间内迅速将信息蔓延出去，形成一种强大的磁场，让信息沸腾，让企业成名，从而被众多企业喜欢。病毒式营销所利用的是用户的口碑传播，正所谓有口皆碑，这种口口相传的模式

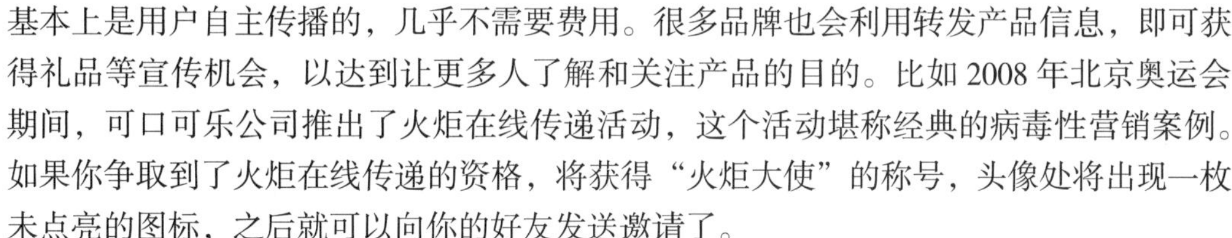

基本上是用户自主传播的，几乎不需要费用。很多品牌也会利用转发产品信息，即可获得礼品等宣传机会，以达到让更多人了解和关注产品的目的。比如2008年北京奥运会期间，可口可乐公司推出了火炬在线传递活动，这个活动堪称经典的病毒性营销案例。如果你争取到了火炬在线传递的资格，将获得“火炬大使”的称号，头像处将出现一枚未点亮的图标，之后就可以向你的好友发送邀请了。

5. BBS营销

BBS营销又称论坛营销，大型的社交论坛、地方论坛或者游戏论坛，几乎每天都有几百万人在线，拥有强大的用户群体，这种“人流量”极大的论坛最适合做互联网营销的平台。BBS营销就是利用论坛这种网络交流平台，通过专业人才的策划，再通过富有创意的文字、图片、视频等方式进行有策略的落地执行发布来推广自己企业的品牌、产品和服务，从而让目标客户更加深刻地了解企业，最终达到自主传播企业的效果，从而加深了企业的品牌知名度，进而带来企业的高访问量，带动企业产品的销售。

6. 博客营销

博客营销是通过博客网站或博客论坛接触博客作者和浏览者，利用博客作者个人的知识、兴趣和生活体验等传播理念和产品信息的营销活动。博客营销通过原创专业化内容进行知识分享，争夺话语权，建立起个人品牌，树立自己“意见领袖”的身份，进而影响读者和消费者的思维和购买行为。

7. 网络知识性营销

网络知识性营销其实就是运用互联网上的知识性网站来进行企业及产品营销。网络知识性网站包括但不限于：百度知道、百度经验、百度贴吧、搜搜问答、360问答、新浪爱问知识人、道客巴巴等或公司网站自建的疑问解答板块等平台，通过与广大客户之间提问与解答的方式来传播公司的品牌、产品和服务的信息。网络知识性营销主要是扩展客户的知识层面，让客户体验公司和营销员个人的专业水平和优质服务，从而对公司和营销员个人产生信赖和认可，最终达到传播企业品牌、产品和服务的信息的目的。

8. 事件营销

事件营销是当今最流行的一种互联网营销方式，事件之所以能够形成事件，是因为精心的策划和实施，（制造营销事件的步骤：确定传达目标、分析当下舆论环境、制定话题传达方案、组织话题实施步骤。）这种形式能够让大众乐此不疲地参与，在享受乐趣的情况下帮助企业扩大这个事件，从而吸引更多人的关注与参与，改善并增进企业与公众之间的关系，塑造良好的企业形象。

9. 网络口碑营销

网络口碑营销是把传统的口碑营销与网络技术有机结合起来的新营销方式。它应用互联网互动和便利的特点，通过客户或公司营销员以文字、图片、视频等口碑信息与目标客户之间进行互动沟通，对企业的品牌、产品、服务等相关信息进行讨论，从而加深目标客户对企业的印象，最终达到网络营销的目的。网络口碑营销在国际上已经盛行了很久，美国还有专门的协会来对此领域进行专门的权威探讨。

10. 互联网直复营销

互联网直复营销是指通过 B2B、B2C 等网站发展自己的分销渠道，直接面向终端客户，将自己的产品营销出去。这种形式可以将传统的直销与网络进行有机的结合，从而形成一种具有颠覆性的营销模式，不仅扩大了产品销售途径，还能够减轻企业因为要建立营销分部及人员配备等成本问题而带来的压力。这种成本少、收入多的营销模式被广大企业应用。

11. 网络视频营销

网络视频营销指的是公司或营销员将各种视频短片放到互联网上，宣传公司和自己个人品牌、产品及服务信息的营销手段。网络视频广告的形式类似于电视视频短片，它既具有电视短片的特征，如感染力强、形式内容多样、创意性强、生动活泼等，又具有互联网营销的优势，如互动性、主动传播性、传播速度快、成本低廉等。可以说，网络视频营销将电视广告与互联网营销两者的优势集于一身。

12. 网络图片营销

网络图片营销与搜索引擎营销的原理很像。搜索引擎营销利用的是文字搜索出来的内容，从而进到公司网站，而图片营销是通过很多有创意的图片在各大网站及自己官网上发布，从而被搜索引擎抓取。当人们搜索图片的时候，图片就进入大众视野，当用户想要进一步了解产品及公司的时候就会随着图片进入企业官网，最终通过宣传公司品牌、产品、服务等信息，来达到产品营销的目的。这种图文并茂的销售图片，说服力强、形象生动，用户容易接受。

13. 网络软文营销

网络软文营销，顾名思义就是相对于硬性广告营销而言的。硬性广告就是直接宣传企业、人物、产品或者服务的新闻性通告，而软文是一种非常自然的流露，在宣传企业及产品时不被大众反感。软文营销非常省钱又非常见效果，无论是推广品牌还是推广产品都是极好的一种营销方式。随着消费者对互联网营销模式的认识加深，软文中夹带的推广信息也都会为大众所知晓，但是只要你的软文写得够高明，消费者不反感，就仍然能够达到效果。

14. RSS 营销

RSS 营销又称网络电子订阅杂志营销。RSS 营销的特点决定了其比邮件列表营销具有更多的优势，是对邮件列表的替代和补充。使用 RSS 营销的以业内人士居多，如研发人员、财经人员、企业管理人员等，他们会在一些专业性很强的科技型、财经型、管理型等专业性网站，用邮件形式订阅公司的杂志和日志信息，从而达到了解行业信息的需求。

15. SNS 营销

SNS 营销是社区网站营销，常见的社区交友网站有人人网、开心网等。这些平台在早前互联网兴起的时期，是非常受大众欢迎的，现在虽然人们的眼球已经逐渐放在了微信上，但是这样的社区交友和分享平台仍然能够发挥它的作用。SNS 是利用网站的分享和共享功能实现营销的一种营销形式。

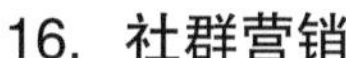

16. 社群营销

社群营销是伴随着移动互联网的发展逐渐兴起的营销模式。有人预言，未来的商业模式就是“内容 + 社群 + 移动”的天下，可以看出，这个营销模式具有强大的发展潜力及生命力。社群营销基本的特征是只有当你的客户变成用户，用户变成粉丝，粉丝变成朋友的时候，才算得上真正具有社群调性的营销。传统营销模式大都带有强烈的销售意识，有些强加给消费者的意识，营销即销售的观念比较强烈，慢慢地，消费者开始产生了免疫力，如在百度搜索“如何屏蔽广告”显示的结果就有2 340 000条，可以看出消费者对于强加广告的警惕性。社群营销改变了这种营销局面，由于社群本来就是一群具有相同兴趣爱好的群体，他们能聚在这样一个群里，就是基于共同的标签，或者学习，或者社交，或者生活，或者商业等。因此，社群营销与传统营销最大的区别在于：它知道这群人的喜好，知道应该如何与这群人保持联系，知道如何有效、有趣、有用并且适时地进行精准营销。社群营销是价值与需求的双满足，产品满足需求，场景满足价值。未来社群营销的重点将是做高顾客价值，做大价值顾客，用社群营销重构用户关系，达到传播品牌认知，深度挖掘顾客价值的营销目标。

17. 直播营销

直播营销是指在现场随着事件的发生、发展进程同时制作和播出节目的营销方式。该营销方式以直播平台为载体，达到企业获得品牌的提升或者销量的增长的目的。直播营销能体现出用户群的精准性，能够实现与用户的实时互动，深入沟通，产生情感共鸣。直播营销的流程包括精确的市场调研、项目自身优缺点分析、市场受众定位、直播平台的选择、直播方案设计和后期的有效反馈。

18.C2M 模式

C2M 模式是一种新型的工业互联网电子商务的商业模式，是指消费者直接通过平台下单，工厂接收消费者的个性化需求订单，然后根据需求设计、采购、生产、发货。对于消费者而言，C2M 模式强调以用户为中心，根据用户的个性化需求组织生产，并吸引消费者加入产品设计环节，有效激发市场活力和社会创造力；对于制造企业而言，C2M 模式提高了传统生产要素的生产率，推动企业生产线、供应链、内部管理制度乃至整个商业模式的变革。这一模式具备的去库存、去中间商、以量定产的特点，使各方价值最大化，也推进了制造业供给侧结构性改革。2020 年“双 11”，来自京东的数据显示，游戏笔记本、游戏台式机、Type-C 高清显示器等电脑数码产品的反向定制已成主流。2020 年 11 月 1 日，售卖活动开场 10 分钟，京东电脑数码游戏台式机成交额同比增长220%，其中超七成销量来自京东 C2M 模式反向定制推出的产品。个性化、定制化消费将成为潮流。

实用链接

2020年“双11”购物节热度大、场景新，消费新业态、新模式快速更迭

2020年“双11”购物节不断刷新销售数据纪录的背后，体现了国内消费持续复苏，并且呈现出迭代升级态势。购物节产生了多种消费新场景，衍生更多的新消费模式，显示出我国经济潜力足、韧性大、活力强的良好态势。

2020年的天猫“双11”成交额达4 982亿元，同比增长26%，再次创下新高。京东成交额为2 715亿元，苏宁易购线上订单量增长75%。

消费结构不断升级。与往年不同的是，2020年的天猫“双11”不仅自10月21日提前开售，而且延长了售卖期。消费者可分两波购买，11月1—3日为第一波，11月11日为第二波。一共有1400万款商品参加“双11”折扣活动，是去年的1.4倍。天猫总裁蒋凡称，今年是有史以来规模最大、参与商家最多的一次“双11”，超过2 000个产业带参与其中，预计有8亿名消费者参与其中。2020年的京东“双11”全球热爱季于10月21日正式启动预售；“双11”期间，超2万个品牌在京东超市的成交额同比翻倍增长，13 173个国产品牌成交额增速超2倍，205个老字号品牌成交额翻番。新品消费成为本次“双11”一大亮点。从手机数码、家用电器、美妆护肤到鞋包服饰等各大品类，越来越多品牌选择在11月前后发布新品。华为Mate40系列10月30日首次开启售卖，第一轮产品迅速售罄，苏宁易购平台上预约量破百万。“双11”正告别传统意义上的年底清货，转而成为一年中最大的新品首发节点。

消费体验不断丰富。直播购物、AR试穿、3D逛街……2020年“双11”，各大电商消费新场景再次扩容，给消费者带来了丰富的消费体验。在直播间跟着主播买东西已成为购物节标配。个性化、定制化消费成为潮流，C2M（反向定制）受到追捧。背靠大数据，C2M可以将消费者需求精准传递给上游制造企业，开发出能够更好满足市场需求的产品。“过去的‘双11’，商家卖什么，消费者就买什么。如今的‘双11’，消费者要什么，企业就造什么。”游戏台式机生产厂家表示。C2M给零售企业发展自有品牌提供了新机遇，能够缩短供应链中间环节，畅通需求端与生产端，提升产业发展质量和水平。

消费场景不断外延。2020年“双11”，线上玩法更丰富，线上线下融合也在加速，不同场景之间的零售界限被打破。数亿“尾款人”不仅忙着清空线上购物车，也带火了线下消费。阿里巴巴将支付宝接入外卖、美食、酒店等业务，打造本地生活场景入口。京东推出“全渠道万店嘉年华”，其覆盖的近100万家门店参与了“双11”售卖。苏宁推出百亿元补贴、“J-10%”等省钱计划，补贴范围首次触及线下。数据显示，10月30日至11月3日，苏宁家乐福全渠道GMV同比增长39%，到家订单服务订单同比增长405%。过去受“重体验”“重线下”“非标品”等因素影响难以“上线”的家装行业，今年借助天猫“轻店”、3D技术等，成功加入“双11”售卖，并将流量引入线下，实现销售大幅增长。在天猫商城，当消费者搜索家装商品时，附近开通天猫“轻店”的门店商品将被优先展示。同时，消费者还可在天猫3D虚拟家装城体验实景逛街，查看实体店商品，自主搭配，一键购物。

疫情之下，2020年“双11”购物节产生了多种消费新场景，衍生更多丰富、有趣的新消费模式，既为充分释放消费潜力、进一步拉动内需做出了更多贡献，也再次表明我国经济潜力足、韧性大、活力强的良好态势。

1.4 顾客让渡价值

1.4.1 顾客让渡价值的概念和内容

1. 顾客让渡价值的概念

顾客让渡价值是指顾客购买的总价值与顾客购买的总成本之间的差额。其中，顾客购买的总价值是顾客购买某一产品与服务所期望获得的一组利益；顾客购买的总成本是指顾客为购买某一产品所耗费的时间、精神、体力及所支付的货币资金等。

头脑风暴

商品和顾客是什么样的关系？是商品第一、还是顾客第一？是商品为企业创造价值，还是顾客为企业创造价值？如果静下心来思考，一定是顾客为企业创造价值而不是商品为企业创造价值，如果顾客不买单，所有的商品都无法实现价值。所以，市场营销要做根本的转换：经营顾客第一，经营商品第二，做好交易交付体验第三。要把经营顾客放在最重要的营销位置去重新定义。如何经营顾客？需要构建一套新的经营顾客的营销体系，即围绕如何实现用户价值、顾客价值最大化，构建一套经营顾客的体系。

如何看待商品和顾客的关系？

2. 顾客购买的总价值的内容

顾客获得更大“顾客让渡价值”的途径之一，是增加顾客购买的总价值。顾客购买的总价值由产品价值、服务价值、人员价值和形象价值构成，其中每一项价值的变化均对总价值产生影响。

（1）产品价值。产品价值是由产品的功能、特性、品质、品种与款式等所产生的价值。它是顾客需求的中心内容，也是顾客选购产品的首要因素。因此，一般情况下，它是决定顾客购买总价值大小的主要因素。产品价值是由顾客需求来决定的，在分析产品价值时应注意以下两点。

1）在经济发展的不同时期，顾客对产品的需求有不同的要求，构成产品价值的要素及各种要素的相对重要程度也会有所不同。

2）在经济发展的同一时期，不同类型的顾客对产品价值也会有不同的要求，在购买行为上显示出极强的个性特点和明显的需求差异性。这就要求企业必须认真分析不同经济发展时期顾客需求的共同特点，以及同一发展时期不同类型顾客需求的个性特征，并据此进行产品的开发与设计，增强产品的适用性，从而为顾客创造更大的价值。

（2）服务价值。服务价值是指伴随产品实体的出售，企业向顾客提供的各种附加服务，包括产品介绍、送货、安装、调试、维修、技术培训、产品保证等所产生的价值。服务价值是构成顾客总价值的重要因素之一。在现代市场营销实践中，随着消费者收入水平的提高和消费理念的变化，消费者在选购产品时，不仅注意产品本身价值的高低，更加重视产品附加价值的大小。特别是在同类产品的质量与性质大体相同或类似的情况下，企业向顾客提供的附加服务越完备，产品的附加价值就越大，顾客从中获得的实际利益就越大，从而购买的总价值就越大；反之，则越小。因此，在提供优质产品的同时，向消费者提供完善的服务，已成为现代企业市场竞争的新焦点。

（3）人员价值。人员价值是指企业员工的经营思想、知识水平、业务能力、工作效益与质量、经营作风、应变能力等所产生的价值。企业员工直接决定着企业为顾客提供的产品与服务的质量，决定着顾客购买总价值的大小。一个综合素质较高又具有顾客导向营销理念的工作人员，会比知识水平低、业务能力差、营销理念不端正的工作人员为顾客创造更高的价值，从而获得更多的满意顾客，进而为企业创造市场。人员价值对企业、顾客的影响作用是巨大的，并且这种作用往往是潜移默化、不易度量的。因此，高度重视企业人员综合素质与能力的培养，加强对员工日常工作的激励、监督与管理，使其始终保持较高的工作质量与水平就显得至关重要。

（4）形象价值。形象价值是指企业及其产品在社会公众中形成的总体形象所产生的价值，包括企业的产品、技术、质量、包装、商标、工作场所等构成的有形形象所产生的价值，公司及其员工的职业道德行为、经营行为、服务态度、作风等行为形象所产生的价值，以及企业的价值理念、管理学等理念形象所产生的价值等。形象价值与产品价值、服务价值、人员价值密切相关，很大程度上是上述三方面价值综合作用的反映和结果。形象对于企业来说是宝贵的无形资产，良好的形象会对企业的产品产生巨大的支持作用，赋予产品较高的价值，从而带给顾客精神上和心理上的满足感和信任感，使顾客的需求获得更高层次和更大限度的满足，从而增加顾客购买的总价值。因此，企业应高度重视自身形象塑造，为企业和顾客带来更大的价值。

3. 顾客购买的总成本的内容

顾客获得更大“顾客让渡价值”的另一途径是降低顾客购买的总成本。顾客购买的总成本不仅包括货币成本，还包括时间成本、精神成本、体力成本等非货币成本。一般情况下，顾客购买产品时首先要考虑货币成本的大小，因此货币成本是构成顾客购买的总成本大小的主要因素和基本因素。货币成本相同的情况下，顾客在购买时还要考虑所花费的时间、精神、体力等，因此这些支出也是构成顾客购买的总成本的重要因素。这里主要分析时间成本和精力成本。

（1）时间成本。顾客购买的总价值与其他成本一定的情况下，时间成本越低，顾客购买的总成本越小，从而“顾客让渡价值”越大。例如，顾客为购买餐馆、旅馆、银行等服务行业所提供的服务时，常常需要等候一段时间才能进入正式购买或消费阶段，在营业高峰期更是如此。服务质量相同的情况下，顾客等候购买该项服务的时间越长，所花费的时间成本越大，购买的总成本就会越大。同时，等候时间越长，越容易引起顾客对企业的不满意感，中途放弃购买的可能性亦会增大。反之，购买的总成本越小，放弃购买的可能性减小。因此，努力提高工作效率，在保证产品与服务质量的前提下，尽可能减少顾客的时间支出，降低顾客的购买成本，是创造更大的“顾客让渡价值”、增强企业产品市场竞争能力的重要途径。

（2）精力成本。精力成本是指顾客购买产品时，在精神、体力方面的耗费与支出。顾客购买的总价值与其他成本一定的情况下，精神与体力成本越小，顾客为购买产品所支出的总成本就越低，从而顾客让渡价值就越大。因为顾客购买产品的过程是一个从产生需求、寻找信息、判断选择、决定购买到实施购买及购后感受的全过程。在购买过程的各个阶段，顾客均需付出一定的精神与体力。例如，当消费者对某种产品产生了购买需求后，就需要收集该种产品的有关信息。消费者为收集信息而付出的精神与体力的多少，会因购买情况的复杂程度不同而有所不同。就复杂购买行为而言，顾客一般需要广泛、全面地收集产品信息，因此需要付出较多的精神与体力。对于这类产品，如果企业能够通过多种渠道向潜在顾客提供全面而详尽的信息，就可以减少顾客为获取产品情报所花费的精神与体力，从而降低顾客购买的总成本。因此，企业采取有效的措施，对增加顾客购买的实际利益、降低购买的总成本、获得更大的“顾客让渡价值”具有重要意义。

1.4.2 顾客让渡价值的形成

消费者做出购买行为是为了获取顾客价值，即通过该行为使其期望利益得以实现。消费者最终是否会做出购买行为，主要取决于顾客价值，即顾客总收益（包括通过该行为所能获得的全部收益，如产品收益、服务收益、形象收益等）与顾客总成本（包括为该行为所付出的全部支出或成本，如货币成本、时间成本、精神成本等）之差。顾客总收益与总成本之差为正时，消费者有可能做出购买行为；反之，购买行为难以发生。

举例来说明这一理论。家住郊区的甲准备添置最新款的大尺寸液晶电视，他面临的选择有：去市区的大型商场购买（价格稍便宜、款式多，但因为离家较远，送货安装要另外收费），在郊区的小商场购买（价格稍高、款式少、送货安装及时快捷）。衡量再三，甲做出在郊区的小商场购买的决定。下面通过顾客价值理论对这一行为进行分析：两地购买的价格差距不大（3%～4%），甲会认为其获得的顾客总收益差异不大，而在郊区购买，方便快捷的送货安装服务使甲的顾客总成本降低，顾客让渡价值增大，所以甲做出在郊区购买的决定就不难理解了。考虑另一种情况，如两地的价格差距足够大（例如超过30%），甲所面临的总收益差异大于总成本差异，那么，甲可能做出去市区购买的决定。

再举一个顾客到奔驰4S店购买汽车的例子来说明顾客让渡价值的形成。该顾客从这次购买行为中得到的利益和付出的成本如下。

1）形象收益：企业及其产品在社会公众中形成的总体形象。奔驰汽车的产品定位、服务品质、社会群体的认同等都直接影响这一价值的实现。

2）人员收益：参与此次购买行为的全部服务人员的响应。奔驰 4S 店人员的可靠性、积极性等都直接影响这一价值的实现。

3）服务收益：该车辆后续的保养与维护。保养与维护的及时性、便利性、准确性都直接影响这一价值的实现。

4）产品收益：一辆奔驰汽车。其易用性、操控性、耐用性都直接影响这一价值的实现。

5）精力成本：顾客为购买行为所承受的心理压力。不适用的车型或者不合适的销售者都会增加顾客的心理负担，这会直接导致顾客产生焦虑、烦躁等负面情绪，这些都是购买行为的精神成本。如果销售者能够事先通过广告等行为做出承诺与保证，则可能降低顾客的这一成本。

6）体力成本：顾客为购买行为所耗费的体力。互联网购物的兴起正在逐渐降低顾客的这一成本。

7）时间成本：顾客为寻找合适的车型及销售者所花的时间。这些时间本来可以被顾客用来创造其他价值，而购买行为使得这些价值的实现变得不可能。

8）货币成本：顾客为购买奔驰汽车需向销售公司支付的全部货币。

顾客让渡价值的决定因素构成如图 1–1 所示。

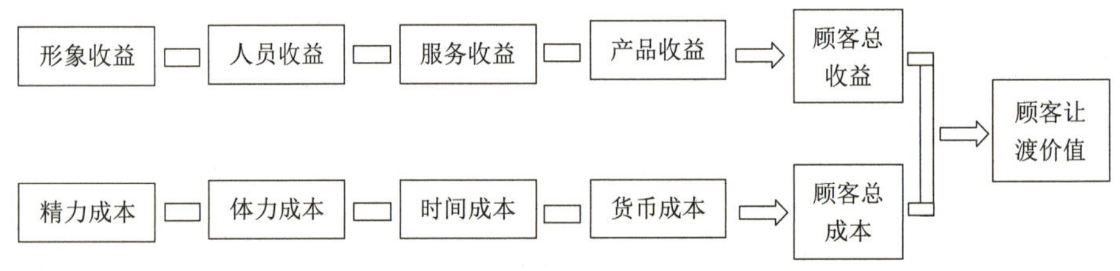

图 1–1　顾客让渡价值的决定因素构成

1.4.3　顾客让渡价值的策略

1. 创造顾客价值的策略

1）创造顾客价值的低价格策略。企业在保持产品质量和服务质量不变的前提下降低价格时，只要顾客能够认可产品和服务中所包含的价值，就能成功。

2）提升产品质量和服务质量，创造顾客价值。很多行业中，发展的一个重要趋势是企业通过延伸产品和服务的利益来为顾客提供更大的价值，以此来使企业远离价格竞争，获取更大的利益。

3）提升人员价值，创造顾客价值。营销员的个人形象、修养及技能熟练度、亲和力等能在相当程度上维系顾客的心，增加回头客。

4）提升形象价值，创造顾客价值。完善 CIS 系统，通过媒介舆论宣传提高企业与品牌的知名度与美誉度、联想度，诚信经营，注重服务，提高企业形象与产品品牌形象。

5）价值创新，创造顾客价值。竞争会使所有的产品和服务随着时间的推移而逐渐沦为普通商品。单纯地靠压低产品价格或提高产品质量的方法并不足以使企业与竞争者区别开来。要想获得持续的竞争优势，需要对产品价值、服务价值、人员价值、形象价值和货币价值进行创新组合。

2. 降低顾客成本的策略

1）降低货币成本策略。降低顾客的货币成本，一般会采取打折的办法，但打折会在相当程度上损害企业品牌形象、降低品牌档次，通常不提倡使用。对老顾客送贵宾卡、开业及节假日送优惠券，以及其他促销手段，均可使用。

2）降低时间成本策略。降低顾客的时间成本，即提高服务水准及扩大服务内容，包括提高营销员素质及操作的熟练度，销售过程中要动作快捷、表达明确，售后服务要及时、周到。

3）降低精力成本策略。提倡优质服务，注重细节营销，强化包括售前、售中与售后的服务精神，努力减少每一位顾客的购买精力。

4）降低体力成本策略。提高终端服务，送货上门，降低顾客体力成本。

实用链接

中国标准化研究院顾客满意度测评中心联合清华大学中国企业研究中心、中标兴质科技（北京）有限公司共同发布了2019年10类家电产品顾客满意度调查结果，格力电器在空调品类中的顾客满意度综合评分和各项指标均位居行业第一，连续八年蝉联顾客满意度榜首。本次顾客满意度调查的依据是国家标准GB/T 19038—2009《顾客满意测评模型和方法指南》、GB/Z 27907—2011《质量管理　顾客满意　监视和测量指南》及GB/T 19039—2009《顾客满意测评通则》，调查内容涵盖品牌形象、预期质量、感知质量、感知价值、满意度和忠诚度六个方面，共涉及性价比、产品可靠性、服务质量、顾客忠诚等十几项具体指标。在空调行业6个主要品牌的调查中，格力综合得分为82分，排名第一，是唯一一个80分以上的品牌；格力在品牌形象、性价比、满足需求程度、产品可靠性、服务质量五大主要维度上，表现都十分突出，是唯一全部获得“满五星”的品牌。

1.4.4 运用顾客让渡价值应注意的问题

1. 影响顾客让渡价值的因素

顾客让渡价值的多少受顾客购买的总价值与顾客购买的总成本两个方面因素的影

响。顾客购买的总价值（TCV）是产品价值（Pd）、服务价值（S）、人员价值（Ps）和形象价值（I）等因素的函数，可表示为 TCV=f(Pd, S, Ps, I)，其中任何一项价值因素的变化都会影响顾客购买的总价值。

顾客购买的总成本（TCC）是货币成本（M）、时间成本（T）、精力成本（E）等因素的函数，即 TCC=f(M, T, E)，其中任何一项成本因素的变化均会影响顾客购买的总成本，由此影响顾客让渡价值的大小。

同时，顾客购买的总价值与总成本的各个构成因素的变化及其影响作用不是各自独立的，而是相互作用、相互影响的。某一项价值因素的变化不仅影响其他相关价值因素的增减，还影响顾客购买的总价值与总成本的大小，进而影响顾客让渡价值的大小。因此，企业在制定各项市场营销决策时，应综合考虑构成顾客购买的总价值与总成本的各项因素之间的关系，从而用较低的生产与市场营销费用为顾客提供具有更多顾客让渡价值的产品。

2. 运用不同的顾客期望

不同顾客群对产品价值的期望与对各项成本的重视程度是不同的。企业应根据不同目标顾客群的需求特点，有针对性地设计和增加顾客总价值、降低顾客总成本，以提供产品的实用价值。例如，对于工作繁忙的顾客来讲，时间成本是最为重要的因素，企业应尽量缩短顾客从产生需求到具体实施购买，以及产品投入使用和维修的时间，最大限度地满足其求速、求便的心理要求。总之，企业应根据不同细分市场顾客的不同需要，努力提供实用价值强的产品，这样才能增加顾客购买的实际利益，减少其购买成本。同时，有针对性地提供满意服务，使顾客的需求获得最大限度的满足。

3. 顾客让渡价值的合理界限

为了争取顾客、战胜竞争对手、巩固或提供产品的市场占有率，企业往往过度采取顾客让渡价值最大化策略。这样过度追求顾客让渡价值最大化往往导致企业成本增加、利润减少。因此，在市场营销实践中，企业应掌握合理的限度，不应片面追求顾客让渡价值最大化，从而大幅度增加成本费用。换言之，企业顾客让渡价值的大小应以既能够达到吸引顾客又能够实现企业营销目标为原则。

1）顾客让渡价值 < 顾客期望价值。运用顾客让渡价值时，如果顾客让渡价值 < 顾客期望价值，使顾客“大失所望”，对顾客没有吸引力，不能激发顾客的购买欲望，则顾客让渡价值策划失败。

2）顾客让渡价值 = 顾客期望价值。运用顾客让渡价值时，如果顾客让渡价值 = 顾客期望价值，即顾客让渡价值能够满足顾客的期望价值，使顾客产生“不出所料”的感觉，满足了顾客的现实需求。这是顾客让渡价值策划的基本状态。

3）顾客让渡价值 > 顾客期望价值。运用顾客让渡价值时，如果能够挖掘顾客让渡价值，创造顾客利益，就会创造需求，这样顾客让渡价值 > 顾客期望价值，使顾客“喜出望外”，极大地激发顾客的购买欲望，对顾客形成较强的吸引力，企业才具有竞争力。这是顾客让渡价值策划的最高境界。

急客户之所急

高师傅自2017年进入郑州宇通集团有限公司工作，一直从事专用车事业部售后服务的一线工作。一天凌晨，正在熟睡的高师傅被电话铃声叫醒，蒙眬中接通电话，电话里传来客户急促的声音："高师傅，我的随车吊支腿油管漏油严重，无法操控，支腿收不回来，天亮之前如果不能修好就不能收车，交警和环卫部门是会罚款的，请你帮帮忙。"高师傅听出来这是一辆过三包期限车辆的车主宋某某的声音，虽然车辆已经过了三包期限，但客户在这种紧要关头第一个想到的是售后服务人员，高师傅便凌晨起床坐出租车迅速赶到施工现场。发现油缸油管因长期磨损严重，已经开裂了很长的口子，因为油的压力大将油管撑破，油全部流到外面，造成车没有压力，无法操控，油缸无法收回，油缸收不回就无法更换油管。因已是凌晨，高师傅想尽一切办法后，找来两个油桶，一边打压收油缸，一边接油往油箱里加注，经过两个半小时的忙碌，油缸终于收回，将支腿油缸油管更换完毕。看到车辆又能正常工作了，客户脸上露出满意的笑容。高师傅主动地为客户讲解了车辆日常保养和注意事项，同时向客户宣传公司的服务品牌、服务理念，以塑造公司良好的品牌形象，做到在跟客户沟通时有耐心，维修时要细心，为客户排忧解难，尽可能地缩短维修时间，最大限度地减少客户损失，让客户满意、放心。正是这些不计辛劳、不计付出的服务工程师每日辛勤的工作，才让宇通品牌为更多的客户所看好。

1. 填空题

（1）从市场营销的角度来看，市场是由（　）、（　）、（　）三者有机构成的总和。

（2）顾客让渡价值是指（　）与（　）的总成本之间的差额。

（3）产品价值是由产品的（　）、特性、品质、品种与款式等所产生的价值。它是顾客需求的中心内容，也是顾客选购产品的（　）。

2. 判断题（对的打√，错的打×）

（1）人员价值是指企业员工的经营思想、知识水平、业务能力、工作效益与质量、经营作风、应变能力等所产生的价值。（　）

（2）运用顾客让渡价值时，如果顾客让渡价值 > 顾客期望价值，使顾客"大失所望"，对顾客没有吸引力，不能激发顾客的购买欲望，则顾客让渡价值策划失败。（　）

（3）顾客购买的总价值与其他成本一定的情况下，时间成本越低，顾客购买的总成本越小，从而"顾客让渡价值"越大。（　）

3. 思考题

（1）互联网营销形式有哪些？

（2）如何做到“顾客让渡价值 > 顾客期望价值”？

4. 案例分析与应用

江小白市场营销的创新

在竞争激烈的白酒行业中，异军突起的江小白是2011年成立的重庆江小白酒业有限公司旗下江记酒庄酿造生产的一种自然发酵并蒸馏的高粱酒品牌，创立不到两年，销售额就达到了5 000万元，从成立到打响品牌仅用了一年时间，2019年销售收入30亿元。以青春的名义创新，以青春的名义创意，以青春的名义颠覆，创造了全国最早依靠互联网社交网络媒体人格化的、面向新青年群体的小酒品牌——“江小白”，颠覆传统酒业营销模式，通过互联网传播品牌价值，致力于引领和践行中国酒业的年轻化、时尚化、国际化。

一、精准的市场定位

站在传统白酒对立面，定位为“年轻人的白酒”。2012年之前，中国白酒就一个字“老”。曾经，白酒给人的感觉，一提起来就是满满的“历史感与文化感”。打开电视，走到大街，听到看到的白酒广告宣传都是在比谁历史悠久，谁文化厚重，白酒营销似乎陷入了“刨祖坟、讲历史，端起杯子想古人”的怪圈，在这种“比老”的氛围中，白酒消费人群开始越来越“老龄化”。直到80后、90后逐渐成了市场主流人群的时候，依然没有改变。2012年是白酒行业的分水岭，在经过了之前“黄金十年”的高速增长后，白酒行业开始下挫。首先，政策层面“限酒令、禁止三公消费”，打击了白酒存量市场。其次，消费群体上，“中老年人”市场在萎缩，而80后、90后对白酒兴趣不大，市场也就缺乏新的增量。再者，健康理念兴起，“高度、浓烈、辛辣……”的产品口味和印象，让追求“时尚、活力、动感”的年轻群体对传统白酒越发冷淡。

白酒行业弥漫着“悲观氛围”，行业似乎遭遇了中年危机。传统白酒就像京剧、相声等传统艺术一样，面临不创新求变，就将为年轻群体所抛弃的命运。在此背景之下，市场蕴藏了一个巨大的机会，那就是：站到传统白酒的对立面，打造年轻人专属的白酒。江小白董事长陶石泉说：“我们做不了大象，那我就找大象的对立面，做小，我做不了大象巨头，那我就当小蚂蚁。”这叫作“对立定位”。

二、营销组合策略的创新

1. 产品的年轻化

（1）容量——少就是好。年轻人酒龄不长，很多都是初体验，喝不了很多。所以，江小白主销产品是100mL的小瓶包装，年轻人觉得自己很给力，可以喝掉一整瓶。

（2）口感——清淡点好。传统白酒给年轻人的印象是“辣、冲、烈、重口味”。江小白口感上追求的是“简单、纯粹、轻口味”，减轻辛辣刺激感，走国际酒威士忌、白兰地、朗姆酒的路线，年轻人更易入口。

（3）度数——低点就好。年轻人搞不定高度酒，江小白以40度为主要品种（也有

25 度的），远低于传统白酒的 50 多度。

（4）配方——简单点好。以单一高粱作为原料，不同于传统白酒采用多种粮食酿造的工艺，口感更稳定，也有利于年轻人 DIY（Do It Yourself，自己动手制作），创造更多时尚的玩法、喝法。

2. 价格的年轻化

年轻人收入不高，消费能力有限。江小白主销表达瓶 S 系列 100mL，终端零售价 20 元左右一瓶，一包烟钱，买起来很轻松。

3. 渠道的年轻化

相比传统白酒，江小白渠道设计显得特别简单高效。传统渠道是层层代理，从总代到省、市、县，再到终端，层层加价，层层收费。江小白采用了平台直营深度分销模式。在每个战略省构建一两个厂商一体化的直营平台，通过深度分销模式把省会市场打造成样板市场，然后通过边际效应，让品牌从一二线城市慢慢渗透到三四线城市，完成战略布局。线上渠道的布局有直营渠道、经销渠道、分销渠道、产品买断运营渠道。

4. 推广的年轻化

（1）顾客——瞄准 90 后。江小白的目标客户群是 80 后、90 后，其中 90 后是核心目标群体。

（2）场景——聚焦年轻人特有的“四小”场景。江小白聚焦于“小聚、小饮、小时刻、小心情”四种年轻人的饮酒新场景。小聚指的是三五个同事、朋友、同学之间的非商务应酬；小饮就是不拼酒，点到为止，讲究适度；小时刻指的是经常性与偶然性的时刻；小心情是指酒这个产品是和心情、情绪所挂钩的，而不仅是一种功能性需求。

（3）命名——年轻人喜欢才重要。“小白”最早是网络用语，意指初学者，水平一般。这一略带自嘲的称谓在年轻人中认可度高。年轻人初入社会，大都是小白。“江小白”的拟人化称谓加上文艺青年 IP 形象，容易跟年轻人拉近距离，产生共鸣。

（4）表达瓶——超级自媒体的成功。产品包装是第一自媒体，这一观念现在已普及，可在 2012 年能意识到的并不多，而江小白的表达瓶就是将包装媒介价值最大化的代表。通过这个媒介，实现了形象区隔，参与互动，极大化了产品体验与传播价值。与传统白酒实现区隔：传统白酒为凸显文化感和价值感，包装上大都古朴厚重，老气横秋。江小白开创性的语录体包装在外观上与传统白酒完全不同。在 2012 年春季全国糖酒会上，江小白一出现就颠覆了传统白酒高大上的品牌形象。让年轻群体深度互动：江小白初期的文案是企业自行设定的，有不少动人文案。但到后期更多的是年轻人参与进来创作，江小白说这是“C2F”（由消费者到工厂）模式。江小白在后台做了一个面向 3 亿名年轻人开放的无边界创意文案库，由消费者参与进来决定江小白的产品怎么开发，文案怎么创新。强化体验与传播价值：产品有三种价值，即“使用价值、体验价值、传播价值”，大多数产品只具备基本的“使用价值”，而表达瓶三种价值齐备，让消费者有充分的体验感和传播冲动。体验新奇、好玩，不一样的年轻感。产品包装很特别，瓶体文案很走心，不发微博、朋友圈晒一下岂不可惜？所以，有了无数消费者自发的传播分享，不知道给江小白省了多少广告费。像这样的消费者主动分享多到数不胜数。在消费者数据收集上，江小白采用了一物一码技术，给每一瓶酒都赋上一个二维码，再借助内容定制瓶的营销玩法，结合自身的高情绪沟通、强文化导入优势，以此提高消费者的购买欲与扫码欲。

（5）媒介——把年轻人聚集的微博当作主战场。江小白的传播起源于微博，陶石泉说："如果说我是江小白的老爹，那么新浪微博就是江小白的亲妈。因为我们投入小，没办法用传统的方式去跟100亿元的企业竞争，所以我们要找一种新的途径来创立我们自己的品牌。当时我在想，靠天靠地不如靠自己，自己开始学习微博这种媒体探讨一条通过微博创新新品牌的新路子。"可以说"江小白这个品牌就是为微博而打造的，无论是产品本身、传播物料，一切跟品牌相关的东西都打上了微博的印记"。包括在最初投放的很少量线下媒介和线下活动都会跟微博关联，导流到微博。

（6）传播——以是否年轻化为取舍标准。活动——年轻人喜欢的才是好活动。江小白做过很多线上线下活动，其中最有代表性的就是"我们约酒吧"和"嘻哈巡演"，都是针对年轻人的。尤其，"约酒"这一活动每年都做，持续升级，从"我们约酒吧"到"同城约酒大会"再到"小约在冬季"，已成了品牌的标志性活动。约酒活动就是从给消费者的这封公开信——《致我们情绪的青春》正式启动，直到今天。广告——只选青春题材剧植入：在早期传播中，除了微博主阵地及线下活动，与热门影视剧的合作及植入推广是另一重要方式。在选择时，只与"青春题材"合作。2014—2015年，江小白做了《匆匆那年》《同桌的你》这种青春剧在西南区的地推合作。电影上映前，江小白提前半个月做海报，在几十万家线下终端店做活动推广。2016年达到顶峰，从陈坤的《火锅英雄》，到孙红雷的《好先生》，黄磊、海清的《小别离》，邓超的《从你的全世界路过》，再到朱亚文的《北上广依然相信爱情》，青春题材影视剧几乎被江小白承包了。

（资料来源：www.yidianzixun.com）

思考：

登录江小白微博，进一步了解江小白，总结江小白线上线下市场营销有哪些特点？

项目 2

市场营销环境分析

【课前五分钟】

1. 市场营销环境是指什么？
2. 市场营销环境有哪些特点？
3. 市场营销的宏观环境因素主要有哪些？
4. 市场营销的微观环境因素主要有哪些？
5. 企业可以通过哪些途径寻找新的市场机会？
6. 什么是 SWOT 分析法？
7. 互联网营销的优势与劣势主要有哪些？

【教学目标】

知识目标：

- 通过学习，掌握市场营销环境的内容，正确认知企业对市场营销环境的反应和适应；掌握运用市场营销环境分析的方法、操作程序和对策。

能力目标：

- 通过培养，具备市场营销环境分析的能力。

2.1 市场营销环境

2.1.1 市场营销环境的含义

1. 市场营销环境的概念

市场营销环境指的是与企业市场营销活动相关的特定的影响因素和条件。市场营销环境是企业的生存空间，是企业谋求生存和发展的前提条件，是市场营销活动的重要基础。

2. 市场营销环境的分类

（1）按影响范围分类。按影响范围分类，市场营销环境可分为宏观环境和微观环境，如图 2–1 所示。

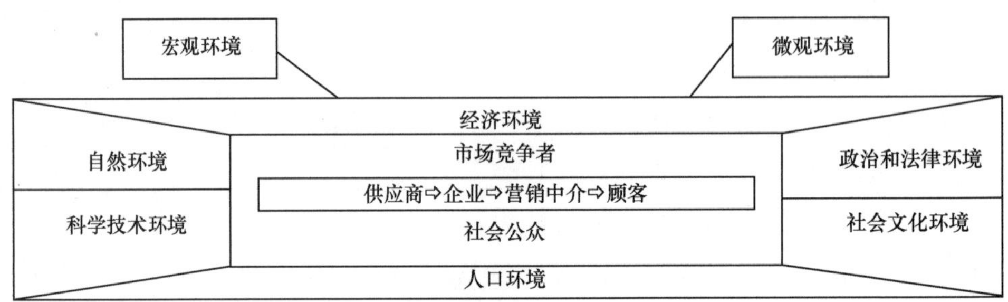

图 2–1 市场营销环境的构成要素

1）宏观环境。宏观环境又被称为间接环境，指影响企业微观环境的巨大社会性力量和因素，包括人口环境、经济环境、自然环境、科学技术环境、政治和法律环境、社会文化环境等多个方面。

2）微观环境。微观环境又被称为直接环境，是指与企业紧密相连，直接影响其市场营销能力的各种参与者。这些参与者包括企业的供应商、营销中介、顾客、市场竞争者，以及社会公众和企业内部条件。

宏观环境与微观环境之间是并列和包容的关系。微观环境为宏观环境的大背景所制约，宏观环境则借助微观环境发挥作用。

（2）按控制性难易分类。

1）可控制的因素。指由公司及市场营销人员支配的因素，即微观环境中的企业内部条件。它既包括最高管理部门可支配的因素，如产业方向、总目标、公司市场营销部门的作用、其他职能部门的作用，又包括市场营销部门可控制的因素，如目标市场的选择、市场营销目标、市场营销机构类型、市场营销计划等。

2）不可控制的因素。指影响公司的工作和完成情况，而公司及市场营销人员不能控制的因素，即宏观环境因素和微观环境中的企业外部环境。

2.1.2　市场营销环境的特点

1. 客观性

市场营销环境作为一种客观存在，它是不以企业的意志为转移的，有着自己的运行规律和发展趋势，对市场营销环境变化的主观臆断必然会导致营销决策的盲目与失误。因此，企业的生存和发展，越来越取决于其适应外界环境变化的能力。如果企业不能很好地适应外界环境的变化，则很可能在竞争中失败，从而为市场所淘汰。

2. 差异性

市场营销环境的差异性不仅表现在不同的企业受不同环境的影响，而且同一种环境因素的变化对不同企业的影响也不尽相同。例如，不同国家或地区之间，在民族、人口、经济、社会文化、政治、法律、自然地理等方面存在着广泛的差异性，这些差异性势必对企业的市场营销活动产生不同的影响。可见，由于外界环境因素存在差异性，要求企业必须采取相应的市场营销对策。

3. 相关性

市场营销环境作为一个完整的系统，其各个影响因素之间发生相互作用是不可避免的，其中存在相互制约和相互依存的关系。例如，消费者对某种商品的需求量不仅受商品本身价格的影响，也受相关商品（互补品和替代品）的价格、消费者的收入水平、消费偏好及心理预期的影响，甚至还受国家宏观经济政策的调控。因此，企业有必要充分关注各种因素之间的相互作用。

4. 动态多变性

市场营销环境是一个动态的概念，它总是处在一个动态变化的过程之中。就中国当今的市场营销环境而言，企业所处的环境已经有了很大的改善。当然，市场营销环境的变化是有快慢、大小之分的。其中，科技、经济等因素的变化相对快而大，因而对企业市场营销活动的影响相对短且波动大。例如，技术革新和发明创造不是均匀的、连续的过程，而是有高潮和低潮的，这会导致经济的上升和下降，从而形成不同的经济周期。而人口、社会文化、自然因素等相对变化较慢、较小，对企业市场营销活动的影响相对长而稳定。因此，企业的市场营销活动必须适应环境的变化，不断地调整和修正自己的市场营销策略，否则将丧失市场机会。

5. 不可控性

影响市场营销环境的因素是多方面且复杂的，企业对其不可控制。例如，一个国家的政治法律制度、民族结构及一些社会文化习俗等，企业是不可能随意改变的。而且，这种不可控性对不同企业表现不一，有的因素对某些企业来说是可控的，对另一些企业则可能是不可控的；有些因素在今天是可控的，到了明天则可能变为不可控因素。

市场营销环境的特点决定了它对企业的生存与发展、市场营销活动及决策过程产生着有利的或不利的影响，产生着不同的制约作用和效果。一方面，它为企业提供了市场营销机会；另一方面，市场营销环境也会给企业造成某种威胁。因此，企业必须重视对市场营销环境的分析和研究，善于把握市场营销环境的变化趋势，懂得根据市场营销环境的变化制定和调整市场营销对策，扬长避短，趋利避害，抓住机遇，从而实现企业的市场营销目标。

企业对市场营销环境的反应和适应，并不意味着企业对于市场营销环境是无能为力或束手无策的，只能消极地、被动地改变自己以适应环境，而是应从积极主动的角度出发，能动地去适应市场营销环境。也就是说，企业既可以以各种不同的方式增强适应市场营销环境的能力，避免来自市场营销环境的威胁，也可以在变化的市场营销环境中寻找自己的新机会，并尽可能地在一定的条件下转变市场营销环境因素，制定有效的市场营销策略去影响营销环境，在市场竞争中处于主动地位，占领更大的市场。

2.1.3 市场营销环境的内容

1. 市场营销的宏观环境因素

（1）人口环境因素。人口是构成一个市场的首要因素，人口动力可以创造新机会、新市场。人口环境是企业制定营销决策的重要参照，是市场营销宏观环境的首要因素。企业应该加强对人口环境因素的研究，密切关注人口特性及其发展动向，善于抓住市场机会。另外，当企业出现危机时，要相应地调整市场营销策略，以适应人口环境的变化。

1）人口数量与增长速度对企业市场营销的影响。在消费者收入水平相当的前提下，人口数量的多少直接决定了市场的发展空间，人口数量与市场规模成正比。我国13亿多人口就是一个巨大的市场。从全球的视角看，世界人口依然呈现出爆炸性的增长趋势，截至2019年9月10日，全球230个国家人口总数为7 579 238 198人，其中中国以1 395 380 000人位居第一，成为世界上人口最多的国家，印度以1 354 051 854人位居第二。世界人口的增长速度对营销活动具有较大的影响，人口规模的增加势必促进人类消费需求的增长。

2）人口结构对企业市场营销的影响。人口结构包括人口的年龄结构、性别结构、教育结构、家庭结构、社会与民族结构等多种因素。

①年龄结构。这是最关键的因素，它直接关系到市场的实际需求量及企业的目标市场选择。在一个市场上，不同年龄段的消费者对商品的需求自然存在差异性。例如，相较于70后、80后而言，90后、00后更加追求产品与服务的个性化。市场营销人员应首先明确年龄段中最可能成为目标市场的具体群体。我国人口老龄化规模将进一步扩大并越来越突出，对产品消费和生活方式更加追求“天然”和健康。

②性别结构。人口的性别不同，其市场需求量也有明显的差异。据调查，0～62岁年龄组内，男性略大于女性，其中37～53岁的年龄组内，男性约大于女性10%；但到73岁以上，女性约大于男性20%。这反映到市场上就会出现男性用品市场和女性用品市场，女性更加注重产品与服务的时尚性，男性则更加注重实用性。男性市场和女性市场在需求上表现为明显的差异性，这种差异为市场营销带来了新的契机。

③教育结构。教育结构对市场需求同样会产生较大的影响。例如，受教育程度较低

的群体的消费行为一般趋于感性，广告应突出企业的形象而不是产品本身；而对于受教育程度较高的群体，接触到的广告媒体则更多的是一些专业报纸、期刊或互联网，随着高等教育的大众化，人们将更加看重教育、旅游和休闲的价值。

④家庭结构。现代家庭是社会的细胞，从生存性消费品、享受性消费品到发展性消费品，绝大多数商品都是以家庭为单位购买和消费的。一个国家或地区的家庭单位和家庭平均成员的多少，以及家庭组成状况等，直接影响着许多消费品的需求量。

依据第六次全国人口普查数据，我国共有家庭户 40 152 万户，家庭户人口 124 461 万人，平均每个家庭户的人口为 3.10 人。家庭规模趋于小型化、数量增加的趋势，这对经营日常家庭消费品的企业提供了新的市场机会。我国非家庭住户也在迅速增加，企业应关注这些住户的特殊需要和购买习惯。家庭生命周期阶段及其需求与消费特征如表 2–1 所示。

表 2–1　家庭生命周期阶段及其需求与消费特征

家庭生命周期阶段	需求及消费特征
单身阶段	注重社交需要、娱乐需要，新观念的带头人
新婚阶段	有住房需要，消费各种家具、电器等耐用品
满巢Ⅰ期	家庭用品购买的高峰期，购买较多的儿童用品
满巢Ⅱ期	注重档次较高的商品及子女的教育投资，文化娱乐消费增加
满巢Ⅲ期	更新耐用消费品，注重储蓄，购买冷静、理智
空巢阶段	注重健康需要，娱乐及服务性消费支出增加
孤独阶段	注重情感、健康需要，注重安全保障

⑤社会与民族结构。我国第六次人口普查结果显示，我国农村人口约占总人口的 50.32%。因此，农村是有着巨大潜力的市场。我国是一个多民族的国家，民族不同，其生活习性、文化传统也不相同，反映到市场上，就是各民族的市场需求存在着很大的差异。因此，企业营销者要注意民族市场的营销，重视开发适合各民族特性并受其欢迎的商品。

⑥人口地理分布。人口分布即人口的地理分布。从人口区域分布看，我国东部沿海地区经济发达，人口密度大，消费水平高；中西部地区经济相对落后，人口密度小，消费水平低。随着我国城镇化战略的实施，必然推动城乡之间、地区之间的人口在数量和质量上都呈现强势流动的态势。现阶段，中国的人口流动趋势是农村的青年人口大量向城市转移，导致农村的老龄化现象比城市严重。企业在对城市进行选择时面临难题。一方面，设立在人口较少的城市，各项成本会降低，但小城市人力资本较为贫乏，不利于人才的吸引；另一方面，设立在中心城市，人力资源较为丰富，便于企业进一步发展，但与此同时企业的各项成本会大幅上升。小城市的竞争环境相对宽松，有利于企业快速占领市场，但市场规模较小。而大城市市场潜力大，但竞争激烈。因此，人口地理分布是影响企业制定营销策略的重要因素。

头脑风暴

伴随着经济的快速增长，我国的城镇化呈现空前猛烈的发展态势，城镇化率从1978年的18%上升到2018年的59.58%。据预测，随着经济的持续增长，我国城镇化水平将进一步提升，2020年将超过60%。城镇化的过程实际上就是市场需求不断拓宽和加深的过程。

随着我国城镇化速度的加快，城镇人口占全国人口的比重也在迅速上升，这种人口的变化趋势为哪些行业提供了哪些机遇?

（2）经济环境因素。经济环境是指企业市场营销活动所面临的社会经济条件及其运行状况和发展趋势，其中最主要的指标是社会购买力。而购买力直接或间接受消费者收入水平、消费者支出方式、价格水平、储蓄与信贷等经济因素的影响。可见，企业应特别关注消费者收入与消费模式的主要变化趋势。

1）消费者收入水平的变化对企业市场营销的影响。社会购买力来自消费者的收入水平，所以消费者收入是影响社会购买力、市场规模、消费支出多少和支出模式的重要因素。

①可支配收入。指扣除消费者个人交纳的各种税款和交给政府的非商业性支出后可用于个人消费和储蓄的收入，它是影响购买力和消费者支出的决定性因素。

②可随意支配收入。指可支配收入减去维持基本生活消费所必需的支出，如减去必要的食物、房租、水电费等必需费用和固定费用后所剩下的收入。可随意支配收入是影响消费者需求变化的最活跃的因素，也是消费者市场重点研究的收入。

③货币收入和实际收入。因为实际收入会影响实际购买力，假设消费者的货币收入不变，物价下跌，消费者的实际收入便增加；相反，物价上涨，消费者的实际收入便减少。即使消费者的货币收入随着物价上涨而增长，但如果通货膨胀率超过了货币收入增长率，消费者的实际收入也会减少。

2）消费者支出结构的变化对企业市场营销的影响。消费者支出结构主要是指消费结构，即消费者在各种支出中的比例关系。随着居民收入水平的变化，消费者支出结构也会发生相应的变化，从而使一个国家或地区的消费结构也发生变化。西方一些经济学家常用恩格尔系数来表示这种变化。恩格尔系数表明，在一定的条件下，随着家庭收入的增加，用于购买食物的支出占家庭收入的比重会下降，用于住宅建筑和家务经营的支出占家庭收入的比重大体不变，用于其他方面的支出和储蓄占家庭收入的比重会上升。根据联合国粮农组织提出的标准，恩格尔系数在59%以上为贫困，50%～59%为温饱，40%～50%为小康，30%～40%为富裕，低于30%为最富裕。据统计，改革开放以来，我国城乡居民家庭恩格尔系数逐渐下降，1978年为57.5%，2018年全国居民恩格尔系数为28.4%。我国的现状是个人可支配收入稳步提高，储蓄率高，随着消费升级的到来，人们在衣食住行等各方面增加的消费需求构成巨大的市场潜力。

实用链接

商务部综合司司长储士家 2020 年 1 月 21 日在发布会上表示，2019 年，我国消费市场运行总体平稳，规模稳步扩大，结构得到持续优化，模式也不断创新，消费对经济增长的基础性作用进一步巩固。主要有以下几个特点。

一是消费结构持续升级。全国居民恩格尔系数 28.2%，连续八年下降。品质化、个性化、多样化消费活跃，可穿戴智能设备、智能家用电器等商品快速增长。通信器材、化妆品类商品分别增长 8.5%、12.6%，高于社会零售总额的整体增速。

二是乡村消费潜力持续释放。乡村消费品零售总额增长 9%，增速快于城镇 1.1 个百分点。农村居民人均教育文化娱乐等支出保持两位数增长。

三是服务消费需求持续旺盛。服务消费占比首次超过 50%，达到了 50.2%，比上年提高 0.7 个百分点。餐饮收入增长 9.4%，文化、旅游、康养等服务消费增长较快。

四是网上零售保持快速增长。实物商品网上零售额增速比社会零售快 11.5 个百分点，对社会零售增长贡献率超过 45%，带动全国快递业务量 635 亿件，增长 25%。

五是市场主体活力增加。2019 年国内贸易新设市场主体 1 588 万户，平均每天有 4.4 万户。2019 年年末，国内贸易实有市场主体占比 68%，居各行业首位。

3）消费者储蓄与信贷水平的变化对企业市场营销的影响。居民个人收入不可能全部用于消费，总有一部分会以各种形式储蓄起来，这是一种潜在的社会购买力。个人储蓄的形式包括银行存款、国债、股票、证券投资基金和不动产等，这些均可随时变现，从而转化为现实的社会购买力。如果储蓄倾向增加，社会购买力和消费支出则随之减少；反之，如果储蓄倾向减少，购买力和消费支出便随之增加。

消费信贷就是指先消费后还款，消费者利用信用先取得商品的使用权，然后按期归还贷款，是一种预支未来收入的购买力。信贷消费在汽车、房地产行业的发展大大促进了这两个行业的发展。

4）经济发展水平对企业市场营销的影响。企业的市场营销活动还受到一个国家或地区的整个经济发展水平的制约。经济发展阶段不同，居民的收入不同，消费者对产品的需求也不一样，从而会在一定程度上影响企业的市场营销。

①国内生产总值。它是衡量一个国家经济实力与购买力的重要指标。从国内生产总值的增长幅度，可以了解一个国家经济发展的状况和速度。一般来说，工业品的市场营销与这个指标有关，消费品的市场营销则与此关系不大。国内生产总值增长越快，对工业品的需求和购买力就越大，反之就越小。

②人均国民收入。这是用国民收入总量除以总人口的比值。这个指标大体反映了一个国家人民生活水平的高低，也在一定程度上决定商品需求的构成。一般来说，人均收入增长，对消费品的需求和购买力就大，反之就小。

5）其他影响企业市场营销活动的经济环境因素。一个国家或地区的经济体制、行业发展状况、城市化程度等因素都对企业市场营销活动产生或多或少的影响。所以，企业制定市场营销战略要综合考虑各方面的因素。

（3）政治和法律环境因素。政治因素像一只有形的手，调节着企业市场营销活动的方向；法律是企业的行为准则。政治和法律相互联系，共同对企业的市场营销活动发挥影响。

1）政治环境对企业市场营销的影响。

①政治局势。政治局势指企业市场营销所处的国家或地区的政治稳定状况。如果政局稳定、经济发展、人民安居乐业，就会给企业带来良好的营销环境。相反，政局不稳，社会矛盾尖锐，战争、暴乱、罢工、政权更替等政治事件不断，经济处于崩溃状态，就会对企业市场营销产生不利的影响。因此，社会是否安定对企业的市场营销影响极大。

②政府的宏观经济政策。政府的宏观经济政策对企业的市场营销活动能够产生深刻的影响，主要包括人口政策、产业政策、能源政策和财政金融货币政策及其调整变化对企业营销活动的影响。这些政策不仅规定了国民经济的发展方向和速度，也直接关系到社会购买力的提高和市场消费需求的增长，甚至会使消费需求结构发生变化。例如，国家扶持或限制的行业方向对企业目标市场的选择与市场营销战略的选择都会产生重大的影响。

2）法律环境对企业市场营销的影响。法律是体现统治阶级意志，由国家制定或认可并以国家强制力保证实施的行为规范的总和。对企业来说，法律是评判企业市场营销活动的准则，只有依法进行的各种市场营销活动，才能受到国家法律的有效保护。因此，企业开展市场营销活动，必须了解并遵守国家或政府颁布的有关经营、贸易、投资等方面的法律、法规。它对规范和制约企业市场营销行为具有权威性和强制性，企业必须依据经济政策、法律、法规进行营销活动，同时凭借法律、法规维护自身的权益。

头脑风暴

2019年1月1日开始实施的《中华人民共和国电子商务法》对电子商务市场产生了哪些影响？

（4）自然环境因素。一个国家、一个地区的自然地理环境包括该地的自然资源、地形地貌和气候条件，这些因素都会不同程度地影响企业的营销活动，这种影响有时对企业的生存和发展起决定的作用。企业要避免由自然地理环境带来的威胁，最大限度利用环境变化可能带来的市场营销机会，就应不断地分析和认识自然地理环境变化的趋势，根据不同的环境情况来设计、生产和销售产品。

1）某些自然资源短缺或即将短缺对企业市场营销的影响。地球上的资源包括下列

3 种。

①无限资源，如空气和水等。这类资源从总体上讲是取之不尽、用之不竭的，但污染问题严重，亟待解决。

②可再生有限资源，如森林、粮食等。我国由于城市和建设事业发展快，耕地迅速减少。

③不可再生资源，如石油、煤和金属等矿物。由于这类资源供不应求或在一段时期内供不应求，必须寻找替代品。

这种情况下，就需要研究与开发新的资源和原料，这就给某些企业带来了新的市场机会。目前，这些资源不同程度上都出现了危机。

2）环境污染日益严重对企业市场营销的影响。2015 年巴黎气候变化大会通过了全球气候变化的新协议《巴黎协议》，对 2020 年后全球应对气候变化的行动做出了安排。企业作为社会的重要组成部分，必然会受到协议内容的影响。企业在发展的同时要兼顾社会效益，尽量减少对环境造成的不良影响是每个企业应当承担的社会责任。

3）政府对自然资源管理的干预日益加强对企业市场营销的影响。随着经济的发展和科学技术的进步，许多国家的政府加强了对自然资源管理的干预。但是，政府为了社会利益和长远利益而对自然资源加强干预，往往与企业的经营战略和经济效益相矛盾。例如，企业必须购置昂贵的控制污染设备，这样就可能影响企业的经济效益。因此，国家必须统筹兼顾地解决这种矛盾，力争做到既能减少环境污染，又能保证企业发展，提高企业经营效益，以达到经济可持续发展的目的。

（5）科学技术环境因素。科学技术的发明和应用，可以造就一些新的行业、新的市场，同时使一些旧的行业与市场走向衰落。例如，太阳能、核能行业的兴起，必然给掌握这些技术的企业带来新的机会，同时给水力、火力发电行业带来较大的威胁。科学技术的发展，使产品更新换代速度加快，产品的市场寿命缩短，也使人们的生活方式、消费模式和消费需求结构发生深刻的变化。科学技术是一种“创造性的毁灭力量”。它本身创造出新的东西，同时淘汰旧的东西。一种新技术的应用，必然使新的产业部门和新的市场出现，使消费对象的品种不断增加，范围不断扩大，消费结构发生变化。现阶段，我国重点培育和发展的战略新兴技术和产业有节能环保、新一代信息技术、生物、高端装备制造、新能源、新材料、新能源汽车等。其中，新一代信息技术包括推进互联网行动、实施国家大数据战略、做强信息技术核心产业、发展人工智能等；高端装备制造包括智能制造、节能制造等众多高精尖的制造技术。

互联网作为跨时空传输的“超导体”媒体，能够克服市场营销过程中时空的限制，可以为市场中所有顾客提供及时的服务，同时通过互联网的交互性了解不同市场顾客特定需求并针对性地提供服务。互联网是市场营销中满足消费者需求最具魅力的市场营销工具之一。互联网将 4P（产品、价格、分销、促销）和以顾客为中心的 4C（顾客、成本、方便、沟通）相结合，对企业市场营销产生深刻影响。

头脑风暴

5G 技术的商用及推广将给市场带来什么影响？

（6）社会文化环境因素。社会文化是指一个社会的民族特征、价值观念、生活方式、风俗习惯、伦理道德、教育水平、语言文字、社会结构等的总和。社会文化因素通过影响消费者的思想和行为来影响企业的市场营销活动。因此，企业在从事市场营销活动时，应重视对社会文化的调查研究。

1）价值观念对企业市场营销的影响。价值观念是人们对社会生活中各种事物的态度、评价标准和崇尚风气。不同的文化背景下，人们的价值观念差别是很大的，而消费者对产品的需求和购买行为深受其价值观念的影响。例如，东方人将群体、团结放在首位；西方人则注意个体和个人的创造精神。我国整体上崇尚节俭，储蓄消费为主；而西方一些国家崇尚个人享受，信贷消费非常流行。

2）教育水平对企业市场营销的影响。一个国家、地区的教育水平与经济发展水平往往是一致的。不同的文化修养表现出不同的审美观，购买商品的选择原则和方式也不同。一般来讲，教育水平高的地区，消费者对商品的鉴别能力强，容易接受广告宣传和接受新产品，购买的理性程度高。因此，在产品设计和制定产品策略时，应考虑当地的教育水平，使产品的复杂程度、技术性能与之相适应。另外，企业的分销机构和分销人员受教育的程度等也对企业的市场营销产生一定的影响。

3）审美观对企业市场营销的影响。不同的国家、民族、宗教、阶层和个人，往往因社会文化背景不同，其审美标准也不一致。例如，对人形体的看法，有的以胖为美，有的以瘦为美。不同的审美观对消费的影响是不同的，企业应针对不同的审美观所引起的不同消费需求开展自己的营销活动，特别要把握不同文化背景下的消费者审美观念及其变化趋势，制定良好的市场营销策略以适应市场需求的变化。

4）宗教信仰对企业市场营销的影响。不同的宗教信仰有不同的文化倾向和戒律，从而影响人们认识事物的方式、价值观念和行为准则，影响人们的消费行为，带来特殊的市场需求。宗教信仰与企业的市场营销活动有密切的关系，特别是在一些信奉宗教的国家和地区，宗教信仰对市场营销的影响更大。某些国家和地区的宗教组织在教徒的购买决策中有重大的影响。一种新产品的出现，宗教组织有时会提出问题和禁止使用，认为该产品与宗教信仰相冲突。相反，有的新产品出现，得到宗教组织的赞同和支持，它就会号召教徒购买、使用，起到一种特殊的推广作用。

5）风俗习惯对企业市场营销的影响。风俗习惯是人们根据自己的生活内容、生活方式和自然环境，在一定社会物质生产条件下长期形成并世代相袭的一种风尚，以及由于重复、联系而巩固下来并变成需要的行动方式等的总称。它在饮食、服饰、居住、婚丧、信仰、节日、人际关系等方面都表现出独特的心理特征、伦理道德、行为方式和生活习惯。不同的国家与民族有不同的风俗习惯，它对消费者的消费嗜好、消费模式、消

费行为等具有重要的影响。

2. 市场营销的微观环境因素

微观环境是指与企业市场营销活动直接相关的各种环境因素的总和，由供应商、营销中介、顾客、竞争者、社会公众和企业内部条件组成。经过企业的努力，微观环境的一些因素可以不同程度地加以控制。市场营销的微观环境因素如图 2–2 所示。

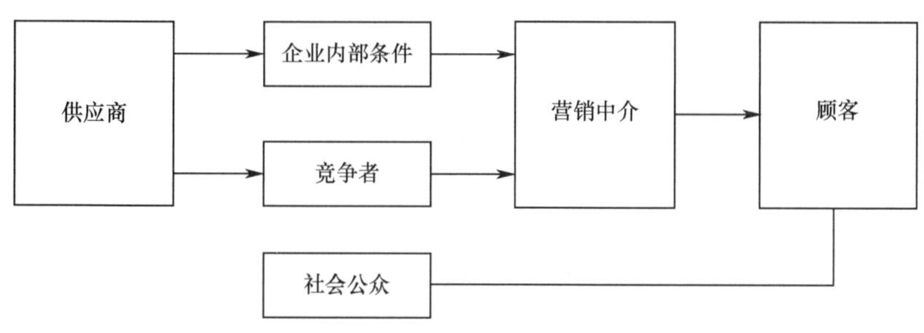

图 2–2 市场营销的微观环境因素

（1）供应商对企业市场营销的影响。供应商就是向企业及其竞争者提供生产经营所需的各种资源的企业和个人。企业要在生产经营中获得优势，就必须从供应环节取得资源优势，这样才能为销售环节提供可靠的物质和精神保证。

1）供应商对企业市场营销的影响因素。这些因素包括供应商提供资源的价格、提供资源的数量、提供资源的质量及提供资源的时间。

2）供应商对企业市场营销的不良后果。

①短期影响。企业将难以按时完成生产计划和销售计划，直接导致销售额的减少，影响企业的资金周转。

②长期影响。企业如果不能按时生产、按期交货，将损害企业在顾客中的信誉，减少了销售量，导致市场占有率降低。

3）分析供应商主要应该了解的信息。

① 企业所购物品在供应商销售收入中所占的比重，它是企业对供应商是否重要的一个尺度。

②有关备选供应品的来源、适用性及接受备选品供应商的可能性。

③供应商与企业竞争对手协议的条件内容。

4）正确处理与供应商的关系。

①作为竞争对手的供应商。使供应商多样化，以免因过分依赖某些供应商造成被动局面；向供应商表明企业有能力实现后向一体化，即企业有实力成为供应商的竞争者而不仅仅是一般的顾客。并且，应该主动了解供应商的制造过程和原材料成本方面的信息，从而使企业处于有利的讨价还价地位；选择一些相对较小的供应商，使企业的购买成为其收入的一个重要部分，亦即增加供应商对企业的依赖性。

②作为合作伙伴的供应商。可以考虑与供应商签署长期合同而不是采用间断式的购买方式从供应商那里获得资源；说服供应商接近顾客，让供应商尽量地了解顾客的需求，有助于企业更好地为顾客提供所需服务；分担供应商的风险。

（2）营销中介对企业市场营销的影响。营销中介是指协助企业促销、销售和配送其产品给最终购买者的企业或个人，包括中间商、物流商、营销服务机构（调研公司、广告公司、咨询公司等）、金融中介（银行、信托公司、保险公司等）。营销中介是一个完整的市场营销活动不可缺少的中间环节，大多数企业的营销活动都需要有它们的协助才能使产品顺利地送到最终购买者手中。因为经过分工可以最大限度地降低交易成本，所以企业必须重视并处理好与它们的关系。

（3）顾客对企业市场营销的影响。对企业来说，最重要的环境要素是顾客。顾客是企业服务的对象，也是企业的目标市场。根据购买者动机和类别，可以把企业的目标市场分为如下两类。

1）消费者市场。指个人和家庭为满足生活消费需要而购买商品和劳务的市场。消费者市场是一切市场的基础，是最终市场。因此，一切企业，无论是生产企业，还是商业、服务企业，也无论是否直接为消费者服务，都必须研究消费者市场及其购买者，必须深入研究消费者市场需求的特点和消费者行为模式，以消费者的需要为依据来制定营销方案，满足消费者需求，方能在竞争中取胜。

2）组织市场。指各种组织机构形成的对企业产品和服务的市场需求总和。组织市场包括：①生产者市场，即为了生产、获得利润而购买的生产企业所构成的市场；②中间商市场，即为了转卖、获得利润而购买的批发商和零售商所构成的市场；③政府市场，即为了履行职责、满足社会公共需要而购买的政府机构所构成的市场。

当然，每种顾客市场的特点各不相同，具体的市场需求规模、市场占有率、发展速度也有所不同。因此，企业针对不同顾客的市场营销策略要具有差异性。

（4）竞争者对企业市场营销的影响。竞争者的市场营销战略和市场营销策略直接影响企业的市场营销活动。企业要想在市场竞争中获得成功，就必须能够比其竞争对手更好地发现消费者的需求并满足其需求。因此，企业必须高度关注竞争者的变化，及时调整对策。竞争者分为以下几种形式。

1）品牌竞争者。当其他公司以相似的价格向相同的顾客提供类似的产品与服务时，公司将其视为竞争者。例如，被伊利公司视为主要竞争者的是价格与档次相似、生产同样乳制品的蒙牛公司。

2）行业竞争者。公司可把生产同样或同类产品的公司都广义地视为竞争者。

3）产品形式竞争者。指生产同种产品，但规格、型号、款式不同的竞争者。

4）形式竞争者。公司可把所有能提供相同服务和产品的公司都视为竞争者。例如，TCL公司可以认为自己不仅在与家电生产商竞争，还与其他电子产品生产商竞争。

5）通常竞争者。公司还可以进一步把所有争取同一消费者的企业都视为竞争者。

打败尼康的，不是影像仪器行业的竞争者，而是IT行业的智能手机；打败康师傅方便面的，不是其他方便面企业，而是美团和饿了么等外卖平台；打败小偷的不是人民警察，而是八竿子也打不着的移动支付。正如刘慈欣的小说《三体》中的那句话："我消灭你，与你无关。"以前，你不努力，竞争对手会打败你、兼并你、淘汰你。如今，即使你非常努力，你仍然会被打败、被兼并、被淘汰。只不过，打败你的，不一定是你在乎的那个竞争对手，而可能是一个与你无关的人。

（5）社会公众对企业市场营销的影响。社会公众是指对企业实现其市场营销目标构成实际或潜在影响的任何团体。社会公众具体包括如下几方面。

1）金融公众，即影响企业取得资金能力的任何集团，如银行、投资公司等。

2）媒体公众，即报纸、杂志、无线电广播、电视、网络等具有广泛影响的大众媒体。

3）政府公众，即负责管理企业业务经营活动的有关政府机构。

4）群众团体，即为维持某些部分的社会成员利益而组织起来的，会对立法、政策和社会舆论产生重大影响的各种社会团体，如消费者协会、环境保护组织等。

5）地方公众，即企业附近的居民群众、地方官员等。

以上这些公众，都与企业的营销活动有直接或间接的关系。现代企业是一个开放的系统，它在经营活动中必然与各方面发生联系，因此企业需设立公共关系部门，专门负责处理与公众的关系。

（6）企业内部条件对企业市场营销的影响。企业内部条件包括企业资源、企业能力、企业文化等因素，也称企业内部环境。企业内部环境是企业内部与战略有重要关联的因素，是企业市场营销活动的基础，是企业可以控制的因素，是制定战略的出发点、依据和条件，是市场竞争取胜的根本。

1）企业文化。企业文化就是企业家及其率领的群体所拥有并积淀的赋予企业的性格，具体表现为价值标准、企业精神、管理制度、行为规范等。良好的企业文化环境氛围有助于增进企业全体员工对企业的好感，并可以通过员工向外辐射这种感情以美化企业的对外形象。

2）治理机制。企业内部必须有许多职能部门，它们各司其职，各行其是。企业整体要求各部门之间要相互联系，有效配合。但是，各部门一旦形成，就存在各自的利益关系，从而客观上存在着产生矛盾的可能。

3）资源基础。企业以具备优秀的"人"资源为要，但还必须具有良好的"物"资源。"人""物"双优，加之良好的机制，就能实现企业资源效能整体优化。

2.2 市场营销环境分析

2.2.1 运用环境机会分析的方法与对策

环境机会是指由环境变化造成的对企业营销活动富有吸引力和利益空间的领域。这些领域存在着尚未满足的需求，并且企业拥有竞争优势。

1. 寻找新的市场机会

企业可以通过 4 种途径寻找新的市场机会。

（1）识别市场渗透机会。市场渗透的目标是取得市场份额（准备进入市场）或扩大市场份额（已进入市场）。

1）识别取得市场份额机会。企业以现有产品进入既定的目标市场，取得一定的市场份额往往不是一件轻而易举的事情，要遇到许多障碍或壁垒。进入市场的障碍，往往以有待解决的问题存在，有待解决的问题也是一种机会。

2）识别扩大市场份额机会。对于已经进入目标市场的产品，市场渗透的主要目标是扩大市场份额。而企业产品市场份额的主要来源是市场潜量剩余（市场潜量剩余 = 市场饱和点 - 市场销售量总和）和抢占竞争对手的市场份额。因此，企业必须对市场潜量剩余和竞争对手的市场份额有基本的判断和识别，以便明确市场渗透方向，即明确向潜量剩余渗透还是向竞争对手的市场份额渗透。但无论从哪个方向渗透，均要对市场结构要素，即顾客、竞争对手和市场法律法规进行分析，以便找出有效的市场渗透手段，识别提高渗透速度的机会。

（2）识别市场开发机会。企业以现有产品去满足现有目标市场以外的市场需求，称为市场开发。企业可以从 3 个方面进行识别：

1）以人口变量为线索，寻找现有产品的新目标市场的需求；

2）以地理变量为线索，寻找现有产品的新销售区域；

3）开发现有产品的新用途，发现现有产品的新目标市场。

（3）识别产品开发机会。随着社会的进步，消费者需求不会停留在原有水平上，不同消费者有不同层次的需求。因此，企业必须进行产品创新，不断开发新产品来满足现有目标市场上不同层次消费者不断变化的需求。产品开发机会的方法有以下几种。

1）分析现有产品的问题与缺陷。现有产品包括企业本身的产品和竞争对手的产品。新产品的构思往往源于对现有产品的问题与不足的分析，而现有产品的问题与不足又多源于消费者的需求和欲望未为现有产品所满足。因此，应着重调查和分析顾客对现有产品的不满和意见，以形成符合顾客需求的新产品构思。

2）对目标市场的再细分。目标市场的消费者需求基本上一致，但不是完全一致，其中任何两个消费者的需求都有差异，即使微小的差异。更为重要的是，同一目标市场的消费者需求，随着时间的推移会发生变化，微小的需求差异会演变成较大的需求差异。因此，对目标市场可以再细分。通过对目标市场的再细分可以发现现有产品的不足，启发新产品的创新灵感，使产品差异化程度更高，差别化利益更大。

3）关注市场法律法规。市场法律法规是市场结构的要素之一，它每时每刻都在控制和影响着市场营销活动，也为产品开发提供着机会。

4）宏观环境分析。经常分析外部宏观环境会给消费者带来什么新的需求，也就是为企业发掘产品创新的机会。

（4）识别差异化机会。差异化经营是以新的产品去满足新目标市场的需求来取得利润的一种企业活动。因此，差异化机会既包括产品开发机会，又包括市场开发机会。市场细分的方法是识别差异化机会的主要方法。另外，由于新目标市场的"新"特点是消费者具有新的产品需求，而这种新需求不仅由消费者自身决定，市场外部宏观环境和法律法规也会极大地影响和制约这种决定。因此，识别差异化机会的方法，不仅主要指市场细分，也指对宏观环境和法律法规的分析，即分析宏观环境和法律法规及它们的变化将给整个市场带来什么新的需求。

2. 评价市场机会

企业应从市场机会的潜在吸引力（营利性）和成功可能性（企业优势）的大小两个方面来确定企业的最佳市场营销机会。市场机会能否成为企业的营销机会，还要看它是否与企业的目标和资源相符。评价市场机会，可以用环境机会分析矩阵，如图 2–3 所示。

成功的可能性（概率）

潜在吸引力	高	低
高	Ⅰ	Ⅱ
低	Ⅲ	Ⅳ

图 2–3　环境机会分析矩阵

在图 2–3 中，横轴表示成功可能性的高低，纵轴表示潜在吸引力的高低。在图的 4 个区域中，Ⅰ区域成功的可能性和潜在吸引力均比较大，所以企业最佳的机会出现在区域Ⅰ中；区域Ⅳ成功的可能性和潜在吸引力均比较小，所以该区域可以不考虑；区域Ⅱ和区域Ⅲ的情况介于二者之间，企业应具体分析。

3. 实施有效的对策

企业把握环境机会应采取如下对策。

1）发展策略。发展策略又称抢先策略。一旦企业认为机会较好，即可抓住机会开发新产品和新服务，抢先进入市场，在竞争中处于领先地位。一般来说，这种策略投资较大，并且有一定的风险。

2）利用策略。利用策略又称紧跟策略。企业分析后认为经营风险大，但对企业的吸引力也大，此时在市场上已有企业进入的情况下，采取紧跟方式，既可避免风险，又可较早进入市场。

3）维持策略。维持策略又称观望策略，是一种较为保守的做法。企业对机会采取观望态度，一旦时机成熟再加以利用。这一策略使企业往往有较大的回旋余地，比较适合中小企业。

在许多人眼中贴着“老古董”标签、和国家紧密挂钩的故宫博物院，通过紧跟潮流的淘宝店和微信公众号，正在转型成一个可爱又机智的“网红”。在“故宫淘宝”店铺中，推出了各种活泼可爱的故宫周边：御前侍卫便签夹、“朕亦甚想你”折扇、写着“回避”“肃静”的帆布包、彰显高贵身份的奏折笔记本等。店铺的亮黄色装帧、微信公众号活泼的文风，让故宫博物院摆脱了人们印象中刻板、沉重的历史形象，深受年轻人喜爱，让更多年轻人开始对历史感兴趣。

2.2.2 运用环境威胁分析的方法与对策

1. 运用环境威胁分析的方法

环境威胁是指营销环境变化中所出现的对企业不利的发展趋势及由此形成的挑战。环境威胁分析可以运用环境威胁分析矩阵表示，如图 2-4 所示。

出现威胁的可能性（概率）←

影响程度↑	大	小
高	Ⅰ	Ⅱ
低	Ⅲ	Ⅳ

图 2-4 环境威胁分析矩阵

在图 2-4 中，横轴表示出现威胁的可能性，一般用概率表示；纵轴表示影响程度的高低。在图的 4 个区域中，Ⅰ区域威胁出现的概率和影响程度都比较高，所以企业要特别重视该区域；Ⅳ区域威胁出现的概率和影响程度都比较小，所以该区域可以不考虑；Ⅱ区域威胁出现的概率小而影响程度却比较大，Ⅲ区域威胁出现的概率大而影响程度却比较小，所以应该密切监控这两个区域。

2. 分析环境威胁的对策

（1）反抗策略。反抗策略也称抗争策略，即试图通过自己的努力限制或扭转环境中不利因素的发展。例如，通过各种方式促使（或阻止）政府通过某种法令或与有关权威组织达成某种协议，努力促使某项政策或协议的形成，以用来抵消不利因素的影响。这是一种积极的、主动的策略。

（2）减轻策略。减轻策略也称削弱策略，即企业力图通过改变自己的某些策略，达到降低环境变化威胁对企业的负面影响程度。一般可以通过调整市场营销组合等来改善环境，以减轻环境威胁的严重性。

（3）转移策略。转移策略也称转变或回避策略，指企业通过改变自己受到威胁的主要产品的现有市场或将投资方向转移来避免环境变化对它的威胁。一般有如下几种转移策略：

1）企业原有销售市场的转移；

2）企业往往不仅仅限于目标市场的改变，而常常是做自身行业方面的调整；

3）企业依据营销环境的变化，放弃自己原有的主营产品或服务，将主要力量转移到另一个新的赢利更多的行业或市场中。

2.2.3　运用机会与威胁综合分析的方法与对策

1. 运用机会与威胁综合法分析机会与威胁

在市场营销活动的过程中，当某一环境发生了变化，往往既是威胁，又是机会，企业需要将两者结合起来进行分析。

运用市场机会与环境威胁矩阵法分析、评价市场营销环境，可得出 4 种不同的结果，即理想业务、冒险业务、成熟业务和困难业务，如图 2–5 所示。

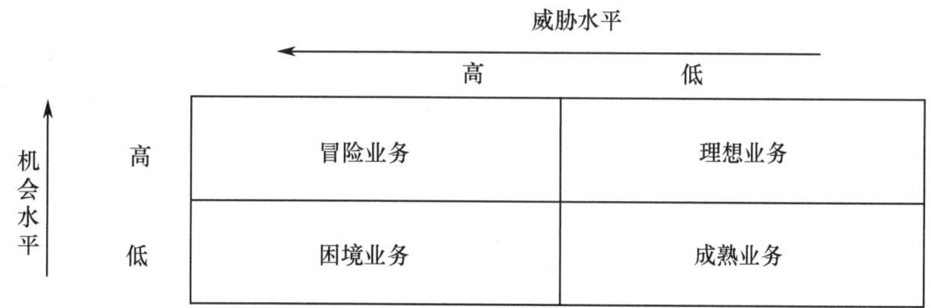

图 2–5　机会与威胁的综合分析

2. 运用机会与威胁综合法分析的对策

1）对理想业务，即高机会和低威胁的业务，应看到机会难得，甚至转瞬即逝，必须抓住机遇，迅速行动；否则，将丧失战机。

2）对冒险业务，即高机会和高威胁的业务，面对高利润与高风险，既不宜盲目冒进，也不应迟疑不决、坐失良机，应全面分析自身的优势与劣势，扬长避短，创造条件，争取突破性的发展。

3）对成熟业务，即低机会和低威胁的业务，机会与威胁处于较低水平，可作为企业的常规业务，用以维持企业的正常运转，并为开展理想业务和冒险业务准备必要的条件。

4）对困难业务，即低机会和高威胁的业务，要么努力改变环境，走出困境或减轻威胁，要么立即转移，摆脱无法扭转的困境。

2.2.4 运用调节市场需求的策略

受市场环境因素变化的影响，市场需求呈现出多样性。面对不同的市场需求，企业不仅要迎合，更要主动出击，使用不同的市场营销策略，调整消费者的需求，使之与企业的产品与服务相协调。

1. 运用扭转性市场营销策略

扭转性市场营销策略是指企业面对“否定需求”或“负需求”时采取的市场营销对策。面对这种情形，企业应通过自身市场营销策略的调整，改变这部分消费者对产品或服务的信念和态度，为自己创造市场条件。

2. 运用刺激性市场营销策略

刺激性市场营销策略是指企业面对“无需求”时采取的市场营销对策。企业应通过促销宣传的各项活动，设法把产品或服务能够带给消费者的利益让这些人理解，通过市场营销刺激来激发消费者的购买兴趣。

3. 运用开发性市场营销策略

开发性市场营销策略是指企业面对现实中没有适当的产品和服务能够满足消费者需求时所采取的市场营销对策。在确实认清消费者需求及其规模的前提下，企业可通过新产品和新的服务项目的开发将潜在的消费者需求变为现实的消费者需求，为自己创造新的市场机会。

4. 运用恢复性市场营销策略

恢复性市场营销策略是指企业面对产品或服务处在“需求下降”的通道中所采取的营销对策。企业应通过自身营销策略的调整为产品重新定位，挖掘其内在价值，再创市场销售新高潮，以延续其产品或服务的市场生命周期。

5. 运用协调性市场营销策略

协调性市场营销策略是指面对由于季节、时点等变化造成的某些产品或服务需求波动时企业的营销对策。企业市场营销管理的任务是通过运用灵活的价格策略、推销方法和各种刺激手段，引导和改变消费者的需求习惯和方式，达到减少需求大幅度波动的目的。

6. 运用保持性市场营销策略

保持性市场营销策略是指面对产品或服务的需求水平、时间、时点与期望的需求和时间一致时企业的市场营销对策。在这种情形下，企业的任务是通过及时发现消费者的偏好，保持产品质量的稳定，严格控制企业的成本，在维持企业自身竞争地位的同时，努力维持现有的需求水平。

7. 运用降低性市场营销策略

降低性市场营销策略是指面对超过企业供应能力的产品或服务时的企业市场营销对策。企业一般通过提高价格、减少促销活动来“低调”营销，其目的是通过企业行为来协调市场需求。

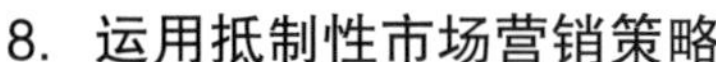

8. 运用抵制性市场营销策略

抵制性市场营销策略是指企业面对一些不健康的产品或服务的需求时应采取的市场营销策略。为了消费者的长远利益，企业应采取抵制办法，通过劝说、宣传等方式使这类产品或服务的消费者放弃这种需求。

2.2.5　运用 SWOT 分析法分析

1. SWOT 分析法的概念

SWOT 分析法也称 TOWS 分析法，即态势分析法，用来分析企业优势（Strength）、劣势（Weakness）、机会（Opportunity）和威胁（Threats）。因此，SWOT 分析法实际上是对企业内外部条件各方面内容进行综合和概括，进而分析组织的优劣势、面临的机会和威胁的一种方法。通过分析不正确企业的优势和缺陷，企业可以了解自身所面临的机会和挑战，从而制定企业战略。SWOT 分析模型如图 2-6 所示。

	优势	劣势
机会	SO战略 发挥优势，利用机会	WO战略 利用机会，克服劣势
威胁	ST战略 利用机会，避免风险	WT战略 减少劣势，避免风险

图 2-6　SWOT 分析模型

2. 运用 SWOT 分析法的操作程序

（1）收集信息。SWOT 分析法实质上是机会、威胁分析与优势、劣势分析的综合，信息的收集也就是对外部环境和内部环境资料的收集。信息收集主要包括宏观环境信息的收集、行业（中观）环境信息的收集、微观环境信息的收集。

（2）整理与分析信息。把收集到的信息分别归类到宏观环境、行业环境和微观环境后，再分析信息的含义，看其是否表明企业所面临着机会或者遭遇威胁，是否反映了企业的优势与劣势。

（3）确定企业具体业务所处的市场位置。资料收集整理完毕后，再看企业某项具体业务面临的环境是机会多于威胁还是威胁多于机会，企业在这项业务上是处于优势还是劣势，并在 SWOT 分析模型中标出其市场地位。

（4）拟定市场营销战略。企业某项业务的市场位置确定后，就可以根据其具体情况制订相应的市场营销战略和策划方案，决定企业是否应加大对这项业务的投资，以及产品组合、促销组合等方面有哪些要改进的具体问题。

3. 运用 SWOT 分析法应注意的问题

（1）明确在 SWOT 分析法中，优势、劣势与机会、威胁的地位是不同的，外部环境因素是通过改变竞争双方的优劣势对比来为研究对象产生一定机会或威胁的，这是

SWOT 分析法的基本结构。

（2）从内容上说，SWOT 分析既应该包含静态分析，也应该包含动态分析，即既要分析研究对象与其竞争对手现实的优势、劣势或现实的优势、劣势对比，还要探讨研究对象与其竞争对手各自的优势、劣势及其面临的机会、威胁发展变化的规律性，由此预测现实优势、劣势在未来可能发生的变化，据此分析战略目标的合理性，并设想战略措施。

（3）在战略管理中，SWOT 分析不能是孤立的，而应该同对现状产生原因的分析，特别是达到未来战略目标或阶段战略目标需满足的条件的分析相结合。对现状的原因没有客观、全面的认识，或对达到战略目标应具备的条件做出错误判断，均可能导致对优势、劣势和机会、威胁的认识错误。

（4）确立对优势、劣势正确的态度。“扬长避短”这句话并不永远正确，如果某一劣势阻碍了实现达到战略目标的一个必要条件，就应该弥补这一劣势，而不是一味回避它。只有当劣势在战略所覆盖的未来一段时间内难以改变时，才采取避开该劣势的态度。对优势、劣势的态度还应取决于所选择的战略目标和战略途径，实现某一战略目标的充分条件可能有多组，这决定了达到战略目标可能有多条途径，对于决策者最终选择的战略途径，应该采取措施，放弃或回避与该战略途径无关的优势、劣势，保持或增强与该战略途径有关的优势，并弥补与之有关的劣势，促使全面实现该战略途径对应的充分条件。找出实现战略目标的充分条件可能是困难的，但永远是理性的战略家努力的方向。

SWOT 分析法就是一把双刃剑，只有真正地理解了它，才能发挥它的最大功用，尽可能避免它的不利方面。

实用链接

以淘宝为例的 SWOT 分析

一、优势（S）分析

1. 准确的消费群体定位

淘宝成立初期，花费了 4 个月的时间分析我国的电子商务市场，最终将目标客户定位在月收入 5 000 元以下的中低端消费群体，区别于易趣定位的国际化、大龄、男性、技能型人才及相对收入较高的白领。淘宝的选择是年轻、时尚、女性、小商店消费人群，这让淘宝很容易地在国内的电子商务交易量占据了市场 80% 以上的份额，击败了 E-BAY 和易趣等忽略中低端市场的 C2C 商务平台。

2. 良好的企业形象

淘宝提倡诚信、活跃、快速的网络交易文化，不仅如此，淘宝也是中国电子商务领

域的开拓者和领导者。

3. 成熟的技术支持

安全支付是 C2C 平台的关键点，如果这个环节出现了问题，带来的损失是不可估量的。2013 年 10 月，淘宝推出支付宝服务，在很大程度上解决了支付安全问题，维护了广大消费者和商家的利益。

随着科技的进步，支付宝也在不断完善，日前，支付宝占据了市场 48%左右的份额，可以说是一枝独秀。支付宝以其安全、便捷的特点征服了 90%的淘宝买家和卖家。

二、劣势（W）分析

1. 假货泛滥

卖家良莠不齐导致商业的信用问题。淘宝准入门槛低，开店成本也降低了很多，有些不良商家，为了达到利益最大化，假货层出不穷。大量的水货、假货打击了消费者的购物信心，同时影响了正品卖家的销售，极易牵涉买卖双方，以及平台与商家的法律纠纷。

2. 经营成本增加

淘宝网推出“三年免费政策”，不过到了后期，随着国内 C2C 市场的发展，淘宝网的竞争者不断增加，又因为淘宝的主要消费对象是年轻人，他们财力有限，淘宝为了拉住客户和消费者，同时为了给其他竞争者压力，不得不继续推行免费政策。巨大的资金投入无疑给阿里巴巴带来巨大的压力。就因为如此也使淘宝似乎陷入了困境，比如淘宝想提高开店门槛而引起的“退款门”事件就是个很好的例子。

3. 模式极易复制

由于竞争环境恶劣，互联网技术具有透明性、可复制性等特点，使淘宝的一些创新的核心技术正在逐步被竞争者复制并加以利用，百度、拍拍把当年淘宝打败易趣的免费政策完整地进行了克隆。

三、机会（O）分析

1. 政府支持

近年来，国家积极发展电子商务，以互联网、物联网为基础，通过电子商务发展物物交换，使人们有望逼近零库存、零废品、零附加交易成本的全新时代。可见，政府充分意识到自由现实市场已经满足不了广大消费者的需求，网上市场是现实的必然选择。

2. 市场结构优化

经过金融危机的刚性调整和洗牌，使我国的市场结构更加完善和优化。阿里巴巴在美国成功上市，为淘宝的发展提供了强大的资金支持。

3. 互联网普及率上升

随着科学技术的不断发展与人民生活水平的提高，我国的互联网已经进入了高速发展时期，人们对网购的认知度也提高了许多，消费者的潜在及实际购买力上升。

四、威胁（T）分析

1. 竞争对手众多

淘宝虽然处于C2C行业领军的地位，但是这些年京东、拼多多等一些购物网站的快速发展使淘宝充满危机感，支付宝也受到微信支付、京东白条等支付平台的挑战。

2. 基础服务滞后

物流服务及评价系统一直是淘宝的软肋，淘宝到目前为止还没有建立自己的物流系统，随着淘宝卖家的持续增加和前期许多卖家信誉的积累，淘宝的信誉制度对新卖家越来越不利，在这种环境下使信誉炒作灰色产业蓬勃发展，淘宝也没有一个良好的交易纠纷处理体系，往往使消费者的权益得不到很好的保障。

3. 法律法规不完善

相应的网络购物法律法规不完善，交易纠纷呈现出逐年上升的趋势。我国对电子商务立法的监管工作也没有完善，尚处于起步阶段。知识产权、退货争端问题在网上也不是完全有法可依的。网上最普遍的恶意购买事件就反映出解决此类争端主要还是依靠淘宝内部管理体系，而非法律。

（资料来源：http://www.sjk8.com/News，2019.5.4）

2.3 互联网营销环境分析

2.3.1 互联网营销环境的概念

互联网营销环境是指对企业的生存和发展产生影响的各种外部条件，即与企业互联网营销活动有关联的因素的集合。营销环境是一个综合的概念，由多方面的因素组成。环境的变化是绝对的、永恒的。随着社会的发展，特别是网络技术在营销中的运用，使环境更加变化多端。虽然对营销主体而言，环境及环境因素是不可控制的，但它也有一定的规律性，可通过营销环境的分析对其发展趋势和变化进行预测和事先判断。企业的营销观念、消费者需求和购买行为，都是在一定的经济社会环境中形成并发生变化的。因此，对网络营销环境进行分析是十分必要的。可以从宏观、微观两个视角对互联网营销环境进行分析。宏观层面主要研究网络营销与政治、经济、文化、技术等外部环境之间的关系，微观层面主要研究个人、企业及其他“物种”之间的关系。

2019年最红的网红是谁？李佳琦。他上过热搜的次数超过了所有明星，“双11”直播销售额高达10亿元。一次直播涂380支口红，15分钟卖掉15 000支口红，5个半小

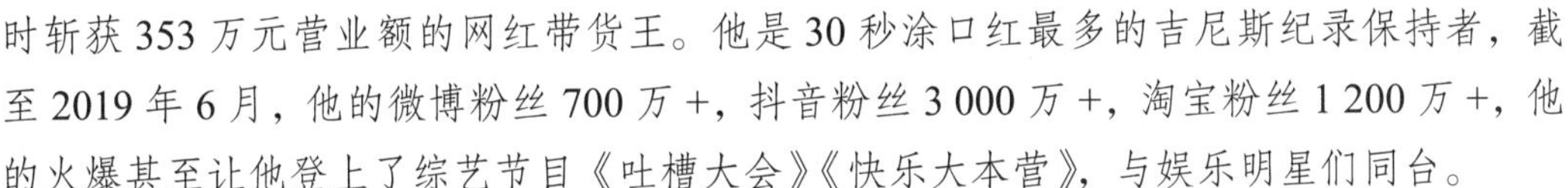

时斩获 353 万元营业额的网红带货王。他是 30 秒涂口红最多的吉尼斯纪录保持者，截至 2019 年 6 月，他的微博粉丝 700 万 +，抖音粉丝 3 000 万 +，淘宝粉丝 1 200 万 +，他的火爆甚至让他登上了综艺节目《吐槽大会》《快乐大本营》，与娱乐明星们同台。

2.3.2　互联网宏观营销环境分析

互联网宏观营销环境由影响微观环境的较大的社会力量构成，主要包括经济环境、技术环境、政治环境和文化环境。

1. 经济环境

经济会对企业营销产生影响。经济力量会影响供给和需求，对于营销人员而言，更为重要的是识别哪种经济力量需要特别关注。传统的经济因素，如增长率和失业率、利息率和汇率、经济周期、国际贸易壁垒等会影响商业活动的各个方面。此外，国际市场的发展和新型经济也会对网络营销活动产生潜在影响。

2. 技术环境

营销人员需要理解数字和网络技术及其术语，一旦理解错误就会造成严重的后果。数字技术尤其是网络技术，以及数字安全、技术融合等新技术，都会对制订网络营销计划产生重要的影响。例如，微信小程序（简称“小程序”）是基于微信开发的一种不需要下载安装即可使用的应用，它实现了应用“触手可及”的梦想，用户扫一扫或搜一下即可打开应用。它是微信公众号功能的拓展，必将给未来的微信营销带来改变。

3. 政治环境

政治环境的形成是特定社会中影响或制约各种组织和个人的法律、政府机构及社会团体相互作用的结果。政治力量和经济力量密切交织在一起，政府对经济的影响力体现在方方面面。对网络营销而言，各国政府都会对网络的增长和使用进行一定的管理（网络治理），但是网络的全球化使政府对网络空间的控制越来越困难。法律力量在于提供一个控制和规范的框架，使得个体和商业机构可以在遵守法律和道德的前提下开展业务。针对在线交易，各国有很多法律法规和道德标准，营销人员必须理解并在这一制度框架下开展工作。例如，注意保护他人和自己的隐私权、知识产权等。再如，《网络预约出租汽车经营服务管理暂行办法》于 2016 年 11 月 1 日起施行，从法律角度规范了我国网约车行业的发展。

4. 文化环境

一个国家或地区的语言、风俗、规范和价值观能够对用户的网络需求产生巨大的影响。网站和搜索引擎的类型在不同国家差异非常大。因此，在文化环境分析中对国家间的差别进行考察很重要。另外，全球人口分布显示，有 8% 左右的人口年龄在 65 岁以上，这部分人群较少使用网络，这对网络营销者而言是一个很大的挑战。这也是一种社会排斥，即社会的一部分人被排除在其他人可用的工具之外，成为孤立的群体。

2.3.3 互联网微观营销环境分析

互联网微观营销环境由影响企业服务顾客能力的联系紧密的组织或个人组成，主要包括顾客、竞争者、供应商及渠道结构等。

1. 环境扫描和在线市场分析

环境扫描和在线市场分析是分析互联网微观营销环境的常用方法。公司不断对其环境进行管理的过程称为环境扫描。在线市场分析有助于对竞争性市场的性质进行界定，同时为管理在线交易环境提供了一种方法。

（1）顾客细分。市场分析有助于识别和总结在线业务中的不同目标细分市场，以便更好地理解他们的在线媒体消费，以及想要得到的在线体验。无论是数字化的活动还是网站设计，对角色的认知有助于理解不同群体的偏好、特征及在线行为。

淘宝二楼：深夜 10 点开始营业的淘宝“夜市”

在电商平台布局内容营销的大趋势下，淘宝的内容化尝试——系列短剧《一千零一夜》显得格外成功。这个治愈奇幻风格的短剧在每周周三、周四晚 10 点更新，用户只能在夜间 10 点到第二天早晨 7 点下拉手机淘宝首页进入“淘宝二楼”，才能观看这个围绕美食展开的短剧。实际上这是淘宝通过讲故事卖货的另一种尝试——用户可以在观看时直接进入商品页面，购买故事中出现的食物。这种电商导流方式成效斐然：比如第一集《鲅鱼水饺》，截至视频推出的第二天上午 7 点，相关店铺就售出了 34 万只水饺、近 5 吨牛肉丸，销量翻了 150 倍。“淘宝二楼”仅在深夜开放的形式和贴近都市人生活的短剧内容，让淘宝变得更个性化。在这之后，国内也掀起了一股电商制作网剧的潮流。

（2）搜索中间媒体。每个国家都有其主要的搜索引擎。通常来说，谷歌、雅虎、必应、百度是主要的搜索引擎。有些公司提供了专业的用户数据，使网络营销人员能够了解到在不同国家特定搜索引擎的相对重要程度。搜索引擎变得越来越重要，有助于在销售中预测未来的销售量。

（3）中间媒体和媒体网站。主要代表为门户网站和社交网站等。不同类型的中间媒体将通过顾客细分和顾客搜索中间媒体得来的流量引向目标网站和平台，起到承上启下的作用。

（4）目标网站和平台。目标网站和平台通常包括由零售商开设的购物网站、金融服务网站和旅行服务网站等，如淘宝、京东、去哪儿等。目标网站和平台除了开设专门的门户网站，还在如微博、微信等社交网站中进行展示，目的是通过多种渠道吸引更多的用户访问。

2. 顾客需求分析

（1）评估顾客需求水平。在进行顾客需求分析时，首要的是对顾客需求水平进行评估。在网络环境下，尤其伴随着大数据技术的发展，消费者以前的网络浏览、消费行为均留下了足迹，网络营销者可以借助新技术快速、准确地掌握顾客需求水平。

实用链接

燕格格巧用大数据

燕格格是2010年从互联网崛起的、专门从事燕窝及相关产品销售的品牌，2014年该品类淘宝销量第一，但同时燕格格也面对严峻的市场现状：上有燕窝市场容量的瓶颈，下有竞争对手的蚕食，投放广告后效果也不好。燕格格原定目标消费人群是辣妈——操心老公、操心孩子、操心长辈，但同时追求保养，对美容、养身、抗衰老有强烈需求。燕格格通过大数据对最近一个月的女顾客进行分析，发现她们在过去6个月里偏向给自己买东西，很少买宝宝用品，查看她们购买的品类排序，发现她们更偏重补品、营养；对比已经有宝宝的妈妈，她们更多的是买宝宝的东西，很少买给自己。通过大数据分析得出结论：燕格格的目标人群不是辣妈而是怀孕中的妈妈；燕格格要对目标人群说的话不是“萌宝来袭”，而是“一人吃两人补”“年龄冷冻剂”。因此，燕格格重新确定目标人群——孕妇；重新确定沟通内容——让更多的孕妇了解燕窝的好处；为胎儿补充必备的营养；为自己保持美丽健康。调整之后，燕格格店铺点击率提高了60.64%，投资回报率提高了45.6%。

（2）顾客选择和数字化的影响。顾客选择在购买过程中是很关键的一个步骤，数字媒体在购买决策的制定中发挥越来越大的作用。对于很多顾客而言，网络是搜寻信息的第一站，他们会花大量的时间在网上对商品进行研究。这样一来，顾客了解的信息更多了，他们更愿意从多样性的资源中发现信息，他们了解的信息最终会对其购买决策产生影响。现有研究表明，形成购买决策的最重要的信息资源是个性化推荐和其他顾客在网上发布的信息。因此，公司需要仔细思考，如何通过产品和服务的质量和品牌偏好使其好评度最大化。

（3）在线顾客行为及其对营销活动的启示。为了创建一张更为清晰的图像，营销人员还需要对其目标顾客的在线行为进行鉴别，理解他们的特征如何影响其与不同网络营销渠道打交道的方式。个体在使用数字平台的方式上呈现出很大的差别。顾客情境可以用于描述全部的在线顾客购买决策过程，也可描述特定的顾客为了达到他的预期结果想要或必须完成的一系列任务。

3. 竞争者分析

对于任何营销人员而言，一个关键问题在于知道如何比竞争对手更好地满足顾客的需求。所谓产业就是一群公司，它们营销那些彼此能够替代的产品，但是，一些产业会比另一些产业更盈利，产业部门及特定市场的差异并不能完全解释这个现象。行业中有多种力量共同形成竞争的规则，波特的五力模型在分析行业竞争态势的形成和竞争强度中被广泛应用，而网络对这五种力量有着显著的影响。

（1）购买者的议价能力。顾客的力量及其知识的增加可能是电子交易带来的最大威胁。这一力量无论是在B2C交易市场环境下还是在B2B交易市场环境下都很重要。从B2C的视角来看，零售购买者的议价能力在他们使用网络以后大幅提升了，因为借助网络他们更容易评估产品和比较价格。对于顾客而言，他们可以很便利地借助在线媒体进行比较。从B2B的视角来看，在线拍卖和B2B交易在驱动商品价格下降方面具有相同的作用。网络不仅为更多的用户提供机会，同时扩大了产品的范围。

（2）供应商的议价能力。供应商的议价能力可以被认为是公司的机会而不是威胁。为了降低成本和提高供应链效率，公司可以要求它们的供应商利用数据交换等电子技术实现订单发送。此外，网络的发展削弱了供应商的能力，因为不同供应商之间的转换壁垒降低了，尤其企业对企业的交易场所的出现。如果供应商坚持使用某种专业技术和企业建立联系，将导致转换供应商的成本或者复杂性增加。

（3）替代产品和服务的威胁。这一威胁来自已有的或新建立的公司。网络的优点在于能够以较低的成本提供以信息为基础的服务。最大的威胁可能来自那些通过网络提供数字产品和服务的公司。替代包括通过新的网络渠道仿制既有服务，如网上银行和电子书籍等，也包括对现有服务的补充。

（4）进入壁垒。对于传统企业而言，新的网络进入者已经成为重大威胁，如滴滴打车对传统出租车行业的威胁。过去，人们一直认为新进入者很容易以低成本进入现有市场，这一观点背后的逻辑在于新进入者之所以能够快速进入市场，是因为它们不需要花费成本来建立并维持用于销售产品的分销网络，并且它们的产品不需要生产基地。

然而，为了获得成功，新的进入者需要成为实施营销和提供顾客服务的领先者，这通常被描述为成功壁垒或“保健因素”而非进入壁垒，企业获得成功的成本依旧很高。

（5）与现有竞争者之间的竞争。网络催生了更多的产品，想要实现差异化变得很困难。由于网络的出现，更多的公司可以借助网络来提供服务。因此，在一些市场中，公司的数量越来越多，共同就一些可获得的业务来瓜分市场份额。在线交易公司之间竞争的本质在很大程度上是由市场中参与者的数量、相对规模、成本和定价结构，顾客转换成本，企业的战略目标及现有的壁垒等因素共同决定的。

4. 供应商分析

供应商沿着供应链向公司提供产品和服务，以保证其业务经营活动的开展。在数字市场中，供应链有多种形式，主要基于所涉及的产品是有形的还是数字化的。在网络营销环境下，对供应商进行管理的一个最重要方面就是，尊重供应商在给最终顾客提供产品或服务的活动中的作用。相较于其他因素，供应商在网络情境下的作用相对较弱。但网络在某些业务活动领域还是有重要影响的，因为在网络的影响下已经形成了供应链中新的渠道结构和新的供应商类型，它们为整个数字产业提供专业服务，包括网站开发技术管理和整合。

营销中间媒体就是帮助公司进行促销、销售并配送产品或者服务的公司，它们与网络服务提供商不同，后者仅仅开发网站并提供托管服务。在线营销中间媒体为顾客提供关于产品或服务的信息，可以服务于 B2B 和 B2C 信息交换，同时用于支持在线社交网络，如淘宝、天猫、聚美优品等。

5. 新的渠道结构

渠道结构描述的是生产商或者销售组织将产品或服务提供给顾客的方法。分销渠道包括一个或多个媒体，如批发商或零售商。在互联网环境下，新的渠道结构体现了互联网去中介化的特性，因为网络提供了一种绕过一些渠道伙伴的方法。去中介化给生产者和消费者带来好处，一方面，它能减少销售成本及销售过程中渠道所需要的基础设施成本，另一方面，所节约成本的一部分可以以降价的方式传递给顾客。

但是，因为购买者在选择商品时仍然需要帮助，所以就产生了新的中间媒体形式，这一过程称为再中介化。新型中间媒体可以实现价格评估，因为它的数据库和不同供应商的数据库之间已经建立了链接并不断对价格进行更新。

2.3.4　互联网对营销环境因素的影响

1. 对营销中介的影响

由于网络技术的运用，给传统的经济体系带来巨大的冲击，流通领域的经济行为产生了分化和重构。消费者可以通过网上购物和在线销售自由地选购自己需要的商品，生产者、批发商、零售商和网上销售商都可以建立自己的网站并营销商品，所以一部分商品不再按原来的产业和行业分工进行，也不再遵循传统的商品购进、储存、运销业务的流程运转。网上销售，一方面使企业间、行业间的分工模糊化，形成“产销合一”“批零合一”的销售模式；另一方面，随着“凭订单采购”“零库存运营”“直接委托送货”等新业务方式的出现，服务与网络销售的各种中介机构也应运而生。一般情况下，除了拥有完整分销体系的少数大公司，营销企业与营销中介组织还是有密切合作与联系的。因为若中介服务能力强，业务分布广泛合理，营销企业对微观环境的适用性和利用能力就强。

2. 对顾客或用户的影响

顾客或用户是企业产品销售的市场，是企业直接或最终的营销对象。网络技术的发展极大地消除了企业与顾客之间地理位置的限制，创造了一个让双方更容易接近和交流信息的机制。互联网络真正实现了经济全球化、市场一体化。它不仅给企业提供了广阔的市场营销空间，同时增强了消费者选择商品的广泛性和可比性。顾客可以通过网络，得到更多的需求信息，使他的购买行为更加理性化。虽然在营销活动中，企业不能控制顾客与用户的购买行为，但它可以通过有效的营销活动，给顾客留下良好的印象，处理好与顾客和用户的关系，促进产品的销售。

3. 对竞争者的影响

竞争是商品经济活动的必然规律。在开展网上营销的过程中，不可避免地要遇到业务与自己相同或相近的竞争对手；研究对手，取长补短，是克敌制胜的好方法。

在虚拟空间中研究竞争对手，可借鉴传统市场中的一些做法，但更应有自己的独特之处。研究网上的竞争对手主要从其官网主页入手，一般来说，竞争对手会将自己的服务、业务和方法等方面的信息展示在主页上。从竞争的角度考虑，应重点考察以下几方面。

（1）站在顾客的角度浏览竞争对手网站的所有信息，研究其能否抓住顾客的心理，给浏览者留下好印象。

（2）研究其网站的设计方式，体会它如何运用屏幕的有限空间展示企业的形象和业务信息。

（3）注意网站设计的细节方面。

（4）弄清其开展业务的地理区域，以便能从客户清单中判断其实力和业务的好坏。

（5）记录其传输速度特别是图形下载的时间，因为速度是网站能否留住客户的关键因素。

（6）察看在其站点上是否有其他企业的图形广告，以此来判断该企业在行业中与其他企业的合作关系。

（7）对竞争对手的整体实力进行考察，全面考察对手在导航网站、新闻组中宣传网址的力度，研究其选择的类别、使用的介绍文字，特别是图标广告的投放量等。

考察竞争对手是开展网上营销需要做的工作，而定期监测对手的动态变化则是一个长期性的任务，要时时把握竞争对手的新动向，在竞争中保持主动地位。

总之，每个企业都需要掌握、了解目标市场上自己的竞争者及其策略，力求扬长避短，发挥优势，抓住有利时机，开辟新的市场。

【思考与应用】

1. 填空题

（1）市场营销环境指的是与企业（　　）活动相关的特定的影响因素和条件。

（2）按影响范围分类，市场营销环境可分为（　　）和（　　）。

（3）微观环境是指与企业市场营销活动直接相关的各种环境因素的总和，由（　　）、（　　）、（　　）、（　　）、（　　）和企业内部条件组成。

（4）对企业来说，最重要的环境要素是（　　）。（　　）是企业服务的对象，也是企业的目标市场。

2. 判断题（对的打√，错的打 ×）

（1）生产者市场是一切市场的基础，是最终市场。（　　）

（2）企业要在市场竞争中获得成功，就必须能够比其竞争对手更好地发现消费者的

需求并满足其需求。(　　)

(3) 社会公众是指对企业实现其市场营销目标构成实际或潜在影响的任何团体。(　　)

(4)SWOT 分析法也称 TOWS 分析法，即态势分析法，用来分析企业优势(Strength)、劣势(Weakness)、机会(Opportunity)和威胁(Threats)。(　　)

(5) SWOT 分析法就是一把双刃剑，只有真正地理解它，才能发挥它的最大功用，尽可能避免它的不利方面。(　　)

3. 思考题

(1) 市场营销宏观环境的构成因素主要有哪些?

(2) 市场营销微观环境的构成因素主要有哪些?

(3) 如何进行环境机会分析? 面对市场机会应采取哪些对策?

(4) 如何进行环境威胁分析? 面对环境威胁应采取哪些对策?

(5) 运用 SWOT 分析方法时应注意什么?

(6) 互联网宏观营销环境的构成因素主要有哪些?

(7) 互联网微观营销环境的构成因素主要有哪些?

(8) 互联网对营销环境因素的影响主要有哪些?

4. 案例分析与应用

大商集团开启自我“蝶变”新时代

大商集团是中国最大的百货商业集团，作为我国民族商业的代表，多年来，大商集团不断转型升级、突破创新，重塑实体商业新优势。大商集团在 2017 年完成了 2 808 亿元的销售额。2018 年，大商集团在全国工商联发布的“中国民营企业 500 强”榜单中排名第 10 位，在同时发布的“中国民营企业服务业 100 强”中排名第 5 位。

1998 年，大商集团抓住了振兴东北战略机遇，一举收购抚顺、锦州、营口三市百货大楼，并一路沿着沈大、哈大高速公路北上，为走向全国形成了坚实的“东北店网”。之后挥师入关，沿京沈、京沪、京石高速公路向华北、华东、华南等地区推进，而后深入西北，贯通东西。2011 年，大商集团收购内蒙古呼伦贝尔友谊集团，打通东起绥芬河、西至满洲里，横贯牡丹江、哈尔滨、大庆、齐齐哈尔的极具战略价值的商业大动脉。2015 年，乘着“一带一路”东风，收购重组新疆友好集团，进而开拓中西亚市场，实现东西贯通。

目前，大商集团拥有的 400 家大中型店铺已遍布全国 15 个省(自治区、直辖市)80 余个城市，拥有和控股国内外 4 家上市公司，已成为辽宁最大的商业企业，黑龙江省三大企业之一和全省最大的民营企业，山东省、河南省的第二大商业企业，以及新疆维吾尔自治区的最大商业企业。

此外，2012 年，大商集团到法国，在世界最好的红酒产区收购了有 400 年历史的拉彤城堡和 300 年历史的拉歌斯城堡两大酒庄；2015 年，在澳大利亚陆续收购了格林岩石、钓鱼钩等五大牧场，专业饲养安格斯黑牛，取得和牛种牛定价权，成为澳大利亚最大的牧场主；2016年，成立德啤公司，引进德国慕尼黑地区最优质的“哈勒道”啤酒，收购新西兰羊肉牧场，将开设千家啤酒串吧；2017年，还收购了澳大利亚塔斯马尼亚果园，每年采摘万吨樱桃苹果香梨空运国内，将南北半球的季节差异变成大商的经营特色。

在全球稀缺商品资源网络的销售渠道支持下，其还建立了大商牧业公司、大商酒业公司、大商茶行等100多个企业公司，多业并举，打造全球范围高品质的商品供应链，全球直供、海外直营、全渠道分销，全面赋能产品＋渠道，建立支持零售、分销、全渠道、量贩快消、大宗批发的全球供货中心，让单品公司源于大商，但不限于大商，与世界范围内的供应商和零售商合作，全国共有，世界共享。

随着互联网经济的快速发展，大商集团也开始插上互联网的翅膀，这为大商集团带来第二次飞跃。2014年，经过三年筹备，以弘扬忠诚为使命的大商天狗网诞生，并承诺“向消费者负全责”。值得关注的是，天狗网不是一个与大商集团并行的电商网站，而是大商集团全国数百家实体百货店铺的移动零售平台，旨在为线下实体店铺提供增值服务，帮助商户实现一店双开，线下一个店、线上一个店，同款同价同优惠。天狗网自组建之日起就聚集了国内一流人才队伍，制定了实店、实价、实名、实品同品同价、货真价实、售后一体、绝无假冒伪劣和欺诈的发展规划和细则。据大商集团有限公司总裁刘思军介绍，2017年的大商天狗网在会员电子化、支付便利化、营销数字化、货架无限化方面高速成长，注册用户突破千万，全年实现天狗会员交易额300.2亿元，天狗移动支付交易额12.2亿元。在中国实体零售电商排名遥遥领先。

（资料来源：凤凰网商业 http://biz.ifeng.com/c/7jU6qUHGzXL，2019.1.15）

思考：

大商集团的变革与市场营销环境的变化有何关联？

项目 3
购买者行为分析

【课前五分钟】

1. 什么是消费者市场？消费者市场的特点有哪些？
2. 消费者购买决策过程的参与者有哪些？
3. 影响消费者购买行为的因素有哪些？
4. 消费者购买行为的类型和购买行为模式有哪些？
5. 什么是组织市场？其有哪些特点？
6. 组织市场包括哪些类型？

【教学目标】

知识目标：

- 通过学习，理解消费者市场的概念及特点；掌握消费者购买决策过程的参与者和消费者购买行为的类型；掌握影响消费者购买行为的因素与消费者购买行为模式。

能力目标：

- 通过培养，具备购买者行为分析的能力。

3.1 消费者市场购买行为分析

3.1.1 消费者市场

1. 消费者市场的概念

消费者市场是指所有为了个人消费而购买产品或服务的个人和家庭所构成的市场。在消费者市场，购买者购买产品或服务的目的是满足自身的最终消费，而不是作为生产资料获取利润，因此消费者市场也称为最终产品市场、最终消费市场。消费者需求是人类社会的原生需求，组织市场需求都由此派生而来。消费者市场从根本上决定其他所有市场的需求，因而是其他市场乃至整个经济活动为它服务的最终市场。

2. 消费者市场的特点

（1）广泛性与分散性。生活中的每个人都不可避免地发生消费行为或消费品购买行为，成为消费者市场的一员，因此消费者市场人数众多，范围广泛。消费者市场的分散性体现在两个方面：一是消费者地理分布范围广，且分散不集中；二是消费者每次购买的数量少，但购买次数频繁。因此，绝大部分商品都是通过中间商系统广泛分销，以方便消费者购买。

（2）多样性与复杂性。由于受年龄、性别、身体状况、性格、习惯、文化、收入、职业、教育程度和市场环境等多方面的影响，消费者的消费需求和消费行为体现出明显的多样性和差异性，购买产品时对所购产品的品种、规格、质量、外观、价格、服务等会有不同的要求。另外，很多消费品的需求还呈现出明显的地区性和季节性。

头脑风暴

消费者的声音：20 世纪五六十年代，10 个消费者只有一种声音；七八十年代，10 个消费者 10 种声音；90 年代以后，1 个消费者 10 种声音。为什么？

（3）易变性与发展性。消费需求具有求新求异的特性，要求商品的品种、款式不断翻新，有新奇感，不喜爱一成不变的老面孔。随着市场商品供应的丰富和企业竞争的加剧，消费者对商品的挑选性增强，消费风潮的变化速度加快，商品的流行周期缩短，这些变化往往令人难以把握。随着新产品不断出现，消费者收入水平不断提高，消费需求也就呈现出由少到多、由粗到精、由低级到高级的发展趋势。

（4）关联性与替代性。消费者的需求是多种多样的，各种需求之间往往具有一定的关联性。例如，购买了一套西服，可能会顺便购买衬衫、领带、皮鞋等；购买电饭煲，又可能会顺便购买榨汁机、豆浆机等。营销者往往利用这种关联性来设计产品系列，销售商则据此来安排商品货架陈列。

消费者需求还具有相互替代性的特点。这种替代性使消费品市场常常出现某种（某类）商品销售量增长，而另一种（一类）商品销售量减少的现象。例如，禽流感期间，对家禽类产品的需求减少，取而代之的是猪、牛、羊肉制品需求的增加。消费品这种替代性较强的特点，往往导致其需求弹性较大，市场伸缩性较强。

（5）非专业性与可诱导性。消费品市场的购买者大多缺乏相应的商品知识和市场知识，其购买行为属非专业性购买。消费者购买行为具有可诱导性，他们对产品的选择受广告宣传的影响较大。生产和经营部门应注意做好商品的宣传广告，指导消费，一方面当好消费者的参谋，另一方面也能有效地引导消费者的购买行为。

消费者市场的变化趋势是，消费行为日趋个性化，精神消费日益上升，知识产品成为时尚，信贷消费将日益盛行，绿色消费深入人心，对便利的要求更高。

3. 网络消费者购买行为特点

（1）消费者行为的理性化。各网络消费平台的智能提升，为广大消费者提供了更多的选择机会和更广阔的空间。消费者在进行决策的过程中会更加慎重地考虑，多家对比选择更适合自身的商品。例如，富裕的消费者不再一味地进行过度消费，质量和价值成了他们选择的首要因素；明智的消费者对所要购买的商品或服务做出多方面评估。通过多方面的信息获取，消费者从商品价值获得满足。

（2）消费者心理更具个性化。随着生活水平和生产力的提高，网络消费平台也更加个性化，这便引导网络消费者产生个性化的购买需求。消费者打破了传统消费的束缚，渴望选择更具创新意义的产品，因此可以说是消费者更具个性化的心理需求在引领网络潮流的发展，变被动为主动，这些心理是消费者进行决策的前提。更加个性化的消费在一段时间内必能引导潮流。

（3）价格仍是影响决策的重要因素。网络消费者数量之所以可以快速增长，很大程度上是因为网络的价格比实际生活中的更加低廉。尽管商家都尽量创造差异来减弱消费者对于价格的敏感程度，避免恶性竞争，但价格仍一直影响着消费者的决策。网络价格偏低正是由于经营过程的低成本，以便进行多种多样的促销活动，吸引更多的消费者。

（4）消费者购物有新鲜感。对于广大年轻的消费者来说，舒适、时尚的生活方式，新鲜的购物体验是生活中最大的乐趣。广大的消费者认同这种有新鲜感的消费方式，也尝试去跟从这种消费方式。网络消费者非常重视商品的时尚感，并享受其带来的新鲜感，在购买时对商品的新颖性有一定的要求。

实用链接

化妆品消费者购买行为分析

在网络经济发展的促进下，网络化妆品新的宣传途径也不断涌现，“美妆达人”“美妆推荐”等网络红人通过直播或图集的方式录制化妆教程，长时间的推荐让化妆品在国内的市场逐步扩大，中国也成为全球第二大化妆品消费市场。在这庞大的消费群体中，成年女性成为护肤品消费的主力军。不同职业之间的消费者存在差异，其中，企业白领对化妆品的购买意愿最强。在消费者购买化妆品时，口碑对于消费者的购买决策影响较大，其次是化妆品的品牌和功效。消费者购买化妆品的频率多为半年三次到五次，在购买化妆品时，47.4%的消费者会倾向于在综合电商类平台购买，42.2%的消费者会在化妆品专卖店购买，39.7%的消费者会直接在百货商场专柜购买。在男性美妆兴趣领域中，年轻男性更加活跃，95后占比最大，是线上男性美妆消费的主力军，消费潜力十足，男性化妆品成为新兴蓝海市场，这一市场趋向于精细化、专业化和高端化。

3.1.2 消费者购买决策过程

1. 消费者购买决策过程的参与者

家庭购买决策在许多情况下并不是由一个人单独做出的，而是有其他成员的参与，是一种群体决策的过程。一般来说，参与购买决策的成员大体可形成5种主要角色。

1）发起者，即购买行为的建议人，首先提出要购买某种产品或劳务。

2）影响者，即对发起者的建议表示支持或者反对的人，这些人不能对购买行为的本身进行最终决策，但是他们的意见会对购买决策者产生影响。

3）决策者，指对是否购买、买什么、买多少、怎样购买等做出全部或部分最终决策的人。

4）购买者，即执行具体购买任务的人，会对产品的价格、质量、购买地点进行比较选择，并同卖主进行谈判和成交。

5）使用者，即产品的实际使用人，其决定了对产品的满意程度，会影响购买后的行为和再次购买的决策。

这5种角色相辅相成，共同促成了购买行为。在营销活动中，企业一方面可根据各种不同角色在购买决策过程中的作用，有的放矢地按一定的程序分别进行市场营销宣传活动；另一方面也必须注意到有些商品在购买决策中的角色错位，如男士的内衣、剃须刀等生活用品有时会由妻子决策和采购，儿童玩具的选购过程中家长的意愿占了主要的地位等，这样才能找准市场营销的发力点、关键点，提高市场营销活动的效果。

2. 消费者购买决策过程

（1）问题认知。消费者认识到自己有某种需要时，是其决策过程的开始，这种需要可能是由内在的生理活动引起的，也可能是由外界的某种刺激引起的。

例如，看到别人穿新潮服装，自己也想购买；或者内外两方面因素共同作用的结果。因此，营销者应注意不失时机地采取适当措施，唤起和强化消费者的需要。

（2）搜寻信息。信息来源主要有以下几个方面：

1）个人来源，如家庭、亲友、邻居、同事等；

2）商业来源，如广告、推销员、分销商等；

3）公共来源，如大众传播媒体、消费者组织等；

4）经验来源，如操作、实验和使用产品的经验等。

（3）评价备选方案。消费者得到的各种有关信息可能是重复的，甚至是互相矛盾的，因此还要进行分析、评估和选择，这是决策过程中的决定性环节。

在消费者的评估选择过程中，有以下几点值得营销者注意：

1）产品性能是购买者所考虑的首要问题；

2）不同消费者对产品的各种性能给予的重视程度不同，或评估标准不同；

3）多数消费者的评选过程是将实际产品同自已理想中的产品相比较。

（4）购买决策。消费者对商品信息进行比较和评选后，已形成购买意愿，然而从购买意图到决定购买之间，还要受到以下两个因素的影响。

1）他人的态度。反对态度越强烈，或持反对态度者与购买者关系越密切，修改购买意图的可能性就越大。

2）意外的情况。如果发生了意外的情况，如失业、意外急需、涨价等，则很可能改变购买意图。

（5）购后评价。购后评价包括两个方面，一是购后的满意程度，二是购后的活动。

消费者购后的满意程度取决于消费者对产品的预期性能与产品使用中的实际性能之间的对比。购买后的满意程度决定了消费者的购后活动，决定了消费者是否重复购买该产品，决定了消费者对该品牌的态度，并且会影响到其他消费者，形成连锁效应。

3.1.3　消费者购买行为的类型

消费者在购买产品时，产品价格、购买频率不同，投入购买的程度也不同。根据消费者在购买过程中的介入程度和品牌间的差异程度，可以将消费者的购买行为分为4种类型，如表3-1所示。

表3-1　消费者的购买行为类型

介入程度 / 品牌差异	高度介入	低度介入
品牌差异大	复杂的购买行为	广泛选择的购买行为
品牌差异小	减少不协调的购买行为	习惯性的购买行为

1. 复杂的购买行为

当消费者初次选购价格昂贵的、购买次数较少的、冒风险的和高度自我表现的产品（如汽车）时，属于高度介入购买。由于对这些产品的性能缺乏了解，为慎重起见，消费者往往需要广泛收集有关信息，并经过认真的学习，产生对这一产品的信念，形成对品牌的态度，并慎重地做出购买决策。

针对消费者复杂购买行为采取的市场营销策略：首先，突出品牌重要属性方面的声望；其次，利用印刷媒体和较长的广告描述产品的优点；最后，谋求中间商销售人员和购买者熟人的支持。

2. 减少不协调的购买行为

当消费者高度介入某项产品的购买，但又看不出各个品牌有何差异时，对所购产品往往产生失调感。因为消费者在购买一些品牌差异不大的产品时，虽然其购买行为持谨慎的态度，但他们的注意力更多地集中在品牌价格是否优惠及购买时间、地点是否便利上，而不是花很多精力去收集不同品牌间的信息并进行比较，而且从产生购买动机到决定购买之间的时间较短。这种购买行为容易产生购买后的不协调感，即消费者购买某一产品后，或因产品自身的某些方面不称心，或得到了其他产品更好的信息，从而产生不该购买这一产品的后悔心理或心理不平衡。为了改变这种心理，追求心理平衡，消费者会广泛地收集各种对已购产品的有利信息，以证明自己购买决定的正确性。

针对减少不协调的购买行为采取的市场营销策略：营销者要提供完善的售后服务，通过各种途径经常提供有利于本企业和产品的信息，增强消费者的信念，使之有满意感。

3. 广泛选择的购买行为

广泛选择的购买行为又叫作寻求多样化购买行为。如果一个消费者购买的产品品牌间差异虽大，但可供选择的品牌很多时，他们并不花太多的时间选择品牌，而且也不专注于某一产品，而是经常变换品种。例如，消费者购买饼干，上次买的是巧克力夹心的，而这次想购买奶油夹心的。这种品种的更换并非对上次购买的饼干不满意，而是想换换口味。

针对消费者广泛选择的购买行为采取的市场营销策略：运用多种促销方式，如产品摆满货架，降低价格，提供优惠、赠券、免费样品，制作提醒式广告和宣传使用新产品的广告，会有很好的效果。

4. 习惯性的购买行为

消费者有时购买某一产品，并不是因为特别偏爱某一品牌，而是出于习惯。比如，食盐、糖、醋等这些价格低廉、品牌间差异不大的产品，消费者购买它们时，并未深入地寻找与该产品有关的信息，并不经过信念→态度→行为的正常顺序，大多不会关心品牌，而是靠习惯去选定某一品牌。

针对消费者习惯性的购买行为采取的市场营销策略：利用价格策略与促销策略作为某品牌产品试用的诱因，是一种非常有效的方法；运用广告策略时，低介入度的电视广告比印刷品广告更为有效；通过增加产品特色，把低介入度产品转化为高介入度产品，也是一个好的策略。

3.1.4 影响消费者购买行为的因素

消费者的购买行为受主观、客观等众多因素的影响。

1. 文化因素对消费者购买行为的影响

1）文化。每个人都生长在一定的文化氛围中，并接受这种文化所含价值观念、行为准则和风俗习惯的规范。文化的差异引起消费行为的差异，表现在物质和文化生活的各个方面。

2）亚文化群。亚文化群包括民族亚文化群、地区亚文化群和宗教亚文化群。比如，地区亚文化群，由于地理位置、气候、历史、经济、文化发展的影响，我国可明显地分出南方、北方，或者东部沿海、西部内陆区等亚文化群。不同地区自然条件不同，经济发展水平和人们的生活习惯都不同，消费自然有别，甚至许多风俗习惯也不同。同属一个亚文化群的消费者往往具有相同或相似的价值观念、生活习俗和态度倾向。

3）社会阶层。每个社会客观上都会存在社会阶层的差异。现代社会，一般认为所从事职业的威望、受教育水准、收入水平和财产数量综合决定一个人所处的社会阶层。显然，处于不同社会阶层的人，经济状况、价值观取向、生活背景和受教育水平也不同。

2. 社会因素对消费者购买行为的影响

（1）相关群体。相关群体指对个人的态度、偏好和行为有直接或间接影响的人群。人们往往有意无意地按照或跟随周围人的意向决定自己购买什么、购买多少。根据这些联系的密切程度，相关群体可分为 3 种：

1）关系密切的相关群体，如家庭成员、邻居和同事等；

2）关系一般的相关群体，如校友会、歌迷会、商业俱乐部等；

3）没有直接联系但影响力很大的群体，如影视明星、体育明星等。

相关群体对消费者购买行为的影响有：

1）信息性影响，指相关群体的价值观和行为被个体作为有用的信息加以参考；

2）功利性影响，指相关群体的价值观和行为方式对消费者发生作用后，可以帮助其获得奖赏或避免惩罚；

3）价值表现的影响，指群体的价值观和行为方式被个人内化，无须任何外在的奖罚就会依据群体的价值或规范行事，这时相关群体的价值观和行为规范已经完全被个体接受，成为个体价值观和行为规范。

头脑风暴

如何评价“明星”在营销中的影响力及号召力？

（2）家庭。家庭是社会中最重要的消费者购买组织。一个人从出生就生活在家庭里，家庭在个人消费习惯方面给人以种种倾向性的影响，这种影响可能终其一生。而且，家庭还是一个消费者购买组织，家庭规模的大小、家庭生命周期的不同阶段、家庭各成员的态度和参与决策的程度，都会影响到购买。家庭决策类型分为以下 4 种。

1）各自做主型：在购买一些个人使用产品（如剃须刀、化妆品）时，由丈夫、妻子独立做出决定。

2）丈夫支配型：在购买汽车、保险、维修工具等商品时通常由丈夫做主。

3）妻子支配性：在购买清洁、厨房用品和食品时，通常由妻子做主。

4）共同支配型：在度假、孩子上学、购买和装修住宅时，多为丈夫和妻子共同做出购买决策。

（3）角色身份。角色是指个人在群体、组织及社会中的地位和作用。一个人在一生中会参加许多群体，如家庭、班级、俱乐部及其他多种社团组织。每个人在各个群体中的位置可用角色身份来确定，在不同的环境中扮演着不同的社会角色，塑造不同的自我，具有不同的行为，并且这种角色身份随着不同阶层和地理区域而改变。

3. 个人因素对消费者购买行为的影响

1）年龄。不同年龄的消费者的兴趣、爱好和欲望有所不同，他们购买或消费商品的种类和式样也有区别。

实用链接

Z世代的需求特征

Z世代即1995年到2009年出生的人群，总数为2.6亿人，其中95后约9 940万人，00后约8 312万人。对品牌来说，谁抓住了年轻人，谁就抓住了未来。Z世代需求特征如下。

1. 重自我实现需求

Z世代年轻人不同于80后、70后等成长环境，小康是最起码的生活条件。当代大部分年轻人很少会因为生存而担忧，但并不代表其没有什么压力。就业、学习、成家是目前年轻人主要面临的问题。在社会竞争越来越激烈的环境下，年轻人对于自我实现、自我价值创造的需求尤为强烈。谁不想有一番作为、带动自身与家庭的幸福、得到他人的肯定呢？

2. 重社交需求

Z世代的社交有其相应的特点，如爱用沙雕表情包、爱用首拼字母缩写。品牌在与年轻人进行沟通的时候，可以渗透在此特点之中。例如可口可乐，又称“快乐肥宅水”，让自己主动变成表情包，在年轻人之间广为流传。可口可乐为年轻化做了非常多的品牌动作，如设计高瘦的易拉罐装，在瓶装上与年轻人互动，可以把包装拉成蝴蝶结等。

3. 消费观念的特点

当代年轻人多数受过良好的教育，国潮热的掀起显示出Z世代年轻人的文化自信。Z世代的文化自信不是盲目的，而是在认真的了解、对比与思考中西方历史、文化之后，产生的源于内心的自信。当代年轻人既舍得花钱，又不舍得花钱。一方面年轻人的消费观念很超前、爱尝鲜、会提前消费，在吃、住或玩某一个或几个方面，很舍得花钱，千金难买我开心；另一方面，年轻人又非常讲究性价比，斤斤计较。在一些高频次的消费中，或者相对低频次消费中，年轻人很舍得花钱，如快消品、餐饮、娱乐、旅游等。而在另一些耐用品之中，年轻人既看重品质又关注性价比。

2）职业、性别和受教育程度。由于生理和心理上的差异，不同性别的消费者在购买欲望、消费过程和购买习惯上也有所不同。职业和受教育程度也影响人们的需求和兴趣，受教育程度越高，购买商品越理智；而受教育程度低的消费者在购买商品时更容易冲动，且更多表现出从众性购买。

3）经济状况。消费者的经济状况包括消费者的可支配收入、储蓄与个人资产、举债能力和对消费与储蓄的态度。经济状况的好坏直接决定了消费者的购买力，消费者通常会在可支配收入的范围内考虑以最合理的方式安排支出，以便更有效地满足自己的需求。一般来说，收入较低的消费者往往比收入较高的消费者更关注产品价格的高低。

4）生活方式。生活方式是个人行为、兴趣、思想方面所表现出来的生活模式。简单地说，就是一个人如何生活。通常，生活方式比一个人的社会阶层或个人性格更能说明问题，因为它勾勒了一个人在社会上的行为。市场营销人员应找出其产品和各种生活方式群体之间的关系，努力使本企业的产品适应消费者不同生活方式的需要。

5）个性与自我观念。个性在心理学中也称为人格，是指个人带有倾向性的、比较稳定的、本质的心理特征的总和。它是个体独有的，并与其他个体区别开来的整体特性。自我观念也称自我感觉或自我形象，是指个人对自己的能力、气质、性格等个性特性的感觉、态度和评价。一般来说，气质影响着消费者行为活动的方式，性格决定着消费者行为活动的方式，能力标志着消费者行为活动的水平。

头脑风暴

“月光族”

在公司任经理的岳光娜月收入 8 000 多元，可她不仅月月光，而且负债累累。为了追求时尚，彰显个性，她贷款买了一辆轿车，消费高级化妆品，不到月底，口袋已很紧了，可她又看上了一台新款电脑，没有钱只好厚着脸皮去找老妈借。“单身负族”月初富裕、月底赤字，经常入不敷出。“新负翁”“月光族”“车奴”“房奴”“卡奴”层出不穷。像岳光娜一样的“单身负族”通常收入不菲，但仍然月月钱不够花。

分析影响岳光娜“月月光”消费行为的主要因素有哪些？

4. 心理因素对消费者购买行为的影响

（1）动机。动机是所有消费者行为的基本。它是一种驱使人满足需要、达到目标的内在驱策力，能够及时引导人们去探求满足需要的目标。消费者购买消费品主要是情绪性动机起作用。

（2）知觉。这个世界充满了各种刺激。人们对各种刺激进行了选择、组织，并在头脑里连贯成画面的过程叫作知觉。通常，人们对同一刺激物会产生不同的知觉，这是因为人们要经历3种知觉过程，即选择性注意、选择性理解和选择性记忆。

1）选择性注意。并不是所有的外界刺激都会引起同等的注意，人们倾向于注意那些与其当时需要有关的、与众不同的或反复出现的外界刺激。

2）选择性理解。人们接收了外部刺激，但并不一定会得出同样的解释，而是根据自己以往的经验或成见对信息进行理解。

3）选择性记忆。人们获悉的大部分信息很快就被忘记了，只有少数被记住。

（3）学习和经验。学习是指通过形成经验引起个人行为改变的过程。一个人的学习是通过驱动力、刺激物、诱因、响应和强化的相互作用而产生的。经验是一种经历和体验，是在外界环境与个人认知和情感中形成的。经验是消费者学习的一种重要方式，是消费行为的核心。营销人员促销产品，实质上是在促销一种产品消费经验。

（4）态度。态度是指个人对某些事物较长期持有的喜欢与讨厌等认识上的评价、情感上的感受和行为倾向。表现态度的词语常用信念、意见、倾向、偏好、感情等。人们对品牌的喜好，大多介于非常喜欢和讨厌之间，还有一种就是消费者对品牌不完全了解。市场营销管理者应对消费者采取相应的措施，或者强化现有的喜好态度，或者让消费者喜欢上新产品和不了解的品牌，或者让其改变现有态度，提高喜欢的程度。

5. 互联网对消费者购买行为的影响

网络环境下消费者行为主要体现在网上购物方面，影响消费者网上购买的因素有很多，大致分为以下4种。

（1）消费者个人因素。这类因素除了传统的消费者的年龄、生活方式、职业、经济水平等，还包括消费者个人的消费习惯、风险倾向、技术准备等。例如，一些较为年轻的消费者更习惯于网上购物，而年龄较大的消费者更偏向于在实体店购物。同样，风险偏好者可能更倾向于尝试网上购买，而风险规避者尽可能避免网上购物。

（2）营销刺激因素。这类因素与实体店相同，同样包括产品、价格、渠道和促销。例如，网上产品的种类、产品的个性化及款式等会影响消费者的选择。网络促销等活动也会影响到消费者是否会参与网上活动。很多网店会给出比传统商店更多的优惠，这也是一些消费者想尝试网络购买的重要原因之一。

（3）技术因素。目前人们普遍认为影响网上购物的主要因素是网络的可靠性和安全性。网上购物的支付方式主要是支付宝、银行信用卡等。但由于有些网站的可靠性及安全性尚不稳定，所以一些消费者不敢使用信用卡支付，担心自己的账户或密码被盗。同时，进入网站的可行性、网页下载的速度等会影响消费者光顾网站的次数。

（4）社会环境因素。社会环境因素包括文化环境、经济环境、法律环境等。文化环境的价值观会影响消费者的价值理念及生活方式。经济环境会影响网上购物的普及，例如，经济较发达地区的网上购物比经济欠发达地区更为流行。法律环境也会影响网上贸易的发展，电子商务法律条例的健全程度涉及消费者的利益保障。

实用链接

2019年服装市场消费特点

一线城市服装市场格局相对稳定，人们购买服装更加理性，目的性更强。一方面，在购买大众服装的时候，消费者更加关注服装的性价比和品质。因此，高品质、基本款、中低价格的服装销售情况较好。另一方面，在追求个性化、多元化的时候，消费者更加关注服装的品牌力，希望通过服装品牌来展现个人品位和生活状态，因此，高端品牌服装消费实现较快增长。三线及以下城市的网购人群快速增长，快递配送可以更快地让更多商品、更多品牌渗透到下沉市场，满足当地消费者购买知名服装品牌的需求。伴随着电商环境不断优化、网购模式持续创新、物流体系日益完善，三线及以下城市消费者越来越习惯于通过线上平台购买服装。文化特征鲜明的服装备受青睐，新一代消费者成长于对外开放不断深化的时代，世界文明的交流互鉴让人们的价值观、消费观更加丰富和多元。

2019年，文化是消费者心中最坚实的精神图腾，文化在服装市场的符号价值体现得淋漓尽致：一是“汉服热”体现了当代青年对汉文化、国学经典、传统文化的推崇，反映了商业对中华传统文化的价值挖掘；二是“国货潮”彰显了消费者对中国品牌的信心，越来越多的本土服装品牌正在快速成长为高质量、高品位、高颜值的“国货之光”；三是“国际秀”，中国服装品牌更加频繁地走上世界时尚舞台，通过推出国际设计师款，以及与全球知名IP跨界融合等方式，向消费者传递多元、包容、开放、自信的中华文明。除了服装产品本身的质量、时尚度、功能、价格、渠道等，情感正在逐渐成为影响消费者购买服装的关键因素。2019年，关键意见领袖和网红直播向市场展现出强大的带货能力，粉丝的情感价值得到高度变现。时尚源于自然，终将回归自然。

2020年，新冠肺炎疫情让人们更加关注企业的社会责任与环境意识，消费者更加重视服装的健康属性、环保效益。首先，服装的面料、原材料要做到绿色环保，从源头保证消费行为与自然环境的和谐共处；其次，工艺流程使用绿色循环技术，减少生产过程中产生的污染和碳排放；最后，提供绿色的零售环境，确保流通环节不对消费者的健康造成伤害；最后，传递绿色时尚理念，让消费者懂得绿色消费知识，懂得欣赏绿色时尚之美。

3.1.5 消费者购买行为模式

消费者购买行为模式直接反映消费者的购买行为，通过对其进行分析，可以弄清消费者购买行为的规律性及变化趋势。掌握消费者购买行为规律，以便制定和实施与之相适应的市场营销战略和策略，这是消费品企业和中间商开展市场营销活动的思路与方法。消费者购买行为模式分析如表3–2所示。

表 3-2 消费者购买行为模式分析

（1）谁是购买者 （2）购买什么 （3）为何购买 （4）何时购买 （5）何地购买 （6）如何购买	购买者 购买对象 购买目的 购买时间 购买地点 购买行为

1. 谁是购买者

谁是购买者解决谁是购买者和参与购买者的问题。这里分析以下问题：该市场由谁构成？谁购买？谁参与购买？谁决定购买？谁使用所购产品？谁是购买的发起者？谁影响购买？

分析谁是购买者和参与购买者，明确了某种产品的购买者，解决了两个方面的问题：一是消费品生产企业如何选择中间商和消费者的问题；二是消费品生产企业和中间商有针对性地制定接待消费者、说服消费者、激发消费者购买策略的问题。

2. 购买什么

购买什么解决消费者购买对象的问题。这里分析以下问题：消费者需要什么？消费者的需求和欲望是什么？对消费者最有价值的产品是什么？满足消费者购买愿望的效用是什么？消费者购买产品想从中获得的核心利益是什么？

分析购买什么，明确了消费者的需求，解决了两个方面的问题：一是消费品生产企业开发生产什么产品、销售什么产品的问题；二是中间商购进什么产品、销售什么产品的问题。

3. 为何购买

分析为何购买解决消费者购买目的的问题，即购买动机。动机有实有虚。这里分析以下问题：购买的目的是什么？为何喜欢？为何讨厌？为何不购买或不愿意购买？为何买这个不买那个？为何买本企业产品而不买竞争者的产品？为何买竞争者的产品而不买本企业产品？

分析为何购买，明确了消费者的购买目的，即消费者的买点，解决了两个方面的问题：一是卖方即消费品生产企业和中间商如何确定产品利益点、卖点的问题，只有产品的利益点、卖点适应了消费者的利益点、买点才能实现交易；二是卖方即消费品生产企业和中间商如何确定推销产品利益点、卖点的问题。

4. 何时购买

分析何时购买，解决消费者购买时间的问题，即掌握消费者购买的时间规律，包括关键月、关键日、关键时，以及消费者购买产品的时令性、季节性。这里分析以下问题：何时购买？什么季节购买？何时需要？何时使用？曾经何时购买过？何时重复购买？何时换代购买？何时产生需求？何时需求发生变化？

分析何时购买，明确了消费者购买产品的时间规律，解决了两个方面的问题：一是消费品生产企业何时生产产品、何时销售产品的问题；二是中间商何时购进产品、何时销售产品及确定营业时间的问题。

5. 何地购买

分析何地购买解决消费者购买地点的问题，即“只适宜”或“最适宜”在某个地方购买。消费者对购买地点的选择有其规律性，日常必需品习惯于就近购买，选择性较强的或贵重的产品到商业街、购物中心购买，某些特殊产品到有信誉的专业店购买，某些地方特色产品或专用产品还喜欢去产地、生产企业购买。而且，当消费者对某一商家形成良好的印象时，便乐意经常到它那里购买，形成对购买地点的习惯性。这里分析以下问题：在城市购买还是在农村购买？在超市购买还是在农贸市场购买？在大商场购买还是在小商店购买？通过电视购买还是网上购买？

分析何地购买，明确了消费者的购买地点，解决了两个方面的问题：一是消费品生产企业确定销售方式及中间商数量的问题；二是中间商确定网点设立在什么地点、设立多少网点的问题，以及如何利用消费者对购买地点的习惯性提高服务质量、培养满意消费者和忠诚消费者的问题。

6. 如何购买

分析如何购买解决消费者购买行为方式的问题，即消费者的购买类型与支付方式。这里分析以下问题：消费者如何决定购买行为？以什么方式购买？按什么程序购买？

分析如何购买，明确了消费者的购买方式，解决了两个方面的问题：一是消费品生产企业、中间商、电商为消费者提供多种购买方式、开展多种促销活动以激发消费者购买的问题；二是消费品生产企业、中间商、电商根据不同的购买类型为消费者提供针对性服务以提高服务质量的问题。

实用链接

中国休闲零食市场规模约 5 000 亿元，并且随着生活水平提高，年复合增长率维持在 6% 以上；渠道方面，超市卖场占比最高，“线上零售 + 品牌连锁”将成为品牌建设布局重点；休闲零食产品生命周期短，价格敏感度高，决定行业成功的关键要素聚焦在创新能力、供应链及营销上。休闲食品消费人群结构更加广泛，主流消费人群由儿童向更多人群发展，少年儿童、青年人中的女性消费者已上升为休闲食品的主流消费者。健康化、年轻化、高端定制、代餐化是休闲食品发展的核心重点。

3.2 组织市场购买行为分析

3.2.1 认知组织市场

1. 组织市场的概念

组织市场指工商企业为从事生产、销售等业务活动，以及政府部门和社会团体为履行职责而购买产品和服务所构成的市场。简言之，组织市场是以某种组织为购买单位的购买者所构成的市场，包括生产者市场、中间商市场、政府市场和社会团体市场。

2. 组织市场的特点

（1）组织市场的市场结构特点。

1）购买者少、购买规模大。在消费者市场上，购买者是消费者个人或家庭，购买者必然为数众多，购买规模很小。而在组织市场上，情形正好相反，如鞋厂的数量要比使用鞋子的消费者数量少。尽管组织市场的用户数量少，但用户的购买量很大，主要表现在总交易量、每笔交易的当事人数、用户经营活动的规模和多样性、生产阶段的数量和持续的时间等方面。组织市场的购买还按照一定的周期重复购买，如旅馆对香皂的需求量，远比一般家庭对香皂需求量大得多。

2）组织市场的地理分布相对集中。例如，石油、橡胶、钢铁、农业等行业就显示出相当强的地理区域集中性。在我国，大多数组织用户集中在北京、天津、上海、武汉、广州、成都、深圳等国内工业较为集中的城市。

（2）组织市场的需求特点。

1）组织市场的派生需求。没有消费者市场的相应需求，就没有组织市场的需求。组织市场的需求还随着消费者市场相应需求的变化而变化。组织市场的派生需求往往是多层次的，形成环环相扣的链条。消费者市场的相应需求是这个链条的起点，是组织市场需求的动力和源泉。例如，消费者市场对汽车的需求带来汽车制造商对轮胎、汽车制造设备等的需求，而这些需求又引发对橡胶业、钢铁业等相关行业产品的需求。

2）需求缺乏弹性。相对于消费者市场，生产者市场产品价格的上升或下降，对产品需求不太会有影响。组织市场的需求具有派生性，它对原料的需求主要来自消费者对产品的需求。如果消费者的需求没有增加，即使原料价格下跌，组织市场的需求也不会出现。此外，组织市场本身的需求还受限于有效产能与仓库固定容量，因此原料价格下降还要看产能的消化能力与仓储的容量状况来决定其影响，所以需求弹性较低。

3）需求波动大。组织市场对工业性产品的需求，特别是新工厂对原材料和设备的需求，通常比消费产品的需求还不稳定。消费者需求只要有一点增加或减少，就会引起生产产品的工厂和设备需求很大的变动。例如，当消费者的需求增加时，零售商为了满足消费者的需求增加，就会增加其对产品的需求，从而批发商或经销商也增加对产品的需求，最后制造商也会受到影响而增加产品的需求。

（3）组织市场购买者的成分特点。组织市场上的购买者成分复杂，并多为受过专门训练的采购人员。经过专业训练的采购人员，具有丰富的产品和购买知识，他们不仅要对购买的产品在性能、规格及技术细节上的要求较为熟悉，而且要灵活运用谈判技巧。在涉及较为复杂的购买决策时，会涉及更多的人甚至公司高管或政府高官。供应商应十分重视推销人员的挑选和培训，使之具有良好的专业知识和销售知识，具有较强的人际交往能力。技术性较强的产品，其推销人员更应具有完备的技术知识。

（4）组织市场购买者的决策特点。组织市场购买者的决策，通常比消费者的决策更为复杂，涉及更大数额款项、更为复杂的技术和经济问题，因此往往需要花费更多的时间反复论证。组织购买者的决策行为比消费者更为规范，对大额购买通常要求详细的产品规格、文字购买清单、对供应商的调查和真实的审批程序。

（5）组织市场买卖双方的关系特点。在组织市场上，买卖双方往往倾向于建立长期用户关系，保持密切往来。在购买决策的各个阶段，从帮助用户确定需求，寻找能满足这些需求的产品和劳务，直至售后服务，卖方始终参与并同用户密切合作，甚至还要经常按用户要求的品种、规格定期提供产品和劳务。从长期看，组织市场上的营销者要通过为用户提供可靠的服务及预测他们眼前和未来的需要，与用户建立持久的关系，从而保持自身的销售额。另外，买卖双方的关系有时体现为互惠购买，即买卖双方经常互换角色，互为买方和卖方。此外，组织市场往往通过租赁方式取得所需产品。许多企业无力购买或需要融资购买所需的昂贵产品，如机器设备、车辆等。采用租赁的方式可以节约成本。

3.2.2　生产者市场

1．生产者市场的概念

生产者市场也叫企业市场，是指由购买产品和服务用于再生产其他产品以供出售、出租给他人的所有组织和个人所组成的市场。它主要由以下产业构成：

① 农、林、牧、渔业；

② 采矿业；

③ 制造业；

④ 电力、热力、燃气及水生产和供应业；

⑤ 建筑业；

⑥ 批发和零售业；

⑦ 交通运输、仓储和邮政业；

⑧ 住宿和餐饮业；

⑨ 信息传输、软件和信息技术服务业；

⑩ 金融业；

⑪ 房地产业；

⑫ 租赁和商务服务业；

⑬ 科学研究和技术服务业；

⑭ 水利、环境和公众设施管理业；

⑮ 居民服务、修理和其他服务业；

⑯ 教育；

⑰ 卫生和社会工作；

⑱ 文化、体育和娱乐业；

⑲ 公共管理、社会保障和社会组织；

⑳ 国际组织。

2．生产者市场购买的类型

1）直接重购。直接重购是按照原来的购买方式和条件，向原来的供应商订货的一种购买行为。这种采购方式，原有的供应者不必重复推销，只需要使产品的质量和服务保持稳定的水平。

2）修正重购。修正重购是企业因为生产的需要或为了争取更优惠的交易条件而变更产品的规格、数量、价格或其他条款，或重新选择供应商的一种购买行为。这种类型对原来的供应商很不利。当然，频繁更换供应商，对采购方也不利。

3）新购。新购是在市场上寻找供应商，首次购买从未购买过的设备、原料、服务等生产资料的购买行为。这种购买成本高、风险大，购买决策较复杂。采购方要善于收集和运用信息，尽快建立自己的采购网络。

3. 生产者市场购买的参与者

购买类型不同，购买决策的参与者也不同。多数情况下，买方的采购决策受到许多人直接或间接的影响。这些人分别扮演着以下6种角色中的一种或几种。

1）使用者。指生产者用户内部使用这种产品或服务的成员。使用者往往首先提出购买建议，并协助确定产品规格。

2）影响者。指生产者用户的内部和外部能够直接或间接地影响采购决策的人员。他们协助确定产品规格和购买条件，影响供应商的选择。

3）决策者。指有权决定买与不买，决定产品规格、购买数量和供应商的人员。有些购买活动的决策者很明显，有些却不明显，供应商应当设法弄清谁是决策者，以便有效地促成交易。

4）批准者。指有权批准决策者或购买者所提购买方案的人员。

5）采购者。指被赋予权力按照采购方案选择供应商和商谈采购条款的人员。如果采购活动较为重要，采购者中还会包括高层管理人员。

6）信息控制者。指生产者用户的内部或外部能够控制信息流向采购中心成员的人员。比如，采购代理人或技术人员可以拒绝或终止某些供应商和产品的信息。

4. 影响生产者购买决策的因素

（1）环境因素对生产者购买决策的影响。环境因素泛指影响企业市场营销活动的一切外部因素，主要包括政治法律、经济形势、文化、技术进步、市场竞争及产品的供应条件等因素。在生产者市场上，购买者受当时和预期经济环境因素的影响极大，如经济前景、市场需求、技术发展变化、资金成本、社会需求水平等情况。

（2）组织因素对生产者购买决策的影响。组织因素指生产者企业内部的各种因素，主要包括企业的经济目标、购买政策、业务程序、组织结构、制度体系、企业文化等。这些因素从组织内部的利益、营销运作和发展战略等方面影响生产者的购买决策。供应商和生产资料营销人员应了解和把握这些组织因素、变化趋势及对企业购买可能产生的影响方向与程度，并采取适当措施加速生产者的购买决策过程。

（3）人际因素对生产者购买决策的影响。人际因素泛指企业内部的人事关系。一般来说，生产者购买活动具体由企业的采购中心执行，采购中心通常又包括使用者、影响者、批准者、采购者、决策者和信息控制者。这6种成员共同参与购买决策过程，因其在组织中的地位、职权、说服力以及他们之间的关系不同而对购买决策产生不同有时甚至是微妙的影响。设法洞悉这些敏感的人际因素，有利于市场营销人员了解生产者购买过程中的群体动态及其作用，并制定恰当的营销策略。

（4）个人因素对生产者购买决策的影响。个人因素指企业内参与生产资料购买决策的个人的年龄、工作职位、受教育程度、个性、价值观念和风险态度等。企业生产资料的购买实质上是采购中心成员在企业内外各种因素约束下的具体购买行为，因此这些个人因素必然对生产者的购买决策产生潜移默化的影响，即影响各参与者对要采购的生产资料和供应商的感觉和看法，进而影响其购买决策和购买行为。

5. 生产者购买行为的操作程序

生产者购买行为包含谈判、决策、管理等诸多活动，分为 8 个阶段，但并非每次采购都经过这 8 个阶段，这要依采购业务的不同类型而定。生产者购买行为过程如表 3–3 所示。

表 3–3　生产者购买行为过程

购买阶段	购买类型		
	新购	修订重购	直接重购
1. 提出需要	是	可能	否
2. 确定需要	是	可能	否
3. 说明需要	是	是	是
4. 寻找供应商	是	可能	否
5. 征求建议	是	可能	否
6. 选择供应商	是	可能	否
7. 签订订单	是	可能	否
8. 绩效评价	是	是	是

1）提出需要。需要的提出，既可以是企业内部的原因，也可以是企业外部的刺激。例如，企业决定生产新产品，需要采购新的设备和原材料，或者因为各种原因要更换供应商等，属于企业内部原因；商品广告，或业务人员发现了市场上质量更好、价格更低的产品等，属于企业外部刺激。

2）确定需要。需要提出后，就要确定所需项目的总特征和需要的数量。对标准或常规项目的采购，一般都是采购人员直接决定；而复杂项目的采购，应由企业内部的使用者、工程技术人员及相关负责人共同决定。

3）说明需要。这是第二阶段的延伸，就是对所需产品做更详细、更精确的描述，对产品各项技术指标做具体分析，并做出详细的说明，供采购人员参考。对产品的分析，一般采用价值分析法。

4）寻找供应商。企业可以通过广告、用户网络、互联网等各种途径，尽量寻求一些声誉好、服务周到、产品质量高的供应商。寻找供应合作伙伴时，要立足于双方长期的利益。

5）征求建议。如果购买的产品不需要较高的信息量，“寻找供应商”和“征求建议”

两个阶段会同时发生。当所购买的产品很复杂时，就存在许多经济、交易和技术上的问题，对候选供应商的筛选等还需要有关部门的参与和讨论。

6）选择供应商。企业一般会要求候选的供应商提供较详细的产品说明。在收到多个供应商的有关资料后，企业应根据自己的情况，选择比较满意的供应商。确定供应商后，就要与这些入选者协商具体的购买事宜。

7）签订订单。企业选定供应商后，就会向他们发出订货单，其中应包括所需产品规格、数量、交货日期、退货、保修、运输及保证等方面的内容。

8）绩效评价。产品购进后，企业会在使用中了解所购买的产品是否起到了应有的作用，并以此来确定合同履行情况的评价，成为再采购、修改或取消与对方合作的依据。

3.2.3 中间商市场

1. 中间商市场的概念

中间商市场也称转卖者市场。它由所有以营利为目的而从事转卖或租赁业务的个体和组织构成。中间商市场由批发市场和零售市场组成。批发市场是为零售商、生产企业及其他商业转卖者提供商品交易的场所和领域，它是从生产领域向消费领域转移的起点。零售市场是为个人、家庭消费需要和企业团体非生产性消费需要提供零星商品交易的场所和领域，它是从生产领域向消费领域转移的终点。在中间商市场中，批发商和零售商处于生产和消费的中间环节，是媒介商品交换的中间商人。

中间商市场不创造使用价值，但创造时间价值、空间价值和所有权价值。

2. 中间商市场的购买类型

1）新产品采购。指中间商对是否购进及向谁购进以前未经营过的某一新产品做出决策。

2）最佳供应商选择。指中间商为已经确定需要购进的产品寻找最合适的供应商。

3）改善交易条件的采购。指中间商希望现有供应商在原交易条件上再做些让步，使自己得到更多的利益。

4）直接重购。指中间商并不想更换供应商，但试图从原有供应商那里获得更为有利的供应条件。

3. 中间商购买过程的参与者

采购决策的参与者根据企业规模的大小而不同，小型商贸企业的经营者往往就是决策者，而大型商业企业则通过建立采购委员会的方式进行决策。

4. 中间商购买决策的内容

1）配货决策。指中间商决定经营商品的花色品种，即中间商的产品组合。①独家货色，即中间商决定只经营一家制造商的产品。②专深货色，即中间商决定经营许多家制造的同类产品的各种型号和规格。③广泛货色，即中间商决定所经营的商品种类多、经营范围广泛，但没有跨行业经营。④杂乱货色，即中间商决定经营许多没有关联的产品。

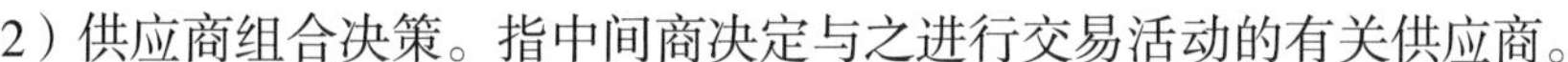

2）供应商组合决策。指中间商决定与之进行交易活动的有关供应商。

3）供货条件决策。指中间商决定采购的购买数量、价格、交货期、相关服务及其他相关条件。

3.2.4 政府市场

1. 政府市场的概念

政府市场是指服务于国家和社会，以实现社会整体利用为目标的有关组织。它包括各级政府和下属各部门，以及保障国家公共安全与社会稳定的军队、公检法等机构为执行政府职能而采购或租用产品所构成的市场。

2. 政府市场的购买类型

1）公开招标选购。指政府的采购部门通过传播媒体发布广告或发出信函，说明拟采购的产品名称、规格、数量和有关要求，邀请供应商在规定的期限内投标。有意争取这一业务的企业要在规定的时间内填写标书，密封后送政府的采购部门。招标单位在规定的日期开标，选择综合条件符合要求的供应商作为中标企业。

2）议价合约选购。指政府的采购部门同时和若干供应商就某一采购项目的价格和有关交易条件展开谈判，最后与符合要求的供应商签订合同，达成交易。这种方式适用于复杂的工程项目，或者发生在缺乏有效竞争的场合。

3）日常性采购（例行选购）。指政府为了维持日常办公和其运作的需要而进行的采购。这类采购金额较少，一般是即期付清，即期交货，多为直接再购。

3. 政府采购过程的参与者

1）采购人，即货物、工程或服务的需要机构，由他们使用财政性资金进行采购并使用。

2）采购机构，即专门设立的政府采购机构，集中采购的情况下由他们负责代理采购人履行采购业务。

3）供应商，即参与政府采购的投标、谈判，并在中标后向采购方提供货物、工程或服务的企业。

4）采购相关人员，即在政府采购过程中进行中介、参与评标或谈判的有关人员，也包括提供有关信息的机构和人员。

5）政府采购监督管理部门，属于政府的职能部门，负责对政府采购活动依法实施监督和管理。

这 5 个方面的机构和人员的关系大体是，由采购人提出采购申请，由专门的政府采购代理机构向有关供应商进行采购，采购相关人员参与采购的有关活动，政府采购监督管理部门对采购全过程实施监督。

4. 影响政府购买行为的主要因素

1）分析社会公众监督对政府购买行为的影响。虽然各国的政治经济制度不同，但是政府采购工作都要受到社会各方面的监督。以我国为例，政府采购会受到国家权力机关和政治协商会议、行政管理和预算办公室、传播媒体、公民和社会团体等的监督。

2）分析国际国内政治形势对政府购买行为的影响。例如，在国家安全受到威胁或出于某种原因发生战争时，军备开支或军需用品需求就增多，而在和平时期用于建设和社会福利的支出就大。

3）分析国际国内经济形势对政府购买行为的影响。经济疲软时期，政府就会缩减开支，经济高涨时则会增加支出。国家经济形势不同，政府用于调控经济的支出也会随之增减。例如，美国前总统罗斯福在美国经济衰退时就采取了由国家投资大搞基础设施建设的手段，有效地刺激了国家经济增长。

4）分析自然环境对政府购买行为的影响。例如，各种自然灾害会使政府用于救灾的资金和物资大量增加。

5. 政府采购的操作程序

1）采购单位填报政府采购申请表。

2）制订政府采购实施方案。

3）发布政府采购信息。

4）对供应商进行资格审查。

5）编制政府采购文件。

6）组织实施政府采购。

7）履行与管理合同。

【思考与应用】

1. 填空题

（1）消费者市场是指所有为了个人消费而购买（　　）或（　　）的个人和家庭所构成的市场。

（2）消费者购买决策过程的参与者有（　　）、（　　）、（　　）、（　　）、（　　）。

（3）组织市场指工商企业为从事（　　）、（　　）等业务活动，以及（　　）和社会团体为履行职责而购买（　　）所构成的市场。

（4）中间商市场也称（　　）。它由所有以（　　）为目的而从事（　　）或（　　）业务的个体和组织构成。

2. 判断题（对的打√，错的打 ×）

（1）消费者的需求是多种多样的，各种需求之间往往具有一定的关联性。（　　）

（2）消费品市场的购买者大多缺乏相应的商品知识和市场知识，其购买行为属专业性购买。（　　）

（3）当消费者初次选购价格昂贵的、购买次数较少的、冒风险的和高度自我表现的产品（如汽车）时，属于低度介入购买。（　　）

（4）不同年龄的消费者的兴趣、爱好和欲望都有所不同，他们购买或消费商品的种类和式样也有区别。（ ）

（5）组织市场具有购买者少、购买规模大的特点。（ ）

3. 思考题

（1）消费者市场的特点有哪些？

（2）影响消费者购买行为的因素有哪些？

（3）消费者市场购买行为主要有哪些类型？

（4）如何分析消费者购买行为模式？

（5）影响生产者购买决策的因素有哪些？

（6）中间商购买决策的内容有哪些？

4. 案例分析与应用

白酒消费者市场分析

腾讯广告发布的《2019 白酒行业数字化发展洞察报告》对白酒消费者市场进行如下分析。

白酒市场拓展正从以“渠道为核心”逐步转向以“消费者为核心”，而随着大众消费接替政商消费成为白酒消费的中坚力量，白酒消费市场发生着深刻的变化。一方面，白酒的消费人群在扩充，新消费人群进入市场，80 后、90 后成为市场消费的主力；另一方面，白酒的消费场景在扩充，由原来的社交和商务聚会为主，发展为 5 大白酒人群的典型饮用场景，包括家庭 / 朋友聚会、商务应酬、日常玩乐聚会、对象约会、一人独饮。在消费市场迭代的过程中，洞悉市场的变化，精准把握新人群的消费习惯，对于白酒企业的未来发展至关重要。

越来越多的用户“主动”使用线上渠道，白酒消费者的信息触达方式也正在往线上发展，各年龄层的消费者逐步养成线上了解信息和线上购买的习惯。60 后、70 后、80 后、90 后了解白酒相关信息的线上渠道覆盖率分别达到 54%、64% 和 74%。线上渠道对白酒用户的购买决策影响力也在不断扩大，尤其微信渠道依靠其社交属性的天然优势，通过公众号、朋友圈、小程序在了解信息—加深印象—促成购买的各环节中起到了引领作用，成了不可忽视的重要媒介。

从用户认知了解到购买转化再到反馈分享的每一个环节，白酒线上影响力都在不断扩大。61% 的用户都从线上获取酒类信息，紧追传统渠道，除了产品信息、口碑、促销已有信息，他们更渴望新颖的内容和有趣的互动。例如，54% 的用户对熟人的白酒推荐或评论印象深刻，而熟人之间的沟通方式大多通过手机在线交流，这正是社交拥有强裂变基因带来的。为此，白酒品牌需要搭建从注重曝光到全链贯穿的新通路，如通过打广告提高认知度，内容营销、赛事冠名、大事件等方式加深品牌美誉度，同时结合社交裂变的方式提升用户忠诚度。

消费者白酒饮用的场景，以正式正规场合为主，而这类聚会场景刚需拉动了白酒饮用的需求。在白酒消费者中，有 59% 会在餐厅 / 酒店饮用，有 45% 会在宿舍 / 家中饮用，有24%会在娱乐场所饮用。与啤酒、洋酒相比，白酒常见于正式场合，缺乏娱乐轻松的调性，所以也给不少人留下了“不够活跃，存在感低”的印象。因此，白酒品牌可考虑挖掘家庭类、娱乐类等更多使用场景带动消费增量。

随着消费群体的更迭，越来越多的人开始为了“娱乐”“品味”而饮酒。在白酒饮用动机中，社交属性占比高达85%，情感属性则占73%，紧随其后。整体酒类在社交属性上仍保持强势，但在消费升级及消费群体的更迭下，饮用场景不断拓宽，喝酒动机从功能属性/社交属性逐渐拓展到“娱乐性”“品质品位追求”。白酒品牌要想吸引多元消费者，需要基于受众心理调整营销策略，从娱乐轻松的调性上拉动市场增长。

基于以上洞察，腾讯广告针对性地推出了白酒行业数字化营销解决方案，释放渠道、数据、社交、内容四大引擎，助推白酒行业以线下渠道的流量带动线上渠道的增量，以全场景的国民级用户覆盖助推品牌数据资产的沉淀和价值提升，以创新性的社交玩法组合拳吸引消费者互动，以内容为支点通过娱乐、资讯、社交等多场景推动互动和增长。

思考：

针对白酒行业，分析消费者市场的变化趋势，白酒企业应该如何迎合消费者的这种变化?

项目 4

目标市场选择

【课前五分钟】

1. 什么是市场细分？市场细分的变量有哪些？
2. 市场细分的操作程序有哪些？
3. 目标市场选择的模式有哪些？
4. 目标市场营销策略有哪些？
5. 市场定位的方式方法有哪些？
6. 市场定位策略包括哪些？

【教学目标】

知识目标：

- 通过学习，掌握市场细分的变量、细分方法、市场细分操作程序，以及运用市场细分应注意的问题；掌握目标市场选择的条件、选择的模式、目标市场营销策略，以及影响选择目标市场营销策略的因素；掌握市场定位的方式、定位的方法、定位的策略、定位的操作程序，以及市场定位应注意的问题。

能力目标：

- 通过培养，具备目标市场选择的能力。

4.1 市场细分

4.1.1 市场细分的概念和依据

1. 市场细分的概念

市场细分是指企业根据消费者之间需求的差异性，把一个整体市场划分为若干消费者群体，从而确定目标市场的活动过程。每一个消费者群体就是一个细分市场，每一个细分市场都是由需求倾向类似的消费者构成的群体，所有细分市场之总和便是整体市场。不同的细分市场之间，需求差别比较明显，而在每一个细分市场内部，需求差别则比较细微。

市场细分不是对自己的产品进行分类，也不是按企业的性质进行分类，而是按照消费者的需求进行分类。市场细分过程，不仅是区分消费者需求的过程，同时是辨别市场竞争对手、寻求市场竞争优势的过程。它把一个整体市场划分成若干子市场，使企业可以比较清楚地发现哪个子市场上存在市场竞争者，哪个子市场上的市场竞争不是十分激烈或者没有市场竞争。这样，企业就可以根据自身状况与能力，合理地选择自己的目标市场和市场竞争策略，或避实就虚，或针锋相对，总能使企业立于不败之地。

2. 市场细分的依据

市场细分的依据是整体市场存在消费需求的差异性。市场细分不是以物为分析依据，而是以消费者需求差异性作为划分依据，即根据消费者需求的差异性，把整体市场划分为若干不同的细分市场，以便企业选择适合自己并能充分发挥自身资源优势的目标消费者群，实施相应的营销策略。同时，消费需求客观上存在相对同质性。企业应该看到，同一地理条件、社会环境和文化背景下的人们会形成具有相对类似人生观、价值观的亚文化群，他们的需求特点和消费习惯大致相同。正是因为消费需求在某些方面的相对同质，市场上绝对差异的消费者才能按一定标准聚合成不同的群体。每一个群体都是一个有相似欲望和需求的市场部分或子市场。所以，分析消费需求的绝对差异性和相对同质性，就是用“求同存异”的思想分析现实消费者的需求。消费需求的绝对差异造成了市场细分的必要性，消费需求的相对同质性则使市场细分有了实现的可能性。

4.1.2 运用市场细分变量细分市场

1. 消费者市场细分

（1）地理细分。运用地理变量细分市场是指按照消费者所处的地理位置与自然环境来细分市场。也就是说，根据国家、地区、城市、乡村、城市规模、人口密度、气候、地形地貌等方面的差异，将整体市场分为不同的小市场。

地理变量易于识别，是细分市场应予考虑的重要因素，但是处于同一地理位置的消费者需求仍会有很大差异。例如，在北京、上海，流动人口超过百万，这些流动人口本身就构成一个很大的市场，这一市场显然有许多不同于常住人口市场的需求特点。所以，简单地以某一地理特征区分市场，不一定能真实地反映消费者的需求共性与差异，企业在选择目标市场时还需结合其他细分变量予以综合考虑。

（2）人口细分。运用人口变量细分市场是指按照人口统计变量细分市场，即根据年龄、性别、职业、收入、教育、家庭人口、家庭生命周期、国籍、民族、宗教、社会阶层等方面的差异，将整体市场分为不同的小市场。这些人口变量与需求差异性之间存在着密切的因果关系，因此依据人口变量来细分市场，历来为人们所普遍重视。

人口统计变量比较容易衡量，有关数据相对容易获取，这是企业经常以它作为市场细分依据的重要原因。

实用链接

随着消费升级、大健康消费崛起，儿童零食市场也在不断规范。2020 年 5 月 16 日，国内首份根据儿童零食标准定制的白皮书《儿童零食市场调查白皮书》发布。书中显示，截至 2019 年年末，我国 3~12 岁儿童总数约为 1.59 亿，尤其近两年“二胎政策”的落实，儿童总数还处在上升趋势。国内儿童市场有 6 000 多亿元的市场容量，其中健康零食需求近千亿。5 月 17 日，中国副食流通协会发布《儿童零食通用要求》团体标准，首次提出“儿童零食”的定义，区别于普通零食，给出了 3~12 岁儿童食用零食的建议。《儿童零食通用要求》作为我国首份专门针对儿童零食制定的标准，一方面，将打破以往企业自有的产品生产标准，对于中国儿童零食市场的规范化、标准化发展具有里程碑意义；另一方面，将有助于家长降低辨别健康儿童零食的难度，改变家长们对国产儿童零食的品牌认知。

（3）心理细分。运用心理变量细分市场是指按照消费者的心理特征细分市场，即根据生活方式、个性、购买动机、价值取向、对商品供求趋势和销售方式的感应程度等方面的差异，将整体市场分为不同的小市场。不同性格消费者的需求特点如表 4–1 所示。

表 4–1 不同性格消费者的需求特点

性 格	消费需求特点
习惯型	偏爱、信任某些熟悉的品牌，购买时注意力集中，定向性强，反复购买
理智型	不易受广告等外来因素影响，购物时头脑冷静，注重对商品的了解和比较
冲动型	易受商品外形、包装或促销的刺激而购买，对商品评价以直观为主，购买前并没有明确目标
想象型	感情丰富，善于联想，重视商品造型、包装及命名，以自己的丰富想象去联想产品的意义
时髦型	易受相关群体、流行时尚的影响，以标新立异、赶时髦为荣，购物注重引人注意或显示身份和个性
节俭型	对商品价格敏感，力求以较少的钱买较多的商品，购买时精打细算、讨价还价

生活方式是人们对消费、工作和娱乐的特定习惯。由于人们生活方式不同，消费倾向及需要的产品也不一样。许多企业从生活方式细分中发现了有吸引力的市场机会，但是按心理变量细分市场比按地理变量细分市场和按人口变量细分市场的难度要大。

（4）行为细分。运用行为变量细分市场是指按照消费者消费行为细分市场，即根据购买时机、追求的利益、使用状况、使用频率、忠诚程度、待购阶段和对产品态度等方面的差异，将整体市场分为不同的小市场。顾客忠诚度细分如表4–2所示。

表4–2　顾客忠诚度细分

忠诚度类型	购买特征	营销对策
专一品牌忠诚者	始终购买同一品牌	用俱乐部制等办法维持老顾客
几种品牌忠诚者	同时喜欢几种品牌，交替购买	分析竞争者的分布及竞争者营销策略
转移忠诚者	不固定忠于某种品牌，一段时间忠于A，一段时间忠于B	了解营销工作的弱点
犹豫不定者	从来不忠于任何品牌	使用有力的促销手段吸引他们

行为变量能更直接地反映消费者的需求差异，因而成为市场细分的最佳起点。例如，城市公共汽车运输公司可根据上班高峰时期和非高峰时期乘客的需求特点，划分不同的细分市场并制定不同的市场营销策略，也可根据顾客忠诚度类型制定相应的市场营销决策。

头脑风暴

在我们身边有哪些商品是按照购买时间变量进行细分的？

（5）互联网市场的细分。互联网市场同样可以通过地理、人口、心理和行为四类变量进行细分，不过在进行细分时要结合互联网的特点，选择合适的细分变量。

随着全球化进程的加快和互联网技术的快速发展，人们足不出户就可以了解到全球动态。企业的一举一动可能成为全球媒体关注的焦点，这些信息又可以通过互联网等媒体快速传播到世界各地。因此对网络用户而言，开展网络经营的企业所处的位置并不重要，但对企业而言地理细分变量很重要，因为大多数企业瞄准的是它们提供产品或服务的具体城市、地区、州或国家，即使大型的跨国公司通常也根据地理特征来制定多重细分市场策略。

在互联网发展初期，用户的人口细分特征比较明显，普通的网络用户具备一些共同的特点：年轻男性、大学毕业、拥有高收入。除了性别，这是一个典型的创新者的形象。这一现象在互联网普及率低的国家依然普遍存在。在我国和发达国家，互联网用户看起来更像主流人群，年轻、收入高、受教育程度高等特征已经不是很明显。

采用行为变量对互联网市场进行细分，通常考虑两个因素，即追逐的利益和产品使用习惯。营销人员往往根据消费者希望从产品中获得的利益来划分消费者群体，或依据消费者对产品使用的多少（少、一般、多）来细分。假设使用互联网“最多”的是那些每天用计算机或掌上设备上网的用户，使用情况“一般”的是每隔几天用计算机上一次网的用户，使用“少”的是每隔一两个星期才接入一次互联网的用户，那么企业必须通过调研来判断这些用户的实际使用情况，才能决定如何按合适的用户类型来划分自己的目标市场。

心理变量是最重要的互联网市场细分变量，最能体现互联网市场的特殊性。企业可以通过用户心理特征对消费者进行细分，包括个性、价值观、生活方式、活动、兴趣及观念。部落是拥有共同的情感、亚文化、生活愿望、意象和符号的微观社会群体，部落中的消费者会以联结价值而不是以实用或功能价值为导向选择和评价产品和服务。在这种情况下，营销便成为促进部落时代个体的共同在场（co-presence）和群聚（communal gathering）而设计产品和服务，并把它们推向市场的一种活动，即部落营销（tribal marketing）。

在互联网时代，消费者自组织正在成为创新活动的主要推动者，新一代企业的竞争力基于贴近消费者并高效分析其需求、深刻理解其需求，在这种竞争力下，所有传统的公司只会沦为用户平台的附庸。“底层的力量”是互联网的魅力所在。“消费者”这个词被重新定义，消费者不再是彼此隔离的孤岛，而是通过网络社区等技术手段彼此联结、相互影响。互联网生态下的消费者行为正在从个人行为转变为群体行为，消费者不再是单独的个人，而是一个有共同兴趣、爱好与价值的群体（部落）。公司最重要的使命就是与消费者共建文化“部落”，并成为这个文化部落的产品与服务的提供者。

实用链接

联想的市场细分

1. 地理细分。针对新兴市场，联想将市场细分为农村和城市，东部和西部，打造贴近市场的专业高效强大的渠道体系，响应国家家电下乡的口号，向农村推出了经济型的电脑，把产品第一时间推向市场，满足客户需求。

2. 人口细分。让年轻白领轻松享受 idea Pad 带来的乐趣生活。让游戏玩家身临其境尽享游戏激情。让大学生随时随地实现影音娱乐、无线沟通。让农村用户真正感受到计算机的好处。

3. 消费者心理细分。对于学生爱玩游戏也爱追求时尚的特点，联想推出 Y 系列电脑，性能出色外观时尚。对于商务人士联想推出 V 系列商务本、U 系列便携带本，满足商务人士对办公要求高，经常出差的特点。想要购置第二台电脑的家庭一般都用来上网，联想推出的是 S 系列的上网本。对于一般家庭想要购置电脑但是经费不足的特点，联想推出 G 系列电脑。

2. 运用组织市场细分变量细分市场

1）运用用户规模变量细分市场。用户规模是细分组织市场的一个重要变量，一般可以分为大、中、小用户。企业应当根据用户规模大小来细分市场，并针对规模不同的用户制定市场营销组合策略。

2）运用最终用户类型变量细分市场。在组织市场上，不同的最终用户对同一种组织用品的市场营销组合策略往往有不同的要求。企业可根据最终用户的要求，将要求大体相同的用户集合成群，制定不同市场营销组合策略。

3）运用购买方式变量细分市场。组织市场的用户购买方式包括新购、更改重购、直接重购，以及直接采购或通过中间商采购，议价采购或招标采购。企业可根据用户购买方式的不同细分市场，然后制定不同市场营销组合策略。

4）运用地理位置变量细分市场。用户的地理位置对于企业合理组织销售力量、选择适当的分销渠道及有效地安排货物运输影响很大。因此，用户的地理位置也是细分市场的依据之一。企业可按用户所在地与本企业距离的远近及用户所在地的区域特征细分市场，并制定不同的市场营销组合策略。

同消费者市场一样，组织市场的许多企业实际上不是用一个变量来细分组织市场的，而是用几个变量甚至一系列变量来细分组织市场的。

4.1.3 市场细分的方法

1. 单一因素法细分市场

运用单一因素法细分市场即按影响消费需求的某一个因素来细分市场。例如，奶粉企业按年龄细分市场，可分为婴儿、儿童、中老年等细分市场。

2. 综合因素法细分市场

运用综合因素法细分市场即按影响消费需求两种或两种以上的因素综合细分市场。例如，某公司对家具市场的细分采用了 3 个标准，可分为 36 个细分市场，如表 4–3 所示。

表 4–3 某公司对家具市场的细分

户主年龄	65 岁及以上、50 ～ 64 岁、35 ～ 49 岁、18 ～ 34 岁
家庭人口	1 ～ 2 人、 3 ～ 4 人、4 人以上
月收入水平	2 000 元以下、2 000 ～ 4 000 元、4 000 元以上

3. 系列因素法细分市场

这种方法是根据两种或两种以上的因素，且按照一定的顺序，由粗到细依次地对市场进行细分。下一阶段的细分是在上一阶段选定的子市场中进行的。细分的过程也就是一个比较、选择分市场的过程。这种方法可使目标市场更加明确具体，有利于企业更好地制定相应的市场营销策略。某企业的服装市场细分如表 4–4 所示。

表 4–4 某企业的服装市场细分

性别	年龄	文化程度	职业	收入（月）	住址	性格
男	婴儿、儿童	文盲	企业白领	3 000 元以下	城市	内向
女	少年	小学	企业蓝领	3 000 ～ 4 000 元	郊区	外向
	青年	中学	农民	4 000 ～ 5 000 元	乡村	
	中年	大学及以上	小商贩	6 000 ～ 7 000 元		
	老年		行政事业单位职员	7 000 元以上		
			学生			
			运动员			

4.1.4　市场细分的操作程序

1. 明确企业的经营方向和经营目标

明确企业的经营方向和经营目标是市场细分的基础和前提。一般而言，企业的经营方向和经营目标是由企业的高层决定的。

2. 根据用户需求状况确定市场细分的细分变量

根据用户需求状况确定市场细分的细分变量是企业进行市场细分的依据，企业一定要按照实际需要加以确定。

3. 根据细分变量进行初步细分

一般根据消费者需求的具体内容，可初步确定将消费者群分为哪几种不同的类型。

4. 进行筛选

由于同类的消费者群还存在某些差异，因而要抓住重点、求同存异，删除某些次要的因素。

5. 对市场细分初步命名

企业应采用形象化的方法，使细分市场的名称既简单又富有艺术性。

6. 进行检查分析

进一步认识初步确定的细分市场是否科学、合理和恰当，是否需要做一些合并或者进一步拆分。

7. 确定目标市场

企业需要对各个细分市场进行细致、全面的分析，尤其要对经济效益和发展前景做出评价，这将有利于明确选择目标市场。

4.1.5　市场细分应注意的问题

1. 正确选择市场细分的变量

市场细分实质上是需求细分。选择市场细分的变量是指采用什么变量来区分消费者对一种产品的需求差异。正确选择细分变量，是细分市场的关键。不同企业、不同产品，在不同时期、不同市场，选择市场细分的变量是不一样的。这就要求企业从实际情况出发，选择市场细分变量时，要因地、因时、因产品、因市场、因企业而制宜，要“针对需求，切实可行”，选择比较切合实际的市场细分变量，才能合理地把市场细分化，从而发现有利的市场机会。

2. 市场细分变量是动态的

市场细分变量不是一成不变的，企业应根据市场的变化，树立动态观。产品不同或企业不同，选择的变量就不一样；即便同一产品，在不同市场、不同时间，市场细分的变量也是不同的。因为，同一样产品，随着时间的推移和市场的变化，消费者购买产品所追求的利益会发生变化，如果还采用相同的变量就不能正确区分需求。随着消费需求的变化，企业对市场的细分变量也应变化，而不能静止不变。动态观还意味着企业选择细分变量要有创新精神。企业选择了不为市场竞争者所采用的细分变量往往会发现新的细分市场，如果这是适当的目标市场又未被市场竞争者注意，就会使企业出奇制胜。

3. 以多个变量来细分市场

一个理想的细分市场，往往不是用一个变量划分来确定的，常用多个变量划分确定。因为消费需求往往不受一个变量影响，而是多变量综合影响的结果。因此，大多数情况下，用一系列变量结合起来进行市场细分。

4.2 目标市场选择

4.2.1 目标市场

1. 目标市场的概念

目标市场是企业决定要进入的那个市场，即企业在市场细分的基础上，根据自身能力和特长意欲为之服务的那部分消费群体。市场细分的目的在于正确地选择目标市场，如果市场细分显示了企业所面临的机会，目标市场选择则是企业通过评价各种市场机会，决定为多少个细分市场服务的重要市场营销策略。

2. 目标市场选择的条件

1）有足够的市场需求。目标市场一定要有尚未满足的需求，理想的目标市场应该是有利可图的市场，没有需求而不能获利的市场谁也不会去选择。

2）市场上有一定的购买力。市场仅存在未满足的需求，不等于有购买力和销售额。如果没有购买力或购买力很低，就不可能构成现实市场。因此，选择目标市场必须对目标市场的人口、购买力、购买欲望进行分析和评判。

3）企业必须有能力满足目标市场的需求。在市场细分的子市场中，可以发现有利可图的市场有许多，但是不一定都能成为企业目标市场，企业必须选择有能力去占领的市场作为自己的目标市场。同时，开发任何市场都必须花费一定的费用，将花费的费用和带来的利润相比较，只有给企业带来的利润大于企业花去的费用的目标市场，才是有效的目标市场。

4）企业在被选择的目标市场上具有市场竞争的优势。市场竞争优势主要表现为该市场上没有或者很少有市场竞争；如有市场竞争也不激烈，并有足够的能力击败对手；未来该企业可望取得较大的市场竞争优势。

4.2.2 目标市场选择的模式

企业在以市场细分为基础选择目标市场时，关键是确定目标市场的范围。根据选择范围的不同，可供企业选择的目标市场模式有 5 种，如图 4–1 所示。

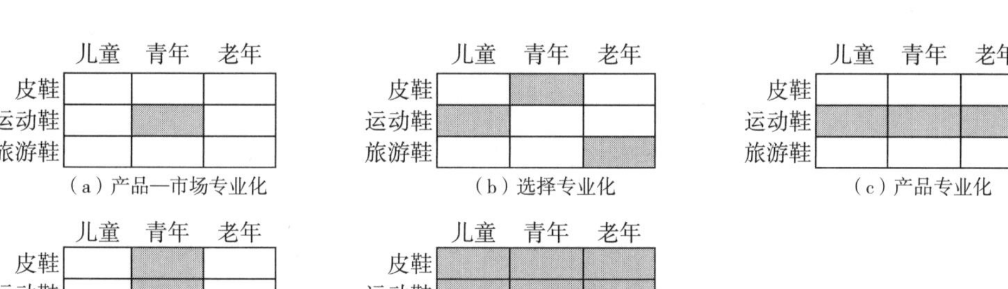

图 4-1 目标市场选择模式

1. 产品—市场专业化模式

这是一种最简单的模式，即企业的目标市场无论是从产品角度还是从市场（消费者）角度看，都集中于一个细分市场。这意味着企业只生产一种标准化产品，只供应某一消费群体。例如，某一鞋厂只生产青年运动鞋来满足青年的需求。这种模式的运用如图 4-1(a) 所示。

产品—市场专业化模式比较适用于小型企业或新建企业，这样企业既能获得较好的效益，又能发挥自己的专长，取得成功后再向更多的细分市场扩展。但是，选择产品—市场专业化模式也存在较大的风险。当细分市场出现一蹶不振的情况或者因强大竞争者决定进入同一个细分市场时，就会对企业的生产经营造成威胁。

2. 选择专业化模式

这种专业化模式是指企业选择若干具有一定潜在规模和结构吸引力，且符合企业发展目标和资源优势的细分市场作为目标市场，分别用不同性能、不同规格的产品去满足不同细分市场的不同消费群体的需求，各细分市场之间很少有联系或者根本没有联系。例如，某一鞋厂同时为儿童、青年、老年提供不同的鞋。这种模式的运用如图 4-1（b）所示。

企业采用专业化模式选择若干细分市场，其中每个细分市场在客观上都有吸引力，并且符合企业的目标和资源，每个细分市场都有相应的获利能力。其优点是企业可以有效地分散经营风险，即使某一细分市场的赢利不佳，仍可从其他的细分市场获得赢利。但选择此模式的企业，一般需要具有雄厚的资源优势和市场营销实力。

3. 产品专业化模式

产品专业化模式是指企业集中生产一种产品，并向所有的消费者销售这种产品。例如，某一鞋厂集中生产运动鞋满足儿童、青年、老年的需求。这种模式的运用如图 4-1（c）所示。

企业专注于某一种或某一类产品的生产，有利于形成生产和技术上的优势，在某个产品方面容易获得好的市场声誉和树立很好的市场形象。其局限性是如果产品被一种全新的产品或技术代替时，企业就会遭受很大的打击，产品的销售就会发生大幅度滑坡，对企业的生存形成威胁。因此，企业要加强新产品的开发，保持某一种或某一类产品的市场竞争优势。

4. 市场专业化模式

市场专业化模式是指企业专门为满足某一类消费群体的各种需求服务，对同一消费群体提供其所需要的不同产品。例如，某一鞋厂为满足青年对鞋的需求，生产皮鞋、运动鞋、旅游鞋。这种模式的运用如图 4-1（d）所示。

企业专门只为某个消费群体服务，从而在这类消费群体中获得良好的声誉，并成为这个消费群体所需的各种新产品的提供者。但是，如果这个消费群体的需求突然减少或其发展受到限制，从这个企业购买产品的数量大幅度下滑，企业就会产生收益滑坡的危险，这一点在生产资料市场中尤为突出。

5. 完全市场覆盖模式

完全市场覆盖模式是指企业把整体市场作为自己的目标市场，全方位进入各个细分市场，用一系列产品满足各类消费群体的各种需求。例如，某一鞋厂生产各类鞋投放于各类消费群体市场。这种模式的运用如图 4-1（e）所示。

一般只有实力雄厚的大型企业选用完全市场覆盖模式，从而垄断这一市场。在市场经济条件下，市场竞争十分激烈，企业很少或根本不可能真正垄断某一市场，因此应用这一策略必须十分慎重，应做好周密的调查研究和分析工作。

企业在选择应用上述 5 种模式时，一般总是首先进入最有吸引力、最能发挥自身资源优势的细分市场，待条件和时机成熟时，再逐步扩大目标市场的范围，进入其他细分市场。

4.2.3 目标市场营销策略

1. 无差异性市场营销策略

（1）无异性市场营销策略的概念。无差异性市场营销策略是指企业把一种产品的整体市场看作一个大的目标市场，市场营销活动只考虑消费者或用户在需求方面的共同点，而不管他们之间是否存在差异。因而，企业只推出单一的标准化产品，运用单一的市场营销组合，力求满足尽可能多的消费者的需求。无差异性市场营销策略如图 4-2(a)所示。

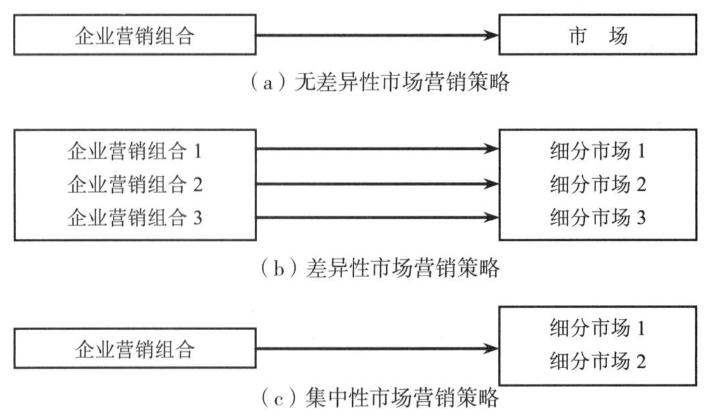

图 4-2　3 种不同的目标市场营销策略

（2）无差异性市场营销策略的适用条件。

1）企业面对的市场是同质市场。因为这些市场的需求本身就不存在实质性的差别，即使买方需求是有差别的，但他们有足够的相似之处，可以作为同质市场加以对待。

2）企业把整个市场看成一个无差异的整体，认定所有消费者对某种需求基本上是一样的。

3）适合需求广泛、市场同质性高且能大量生产、大量销售的产品，以及具有垄断性、不易仿制的产品。

（3）运用无差异性市场营销策略应注意的问题。无差异性营销策略被称为产品导向策略，考虑的主要是企业自身的利益，如生产的方便与经济、成本的节约、经营管理的简化等，而忽视了市场实际存在的需求差别。这种策略对多数企业已经不适用了。

1）消费者需求客观上是千差万别的、不断变化的。

2）许多企业同时在一个市场上采取这种策略，市场竞争必然激化，获得市场的机会反而减少。

3）以一种产品和一套市场营销组合方案来满足不同层次、不同类型的所有消费者的需求，也是很难做到的，总会有一部分需求尚未满足，这对企业和消费者来说都是不利的。因此，国际上一些曾长期采用这种策略的大企业也不得不改变策略，转而实行差异性市场营销策略，如可口可乐公司。

头脑风暴

在我们身边，哪些产品采用了无差异性市场营销策略？

2. 差异性市场营销策略

1）差异性营销策略的概念。差异性市场营销策略是企业在对市场进行细分的基础上，根据自身的资源条件，选择多个细分市场作为目标市场，并为各目标市场制定不同的市场营销组合策略。差异性市场营销策略如图 4–2（b）所示。例如，许多服装企业，为不同性别、不同年龄、不同收入水平、不同爱好的消费者生产质地、规格、款式、颜色、档次不相同的各季服装，就是实行的差异性市场营销策略。采用这种目标市场策略的企业，通常比实行无差异市场营销策略的企业能获得更高的销售量。

2）差异性市场营销策略的适用条件。①企业面对的市场是异质市场。②差异性市场营销策略适合大中型企业。

3）运用差异性市场营销策略应注意的问题。由于产品品种、分销渠道、广告宣传的扩大化与多样化，市场营销费用会大幅度增加。同时，运用差异性市场营销策略在推动成本和销售额上升时，市场效益并不具有保障性。因此，企业在市场营销中有时需要进行“反细分”或“扩大顾客的基数”，作为对差异性市场营销策略的补充和完善。

实用链接

与众不同的婚礼

当下，多数商家为新人在大酒店举行婚礼，而上海女孩孙雨推出野外婚礼，并且在不到一年的时间里获得了非同小可的成功。如今，孙雨已成为上海小有名气的“野外婚礼”专家。

鲜花和绿叶做成的拱门衬托着热闹的婚礼现场，洁白的婚纱把新娘装扮得无比娇媚，孩子们在草地上尽情嬉闹，亲朋好友在蓝天下享受着大自然的气息，五彩缤纷的气球在热闹的氛围中放飞。浪漫吧！这就是她给新人策划的野外婚礼的一幕。

孙雨陆续推出了十多种独具匠心的野外婚礼主题方案，其中水上婚礼、竹海婚礼、雨中婚礼等主题方案备受青睐，成了孙雨手里的几道“招牌菜”。她认为，年轻人喜欢野外婚礼的原因主要是野外风景优美，利于游玩和摄影留念，更容易营造浪漫氛围。孙雨还认为，自己的这一婚庆方式，充分迎合了当下年轻人追求个性化的心理需求，跟上了时代潮流，而做到这一点，赚钱便成了水到渠成的事了。

3. 集中性市场营销策略

（1）集中性市场营销策略的概念。集中性市场营销策略是企业在将整体市场分割为若干细分市场后，只选择其中某一细分市场作为目标市场，集中力量，实行专业化生产和经营的有效策略。其指导思想是把企业的人财物集中用于某个细分市场或将几个性质相似的小型市场归并为一个细分市场，不求在一个大的整体市场上占有较小的份额，只求在较小的目标市场上占有较大的市场份额。集中性市场营销策略的实质是：与其四处出击收效甚微，不如突破一点取得成功。在市场细分的基础上，企业只对局部市场实行重点服务，专业化经营，实行一种有针对性的市场开发策略。集中性市场营销策略如图4–2（c）所示。

（2）集中性市场营销策略的适用条件。

1）集中性市场营销策略主要适合资源有限的中小企业，或是初次进入新市场的大企业。这些小企业如果与大企业硬性抗衡，弊多于利，因而必须学会寻求对自己有利的微观生存环境。也就是说，如果小企业能避开大企业竞争激烈的市场，选择一两个能够发挥自己技术、资源优势的小市场，往往容易成功。集中性市场营销策略是中小企业变劣势为优势的最佳选择。

2）集中性营销策略适合某些财力较弱的中小企业，或是处于产品生命周期衰退期的企业。这些企业恰当地采用这种策略，既可以在较小的市场上形成经营特色或商品信誉，获得消费者的信任，提高投资收益率，又可以伺机在条件成熟迅速扩大生产、提高市场占有率。

（3）运用集中性营销策略应注意的问题。运用集中性营销策略经营者承担的风险较大，由于目标市场集中，一旦目标市场的需求情况突然发生变化，目标消费者的兴趣突然转移（这种情况多发生于时髦商品）、价格猛跌或是市场上出现了更强有力的市场竞争对手，企业就可能陷入困境。因此，多数企业在采取密集性市场营销策略的同时，仍然愿意局部采用差异性市场营销策略，将目标分散于几个细分市场中，以便获得回旋余地。所以，采用集中性市场营销策略的企业，要随时密切关注市场动向，充分考虑企业对未来可能发生的意外情况下的各种对策和应急措施。

4.2.4　影响选择目标市场营销策略的因素

1. 企业资源能力因素对选择目标市场营销策略的影响

企业实力雄厚，管理水平较高，可考虑采用差异性或无差异性市场营销策略；资源有限，无力顾及整体市场或几个细分市场的企业，则宜选择集中性市场营销策略。当企业的内、外部条件发生重大变化时，目标市场营销策略也需进行调整和转变。

2. 产品同质性因素对选择目标市场营销策略的影响

同质性产品，消费需求差异较小，产品之间竞争主要集中在价格上，如钢铁、大米、食盐等初级产品，适用于无差异市场营销策略。差异较大的产品，如汽车、家用电器、服装、食品等，适宜采用差异性市场营销或集中性市场营销策略。

3. 市场同质性因素对选择目标市场营销策略的影响

如果消费者需求、购买行为基本相同，对市场营销策略的反应也大致相同，即市场是同质的，可实行无差异市场营销策略。反之，则应采用差异性或集中性市场营销策略。

4. 产品生命周期因素对选择目标市场营销策略的影响

如果企业是向市场投入新产品，市场竞争者少，宜采取无差异性市场营销策略，以便了解和掌握市场需求和潜在消费者；当产品进入成长期或成熟阶段以后，就可采用差异性市场营销策略，以开拓新的市场或实行集中性市场营销策略，设法保持原有市场，延长产品生命周期。

5. 市场竞争对手的市场营销策略因素对选择目标市场营销策略的影响

企业生存于市场竞争环境中，对市场营销策略的采用受到了市场竞争对手的制约。当市场竞争对手已实行差异性市场营销策略时，如果本企业采用无差异性市场营销策略，就等于无法有效参与市场竞争，很难占有一个有利的地位，除非本身有极强的实力和较大的市场占有率。此时，企业应对市场进行更有效的细分，寻找新的机会，实行差异性市场营销策略或集中性市场营销策略。如果市场竞争对手用无差异性市场营销策略，则企业无论本身实力大于还是小于对手，“跟踪追击”，实行差异性市场营销策略或集中性市场营销策略，都是有利可图、有优势可占的。此外，市场竞争者数量的多少，也是企业选择目标市场营销策略时要考虑的因素，“知己知彼”“攻虚避实，乘虚而入”，方能百战百胜。表 4–5 对目标市场营销策略的选择及其影响因素之间的关系进行了概括。

表 4–5　目标市场营销策略的选择及影响因素之间的关系

营销策略	企业资源与实力	产品的同质性	市场的同质性	产品生命周期	竞争者的实力与策略	市场供求状况
无差异性营销策略	强	高	高	导入期	竞争者实力较弱	供不应求
差异性营销策略	强	低	低	成长期、成熟期	差异、无差异	供过于求
集中性营销策略	弱	低	低	衰退期、导入期	差异、无差异	供过于求

4.3　市场定位

4.3.1　市场定位的概念和层次

1. 市场定位的概念

市场定位就是设计出本企业与众不同的产品、品牌、企业形象与服务，使之具有鲜明的特色或个性，从而使企业能在目标消费群心目中占有一个独特的位置。

市场定位的实质是根据市场竞争者在细分市场上所处的地位和消费者对本企业产品、品牌、企业形象、服务的某些属性的偏爱程度，塑造出与众不同的鲜明个性或形象，使本企业与其他企业严格区分开来，使目标消费群明显感觉和认识到这种差别，从而在目标消费群心目中占有特殊的位置，并在细分市场上占有有利位置，进而获得市场竞争优势。

理解市场定位的实质要把握以下 3 点。

1）定位的目的。定位的目的在于“攻心”，即在消费者心目中确定位置，而不是在某个空间定个位置。

2）定位的前提。定位的前提是周密地进行调查研究，了解消费者对某类产品各种属性的重视程度及市场竞争对手目前的市场位置。

3）定位的手段。定位的手段是制造差异，即制造与市场竞争对手的差异。

市场定位的关键不是对产品本身做些什么，而是在消费者心目中做些什么。这种说法是否正确？

2. 市场定位的层次

市场定位包括 3 个相互关联的层次，如图 4–3 所示。

1）产品定位。产品定位指将某个具体产品定位于消费者心中，让消费者产生类似的需求就会联想起这种产品。这一层次的定位是其余所有定位的基础，因为公司最终向消费者提供的是产品，没有产品这一载体，品牌及公司在消费者心目中的形象都难以维持。

2）品牌定位。品牌定位是企业在市场定位和产品定位的基础上，对特定的品牌在文化取向及个性差异上的商业性决策，是建立一个与目标市场有关的品牌形象的过程和结果。品牌定位必须以产品定位为基础，通过产品定位来实现。无论什么产品，它们本身的高品质是优质品牌的基础，也是这一印象发挥效用的载体。但品牌定位一旦成功，便成为一项无形资产，且能与产品脱离而独立显示其价值。

3）企业定位。企业定位指企业组织形象的整体或其代表性的局部在公众心目中的形象定位，它的着眼点不是具体的产品或品牌，而是其组织形象整体或局部性的特点与优点。

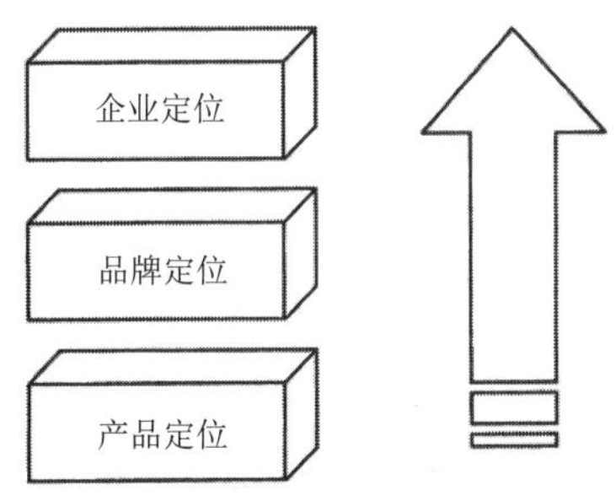

图 4-3 市场定位的层次

企业定位处于定位阶梯的最高层，这 3 个层面相互制约、相互影响、互动互进。它们好比是一栋多层建筑，每一层都是上一层的基础，随意抽掉其中的一层，顶上只能是空中楼阁。没有好的产品定位和品牌定位，企业定位难以树立起来；反过来，较高的企业定位可以维持公司的产品及品牌定位。因此，进行市场定位时，必须将三者有机地结合起来。

实用链接

飘柔的成功定位

1．市场定位

作为中国市场洗发水第一品牌，飘柔的品牌命名为其品牌树立奠定了很好的基础。从语言学角度看，飘柔是一个动词，其柔性、女性化、动感及相关性特征使飘柔在语义传播上占尽了先机。

与西方消费者不同，在中国女性的心目中，美丽秀发的标准永远都是柔柔亮亮，顺滑易梳。潮流来来去去，唯独这点从未改变，这也正是飘柔多年来一直致力带给中国女性的。挑战柔顺极限，不断带给人们升级的柔顺体验，这就是飘柔。

飘柔刚进入中国的时候，是当时卖得最贵、定位最高的洗护发二合一产品（200mL

的绿飘曾经卖到 30 元）。此后，飘柔的零售价格虽略有下调，但幅度都不算大，直到 2003 年 11 月的某一天，9.9 元的飘柔赫然出现在我国的西陲边境重庆市场，行业内外一片哗然，其中不乏“品牌错位”“品牌冲突”“品牌自杀”等多种批判性的论调。从原来的 30 元降到现在超出市民心理底线的 9.9 元，从原来的高端定位到现在的大众人群，从原来的单身品牌到现在的品牌延伸。飘柔品牌大众化、大品牌策略的转变，是进军中低端市场的目标和中国市场竞争环境的需要。

2．产品定位

“飘柔”草绿色的包装给人以青春美的感受，“含丝质润发素，洗发护发一次完成，令头发飘逸柔顺”的广告语，再配以少女甩动如丝般顺滑的头发的画面，更深化了消费者对“飘柔”飘逸柔顺效果的印象。

最近两年，飘柔打出自信的概念大旗，从“飘柔吵架篇”“飘柔老师篇”到现在的“飘柔指挥家篇”，飘柔广告无不以自信作为品牌的诉求点。此外，飘柔还相继推出“飘柔自信学院”“多重挑战”“同样自信”“职场新人”“说出你的自信”等系列活动，将“自信”概念演得炉火纯青。通过利益诉求与情感诉求的有机结合，大大地提高了品牌的文化内涵。

4.3.2 市场定位的操作程序

市场定位的操作程序如图 4–4 所示。

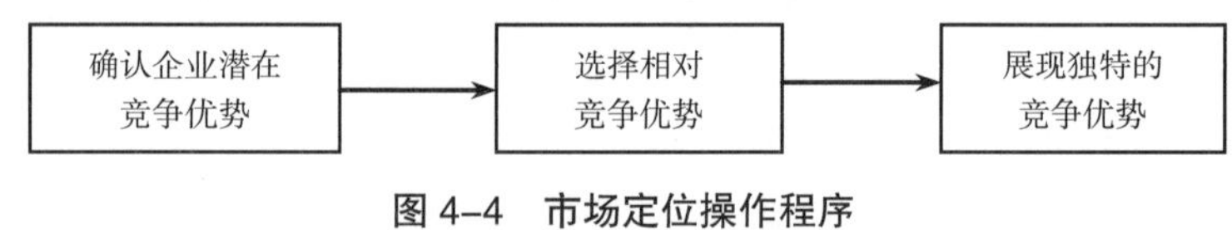

图 4–4 市场定位操作程序

1. 分析目标市场的现状，确认本企业潜在市场竞争优势

在确认本企业潜在市场竞争优势时，要明确以下 3 个问题：

1）市场竞争对手的产品定位如何？

2）目标市场上的消费者欲望得到满足程度如何？还需要什么？

3）对市场竞争者的市场定位和潜在消费者真正需要的利益要求，企业应该能够做什么？

明确了上述 3 个问题，企业就可从中把握和确定自己的潜在市场竞争优势。要明确上述问题，企业市场营销人员便要对企业市场调研人员通过一切调研手段所搜索到的与上述问题有关的资料，以及上交的调研报告，进行认真、详细的分析与研究。

2. 准确地选择相对市场竞争优势，对目标市场初步定位

准确地选择相对市场竞争优势就是将一个企业各方面的实力与市场竞争者的实力相比较的过程。比较的指标应是一个完整的体系，这样才能准确地选择相对市场竞争优势。常用的方法是分析、比较企业与市场竞争者在经营管理、技术开发、采购、生产、市场营销、财务和产品 7 个方面的强项与弱项，选出最适合本企业的优势项目，以初步确定企业在目标市场上所处的位置。

3. 展现独特的竞争优势

企业在这一程序中的主要任务是通过一系列的宣传促销活动，使其独特的市场竞争优势准确地传播给潜在消费者，并在消费者心目中留下深刻印象。

1）使目标消费群了解、知道、熟悉、认同、喜欢和偏爱本企业的市场定位，在目标消费群心目中建立与该定位相一致的形象。

2）企业应通过一切努力来强化目标消费群形象，保持对目标消费群的了解，稳定目标消费群的态度和加深与目标消费群的感情，以巩固与市场相一致的形象。

3）企业应注意目标消费群对其市场定位理解出现的偏差或由于企业市场定位宣传上的失误而造成的目标消费群认识上的模糊、混乱和误会，及时矫正与市场定位不一致的形象。

总之，当企业和市场情况发生变化时，都需要对目标市场定位的方向进行调整，使企业的市场定位策略符合企业特色和发挥企业优势的原则，从而取得良好的市场营销利润。

4.3.3　选择市场定位的方式

1. 从定位的时机选择市场定位的方式

（1）初次定位方式。初次定位是指企业向市场推出一种新产品时对其进行的第一次定位。企业在进入目标市场时，往往是市场竞争者的产品已经上市或已经形成了一定的市场格局。这时，企业应认真研究同一产品市场竞争对手在目标市场上的位置，从而确定本企业产品的有利位置。

初次定位是最重要的，因为它塑造的是“第一印象”；但初次定位又是最难的，难在定位者对环境、对自身的研究还不够，市场对产品的认可和接纳有一个过程，所谓万事开头难。初次定位跟打靶一样，最好是一发击中。如果发现定位错误再重新定位，对企业来说可能已经造成了很大的损失。

（2）重新定位方式。选定了市场定位目标后，针对以下情况可以考虑重新定位：定位不准确或虽然开始定位得当，但市场情况发生变化时；遇到市场竞争者定位与本公司接近，侵占了本公司部分市场；由于某种原因消费者或用户的偏好发生变化，转移到市场竞争者方面时。重新定位是以退为进的策略，目的是实施更有效的定位。

2. 从定位的依据选择市场定位的方式

（1）属性定位方式。属性定位是指根据特定的产品属性来定位。例如，广东客家酿酒总公司把自己的“客家酿酒”，定位为“女人自己的酒”，突出这种属性对女性消费者来说就很具吸引力。

（2）利益定位方式。利益定位是指根据产品能满足的需求或提供的利益来定位，通常可采用多种利益进行产品定位。例如，宝洁旗下有多个洗发水品牌，定位各不相同：海飞丝定位于去头皮屑，飘柔定位于使头发柔顺，潘婷定位于使头发健康，沙宣定位于保湿、超乎寻常的呵护。

（3）质量和价格定位方式。质量和价格定位是指综合运用质量和价格两种因素来定位。产品的质量和价格通常是消费者在购买决策时最直观和最为关注的因素，并且往往是将两者结合起来综合考虑的，但不同的消费者又会各有侧重。价格和质量两个因素可以形成多种组合，最有市场竞争力的是高质高价和高质低价两种。高价格是一种高质量的象征，只要企业或产品属于“高质”的类别，且高质量、高水平服务、高档次能让消费者实实在在地感受到，就可以选择这种定位方式。

3. 从处理竞争关系的角度选择市场定位的方式

（1）避强定位方式。避强定位是指企业力图避免与实力最强的或较强的其他企业直接发生市场竞争，而将自己的产品定位于另一市场区域内，使自己的产品在某些特征或属性方面与最强或较强的对手有比较显著的区别。采用避强定位方式能使企业较快地在市场上站稳脚跟，并能在消费者或用户中树立形象，风险小。避强往往意味着企业必须放弃某个最佳的市场位置，很可能使企业处于最差的市场位置。

（2）对抗定位方式。对抗定位是指企业根据自身的实力，为占据较佳的市场位置，不惜与市场上占支配地位的、实力最强或较强的市场竞争对手发生正面市场竞争，从而使自己的产品进入与对手相同的市场位置。市场竞争过程往往相当引人注目，甚至产生所谓的轰动效应，企业及其产品可以较快地为消费者或用户所了解，易于达到树立市场形象的目的，但具有较大的风险性。

实行对抗性定位，必须知己知彼，应清醒估计自己的实力，不一定要压垮对方，只要能够平分秋色就是巨大的成功。

举例说明哪些公司使用了对抗定位的方式。

4.3.4 市场定位的方法

（1）运用产品属性（特色）、利益、定位的方法。这是指根据产品的某项特色属性及由此给消费者带来的某项特殊利益来定位。例如，雷达表宣传它“永不磨损”的品质特色，高露洁突出“没有蛀牙”的功效，王老吉强调去火，舒肤佳强调除菌。有些产品的定位侧重于使用的时间和场合，如“红牛”饮料把自己定位于增加体力、消除疲劳的功能性饮料，“金嗓子喉宝”专门用来保护嗓子。

（2）运用价格、质量定位的方法。价格和质量的不同组合，构成不同的定位。例如，海尔家电产品定位于高价格、高品质，雕牌洗衣粉的定位是“只买对的、不买贵的”。

（3）运用产品档次定位的方法。这是指依据消费层次的高、中、低档进行产品不同档次定位。例如，汽车中劳斯莱斯是高档车的代表，道奇则代表经济适用；丰田公司推出雷克萨斯、凯美瑞、卡罗拉、小明星等不同档次的汽车，以迎合不同的消费者。

（4）运用根据市场竞争者定位的方法。根据市场竞争者定位也叫对比定位法，是指以某知名度较高的市场竞争品牌为参考点来定位，在消费者心目中确立明确的位置。例如，蒙牛最初相对于伊利的“老二”策略，百事可乐针对可口可乐的“新一代选择”，都属于对比定位。

（5）运用产品种类定位的方法。开发新产品之后，告诉预期消费者该产品不是什么，比告诉他们产品是什么更管用。例如，世界上第一辆汽车称为“不用马拉”的车子，七喜饮料的广告语“七喜非可乐”，我国亚都公司恒温换气机的诉求点是“我不是空调”等，都在不同程度上加强了自己在消费者心目中的形象。

（6）运用根据使用者定位的方法。根据使用者定位是把产品和特定消费群联系起来的定位策略。它试图让消费者对产品产生一种量身定制的感觉，如“太太口服液”定位于女性，儿童医院是针对儿童的专业医院。

（7）运用生活方式定位的方法。运用生活方式定位是将产品人格化，赋予其与目标消费群十分相似的个性。例如，百事可乐以“年轻、活泼、刺激”的个性形象在一代又一代年轻人中产生共鸣。

（8）运用多重因素定位的方法。如果一些定位因素是兼容的，定位不一定拘泥于一个因素。例如，比彻姆公司在促销其阿克福来希牙膏时，声称可提供 3 重利益，即防蛀、清新口气和增白。

4.3.5　制造市场定位差异的方法

企业可以从 5 个方面制造市场定位的差异，如表 4–6 所示。

表 4–6　市场定位的差异

产　品	服　务	人　员	渠　道	形　象
形状 特色 性能质量 耐用性 一致性质量 可靠性 可维修性 风格 设计	订货方便 交货及时 安装服务 客户培训 客户咨询 维修服务 其他服务	职称 谦恭 诚实 可靠 反应 沟通	覆盖面 专业化 绩效 模式	标志 文字 视听媒体 气氛 事件

1. 制造产品差异的方法

1）形状。指产品的尺寸、形状和外形。

2）特色。指增补产品基本功能的某些特征。

3）性能质量。指产品主要特征或属性在运用中的水平。

4）一致性质量。指产品的设计和使用与预定标准的吻合程度。

5）耐用性。指衡量一个产品在自然或重压条件下的预期操作寿命。

6）可靠性。指在一定时间内产品将保持不坏的可能性。

7）可维修性。指一个产品出了故障或用坏后可以修理的容易程度。

8）风格。指产品给予顾客的视觉和感觉的效果。

9）设计。指从顾客要求出发，能影响一个产品外观和性能的全部特征的组合。

实用链接

哈根达斯的爱情宣言

哈根达斯的品牌定位，是积极倡导“尽情尽享，尽善尽美”的生活方式，鼓励人们追求高品质的生活享受。但是获得这样的生活方式是要付出很高成本的，显然选择理性消费人群是不现实的。哈根达斯在1976年开设了全球第一家专卖店，是由创始人鲁本·马特斯的女儿多丽丝·马特斯开设的。多丽丝高雅、悠闲、舒适、具有浓厚罗曼蒂克情调氛围的设计风格，令哈根达斯迅速获得巨大的成功，这也为哈根达斯最终逐步确定清晰的品牌定位起到了良好的启示作用。

消费者什么时候比较容易产生“冲动型消费”？无外乎在消费时让消费者感受到购买的成本远远小于获得的收益，或者在消费时将价格的影响因素放在次要或忽略不计的位置。在提供冰激凌的同时，哈根达斯非常注重营造一种氛围，使品尝哈根达斯冰激凌成为一种难忘的体验。这也就是“哈根达斯一刻”。那么“这一刻”赋予什么样的美妙、难忘才是最有感染力与象征意义的呢？哈根达斯自然想到了“爱情”。

一句“爱我，就请我吃哈根达斯”，像“爱情流行语”一样迅速在北京、上海、广州、深圳等城市蔓延开来。一时间，哈根达斯冰激凌成了城市时尚一族趋之若鹜的时尚食品。围绕“爱情”，哈根达斯做足了文章。

2. 制造服务差异的方法

1）订货方便。指如何使顾客能方便地向公司订货。

2）交货及时。指产品或服务及时地送达顾客。

3）安装服务。指为确保产品在预定地点正常使用而必须做的工作。

4）客户培训。指对客户单位的人员进行培训，以使他们能正确、有效地使用供应商的设备。

5）客户咨询。指卖方向买方无偿或有偿地提供有关资料、信息系统和建议等服务。

6）维修服务。指购买本公司产品的顾客所能获得的修理服务的水平。

7）其他服务。公司还能找到许多其他方法提供各种服务来增加客户价值。

3. 制造人员差异的方法

1）称职。工作人员具有所需要的技能和知识。

2）谦恭。工作人员热情友好，尊重别人，体贴周到。

3）诚实。工作人员诚实可信。

4）可靠。工作人员始终如一、正确无误地提供服务。

5）反应。工作人员能对顾客的请求和问题迅速做出反应。

6）沟通。工作人员力求理解顾客并清楚地为顾客传达有关信息。

4. 制造渠道差异的方法

公司可通过其分销渠道方法来取得差异，如渠道的覆盖面、专业化、模式、绩效。安利、戴尔在渠道上区别于宝洁、联想，薇姿和采乐宣称自己“只在药房出售”“妙士”饮料只在宾馆销售而不上超市，卡士活菌奶主要在酒吧展现自己的高档，但这些公司都很成功。

5. 制造形象差异的方法

1）标志。一个强烈的形象包括一个或几个识别公司或品牌的标志。

2）文字和视听媒体。所选的标志必须通过各种广告来传播公司或品牌的个性。

3）气氛。一个组织生产或传送其产品或服务的场所是另一个组织产生有利形象的途径。

4）事件。一家公司可以通过由其资助的各类活动塑造某个形象。

4.3.6　市场定位策略

1. 填补市场空位策略

填补市场空位策略是指企业把产品定位于目标市场上的空白处，这样可以避开激烈的市场竞争，使企业有一个从容发展的机会。但决策前企业应明确以下 3 个问题。

1）市场空白处的潜在消费群数量。市场出现空白，也许并非其他市场竞争者熟视无睹，而是该处缺乏需求，这一点要特别注意。

2）技术上的可行性。企业要有足够的技术能力生产市场空白处的需求产品，否则企业选择了这种策略也只能望洋兴叹。

3）经济上的合理性，即企业填补市场空位能有利可图。

2. 与现有竞争者共存策略

运用与现有竞争者共存策略指企业把自己的产品定位在某一个市场竞争者的同一位置上，与现有市场竞争者和平共处。对于市场竞争者来说，如果有足够的市场份额，而且其既得利益没有受到多大损害，它们一般是不会在乎身旁多出一个市场竞争对手的。因为激烈的对抗常常会两败俱伤，很多实力不太雄厚的企业经常采用这种定位策略。

3. 逐步取代现有市场竞争者策略

如果企业实力十分雄厚，有比市场竞争者更多的资源，能生产出比市场竞争者更好的产品，不甘于与市场竞争者共享市场，则可以发动一场攻坚战，把现有市场竞争者赶离原有位置，取而代之。采用这种策略的原因有两个：一是与企业条件相符合的市场已被市场竞争者占领，而且这个市场的需求不够大，不足以让两个企业共同分享；二是企业有足够的实力，想成为行业领先者。当然，采用这种策略的风险是相当大的，成功了，企业可以独占鳌头；一旦失败，企业或许会陷入万劫不复之境或者两败俱伤。因此，采用这种策略的企业事前应做好充分的准备。

4. 重新定位策略

产品在目标市场上的位置确定后，经过一段时间的经营，企业可能会发现出现了某些新情况，如有新的市场竞争者进入了企业选定的目标市场，或者企业原来选定的产品定位与消费者心目中的该产品印象（知觉定位）不相符等，这就促使企业不得不考虑对产品进行重新定位。产品重新定位时，企业首先应找出导致重新定位的主要原因，然后利用重新定位来解决出现的问题。如果是因为出现了新的市场竞争者，则企业可以通过增加产品的差异性等措施来与市场竞争者抗衡或与市场竞争者拉开距离；如果是因为企业定位与消费者的知觉定位不符，则企业可以通过广告宣传来改变消费者的知觉定位，或者改变产品来迎合消费者的知觉定位等。总之，企业应根据具体情况，找出主因，然后制定补救的措施。

4.3.7 市场定位应注意的问题

1. 注意市场定位过低

市场定位过低也称市场定位不明显，指不能让消费者真正感觉到产品的特别之处。例如，好迪宣称“大家好才是真的好”，但消费者不知道它好在哪里。

2. 注意市场定位混乱

有些品牌的市场定位使消费者可能对产品的印象模糊不清，这就是定位混乱造成的。这种混乱是由于主题太多所致。例如，雪佛兰以前代表高品质家庭车，销量排名第一。后来，各种各样冠在它头上的说法把它变成了“四不像”：它可以便宜，也可以贵；它可以是家用轿车，也可以是运动轿车；它还可以是卡车和厢式货车。总之，它“满足所有人的所有需求”。今天，雪佛兰的销售已经落后。

3. 注意市场定位过高

市场定位过高也称定位狭窄，会使消费者对该产品的了解十分有限，从而造成市场丢失。

4. 注意市场定位有疑问

消费者对某些企业的市场定位有疑问，很难相信某些企业关于产品特色、价格等方面的宣传。例如，农夫山泉旗下产品“农夫C打”曾打出广告“不含酒精的酒”，结果上市之后并不顺利，因为人们可能认为“不含酒精的酒或许是假酒”。

【思考与应用】

1. 填空题

（1）市场细分是指企业根据消费者之间需求的（　　），把一个整体市场划分为（　　）消费者群体，从而确定（　　）的活动过程。

（2）市场细分的变量有（ ）、（ ）、（ ）、（ ）。

（3）目标市场是企业决定要进入的那个市场，即企业在（ ）的基础上，根据（ ）和（ ）意欲为之服务的那部分消费群体。

（4）市场定位就是设计出本企业与众不同的（ ）、（ ）、（ ）与（ ），使之具有鲜明的特色或个性，从而使企业能在（ ）心目中占有一个独特的位置。

2. 判断题（对的打√，错的打 ×）

（1）根据消费者的年龄、性别、职业、收入、教育等进行市场细分属于运用人口变量进行细分。（ ）

（2）产品专业化模式是指企业集中生产一种产品，并向所有的消费者销售这种产品。（ ）

（3）市场专业化模式是指企业专门为满足不同类消费群体的各种需求服务，对各类消费群体提供其所需要的不同产品。（ ）

（4）差异性市场营销策略是企业在对市场进行细分的基础上，根据自身的资源条件，选择多个细分市场作为目标市场，并为各目标市场制定不同的市场营销组合策略。（ ）

（5）产品定位指将某个具体产品定位于消费者心中，让消费者产生类似的需求就会联想起这种产品。（ ）

3. 思考题

（1）消费者市场细分有哪些变量？

（2）消费者市场细分的方法和操作程序有哪些？

（3）目标市场选择的条件是什么？如何运用目标市场选择模式？

（4）如何运用目标市场营销策略？

（5）影响选择目标市场营销策略的因素有哪些？

（6）如何运用市场定位的方式、市场定位的方法、市场定位的策略？

（7）如何制造市场定位差异化？运用市场定位应注意哪些问题？

4. 案例分析与应用

三只松鼠：着眼细分市场，做成大众品牌

在细分的市场，由于个性化的标签和较强的粉丝黏性，也由于竞争的压力比较小，反而适合一些中小型企业的生存，甚至有很多企业从细分做起，最后成长成了大众品牌。三只松鼠就是典型的一个例子。

着眼细分品类，只做坚果类的老大

三只松鼠在成立之初，可以说目标和定位就是非常明确的，那就是只做坚果这个类目，而三只松鼠的品牌形象跟这个定位也是非常切合的，因为松鼠爱吃坚果。拟人化的形象加上第一家做坚果品类的商家，让很多的消费者都记住了它。其实这种消费者对于细分品类的需求，来自消费升级，大众对零食的要求已经不仅仅满足于单一的品类，而是趋向于多元化，只做垂直领域，会让很多消费者认为这个品牌是该领域的专家，对于

树立品牌的形象是非常好的。

打造IP，病毒式植入

三只松鼠让人印象最深刻的，就是它的病毒式植入，在很多热门电视剧，都能看到它们身影，或者某个主角购买了的零食，或者三只松鼠的公仔放在某个地方，反正就是让你想看不到也难。由于松鼠的可爱形象，大家对植入广告也都觉得很可爱，效果也很好。但是三只松鼠不仅满足于作为植入广告的形式出现，它也打造了属于自己的IP，除了公仔、抱枕等，还推出了三只松鼠的动画片，这对于营造品牌的形象，可以说是非常有利的。

营造场景，将产品生活化

三只松鼠非常善于营造生活化的场景，它按照目标群体的不同进行不同的生活化宣传，激发人们的购买欲望。对于白领，三只松鼠就是白领可以放在办公桌上的零食，而对于学生，三只松鼠则打造“学生包装”并在电视剧里植入，成为学生爱吃的零食。每逢春节又以春节伴手礼的形象出现，可以说为产品赋予了故事性。

打破天花板，拓展更多市场

随着坚果类食品的销售额增速放缓，三只松鼠利用自身的优势开始拓展其他的同类产品。在这个阶段，三只松鼠已经成了品牌，并且拥有了销售的相关数据，也了解了经常购买三只松鼠的人群的特点，所以通过同类产品的增长，继续霸占该细分市场老大的位置。

从三只松鼠的案例来看，更多的中小型企业，应该把目光投向细分品类，先做精，再做强，最后再做大。这样才能最大程度的规避激烈的市场竞争，在小而美的领域中，发挥自身的价值。

（资料来源：营销萝卜，2018年8月2日）

思考：

用细分变量描述三只松鼠进行市场细分的依据。

第 2 模块

做生意（经营生意）

——满足消费需求

【学习指导】

企业经过找生意（寻找生意）——发现（创造）消费需求，确定了企业市场营销的服务对象，满足目标消费群的哪些消费需求，在目标市场上为产品、品牌、企业形象确定了一个富有竞争优势的地位。下面进入市场营销活动的第 2 个环节，解决如何做生意（经营生意）——满足消费需求的问题。企业要运用市场营销组合，把产品策略、价格策略、分销策略和促销策略组合起来综合地发挥作用，才能满足目标市场的需求，更好地实现企业营销目标。

首先，要认知市场营销组合即产品策略、价格策略、分销策略和促销策略之间的逻辑关系，才能对可以控制的产品策略、定价策略、分销策略、促销策略进行最佳组合，使之综合地发挥作用。产品策略是市场营销组合的核心，是定价策略、分销策略、促销策略的基础。因为企业只有提供满足目标市场需求的产品和服务并使目标消费群满意，才能实现获取利润的目标。企业开发出产品以后，要与目标消费群进行交易，就必须运用定价策略为产品制定合理的价格。有了满足目标消费群需求的产品和适当的价格以后，企业所面临的问题就是如何把产品通过一定的渠道在适当时间、适当地点，按适当数量和价格，从生产者手中转移到消费者手中，来实现产品的价值和使用价值。分销策略是联结生产和消费之间的“桥梁”和“纽带”。企业为其产品选择了分销渠道，接着就要运用促销策略解决如何把产品信息迅速传递给目标消费群，并有效地对目标消费群进行刺激，激发目标消费群的购买欲望，使企业的产品卖得快、卖得多、卖得久的问题。

其次，还要认识到，企业通过产品、分销、促销在市场中创造价值，通过定价从创造的价值中获取收益。在市场营销组合中，价格是唯一能产生收益的因素，其他因素都表现为成本。价格是市场营销组合中最灵活的因素，它与产品策略和分销渠道不同，它的变化是异常迅速的。因此，定价策略是企业市场营销组合的重要因素之一，它直接地决定着企业市场份额的大小和赢利率的高低。

项目 5

产品策略

【课前五分钟】

1. 什么是产品整体概念？其包括哪五种形式？
2. 什么是产品组合、产品线、产品项目？
3. 产品生命周期各个阶段的营销策略有哪些？
4. 新产品有哪些种类？
5. 网络产品和服务包括哪些内容？
6. 品牌策略和包装策略的内容有哪些？

【教学目标】

知识目标：

- 通过学习，掌握产品整体概念、产品组合策略、产品生命周期、新产品开发策略；掌握品牌策略与包装策略的内容与方法。

能力目标：

- 通过培养，具备运用产品策略的能力。

5.1 产品组合

5.1.1 产品整体概念

1. 产品整体概念的内涵

现代市场营销中产品的概念具有丰富的内涵和宽广的外延。产品整体概念是指企业向市场提供的、能够满足消费者某种需求或欲望的任何有形物品和无形服务，包括核心产品、形式产品、期望产品、附加产品和潜在产品5个层次，如图5-1所示。企业最应关注的是核心产品、形式产品和附加产品。

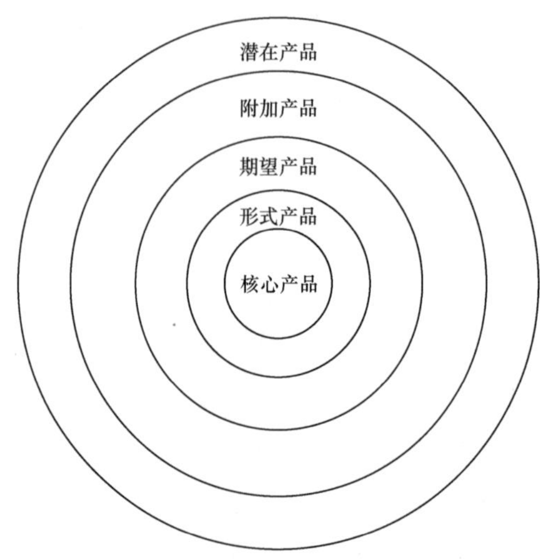

图5-1 产品整体概念的5个层次

（1）核心产品。产品整体概念中最基础的层次就是核心产品，是指产品向消费者所提供的基本效用和利益。核心产品也是消费者真正要购买的利益和服务。消费者购买某种产品并不是为了获得产品本身，而是需要得到产品带给他的利益或好处。产品的核心利益构成了消费者的买点和企业的卖点。比如，人们购买牙膏并不是为了获得一管“膏状物”，而是为了获得牙膏“清洁牙齿、清新口气、预防蛀牙”的利益。因此，企业的产品应首先考虑能为消费者提供哪些利益。

头脑风暴

沃尔沃载重卡车进入中国市场时，把卡车的用途作为卖点，定位为运输工具，销售艰难，一年只有1 000万元销售额。吴瑜章担任中国地区总裁后，首先调整了营销观念。由于沃尔沃载重卡车拉得多、跑得快，能为运输公司赚取更多的运费，因此他把卡车的卖点定位为赚钱工具。这次理念上的革命，把顾客买车考虑的重点从价格引向了通过这种车获得的利益上。之后，他又建立了全动感服务体系和全过程的物流解决方案，使顾客享受到优质油品、半挂车、定位系统等全方位的产品和服务。这样，顾客在沃尔沃不仅获得赚钱工具，又享受到了其他汽车企业所没有的全方位服务，让顾客获得更多的利益。这使沃尔沃2004年的销售额达10亿元，是7年前的100倍。

沃尔沃载重卡车的重新定位是如何体现核心产品概念的？

（2）形式产品。形式产品是核心利益借以实现的形式，即企业向消费者提供的产品实体和服务的外观，一般由质量、特色、款式、品牌、包装等要素构成。比如，消费者在购买电视机时除了会考虑电视机的功能，还会考虑其颜色、造型、品牌等要素。因此，企业在产品设计时，应着眼于消费者所追求的核心利益，同时应考虑如何将这种核心利益以独特的形式呈现给消费者。

（3）期望产品。期望产品是指消费者在购买产品时所期望的一整套属性和条件。比如，消费者在购买彩色电视机时，通常都希望其能够接收到信号，呈现图像、色彩和声音，由于绝大多数的电视机都能满足这种最低的期望，所以消费者在没有任何偏好的情况下会努力寻求价格相对较低的产品。

（4）附加产品。附加产品是指消费者购买某种产品时所获得的附加服务和利益，从而把一个企业的产品与另一个企业的产品区别开来。例如，质量承诺、免费送货、上门服务等都属于附加产品。在现代市场经济中，特别是在同类或同质产品中，附加产品有利于引导、启发、刺激消费者购买。

（5）潜在产品。潜在产品是指产品最终可能会实现的全部附加部分和将来转换的部分。附加产品是产品的现在，而潜在产品则表明现有产品可能的演变趋势。

实用链接

Z 世代的产品需求特征

1. 产品形式

什么是年轻人喜爱的产品形式呢？一是在外观包装上最好能同时满足四点要求：要好看、要有趣，要有互动，要能展示价值。例如，同样是快消品，同样是柠檬红茶口味的饮料，统一品牌旗下的小茗同学就比康师傅的冰红茶更讨年轻人的喜欢。二是在产品质量上，不要有明显的缺陷，即使“定位系列丛书”总在说没有人靠质量取胜，但是如果质量都不过关，是一定无法取胜的。如果质量不行，复购率便会大大降低。

2. 产品形象

消费者购买品牌的产品不仅是单纯的购买产品本身，还有产品的形象，即对衍生产品的认同与认可。在产品形象上一是设计产品的拟人化形象，形象特征最好能满足识别性强、能代表品类、讨年轻人喜欢的特点。比如海尔兄弟，本身便具有产品的拟人化形象，更进一步的是在 1995 年，中国动画稀缺的年代，海尔集团等以产品的人物形象进行《海尔兄弟》动画片的制作，对全国范围内的小孩进行潜移默化的影响。二是利用代言人塑造产品形象，娱乐明星的各种不同特征、或者说“人设”，就是为了品牌代言而服务的。代言人最好具有年轻化的形象，这样年轻人会长久喜欢。

3. 产品联名

产品、品牌之间如何联名：一是品牌形象之间差距不能过大，更不能有冲突。比如花露水与香水品牌联名，会让人感觉香水有股花露水的味道。二是将情怀与现有认知、需求相结合，实现年轻化。例如，旺旺与潮牌服装联名，穿着旺旺的衣服，让消费者又“旺”又“潮”，满足年轻人对未来的表达与潮流态度的表达。

2. 产品整体概念的市场营销策略

企业在对产品整体概念充分认识的基础上，应努力在5个层次（见图5-1）上展开市场营销活动，尽可能地增加产品的价值，降低消费者购买时付出的成本，只有这样才能抵抗国内外同类产品的竞争。

1）开发核心产品，满足不同细分市场的利益。对消费者进行市场细分，根据不同细分市场消费者需求存在的差异，开发不同的产品，在成功定位的基础上有效地满足不同消费者对产品需求的利益。

2）设计形式产品，体现产品核心利益。产品的核心部分需要通过有形部分体现出来，因此产品应在口味、包装、品牌等有形部分体现产品的核心部分，并有效地传递产品的核心利益。

3）准确把握期望产品，提升消费者满意度。产品的期望部分是消费者对产品的内在判断、要求和期望，是消费者购买时对产品核心利益、有形部分、延伸部分和潜在产品内在的标准。消费者是否满意主要取决于消费者感知价值和消费者期望之间的对比关系，消费者感知价值越接近于甚至超出消费者期望，消费者满意度越大；反之越小。因此，企业应在准确把握消费者期望产品的同时，通过有形部分提高消费者的感知价值，从而提高消费者满意度，在此基础上进一步培养消费者的忠诚度。

4）拓展附加产品和潜在产品，增加消费者感知价值。企业可以通过增加产品的延伸部分，给消费者以惊喜，增加消费者的感知价值，提高消费者的满意度。这样，一方面，消费者会对该企业的产品形成依赖，形成消费者忠诚；另一方面，消费者会对该产品进行口头的免费宣传，从而为企业的经营赢得主动权。

5.1.2 产品组合

1. 产品组合的概念

（1）产品组合。产品组合是指某一个企业所生产或销售的全部产品大类、产品项目的组合。它反映了一个企业提供给市场的全部产品线和产品项目的构成，也是企业的生产经营范围和产品结构。

（2）产品线。产品线也称产品大类或产品系列，是指能够满足同类需要，在功能、使用和销售等方面具有类似性的一组产品。在生产经营过程中，企业可依据多种标准来确定产品线，如功能相似性、用户相似性、生产相似性、销售渠道相似性等。例如，蒙牛有液态奶、奶粉、冰品等多条产品线。

（3）产品项目。产品项目是指产品大类或产品线中各种不同的品种、规格、花色的特定产品。企业产品目录上所列出的每一个产品都是一个产品项目。例如，蒙牛的液态奶产品线中有纯牛奶、调味奶、酸牛奶、调味酸牛奶等不同产品项目。

（4）产品组合的宽度、长度、深度、关联性。衡量一个企业的产品组合时需考查4个不同的因素，即宽度、长度、深度和关联性，以下结合宝洁公司的产品组合来进行具体分析，如表5-1所示。

表 5–1 保洁公司的产品组合

	产品组合的宽度				
	洗涤剂	牙膏	香皂	方便尿布	纸巾
产品线长度	象牙雪 洁拂 汰渍 快乐 奥克多 达士 大胆 吉恩 黎明 独立	格里 佳洁士 登魁	象牙 柯柯 拉瓦 佳美 爵士 舒肤佳 海岸	帮宝适 露肤	查敏 白云 普夫 旗帜

1）产品组合的宽度。产品组合的宽度是指一个企业的产品组合中所拥有的产品线的数目。宝洁公司的产品组合中有洗涤剂、牙膏、香皂、方便尿布、纸巾 5 条产品线，则其产品组合的宽度为 5。

2）产品组合的长度。产品组合的长度是指一个企业的产品组合中产品项目的总数，以产品项目总数除以产品线数目即可得到产品线的平均长度。宝洁产品项目总数是 26 个，也就是说产品组合的长度是 26。该公司产品组合的平均长度就是总长度（26）除以产品线数（5），结果为 5.2。

一般来说，产品组合的长度太短，即产品的花色、品种、规格太少，就不能满足不同类型消费者对产品的个性化需求；而如果产品组合的长度太长，即产品的品种规格太多，则会增加生产和销售成本，甚至引起消费者的厌烦和营销上的混乱。

3）产品组合的深度。产品组合的深度有两层含义：一是产品线的深度，即产品线中所包含的产品项目的数量。例如，宝洁公司的牙膏产品线有格里、佳洁士、登魁 3 个产品项目，该产品线的深度是 3；二是产品项目的深度，即产品项目中所包含的规格、型号等。例如，宝洁公司的佳洁士牙膏有 3 种规格（90g、120g、140g）和 3 种配方（盐白、抗过敏、氟泰配方），那么它的深度为 9（3 × 3=9）。

4）产品组合关联度。产品组合关联度是指各产品线的产品在最终用途、生产条件、销售渠道或其他方面相互联系的紧密程度。宝洁公司的产品最终用途是消费品，又通过同一销售渠道进入市场，其关联度较大。

分析产品组合的宽度、长度、深度和关联度，有助于企业更好地制定产品组合策略。一般情况下，拓展产品组合的宽度，有利于扩展企业的经营领域，实行多角化经营，可以更好地发挥企业潜在的技术、资源优势，提高经济效益，并可以分散企业的投资风险；扩大产品组合的长度，可以使产品线丰满充裕，使公司成为有更完全产品线的公司；加强产品组合的深度，可以占领同类产品的更多细分市场，满足更广泛的市场需求；而提高产品组合的关联度，则可以使企业在某一特定的市场领域内提高竞争力和赢得良好的声誉。

2. 产品线分析的方法

企业产品线经理需要掌握产品线上的每个产品项目的销售额及每个项目的市场状

况，以决定哪些项目需要发展、维持、收割或放弃。

（1）产品销售额和利润分析法。产品线经理需要了解产品线上的每一个产品项目对总销售额和利润的贡献率。假设一个公司的一条产品线上的 5 个产品项目对产品线总销售额和利润的贡献率如图 5–2 所示。第 1 个产品项目的销售额和利润分别占整个产品线总销售额和利润的 50% 和 30%，第 2 个产品项目的销售额和利润分别占整个产品线总销售额和利润的 30% 和 30%，这两个产品项目的销售额和利润占总销售额和利润的 80% 和 60%。为此，企业必须对这两个产品项目进行重点管理。第 5 个产品项目的销售额和利润只占整个产品线的 5%，如果发展前景不太大，企业可以考虑停止这种产品的生产。

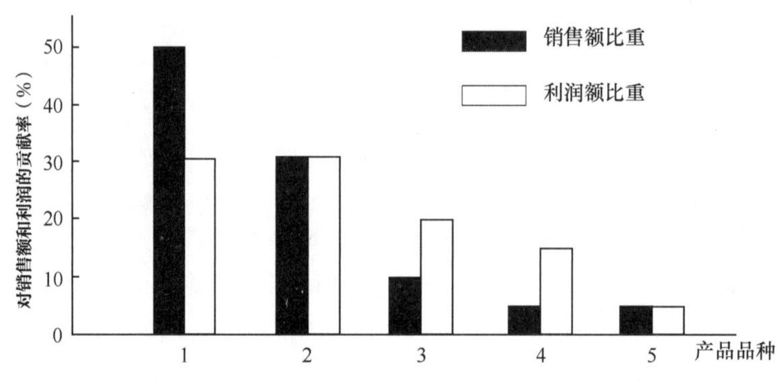

图 5–2　产品项目对产品线总销售额和利润的贡献率

（2）产品项目定位图分析法。产品线经理还必须针对竞争者产品线的情况，分析自己的产品线是如何定位的。如图 5–3 所示，A 家具公司的一条产品线是沙发，消费者对沙发最重视的两个属性是价格和功能。价格分为高、中、低三档；功能分为单功能、双功能和多功能。A 公司有 B、C 两个竞争者。B 公司生产高、中价格的单功能沙发；C 公司生产多功能和双功能的低价格沙发。A 公司经过权衡，决定生产 3 种沙发：高、中价格的双功能沙发和多功能中价格沙发，因为这 3 个位置没有竞争者。从图 5–3 上看，还有两个市场空白点，各公司没有进入的原因，可能是费用太高或者需求不足。

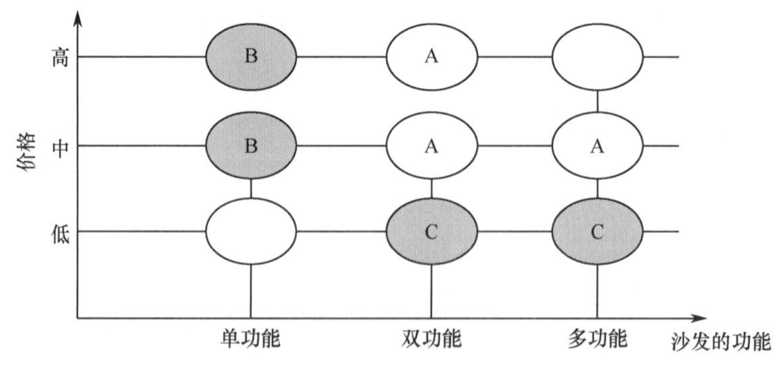

图 5–3　产品项目市场定位分析

3. 产品组合决策的策略

企业对产品组合深度、广度和关联度的决策，有许多可供选择的方式，每个企业可根据不同的经营环境，结合自身的客观实际来确定产品组合策略。

1）全线全面型策略。全线全面型是指向市场提供其需要的各种产品，即深度、广度和关联度可大可小的组合。采用这种策略的条件就是企业有能力顾及整个市场的需要。整个市场的含义可以是广义的（指不同行业的产品市场的总和），也可以是狭义的（指某个行业的各个市场面的总和）。这样，全线全面型就可以分为广义的全线全面型和狭义的全线全面型两种形式。广义的全线全面型就是尽可能增加产品组合的广度和深度，不受关联度的约束，即广度和深度都很大，但关联度小的产品组合。狭义的全线全面型是指提供在一个行业内所必需的全部产品，也就是产品线之间具有密切的关联性，其广度和深度较大、密度亦大的产品组合。

2）市场专业型策略。这是企业把自己的营销力量集中于某一特定的市场，并向这一市场的顾客提供尽可能多的产品的策略。比如，以建筑业为其产品市场的工程机械公司，其产品组合就应该由推土机、翻斗机、挖掘机、起重机、水泥搅拌机、压路机、载重卡车等产品线所组成。

3）产品专业型策略。这是指企业只从事某一产品线的营销，但尽可能地增加其线内的产品项目，加强其产品组合的深度，面向更多的市场。例如，早期的格兰仕公司，其产品只是微波炉。

4）有限的产品专业型策略。这是指企业根据自己的专长，集中经营少数的几条甚至一条产品线，即广度和深度较小、关联度大的产品组合。例如，某服装企业，其产品都是内衣，但根据不同的市场需要，设立生产老年人内衣、中年人内衣、青年人内衣、儿童内衣 4 条产品线，以满足不同细分市场消费者的需要。

4. 产品组合调整策略

（1）拓展产品组合。拓展产品组合可使企业充分利用资源优势，分散市场风险，增强竞争力。

1）扩大产品组合的宽度，即增加一条或多条产品线，拓宽产品经营领域。若企业现有的产品线销售和利润下降时，应及时扩大产品组合宽度，增加产品线。

2）加大产品组合的深度，即在原有产品线内增加新的产品项目。若企业需要进军更多的细分市场，满足更多不同需求的消费者，可以选择加深产品组合的深度，增加新的产品项目。

（2）缩减产品组合。市场繁荣时期，较长、较宽的产品组合会为企业带来更多的盈利机会。但是在市场不景气或原料、能源供应紧张时期，缩减产品线反而能使总利润上升，因为剔除那些获利小甚至亏损的产品线或产品项目，企业可集中力量发展获利多的产品线和产品项目。

（3）产品线延伸。产品线延伸，即企业根据市场的需求，重新对全部或部分产品进行市场定位，对产品线内的产品项目进行延伸。产品线延伸具体有向下延伸、向上延伸和双向延伸 3 种方式。

1）向下延伸。向下延伸指在高档产品线中增加低档产品项目。比如，在经过多年的中国市场培育和品牌形象打造之后，宝洁已经在中国市场深入人心，飘柔、潘婷、海飞丝等品牌分别以精准的功能定位和“高档”的品牌形象赢得良好的知名度，随着中国洗涤日化行业竞争的不断加剧，当越来越多的国产品牌以更占优势的价位和强力的广告宣传纷纷抢占市场时，宝洁不得不改变策略，推出一系列“平民价位”的产品，给竞争对手以有力的打击。

运用向下延伸策略的条件：①利用高档名牌产品的声誉，吸引购买力水平较低的顾客慕名购买此产品线中的低档廉价产品；②高档产品的销售增长速度下降；③企业最初进入高档产品市场的目的是建立品牌信誉，树立高级的企业形象，然后再进入中、低档产品市场，以扩大销售增长率和市场份额；④补充企业的产品线空间，防止新的竞争者涉足。

运用向下延伸策略应注意的问题：①推出较低档的产品可能会使原有高档产品的市场更加缩小；②如果处理不慎，可能影响企业原有产品的市场形象及名牌产品的市场声誉；③可能迫使竞争者转向高档产品的开发；④经销商可能不愿意经营低档货。另外，采用这种策略必须辅之以一套相应的营销策略，如对销售系统的重新设置等，这些将大大增加企业的营销费用开支。

2）向上延伸。向上延伸指在原有的产品线内增加高档产品项目。

运用向上延伸策略的条件：①高档产品市场具有较高的销售增长率和毛利率；②企业的技术设备和营销能力已具备进入高档产品市场的条件；③为了追求高、中、低档完整的产品线；④以较高级的产品项目来提高整条产品线的地位。

运用向上延伸策略应注意的问题：①发展高档产品可能促使原来生产经营高档产品的企业采取向下延伸策略，从而增加了竞争压力；②消费者可能对该企业生产经营高档产品的能力缺乏信任（要改变产品在顾客心目中的地位是相当困难的）；③原有的营销人员和经销商可能没有推销高档产品的经验和技能。

3）双向延伸。指原定位于中档产品市场的企业，掌握了市场优势后，向产品线的上、下两个方向延伸，一方面增加高档产品，另一方面增加低档产品，力争全方位地占领市场。但随着产品项目的增加，市场风险会逐渐加大，经营难度增加。例如，从进入中国市场之初，LG在品牌形象的塑造上一直以“高端”形象示人，但产品价位定位在中档，给消费者既实惠又有面子的感觉。在这样一种品牌基础上，实行产品双向战略，既无损于LG原有的品牌形象，又有利于掌握市场优势，扩大市场阵容。因此，采用双向延伸策略的企业应具有较高的经营管理水平，否则可能会导致失败。

（4）产品线现代化策略。产品线现代化策略就是强调把科学技术应用到生产过程中去。因为在某种情况下，虽然产品组合的广度、长度都非常适合，但产品线的生产过程、技术及产品形式可能已经过时，这就必须对产品线实施现代化的改造。产品线的现代化改造可采取两种方式：一是逐项更新，二是全面更新。逐项更新是在整条产品线全面更新前，测试消费者及中间商的反应，了解市场动向，同时可节省投资，但缺点是使市场竞争者洞悉本企业意图。全面更新则可避免逐项更新的缺点，出奇制胜，但所需投资较大。

（5）产品线号召策略。有的企业在产品线中选择一个或少数几个产品项目加以精心打造，使之成为颇具特色的号召性产品，以吸引消费者。有时，企业以产品线上低档产品型号进行特别号召，使之充当开拓销路的廉价品。例如，某空调器公司会宣布一种只卖 999 元的经济型号，而它的高档产品要卖 20 000 多元，从而在吸引消费者来看经济型空调时，尽力设法影响他们购买更高档的空调。有时，企业以高档产品项目进行号召，以提高产品线的等级。当企业发现产品线上一端销售情况良好，而另一端有问题时，可以对销售较慢的那一端大力号召，以努力促进对销售较慢产品的需求。

5. 运用产品组合应注意的问题

企业在进行产品组合时，涉及 3 个层次的问题需要做出抉择。

1）是否增加、修改或剔除产品项目。

2）是否扩展、填充和删除产品线。

3）哪些产品线需要增设、加强、简化或淘汰。

3 个层次问题的抉择应该遵循既有利于促进销售又有利于增加企业总利润的基本原则。

产品组合的 4 个因素与促进销售、增加利润都有密切的关系。一般来说，拓宽、增加产品线有利于发挥企业的潜力、开拓新的市场；延长或加深产品线可以适合更多的特殊需求；加强产品线之间的一致性，可以增强企业的市场地位，发挥和提高企业在有关专业上的能力。

5.2 产品生命周期与新产品开发

5.2.1 产品生命周期

1. 产品生命周期的概念

产品生命周期是指产品从进入市场到被淘汰退出市场的全部运动过程，这也可以理解为市场上的商品产生、发展和衰亡过程的时间表现。典型的产品生命周期包括 4 个阶段，即导入期、成长期、成熟期和衰退期，如图 5-4 所示。企业通过产品生命周期的研究，可以掌握自己所生产经营的产品处于生命周期的哪个阶段，以便及时进行产品的更新换代。

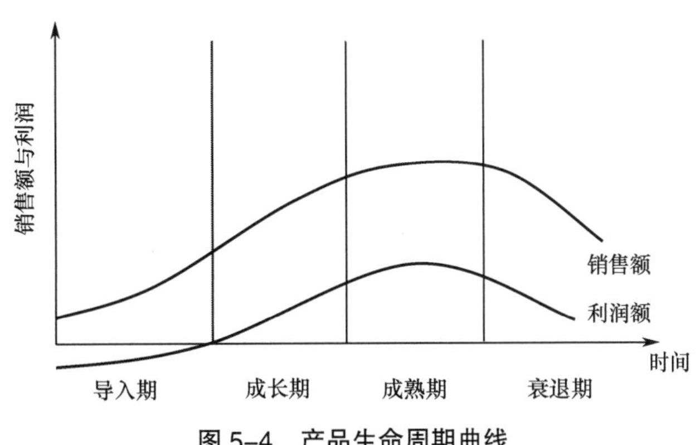

图 5-4　产品生命周期曲线

产品生命周期的内涵包括以下几个方面。

1）将产品的生命周期与产品的使用寿命的概念加以区别。产品的使用寿命是指产品的耐用程度，是产品从开始使用到这种产品的使用价值完全丧失的时间间隔；而产品的生命周期是交换价值的消失过程，产品生命周期的起始点是产品正式投入市场或上市，终点是这种产品退出市场或被市场淘汰。

2）应将产品生命周期与行业、种类、品类和具体牌号的产品生命周期的概念加以区别。企业产品生命周期是指个别企业某种产品的生命周期。行业产品生命周期是指某产品在某个行业（或整个市场）范围内的生命周期，它反映了同一产品在许多企业进入市场时的综合趋势，而不是指该产品在某一特定企业的发展过程。因此，二者既密切相关，又在许多方面有所不同。产品的经济生命周期泛指“产品”，而实际上在产品的种类、品类和具体牌号之间分析起来是大不相同的。首先是产品种类的生命周期各异，很多产品种类（如食盐、汽车、电冰箱）的产品成熟期可以无限地持续下去，其销售量增加与人口增长成正比关系。其次是商品的品类不同，糖果中的口香糖可称为品类，而“××牌口香糖”则是具体牌号的商品。三者相比较，自然“糖果”的生命周期最长，而“××牌口香糖”的周期最短。实际经营中，应用产品生命周期理论分析产品种类的情况是很少的，而更多的是分析产品品类或具体牌号的产品生命周期。

3）不同的产品，其生命周期的持续时间也长短不一。产品的生命周期本身就是一个相对的概念，不同的产品，其市场竞争状况、技术进步速度、用户需要与变化、产品制造与费用也都不同，从而形成其生命周期的千差万别。就生命周期的每一阶段来说，各产品的延续时间也同样存在着很大的差异。以导入期为例，有些产品进入市场后历时不久就进入下一阶段，而有些产品过渡缓慢，经过长期努力才进入下一阶段。

4）产品的生命周期表明的是一种长期的趋势。有很多影响的因素，如季节变化、严重自然灾害的影响及政府法令的规定（如防止或限定某种产品的生产）等，都未包括在内。

2. 产品生命周期的其他形态

产品生命周期是一种理论形态。现实经济生活中，并不是所有产品的生命历程都完全符合这种理论形态。除上述的正态分布曲线外（见图 5–4），还有以下几种形态，如图 5–5 和图 5–6 所示。

1）成长—衰退—成熟型。小型厨房设备常常具有这种特点，如图 5–5（a）所示。几年前的电动刀具在首次引入市场时前景迅速上升，然后就稳定在某一水平线上。这一水平之所以能维持，是因为后期采用者的首次购买和早期使用者的产品更换。

2）循环—再循环型。指产品销售进入衰退期以后，由于市场需求变化或企业投入更多的促销费用，使其进入第 2 个周期，但规模和持续期都低于第 1 个周期。一些药品常会呈现这种形态，如图 5–5（b）所示。

3）扇形。指产品销售进入成熟期以后，由于发现新的产品特征、用途，或制定并实施正确的营销策略，使产品销售量不断达到新的高潮。尼龙的销售就呈现了这种特征，如图 5–5（c）所示。

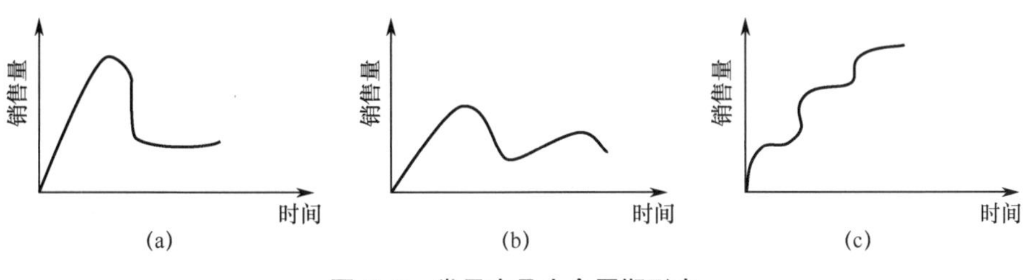

图 5–5　常见产品生命周期形态

4）风格、流行和时潮产品的生命周期（见图 5–6）。风格是人们努力在一个领域里（如服装、艺术等）所创造出一种基本的和独特的方式。风格会持续相当长的时间，时而风行，时而衰落。

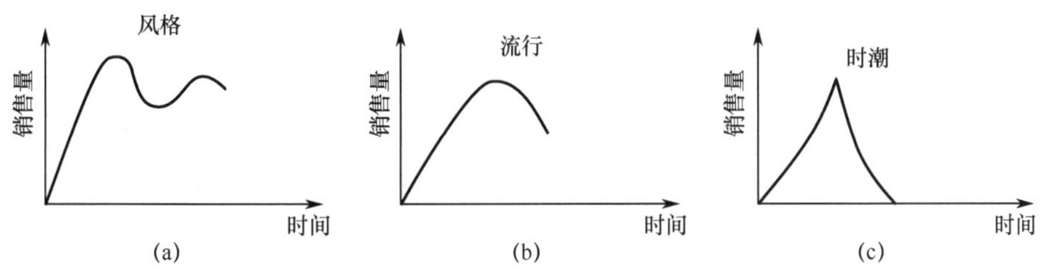

图 5–6　风格、流行和时潮产品生命周期

流行是在既定的领域里当前被接受或流行的一种风格。时潮是一种迅速吸引公众眼球的流行，被狂热地采用，很快达到高峰，然后迅速衰退，如掉渣饼的流行与衰退。

选择一种熟悉的日用品并分析其产品生命周期。

5.2.2　产品生命周期各阶段的市场营销策略

1. 导入期的市场营销策略

导入期，又称引入期、试销期，指新产品刚刚投入市场的最初销售阶段。

（1）导入期的特点。

1）产品设计尚未定型，生产批量小，单位产品生产成本高。

2）消费者对产品不熟悉，销售量小，销售增长缓慢。

3）销售网络还没有全面有效地建立起来，销售渠道不畅。

4）由于销售量小，成本高，企业利润较少，甚至亏损。

5）市场竞争比较少。

（2）导入期的市场营销策略。在产品的导入期，市场营销策略的指导思想是把销售力量直接投向最有可能的购买者，即新产品的创新者和早期采用者，让这两类具有领袖作用的消费者加快新产品的扩散速度。市场营销的目的是缩短导入期，企业应该尽可能快地进入和占领市场，尽可能在短时间内实现由导入期向成长期的转轨。市场营销的目标是建立产品的知名度。市场营销的重点是突出一个“准”字，即市场定位和市场营销组合应准确无误，符合企业和市场的客观实际，重点介绍产品特点，刺激消费需求。

在广告宣传方面，应以产品的性能和特点介绍为主，以激发消费者的购买欲望；在产品销售方面，可选用有较高信誉的中间商代销或者采用试用、上门推销、节日推销等方式，以提高品牌知晓率；在产品定价方面，可采取高价策略先声夺人，或采取低价渗透策略，以提高市场占有率；在产品生产方面，应进一步优化设计，以提高产品质量，改善产品性能和降低生产成本；在目标市场的选择上，可采取无差异性的市场营销策略，以降低市场营销成本和吸引潜在消费者。

将价格的高低与促销费用的高低结合起来考虑，可以采取以下策略。

1）快速掠取策略，即采用高价和高促销方式推出新产品。实行高价是为了在每一单位产品销售额中获取最大的利润，以快速收回开发投资；实行高促销方式，则是先声夺人地尽快扩大产品影响和产品市场占有率。其操作方法是：制定较高的价格，促销上使用大量的资金进行广告的狂轰滥炸，在商场大量做堆头促销，以求消费者尽快了解并接受新产品。

运用快速掠取策略应具备的市场条件：大部分潜在消费者不了解新产品，市场对产品确实有较大的需求潜力，需要开展大规模的广告促销宣传；目标消费群求新心切，急于购买新产品，而该产品的价格需求弹性不大，有制定较高价格的可能；该产品潜在的竞争威胁大，科技含量不高，竞争对手很容易模仿，为了尽早树立品牌，稳定销售，需尽快建立消费者对新产品的偏好，树立名牌。这种策略的适用范围：产品确有特点，有吸引力，但知名度不高；市场潜力很大，并且目标消费群有较高的支付能力；面对潜在竞争者的威胁，急需建立品牌形象。

2）缓慢掠取策略，即以高价格和低促销方式推出新产品。这样做可以获得更多毛利并降低营销费用，可望从市场上获取最大利润。其操作方法是给产品制定较高的价格，但只花费少量的资金做适当的广告宣传。

运用缓慢掠取策略应具备的市场条件：产品的市场规模较小，大部分潜在的消费者已经通过其他各种信息通道了解到新产品的数据，不必要做大规模的广告宣传；该产品潜在的竞争威胁不大或者竞争并不激烈；大多数的用户已知晓这种产品，对该产品没有过多疑虑，且市场容量相对有限；该产品的需求弹性不大，适当的高价格能为市场所接受。

3）快速渗透策略，即以低价格和高促销水平的方式推出新产品。这是一种风险很大，但可以迅速占领市场、获得较高市场占有率的策略。这里所说的“渗透”是指利用低价格去渗透购买者的心理。这一策略可以给企业带来最快的市场渗透率和最高的市场占有率。采用这一策略产品在投入市场之初，利润很低甚至亏本，当完成市场覆盖、获得较大的市场份额之后，才是收获利润的季节。其操作方法是给产品制定较低的价格，但宣传广告照样大笔投入，迅速提高产品知名度，提高销售额，大面积占领市场，着眼于利润的长期获得。

运用快速渗透策略应具备的市场条件：潜在消费者对产品不了解，且对价格十分敏感，但该产品的价格需求弹性较大，因此既要大规模地宣传，又要谨慎地制定价格；市场容量相当大，市场竞争将十分激烈，应当做大规模的推销，以便吸引更多潜在的消费者来购买；产品的单位制造成本可随生产规模和销售量的扩大迅速下降，这为制定低价格提供了条件。

4）缓慢渗透策略，即企业以低价格和低促销水平推出新产品。低价格使市场迅速接受产品，同时低促销费用可实现较多的净利润。其操作方法是采用低价格，只花费少量的资金进行推销活动，着眼于长期的最大限度的市场占有率，从低价中获取最大利润。

运用缓慢渗透策略应具备的市场条件：①市场容量很大，在短时间内不易被消费者接受或短期内市场不会饱和，须着眼于长期策略的实施。如果市场容量在短期内饱和，采用缓慢渗透策略便得不到预期的效果。②购买者对新产品已基本了解，所促销产品通常只是改进型新产品之类，所以不必进行大规模的促销。③该产品的价格需求弹性较大，高价格容易引起销售量急剧减少。

2. 成长期的市场营销策略

成长期是指产品在市场上迅速为消费者所接受、销售量和利润迅速增长的时期。

（1）成长期的特点。

1）销售额迅速增长。

2）生产成本大幅度下降，产品设计和工艺定型，可以大批量生产。

3）利润迅速增长。

4）由于同类产品、仿制品和代用品开始出现，使市场竞争日趋激烈。

（2）成长期的市场营销策略。在产品的成长期，市场营销的目的是提升成长期；市场营销的目标是提高市场占有率；市场营销的重点是突出一个“好”字，即保持产品质量优良，把使用过该产品的消费者变成回头客，同时让他们成为口碑宣传者，吸引更多的消费者。

企业为维持其市场增长率，延长获取最大利润的时间，可以针对成长期的特点，采取以下操作方法：在产品销售方面，不断开辟新市场，寻找新用户，以扩大产品市场份额；在广告宣传上，从产品知觉广告转向产品偏好广告，以树立产品的市场形象，强化消费者对品牌的信任程度，使其建立不断购买的信心；在产品定价方面，采取降价策略，以吸引价格敏感的购买者；在产品生产上，努力改进产品质量，增加新的款式和规格，以满足潜在消费者的不同需求；在目标市场的选择上，宜采用差异性和密集型的市场营销策略，以满足不同细分市场的需求，巩固产品的市场地位。

3. 成熟期的市场营销策略

成熟期是指产品经过成长期的一段时间以后，市场需求趋向饱和，销售量进入从缓慢增长到缓慢下降的时期。

（1）成熟期的阶段划分和特点。

1）成长成熟期。这一阶段的特点是各销售渠道基本呈饱和状态，增长率缓慢上升，还有少数后续的购买者继续进入市场。

2）稳定成熟期。这一阶段的特点是产品销售稳定，增长率一般只与购买者人数成比例，如无新购买者则增长率停滞或下降。

3）衰退成熟期。这一阶段的特点是销售水平显著下降，全行业产品过剩，竞争加剧，市场份额变动不大，突破比较困难。

（2）成熟期的市场营销策略。在产品的成熟期，市场营销的目的是延长成熟期。市场营销的目标是保持市场占有率，争取利润的最大化。市场营销的重点是“争”和“改”：“争”是争取稳定的市场份额，延长产品市场寿命；“改”是对原有的产品市场和市场营销组合进行改进，市场营销策略以改良性为特征。产品进入该时期，销售额和利润出现最高点。由于生产能力过剩，市场竞争加剧，销售增长速度缓慢甚至出现下降趋势，企业应尽量延长产品生命周期，使已处于停滞状态的销售增长率和利润率重新得以回升。具体可以采用以下策略。

1）改进市场策略。开发新的目标市场，寻求新的消费者。①争取更多消费者使用：转化未使用者，使从未使用过的潜在消费者接受其品牌；进入新的细分市场，说服那些使用该产品但未使用该品牌的潜在消费者；争取竞争对手的消费者，设法吸引他们改换门庭。②增加现有消费者购买或使用：提高使用率，如牙膏厂家说服消费者由每天刷牙2次改为3次；增加每次用量；食品企业在包装上印有该食品的多种烹制方法，使消费者了解这种产品的所有用法，增加食用量。

2）改进产品策略。①改进质量，即完善产品使用性能，如耐用性、可靠性、方便性和口味等。②改进特性，即在产品大小、重量、材料或附加物等方面增加新特性，以扩大产品的适用性。这一策略投资相对要少，但是易被竞争者模仿。③改进款式，即增加美感，提高竞争力。优点是能赋予品牌某种个性，吸引消费者忠诚。④改进服务，例如，空调制造商提供安装、24小时内随叫随到的维修承诺；家具经销商送货上门。

3）改进市场营销组合策略。改进市场营销组合是提高销售额的重要途径。它是指通过改进一个或几个因素，维持或扩大销量。其主要途径有：在价格上，采用降价或价格优惠策略来吸引新消费者；在分销上，从经销商那里争取更多陈列空间，进入新的渠道，向更多网点渗透等；在广告上，考虑是否增加广告、是否更换广告商、是否改变广告媒体、是否改变广告时间等；在人员促销上，考虑是否增加推销人员或提高其素质、是否调整销售区域或分工、是否修订业绩奖励办法等；在公关促销上，考虑如何给品牌的坚定忠诚者以鼓舞，稳定动摇者，吸引改变品牌偏好的消费者；在营业推广上，考虑用哪些方式抵消竞争者的吸引力。

4. 衰退期的市场营销策略

衰退期是指产品销量急剧下降，产品开始逐渐被市场淘汰的时期。

（1）衰退期的特点。

1）产品销售量迅速下降，消费者的兴趣已转移到新产品上面。

2）新产品进入市场，竞争突出表现为价格竞争，且价格已下降到最低水平。

3）多数企业无利可图，被迫退出市场。

（2）衰退期的市场营销策略。在产品衰退期，市场营销的目的是采取各种市场营销手段让衰退期尽可能晚到来或重新走向成长期，榨取衰退期剩余产品的最后一点利润，让它发挥余热；或采取快速撤离市场的模式，转移精力开发新的产品，采用新的模式。市场营销的目标是降价、放弃、更新换代。市场营销的重点是“收”和“转”。“收”是收掉一些已经不赢利的市场，保留部分还可以赢利的市场，取消广告促销费用，榨取产品最后的利润，为停产做准备，并在适当时机停止生产，退出市场。“转”是积极开发新产品，取代老产品，使企业在市场上所占的份额不因为老产品的退出而减少。因为当竞争者纷纷撤离市场时，市场处于一种真空状态，如果企业能够处变不惊，认真开拓市场，发掘新服务，终点又将成为起点。

因此，企业应有计划地逐步缩短及撤出生产线，处理存货，考虑设备工具的再利用。企业具体可以采用以下策略。

1）维持策略。继续沿用过去的策略，仍按照原来的细分市场，使用相同的分销渠道、定价及促销方式，直到这种产品完全退出市场为止。

2）集中策略。把企业能力和资源集中在最有利的细分市场和分销渠道上，从中获取利润。这样有利于缩短产品退出市场的时间，同时能为企业创造更多的利润。

3）榨取策略。大幅度降低销售费用，如将广告费用削减为零、大幅度精减推销人员等，虽然销售量有可能迅速下降，但是可以增加眼前利润。

4）放弃策略。对于衰退比较迅速的产品，应该当机立断，放弃经营。企业可以采取完全放弃的形式，如把产品完全转移出去或立即停止生产；也可采取逐步放弃的方式，使其所占用的资源逐步转向其他的产品。

运用衰退期市场营销策略应注意的问题：一是匆促收兵，出现新旧产品脱节现象；二是难于割爱，坐失良机。因此，企业经营者应该有预见地转，有计划地撤，有目的地攻，有选择地降低投资水平，放弃无前景的消费群，改变投资热点，及时榨取品牌价值，从容退出产品市场。值得注意的是，通过“大甩卖”以加速产品退出市场不是唯一策略。

5.2.3　运用产品生命周期应注意的问题

企业通过产品生命周期的分析，运用产品生命周期各阶段划分的方法，确定自己经营的产品处于生命周期的哪一个阶段，便于制定对应的营销策略，以实现产品生命周期不同阶段的营销目的。

产品生命周期理论说明，不会有一种产品经久不衰、永远获利。企业必须经常对自己生产、经营的各类产品的市场状况进行分析，淘汰老产品，开发新产品，使产品组合处于最优状态。持续地开发新产品，使企业在某些产品面临衰退之前，另一些新产品已进入快速成长期；当某些产品处在成熟期时，一些产品已开始向市场推出，这样就不至于因老产品的淘汰而引起利润下降，就能使企业的总利润始终保持上升的势头。所以，企业必须大力开发新产品，使企业不同产品分别处于产品生命周期的不同阶段，这样企业才能处于良性经营中，才能使企业具有生命力，才能延长企业的寿命。

头脑风暴

J牌小麦啤酒的泡沫洁白细腻，口味淡爽柔和，更加迎合消费者的口味。为很快获得大份额的市场，迅速取得市场优势，J牌集团把小麦啤酒定位于零售价2元/瓶的中档产品，包括销往城市市场的500mL专利异型瓶装和销往农村、乡镇市场的630mL普通瓶装两种。J牌小麦啤酒迅速从引入期过渡到成长期。

高涨的市场需求和可观的利润回报使竞争对手也随之发现了这座金矿，本省的一些中小啤酒企业不顾自身的生产能力纷纷上马生产小麦啤酒。一时间市场上出现了五六个品牌的小麦啤酒，而且基本上外包装都抄袭J牌小麦啤酒，酒体仍然是普通啤酒，口感较差，但凭借1元左右的超低价格，在农村及乡镇市场迅速铺开，造成小麦啤酒市场竞争秩序严重混乱，J牌小麦啤酒的形象遭到严重损害，市场份额也严重下滑，形势非常严峻。

J牌小麦啤酒因此从高速成长期，一部分市场迅速进入了成熟期，销量止步不前，而一部分市场由于杂牌小麦啤酒低劣质量的严重影响，消费者对小麦啤酒不再信任，J牌小麦啤酒销量也急剧下滑，产品提前进入了衰退期。

J牌小麦啤酒的战略抉择——维持？放弃？还是获得新生？

5.2.4 新产品的内涵

对新产品进行定义，可以从企业、市场和技术3个角度入手。对企业而言，第一次生产销售的产品都叫新产品；对市场来讲则不然，只有第一次出现的产品才叫新产品；从技术方面看，在产品的原理、结构、功能和形式上发生了改变的产品才叫新产品。市场营销的新产品包括了前面三者的成分，但更注重消费者的感受与认同，它是从产品整体性概念的角度来定义的。凡是产品整体性概念中任何一部分的创新、改革和改进，能够给消费者带来某种新的感受、满足和利益的相对新的或绝对新的产品，都叫新产品。新产品可分为如下4类。

1. 全新产品

全新产品是指应用新原理、新技术、新材料制造出的、前所未有的、能满足消费者某种新需求的产品。这种产品无论对企业还是市场来讲都属于新产品，如汽车、飞机等第一次出现时都属于全新产品。

2. 换代产品

换代产品是指在原有产品的基础上，采用或部分采用新技术、新材料、新工艺研制出来的新产品，如计算机的更新换代等。开发换代型新产品的难度要比创造全新产品的难度小很多，企业也能较快地获得收益。

3. 改进产品

改进产品是指在原有产品的基础上进行改进，使产品在结构、品质、功能、款式、

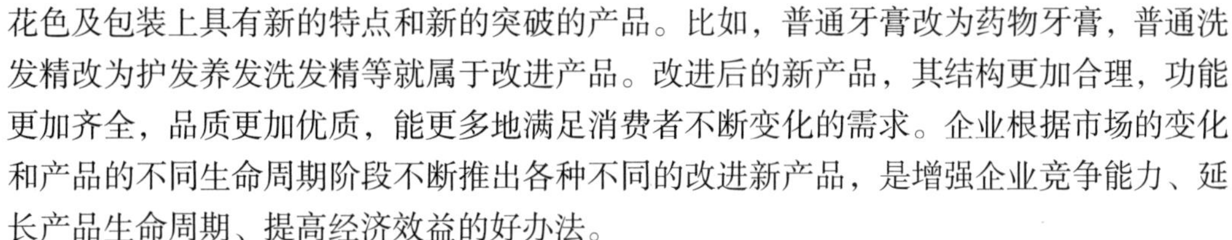

花色及包装上具有新的特点和新的突破的产品。比如，普通牙膏改为药物牙膏，普通洗发精改为护发养发洗发精等就属于改进产品。改进后的新产品，其结构更加合理，功能更加齐全，品质更加优质，能更多地满足消费者不断变化的需求。企业根据市场的变化和产品的不同生命周期阶段不断推出各种不同的改进新产品，是增强企业竞争能力、延长产品生命周期、提高经济效益的好办法。

4. 仿制产品

仿制产品是指企业对国内外市场上已有的产品进行模仿生产，形成本企业的新产品。开发这种产品不需要太多的资金和尖端的技术，因此比研制全新产品要容易得多。

除此之外，企业将现行产品投向新的市场，对产品进行市场再定位，或通过降低成本，生产出同样性能的产品，则对市场或企业而言，也可以称之为新产品。企业开发新产品一般是推出上述产品的某种组合，而不是进行单一的产品变形。

5.2.5　新产品开发的策略和开发趋势

1. 新产品的开发策略

1）获取现成的新产品。企业采取获取现成新产品的策略，包括联合经营、购买专利、经营特许、外包生产等方式。

2）企业自主开发新产品。企业自主开发新产品的策略，包括独立研制开发、协约开发等方式。

2. 新产品开发的趋势

1）多功能化，即扩大产品的使用范围，增加产品的功能，使产品由单功能、少功能发展为多功能的一物多用、一机多能。

2）轻量化和微型化，就是尽量缩小产品的体积，减轻产品的重量，但功能不降低或功能增加。产品向轻量化和微型化发展的出发点是使之更便于携带、运输、储存、安装、操作等，具有“轻、薄、短、小”的特点。

3）多样化，即发展多品种、多门类的产品，满足市场上的多种需求。

4）智能化，即把一般人需要长期学习才能掌握的知识和技术转化到产品中去，使产品功能“傻瓜化”。这可使许多专业性产品发展成大众产品，从而大大扩大这些产品的市场。

5）节能环保化，就是使产品省电、省煤、省油、省水、节约蒸汽和煤气等，这是新产品设计与开发的一个重要方向。同时，市场也要求新产品低污染，符合环境保护和消费者安全性的要求。

5.2.6　新产品开发的操作程序

产品开发是一个从寻求新产品构思开始，一直到把某个构思转变为商业上取得成功的新产品为止的全过程。开发新产品存在成功与失败的矛盾，成功意味着获利，失败则带来风险。据国外有关资料表明，新产品失败率高达80%以上。有些新产品虽构思颇佳，但无法拓展；有些虽已上市，却无人问津；有些虽被接受，但寿命太短，不久便销声匿迹。特别是对于中小企业，成功开发新产品固然可以从中谋求发展，失败则可能使企业一蹶不振直至破产。正因为开发新产品会有这样大的风险，因此发展新产品必须严格遵循一定的科学程序，以尽量避免或减少风险，使开发新产品的工作能顺利达到预期目的。

1. 寻求创意

新产品开发过程是从寻求创意开始的。创意就是开发新产品的设想。新产品的创意主要来源于消费者、科学家、竞争对手、企业推销人员和经销商、企业高层管理人员、市场研究公司和广告代理商等。此外，企业还可以从大学、咨询公司、行业协会、大众传媒、网络那里寻求有用的新产品创意。寻找和收集新产品创意的主要方法有产品属性排列法、强行关系法、多角分析法、头脑风暴法、征集意见法等。

2. 甄别创意

甄别创意是指取得足够的创意之后，对这些创意加以评估，研究其可行性，并挑选出可行性较强的创意。甄别创意的目的就是“去粗取精”，淘汰那些不可行或可行性较低的创意，使企业有限的资源集中于成功机会较大的创意上。甄别创意时，一般要考虑两个因素：一是该创意是否与企业的策略目标相适应，表现为利润目标、销售目标、销售增长目标、形象目标等几个方面；二是企业有无足够的能力开发这种创意，这些能力表现为资金能力、技术能力、人力资源、销售能力等。

3. 形成产品概念

经过甄别后保留下来的产品创意还要进一步发展成为产品概念。首先应当明确产品创意和产品概念之间的区别。产品创意是企业从自己的角度考虑的能向市场提供的可能产品的构想。产品概念是指企业从消费者的角度对这种创意所做的详尽描述。企业必须根据消费者的要求把产品创意发展为产品概念。

4. 初拟营销规划

新产品构思确定之后，需要拟定一个把这种产品引入市场的初步市场营销规划，并在未来的发展过程中不断完善。初拟的营销规划包括3个部分。

1）描述目标市场的规模、结构、行为；新产品在目标市场上的定位；头几年的销售额、市场占有率、利润目标等。

2）简述新产品的计划价格、分销策略及第一年的市场营销预算。

3）阐述计划长期（一般3～5年）销售额和目标利润，以及不同时间的营销组合等。

5. 商业分析

对新产品的构思进行商业分析，其主要目的在于确定所提出的新产品的长期经济效益。商业分析的焦点主要集中在利润上，但其他因素也不能忽视，如对社会、对市场所承担的责任等。这种分析大致分为需求分析、成本分析、赢利分析3个部分，可采用多种具体方法进行分析。其中最常使用的一种方法就是所谓的“产品会审法”，即在对新产品构思进行分析时，把本公司的市场销售人员、生产人员、工程技术人员召集到一起，共同对拟将推出的产品提意见。

公司对产品的这种“会审”，大致要弄清下列主要问题：新产品有什么特点，是否比市场上现有的同类产品好，新产品的目标市场在哪里，其潜在购买力如何，企业的资金和设备如何，是否适应新产品的发展，新产品发展上市成功的可能性有多大，新产品的竞争能力如何，新产品的预期利润如何，发展及生产上有没有其他问题。

6. 新产品研制

如果产品概念通过了商业分析，研究与开发部门及工程技术部门就可以把这种产品概念转变成为产品，进入试制阶段。这一阶段，以文字、图表及模型等描述的产品设计才能变为实体产品。这一阶段应当搞清楚的问题是产品概念能否变为技术上和商业上可行的产品。在研制阶段产生产品原型后，还必须对其进行一系列严格的功能测试和消费者测试。

7. 市场试验

如果企业的高层管理者对某种新产品开发试验结果感到满意，就着手制定该产品的品牌、包装和市场营销方案，把产品推上真正的消费者舞台进行实验。其目的在于了解消费者和经销商对于经营、使用和再购买这种新产品的实际情况及市场大小，然后再酌情采取适当对策。市场试验的规模取决于两个方面，一是投资费用和风险大小，二是市场试验费用和时间。投资费用和风险越高的新产品，试验的规模应越大一些；反之，投资费用和风险较低的新产品，试验规模就可以小一些。

8. 新产品批量上市

这一阶段，企业管理者应做以下决策：何时推出新产品，何地推出新产品，向谁推出新产品，如何推出新产品。只有这几方面的问题得到解决，企业才能真正达到新产品批量上市的目的。

头脑风暴

多川博是日本生产雨衣的小厂老板，但雨衣市场已经饱和，谁也不会买几件雨衣换着穿。多川博连工人工资也发不出，眼看就要停业倒闭了。一天，他很随意地翻阅报纸，看到一条消息，马上眼前一亮。这条消息称日本每年新生儿是 250 多万。他马上想，婴儿生下来急需什么商品与自己生产雨衣技术相关联？……和雨衣一样，新生婴儿的尿垫需要防漏，唯一不同的是吸湿、柔软。他一计算，每个婴儿总要有 5～6 个尿垫，250 万 ×5=1 250 万个尿垫。现在时代变了，很多婴儿的母亲不愿做也不大会做尿垫，可是要求却很高。多川博找了多位相关专家研究设计出柔软、吸湿、美丽、方便的尿垫，然后大规模生产，价格十分便宜，不愁用不起。为了使之成为亲戚朋友的礼品，多川博又专门研究出“礼品尿垫”——颜色鲜艳、包装华丽，一上市就被抢购一空，很受欢迎。再加上这宗买卖，大企业不屑一顾，小企业又隔行，更主要的是谁也没想到生产尿垫，结果多川博一炮打响，成为日本生产100多种尿布的“尿布大王”。后来，他想到国际市场也一定会需要尿布，于是他生产的尿布又大量出口，成为“世界尿布大王”。

你从多川博开发新产品的过程中得到哪些启示?

5.2.7 新产品市场扩散管理

1. 认知新产品扩散过程

新产品扩散是指新产品上市后，随着时间的推移，不断地被越来越多的消费者所采用的过程。新产品的市场扩散过程中，由于个人性格、文化背景、受教育程度和社会地位等因素的影响，不同的消费者对新产品接受的快慢程度不同。根据这种差异，可以把创新产品采用者划分为5种类型，即创新采用者、早期采用者、早期大众、晚期大众和落后采用者，如图5–7所示。

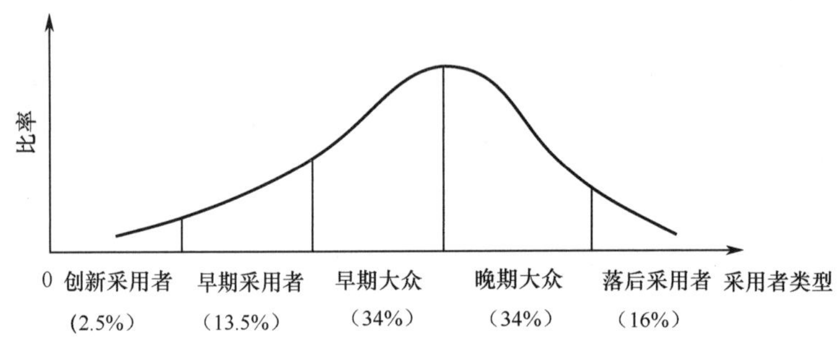

图5–7 新产品采用者类型分布

（1）创新采用者。创新采用者也称为“消费先驱”。该类采用者约占全部潜在采用者的2.5%。创新采用者富有个性，受过高等教育，勇于革新冒险，性格非常活跃，如何消费很少听取他人意见，经济宽裕，社会地位较高，广告等促销手段对他们有很大的影响力。这类消费者是企业投放新产品时的极好目标。

向市场推出新产品时，企业市场营销人员应把促销手段和传播工具集中于创新采用者身上。如果他们的采用效果较好，就会大力宣传，影响到后面的使用者。不过，找出创新采用者并非易事，因为很多创新采用者在某些方面倾向于创新，而在其他方面可能是落后采用者。

（2）早期采用者。该类采用者占全部潜在采用者的13.5%。他们大多是社会上的意见领袖，或某个群体中具有很高威信的人，受到周围朋友的拥护和爱戴。因此，他们常常去收集有关新产品的各种信息资料，成为某些领域的舆论领袖。这类消费者对广告及其他渠道传播的新产品信息很少有成见，促销媒体对他们有较大的影响力。但与创新采用者比较，他们一般持较为谨慎的态度。这类消费者是企业推广新产品极好的目标。这类采用者多在产品的介绍期和成长期采用新产品，并对后面的采用者影响较大。所以，他们对创新扩散有着决定性的影响。

（3）早期大众。这类采用者的采用时间较平均采用时间要早，占全部潜在采用者的

34%。这部分消费者一般保守思想较少，受过一定教育，有较好的工作环境和固定的收入；对社会中有影响力的人物，特别是自己所崇拜的“舆论领袖”的消费行为具有较强的模仿心理；他们不甘落后于潮流，但由于他们特定的经济地位所限，在购买高档产品时，一般持非常谨慎的态度。他们经常是在征询了早期采用者的意见之后才采纳新产品。早期大众和晚期大众构成了产品的大部分市场，因此研究他们的心理状态和消费习惯，对提高产品的市场份额具有很大的意义。

（4）晚期大众。这类采用者的采用时间较平均采用时间稍晚，占全部潜在采用者的34%。这部分消费者的基本特征是多疑。他们的信息多来自周围的同事或朋友，很少借助宣传媒体收集所需要的信息，受教育程度和收入状况相对较差。所以，他们从不主动采用或接受新产品，直到多数人都采用且反映良好时才行动。显然，对这类采用者进行市场扩散是极为困难的。

（5）落后采用者。这类采用者是采用创新的落伍者，占全部潜在采用者的 16%。这部分消费者思想保守，拘泥于传统的消费行为模式。他们与其他的落后采用者关系密切，极少借助宣传媒体，其社会地位和收入水平最低。因此，他们在产品进入成熟期后乃至进入衰退期时才会采用。

2. 新产品扩散过程管理

新产品扩散过程管理是指企业通过采取措施使新产品扩散过程符合既定市场营销目标的一系列活动。企业之所以能对扩散过程进行管理，是因为扩散过程除受到外部不可控制因素（如竞争者行为、消费者行为、经济形势等）的影响外，还要受企业市场营销活动（产品质量、人员推销、广告水平、价格策略等）的制约。

新产品扩散管理的主要市场营销目标有：导入期，消费者迅速认可；成长期，销售额快速增长；成熟期，维持较长时期的销量和利润最大化。

5.3 网络产品与服务

5.3.1 网络产品

1. 网络产品的概念

伴随着网格技术的发展，涌现出许多新的价值形式。用户希望从网络上得到价值，他们通过联系、创造、学习、娱乐、交易、奉献等各种活动获得价值。针对这些价值，数以万计的网络产品诞生了，满足了客户需求。网络产品是一种具有跨时空、多媒体、交互式、拟人化、成长性、整合性、超前性，高效性、经济性和技术性等多种特点的产品。网络产品分为以下几层：

1）互联网基础产品，如网线、服务器、网卡等；

2）可数字化的平台产品，如软件、网站、App 等；

3）可数字化的终极产品，如音乐、电影、小说等；

4）利用互联网进行营销的传统实物产品，如各类网购产品，其范围已从最初的图

书、音像制品等扩大到衣食住行的方方面面及各类工业品。

2. 网络产品的属性

网络在许多方面增加了客户的收益，使营销活动发生巨大的变化。最基本的变化就是从实体世界到虚拟世界的转变，这是网络的关键特征之一，这一转变给产品的营销带来了新的属性。

首先，网络产品具有便捷性。网络产品大多具有数字化的特点，携带方便。顾客为得到传统产品，往往需要花大量时间去等待和奔波，而网络产品可以突破时空的限制，如远程医疗、远程教育、远程培训、远程订票等，消除消费者和供给者的空间分离所带来的不便。

其次，网络产品具有针对性，个性化强。网络产品突破了传统产品的限制，顾客可以通过互联网得到个性化的定制服务，他们不仅可以了解产品信息，还可以直接参与产品的设计、生产、营销过程，最大限度地满足自己的需求。

最后，网络产品的收益高。一方面，企业通过互联网实现远程服务，扩大了服务范围，创造了新的市场机会。另一方面，通过互联网提供服务可以加强企业与顾客之间的关系，提高顾客忠诚度，减少企业的营销费用。

3. 网络产品的品牌

网络产品的品牌能够建立消费者信任，降低风险，帮助客户减少因选择商品而产生的压力。这种压力的减轻在网络环境中显得格外重要，因为消费者普遍担心网络安全和隐私保护，并且厂商和消费者之间有一定距离。像京东、苏宁易购、亚马逊、唯品会等知名品牌能够获得消费者的信任，让消费者感到自己的利益可以得到保证，这样商品定价就可以高一些。当然，也有一些品牌如微店、蘑菇街，上面的东西价格相对较低，给人的印象就是物美价廉，对于这类品牌，客户的价值诉求也会适当降低，因为产品提供给客户的收益较少，产品的质量和服务就没有那么好。

与传统产品的品牌不同，网络产品的品牌具有个性化、数字化和虚拟化的特点。网络产品的品牌的生存依靠在服务范围内表现出信息服务的个性化；它赖以生存的基础是互联网，它与数字化基础共存；核心价值是信息，借助现代信息技术进行加工和生产都是在虚拟空间完成的。比如，滴滴出行就是依靠大数据、云计算等新型互联网技术，为用户提供不同的出行方式，满足用户的个性化需求。

5.3.2 网络服务

1. 网络服务的概念

网络服务（network service）是以互联网为基础，利用数字化信息和网络媒体的交互性来辅助营销目标实现的一种新型市场服务方式。

2. 网络服务的类型

根据企业提供的产品和服务的比例、类型、内容，可将网络服务分为以下5类。

（1）纯有形货物的服务。这是企业在网上销售产品时对客户的免费服务，包括销售前的产品信息咨询、销售中的某些代办事务、销售后的技术支持等。在网络产品的销售过程中及销售后，提供客户支持是价值诉求中十分关键的环节。例如，企业可以在其网站上为消费者提供诸如产品价格比较、分析工具，网络导购目录及产品安装指导等支持，帮助消费者在网上选择商品、做出正确的购买决策和方便地使用产品。

（2）伴随有形货物的服务。这是一种以服务为主的网络销售形式。例如，异地网上购买蛋糕，然后由网上蛋糕店送达客户并代为问候指定的亲朋好友。

（3）伴随主要服务的小服务。这是一种以网上注册咨询为主，进而在服务过程中给客户提供具有馈赠性质的小礼品或额外的简单服务。例如，在网站上求医问药，然后得到该网站赠送的医药小册子或代为联系就医等服务；购买教育机构的网上授课内容，会收到赠送的教材、参考资料等。这样做一方面企业可以获得想要的目标客户信息，另一方面企业可以更有针对性地开展营销活动。

（4）纯无形货物的服务。这是一种纯粹的网上服务产品，不附带任何有形的商品。例如，中国知网的文献阅读与下载权限、艾瑞网的行业分析报告等。

（5）网络信息综合服务。这是随着电子商务的迅速发展而兴起的一种新的网络服务，带有一定的网络营销渠道推广的性质，不再是仅仅利用网络为客户提供售前、售中和售后的各种传统服务，而是注重为企业提供客户联络、产品推广、市场分析等网络营销信息综合服务，以及企业网站的建立、维护和代理等一揽子网络服务。例如，企业通过在线调研及时掌握客户的需求，通过在线投诉及时响应客户的问题，通过创建论坛来提供一个供顾客自由交流的空间，让顾客发表对产品的看法、使用体会等。

3. 网络服务的工具

（1）FAQ 工具。面对众多能够提供的信息及顾客可能需要的信息，企业最应该做的就是在网站上建立顾客常见问题解答（Frequently Asked Questions，FAQ）网页。它既能调动那些随意浏览者的兴趣，也能帮助有目的的浏览者迅速找到所需要的信息。

（2）顾客电子邮件。电子邮件是用户或用户组之间通过互联网收发信息的服务，是网络用户之间快捷、简便、可靠且成本低廉的一种现代化通信手段，也是互联网上使用最多的服务之一。

（3）新闻组。新闻组可以使企业提供的产品或服务出现的问题得到及时解决，为客户排忧解难，客户在此交流会感到很愉快。

（4）呼叫中心。呼叫中心基于计算机电话集成技术，有效利用各种通信手段，为企业顾客提供高质量的服务。

（5）网络社区。网络社区有论坛、讨论组等形式。企业设计网络社区就是让客户在购买后既可以发表对产品的评论，也可以提出针对产品的一些建议，通过与使用该产品的其他客户交流，提高产品的使用和维护水平。

（6）在线表单。在线表单一般是网站事先设计好的调查表格，可以用来调查顾客需求，也可以用来征求顾客意见等。顾客在线填写并提交表单，以帮助企业进一步了解顾客需求，提高服务质量。

（7）即时通信工具。以微信、QQ、阿里旺旺等聊天工具为媒介提供服务，已经成为最受消费者欢迎的在线顾客服务方式之一。

（8）推送技术。推送技术能够使企业向订阅客户推送信息而无须客户发出请求。对于在线市场营销来说，推送技术的好处是订阅了频道的用户可以定期获得最新的信息。

（9）网上客户服务中心。在企业营销站点开设客户服务中心栏，详细介绍企业的服务理念、组织结构。企业可以开通顾客登记、服务热线、产品咨询、在线报修等服务，为客户提供系统全面的服务。

5.4 品牌策略与包装策略

5.4.1 品牌

1. 品牌的内涵

品牌是一种名称、术语、标记、符号或设计，或者是它们的组合运用，其目的是借以辨认某个销售者或某群销售者的产品和服务，并使之同竞争者的产品和服务区别开来。

品牌是一个集合概念，它包含品牌名称、品牌标志、商标等概念。品牌名称是指品牌中可以用语言来称呼和表达的部分，如蒙牛、伊利、海尔、长虹、海信等。品牌标志是指品牌中可被识别而不能用语言表达的特定标志，包括专门设计的符号、图案、色彩、文字等，如奥迪的4个圈标志，联想的标识字体Lenovo，李宁服装的特定标识等。

商标是指经过注册登记，受法律保护的品牌或品牌中的某一部分。经注册登记的商标一般有“R”标记或“注册商标”的字样。商标的实质是品牌，但它是受到法律保护的产权标志，是经商标局核准注册而取得的特殊权利，具有独占性，不容他人或企业侵犯。商标是生产者或经营者的标志，区别于其他商品，是企业声誉和评价的象征。品牌只有根据商标法的规定进行登记注册后，才能成为商标，受到法律的保护。因此，可以说商标都是品牌，但品牌不一定是商标。

商标与品牌的区别与联系如下。

1）商标与品牌的联系。品牌与商标都是用以识别不同生产经营者的不同种类、不同品质产品的商业名称及其标志。商标的实质是品牌，两者都是产品的标记。

2）商标与品牌的区别。品牌是市场概念，实质上是品牌使用者对消费者在产品特征、服务和利益等方面的承诺。并非所有的品牌都是商标，品牌与商标可以相同也可以不同；商标是法律概念，它是已获得专用权并受法律保护的品牌或品牌的一部分。商标必须办理注册登记，品牌则无须办理；商标是受法律保护的品牌，具有专门的使用权。

2. 品牌资产

品牌资产也称品牌权益，是指只有品牌才能产生的市场效益，或者说产品在有品牌时与无品牌时的市场效益之差。品牌是名字与象征相联系的资产（或负债）的集合，它能够使通过产品或服务所提供给消费者（用户）的价值增大（或减少）。品牌资产包括5个方面，即品牌忠诚度、品牌认知度、品牌感知质量、品牌联想、其他专有资产（如商标、专利、渠道关系等），这些资产通过多种方式向消费者和企业提供价值。

5.4.2　品牌策略

1. 品牌定位策略

品牌定位就是勾画企业品牌产品在目标消费者心目中的形象，使企业所提供的产品具有一定的特色，适应一定消费者的需求，并与竞争者的产品有所区别。品牌定位策略包括以下几点。

1）产品特色定位策略。依据品牌形象个性化需求，品牌定位应重点放在产品特殊功能、附加功能上。

2）质量定位策略。通过广告说明产品的良好质量，塑造品牌优质形象。

3）序列定位策略。表明品牌在同类商品中的实力，企业常用“同行业名列第一”“国内首创”等广告宣传语。序列定位一定要实事求是，第一当然好，第二也无妨。

4）抗衡型定位策略。人脑对产品信息的记忆是有限的，在此情形下，如将自己的产品与名牌产品联系起来，采取抗衡型定位则能讨巧，使本品牌处于创新的领先地位，同时能借助老产品的声誉扩大影响。

5）以使用者形象定位策略。消费者按性别、年龄、职业、收入等标准可划分为不同的群体，按消费者个性又可分为坚强与懦弱、外向与内向、独立于依赖、竞争性与非竞争性、显耀性与沉默性等，企业应努力建立品牌个性吸引相应个性的消费者，反之也可以用消费者形象进一步强化品牌个性。

2. 品牌化策略

品牌化策略即企业是否要给产品建立一个品牌。品牌化策略包括两种。

1）无品牌化策略。一般认为，不使用品牌的情况包括：大多数未经加工的原料产品，如棉花、大豆、矿砂等；不会因生产商不同而形成不同特色的商品，如钢材、汽油等；某些生产比较简单、选择性不大的小商品；消费者习惯上不辨认商标的产品，如玩具、白糖、中低档衣袜鞋帽等；临时性或一次性生产的商品；作为下游企业的原材料或零配件。

企业选择无品牌化策略的目的是节省品牌设计、广告和包装费用，以降低成本和售价，提高竞争力，扩大销售。

2）使用品牌策略。随着市场经济的高度发展和经济全球化浪潮的冲击，品牌化的趋势迅猛异常，品牌化几乎统治了所有产品，甚至一些传统上不用品牌的商品也出现了品牌化的倾向，许多生产中间产品的制造商（如电机、电脑芯片、纤维等）也进入了最终品牌产品行列。

3. 品牌防御策略

品牌防御是防止他人的侵权行为及避免企业的声誉、利润受损，可采用以下策略。

1）及时注册商标策略。品牌经注册成功后可得到法律保护，有效地防止竞争者抢注、仿制、使用、销售本企业的商标。出口商品应在目标国家及时注册商标。注册商标在有效期满后应及时申请续展注册。

2）在非同类商品中注册同一商标。从战略发展角度上看，在非同类商品中注册同一商标，可以为企业将来做大做强奠定基础，避免做大做强后的品牌为他人盗用。例如，娃哈哈集团将“娃哈哈”品牌一次性注册到服装、鞋帽、玩具、自行车等多个类别。

3）在同一商品中注册多个商标。例如，“娃哈哈”商标注册时，同时注册了“娃哈娃”“哈娃哈”等多个商标，从而堵住了可能被仿冒的漏洞。

4）使用防伪标识策略。比如，在日化产品中使用防伪悬浮纸条，或使用防伪标签、防伪油墨、防伪包装、隐形条码等，都可以有效地保护商标的专用权。

5）品牌并存策略。我国企业在与外国企业合资时，可以采用品牌并存的方法来防止自己的品牌被“雪藏”的风险，即在合资企业的不同产品上分别使用我国和外国的品牌，或在同一产品上共同使用本国与外国的品牌。

4. 品牌归属策略

品牌化决策之后，还要决定品牌归谁所有，由谁管理和负责。

1）运用制造商品牌策略。这是制造商使用自己的品牌的策略，也称生产者品牌策略。那些享有盛誉的制造商还可以将其著名品牌租借给别人使用，收取一定比例的特许使用费。

2）运用中间商品牌策略。这是中间商将产品大量地购买，以自己的品牌再将货物转卖出去的策略。中间商品牌使用自己的品牌可以带来很多好处，可以更好地控制价格，得到较高的利润，并可以在某种程度上控制供应商。越来越多的中间商，特别是大批发商、大零售商都使用自己的品牌。

3）运用混合品牌策略。混合品牌策略也称双重品牌策略，即部分产品用制造商品牌，部分产品用中间商或其他厂商的品牌的策略。

运用品牌归属策略应注意的问题是，企业究竟是使用制造商品牌还是中间商品牌，必须全面地权衡利弊，以做出合理的决策。在制造商具有良好的市场声誉，拥有较大市场份额的条件下，大多使用制造商品牌。相反，在制造商资金实力薄弱，或者在市场上的商誉远远不及中间商的情况下，则适宜采用中间商品牌。尤其新进入市场的中小企业，无力用自己的品牌将产品推向市场，而中间商在这一市场领域中拥有良好的品牌信誉和完善的销售体系，这种情况下利用中间商品牌则往往是有利的。这也是国际贸易中常见的做法。

5. 品牌关联策略

这是企业内部品牌之间关联程度的决策，包括如下品牌策略。

1）同一品牌策略。同一品牌策略也称统一品牌策略，是指企业对所生产的多种产品使用同一品牌，其实质是品牌延伸策略，即企业把自己成功的品牌延伸使用到其他产品上去。例如，康师傅方便面在市场上成功后，厂家把这一商标延伸使用到乌龙茶、八宝粥、饼干、果汁、纯净水、香米饼等产品上。

运用统一商标策略或品牌延伸策略应注意的问题是，如果企业的某一种产品出了问题（如质量问题），其他产品也会受到株连，因此必须对所有产品的质量严格控制。另外，多种产品使用同一个商标，容易使消费者在产品的特点、档次、功效等方面发生混淆。例如，生产荣昌肛泰的荣昌公司又推出荣昌甜梦口服液，一个管出口（治痔疮），一个管进口，就让人受不了。再次，品牌的延伸使用要符合消费者对该品牌形成的既定印象。如果佳洁士推出低档牙膏，就有可能破坏品牌在消费者心目中的印象，有可能是得不偿失的。

2）个别品牌策略。这是指企业对不同产品分别使用不同的品牌名称。这种品牌策略的好处有两个：一是起“隔离”作用，用品牌把不同产品的特性、档次、目标消费者的差异隔离开来，而不必把高档优质产品的品牌引进较低质量的产品线；二是起“保险”作用，没有将企业的声誉系在某一产品品牌的成败之上，企业不会因某一品牌信誉下降而承担较大的风险，如宝洁公司在中国生产的洗发水分别用飘柔、海飞丝、潘婷、沙宣、伊卡璐等品牌。

3）同一品牌和个别品牌并列策略。一个拥有多条产品线或者具有多种类型产品的企业可考虑采用此策略，一般是在每一种个别品牌前冠以公司的商号名称。

6. 品牌变更策略

许多相关因素的变化要求企业做出变更品牌的决策，包括以下策略。

1）更换品牌策略。指企业完全废弃原有的牌名、商标，更换为新的牌名、商标。当品牌已不能反映企业现有的发展状况，或由于产品出口的需要等，可以进行更新，目的是使品牌适应新的观念、新的时代、新的需求和新的环境，同时也可给人以创新的感受。

2）推展品牌策略。指企业采用原有的品牌，但逐渐对原有的商标进行革新，使新旧商标之间造型接近、一脉相承、见新知旧。

5.4.3　塑造名牌的标准

品牌发展的结果是形成名牌。名牌也是品牌，但它是著名的品牌，是品牌中的优秀部分、精华部分，是在品牌竞争中取得优胜的佼佼者。名牌的本质属性有两个：一个是它的技术属性，如设计精湛、质量超群、包装考究、功能独到、使用方便等，它能最大限度地满足人们生产生活上的物质需求；另一个是它的社会属性，表明以下 5 种社会关系：企业与消费者之间高度的信任关系；生产商与经销商之间互利互惠的关系；同对手之间的竞争关系；企业扩张过程中与银行之间的信誉关系；生产、市场营销和传播过程中企业对社会的奉献关系。

品牌成为名牌的系列总标准，如表 5–2 所示。

表 5–2　名牌的系列总标准

品　牌	名牌外环的标准	名牌内环的标准	名牌核心的标准
知名度	10.89%	20.37%	33.79%
美誉度	21.78%	40.74%	67.58%
市场占有率	7.61%	14.80%	24.07%

续表

品 牌	名牌外环的标准	名牌内环的标准	名牌核心的标准
无形资产	= 有形资产	> 有形资产	=1.5 有形资产
品牌效能	名牌地位立足未稳，市场创益力 1∶0.5	进入名牌安全区，市场创益力 1∶1	进入名牌壁垒，市场创益力 0.5 ∶1

5.4.4 包装策略

1. 包装的概念

包装是为了在流通过程中保护产品、方便储运和促进销售，而按照一定的技术方法使用容器、材料以及辅助物等，将物品包封并予以适当的装饰和标志工作的总和。简言之，包装就是包装物和包装操作的总和。包装是商品实体的重要组成部分，如果把商标比做产品的“脸面”，那么包装可谓是产品的“外衣”，它是作为产品的“第一印象”进入消费者眼帘的。

2. 包装的分类

1）按包装在流通过程中的作用不同，包装可分为储运包装和销售包装。

2）按包装所处的层次不同，包装可分为基本包装、次级包装和运输包装。

3）按包装技术不同，包装可分为真空包装、气调包装、喷雾包装和收缩包装等。

3. 包装策略

1）类似包装策略。类似包装，也称产品线包装，指企业所生产的各种不同产品，在包装上采用共同或相似的图案、形状或其他共同的特征，使消费者容易发现是同一家企业的产品。类似包装具有和采用统一品牌策略一样的好处，可以节省包装设计的成本，有利于提高和壮大企业的整体声誉，特别是新产品进入市场时，采用此策略可使新产品容易进入市场。类似包装策略只适用于相同或相近质量水平的不同产品，一旦质量水平相差悬殊，则不仅会提高低档产品的销售成本，而且会对高档产品的形象造成不利影响。

2）等级包装策略。指按照产品的价值、品质分成若干等级，并采用不同的包装，使包装与产品的价值相称。显然，这种策略的实施成本较高。它适用于产品相关性不大，产品档次、品质比较悬殊的企业。它可以适应不同的购买力水平或不同顾客的购买心理，从而扩大产品销售，如在茶叶的销售中，一级茶叶用听装，三级茶叶用盒装，五级茶叶用袋装，碎茶散装。

3）组合包装策略。指把使用时相互关联的多种商品纳入一个包装容器中，同时出售，如家用药箱、针线包、工具包等。这种策略不仅有利于充分利用包装容器的空间，而且有利于同时满足同一消费者的多种需要，扩大销售。这种包装特别有利于新产品的推销，但实践中须防止不顾市场需求的具体特点、消费者的购买力水平和产品本身关联程度大小任意组合搭配的错误做法，以免消费者产生抵触情绪。

4）复用包装策略。指在原包装的产品使用完后，其包装物还可以做其他用途。比如，果酱、咖啡、酱菜采用的杯形包装瓶，可用来作为茶杯；糖果、饼干的包装盒还可以作为文具盒、针线盒等。这样可以利用消费者一物多用的心理，使他们得到额外的使用价值；同时，包装物在使用过程中也可起到广告宣传的作用，诱发消费者购买或引起重复购买。

5）附赠品包装策略。指在商品包装物内附赠给购买者一定的物品或奖券。比如，儿童用品中附赠玩具，购买某品牌牛奶附赠一个相同品牌的杯子等。

6）更换包装策略。指对原商品包装进行改进或更换，重新投入市场以吸引消费者，或者原商品声誉不是太好，销售量下降时，通过更换包装，重塑形象，保持市场占有率。采取该策略，可以重塑产品在消费者心中的形象，改变一些不良影响。但名牌产品包装的改进要慎重，以免误给消费者以假冒名牌、质量下降等印象，从而失去“品牌忠诚者”。

【思考与应用】

1. 填空题

（1）产品整体概念包括（　　）、（　　）、（　　）、（　　）和（　　）5 个层次。

（2）产品组合的宽度是指一个企业的（　　）中所拥有的（　　）。

（3）产品生命周期包括 4 个阶段，即（　　）、（　　）、（　　）和（　　）。

（4）品牌是一个集合概念，它包含（　　）、（　　）、（　　）等概念。

2. 判断题（对的打√，错的打 ×）

（1）产品线也称产品大类或产品系列，是指能够满足同类需要，在功能、使用和销售等方面具有类似性的一组产品。（　　）

（2）向下延伸指在低档产品线中增加高档产品项目。（　　）

（3）仿制产品也是新产品的一种。（　　）

（4）所有的品牌都是商标，品牌与商标是一样的。（　　）

3. 思考题

（1）产品的整体概念是什么？企业如何正确处理产品整体概念 5 个层次之间的关系？

（2）企业的产品组合策略有哪些？

（3）产品市场生命周期各阶段的特点、市场营销目标、市场营销重点是什么？企业如何有针对性地制定产品市场生命周期各阶段的市场营销策略？

（4）企业的品牌策略主要有哪些？

（5）企业如何选择包装策略？

4. 案例分析与应用

农夫山泉的产品策略

喝茶健康，喝茶饮料也健康？面对市场上的种种议论，农夫山泉茶饮料研发部经理韩正春给出了这样的解答：未来茶饮料一定会朝着天然、健康的理念稳步发展。尤其在我国实施大健康中国战略的背景下，任何食品饮料的开发都要顺应这个时代的发展。“做茶饮料时，农夫山泉坚持不使用茶粉，选用上好的茶叶，模仿真正泡茶的工艺，进行茶叶萃取，以得到真正的茶汁，还原茶叶本身的味道。”以红茶为例，东方树叶选用中国传统的工夫红茶“川红”为原料，先手工采摘6—8月的春夏茶鲜叶，经摊凉、萎凋、初捻、复揉、发酵等初制工艺得到毛茶，再经筛分、静电、风选、色选、提香、干燥等精制工艺得到东方树叶红茶的最终原料。为了顺利攻占茶饮料市场，农夫山泉邀请了PearIfisher（英国设计公司）为其新产品乌龙茶、茉莉花茶、红茶、绿茶四款东方树叶进行包装设计。为实现差异化营销，突出东方树叶健康、天然的理念，区分市场上的含糖茶饮料，其营养成分表上糖、脂肪、蛋白质等成分全部显示为零。

尽管瞄准了未来的发展方向，在包装、营销、广告风格上都做足了准备，但销售结果并不理想。2013年农夫山泉又推出打奶茶，但被2014年《新京报》的《新食品》周刊列入十大“失望之食”榜单。对于市场的再次败北，农夫山泉显得有点无奈，“这款产品延续了东方树叶天然、健康的理念，并且进一步得到升华，融入了中国的传统饮茶之道，真正的奶和真正的茶完美融合”。由于市场不理解，农夫山泉两次精心准备两次铩羽而归。与此同时，国内茶饮料市场的混战愈发激烈，市场品牌集中化程度高，销售排名前10的茶饮料品牌如统一、康师傅、王老吉、三得利、雀巢等的市场份额超过96‰。此外，不少茶叶企业早已瞄准茶饮料市场，只是受推广和营销队伍的限制，未能形成气候。传统的茶饮料市场已经相当成熟，竞争加剧。为适应新时代的经济形势和消费需求，生产企业不断推陈出新，不遗余力地谋求产品升级。2015年统一大力推广“小茗同学”，此后果茶新品“缇拉图”、康师傅升级冰红茶、立顿英式果茶等应运而生。总结近两年推出的新品的特点，农夫山泉发现，果味茶成为即饮茶市场一大流行趋势。在原有产品东方树叶的基础上，2016年公司专为90后、00后这一年轻消费群体设计了一款轻茶饮料。

2016年3月，农夫山泉正式推出茶π。所谓茶π是指无限不循环的π，就像无限不循环的青春，拒绝重复，绝不雷同。蜜桃乌龙茶、柚子绿茶、西柚茉莉花茶及柠檬红茶四种果味茶一上市，就反响不俗。漫画涂鸦风包装深得年轻人的喜爱。与非茶饮料及其他茶饮料相比，在充满了糖、香精及各种添加剂的饮料市场中，健康天然的茶饮自成一派。“茶π中的茶依然采用东方树叶的制茶工艺，绝不使用茶粉，额外添加一些果汁，让茶汁更加灵动。而年轻人之前喝的所谓的茶饮料多数采用茶粉制作，他们没有喝到真正的茶，也不知道真正的茶在果茶饮料中的味道。”韩正春说道。为了让茶饮料更加健康，茶π采用甜菊糖苷代替部分白砂糖，尽可能减少糖的摄入，而甜菊糖苷又来自天然的甜叶菊，不仅比白砂糖更甜，而且不产生热量，所以更加健康。由于茶的健康理念，衍生出来的茶饮料近些年在全世界范围内广受欢迎。根据AC尼尔森的调查，早在2009年，中国茶饮料消费量已接近900万吨，占饮料市场10%，成为仅次于碳酸饮料和纯净水的第三大饮品。尽管中国饮料市场已经相对成熟，竞争激烈，但农夫山泉始终坚信越健康才能越持久。“我们的所有茶系饮料和其他厂商最重要的区别是，我们坚持天然、健康的理念。正因为这样的产品理念，茶叶货真价实，茶π持续热销。”

从 2011 年年初出茅庐到 2016 年茶π持续热销，农夫山泉在健康茶饮上做足功夫，铆足干劲。它始终相信：天然、健康永远是最核心的竞争力。

思考：

分析农夫山泉公司的产品线构成，分析其品牌定位与品牌价值。

项目 6
定价策略

【课前五分钟】

1. 选择定价的目标有哪些?
2. 影响定价的因素有哪些?
3. 定价的方法有哪些?
4. 定价策略有哪些?
5. 如何运用降价策略?
6. 如何运用提价策略?

【教学目标】

知识目标:

- 通过学习，掌握选择定价目标与影响定价的因素，掌握定价的操作程序与定价的方法，掌握定价策略，掌握价格调整的方法。

能力目标:

- 通过培养，具备运用价格策略的能力。

6.1 选择定价目标与分析影响定价的因素

6.1.1 选择定价的目标

1. 选择利润导向的定价目标

（1）利润最大化目标。以最大利润为定价目标，指的是企业期望获取最大限度的销售利润。

（2）预期利润目标。以预期的利润作为定价目标，是企业把某项产品或投资的预期利润水平，规定为销售额或投资额的一定百分比，即销售利润率或投资利润率。预期的销售利润率或投资利润率一般要高于银行存贷款利率。以目标利润作为定价目标的企业，应具备两个条件：第一，该企业具有较强的实力，竞争力比较强，在行业中处于领导者地位；第二，采用这种定价目标的多为新产品、独家产品及低价高质量的标准化产品。

（3）适当利润目标。在激烈的市场竞争中，企业为了保全自己，减少市场风险，或者限于实力不足，把取得适当利润作为定价目标。适当的利润目标一方面可以使企业避免不必要的竞争；另一方面，由于价格适中，消费者愿意接受，可使企业获得长期的利润。

2. 选择销量导向的定价目标

增加销售量或扩大市场占有率是企业常用的定价目标。

（1）保持或扩大市场占有率目标。作为定价目标，市场占有率与利润有很强的相关性。从长期来看，较高的市场占有率必然带来较高的利润。一个企业在一定时期的赢利水平高，可能是由于过去拥有较高的市场占有率的结果，如果市场占有率下降，赢利水平也会随之下降。

（2）增加销售量（销售额）目标。大量的销售既可形成强大的声势，提高企业在市场的知名度，又可有效地降低成本。对于需求价格弹性较大的产品，降低价格而导致的损失，可以由销售量的增加而得到补偿。

3. 选择产品质量领先的定价目标

这是指企业要在市场上树立产品质量领先地位的目标，而在价格上做出的反应。优质优价是一般的市场供求准则，研究和开发优质产品必然支付较高的成本，为补偿这些支出，自然要求以高的价格得到回报。从完善的市场体系来看，高价格的商品自然代表着或反映着商品的质量及其相关的服务质量。采取这一目标的企业必须具备两个条件，一是高质量的产品，二是优质的服务。如果企业不具备以上条件，而采取高价位策略，只会吓跑顾客，失去市场。

4. 选择竞争导向的定价目标

这是竞争性较强的企业所采用的定价策略，是指为应付竞争，在定价前应注意收集同类产品的质量和价格资料，与自己的商品进行比较，然后选择应付竞争的价格。对于力量较弱的企业，采用与竞争者价格相同或略低于竞争者的价格；对于力量较强又想扩大市场占有率的企业，采用低于竞争者的价格；对于资本雄厚，并拥有特殊技术的企业，采用高于竞争者的价格。有时采取低价是为了迫使对手退出市场或阻止对手进入市场。

5. 选择生存导向的定价目标

如果企业产品销路不畅，大量积压，甚至濒临倒闭时，则需要把维持生存作为企业的基本定价目标，因为生存比利润更为重要。

6. 选择维护企业形象的定价目标

企业形象是企业的无形财产，为维持企业形象，定价目标首先要考虑价格水平是否与目标消费群的需求相等，是否有利于企业整体策略的实施。

7. 选择保持良好的销售渠道的定价目标

为了使营销渠道畅通无阻，企业必须研究价格对中间商的影响，充分考虑中间商的利益，促使中间商有较大的积极性去推销产品。

头脑风暴

小米科技有限责任公司董事长雷军重申："我们创办小米的时候就有一个非常清晰的使命和价值观，就是小米会永远坚持做感动人心、价格厚道的好产品……在我们去年上市之前，董事会还通过了一个决议，就是我们永生永世的利润率都不会超过5%，所以这也是小米的使命和价值观。"

你认为雷军的这番话说明小米的定价目标是什么？

6.1.2 分析影响定价的因素

在选择定价目标的前提下，企业定价还要考虑影响定价的因素。影响定价的因素很多，有企业内部因素，也有企业外部因素；有主观因素，也有客观因素。所以，企业要综合分析影响定价的因素。

1. 分析产品成本因素对定价的影响

产品成本包括生产成本、销售成本和储运成本等，是产品价格的主要组成部分，也是定价的基础。很大程度上，需求为企业的定价确定了上限，而企业的成本是价格的下限。企业总是希望制定的价格能弥补生产、分销和销售该产品的成本，并取得对企业所做的努力和承担风险的合理报酬。因此，成本是影响定价决策的一个主要因素，许多企业力图降低成本，以期降低价格、扩大销售和增加利润。如果企业某种产品的成本高于竞争者的成本，该产品在市场上就会处于十分不利的竞争地位。

2. 分析市场供求因素对定价的影响

（1）分析供求与价格的双向影响。产品价格是在一定的市场供求状况下形成的。在一定时期内，某种产品的供求状况反映其供给量与需求量之间的关系。这种关系包括供求平衡、供不应求和供过于求3种情况。供求平衡是指某种产品的供给与需求在一定时期内相等，包括总量相等、结构吻合。在供求平衡状态时，某种产品的市场价格则称为均衡价格。

假定供求和价格以外的其他因素不变，当某种产品的价格高于均衡价格时，该产品的需求量下降，供给量上升，结果形成供过于求。在某种产品供过于求的市场局势下，卖方之间竞争激烈，要价低者产品可以出售，则买方在交易中处于优势地位，掌握了买卖的主动权，即形成了买方市场。所以，当某种产品的需求减少且供给增多时，价格便会落至均衡价格或其以下。

当某种产品供不应求时，买方之间竞争激烈，出价高者可以买到产品，那么卖方在交易中处于优势地位，掌握了买卖的主动权，即形成了卖方市场。随着价格的上涨，企业的资金会转向该产品的生产与销售，导致该产品的市场供给量剧增，从卖方市场转化为买方市场，形成供过于求的局面，价格将自动回落。

（2）分析需求价格弹性因素对定价的影响。通常情况下，某种产品的价格升高，其需求量就会减少，反之则增加。但是，价格升高并不意味着企业总收益的提高。因此，制定产品价格时必须考察产品的需求价格弹性因素。需求价格弹性简称需求弹性，它是指在一定时期内，某种产品的价格变动的百分比与其需求变动的百分比的比值。由于是两个相对数的比值，故它又称为需求价格弹性系数。当价格变动小于需求量变动时，此产品需求富有弹性，即弹性较大，表明产品供求关系对价格的影响较大；当价格的变动大于需求量的变动时，此产品需求缺乏弹性，即弹性较小，表明产品供求关系对价格的影响较小。需求弹性表达了产品价格变化和需求量变化之间的敏感程度。

3. 分析市场竞争态势因素对定价的影响

市场竞争态势不同，也会影响企业对产品的定价。按照市场竞争程度，市场竞争态势因素对定价的影响可以分为以下 3 种。

1）分析完全竞争态势因素对定价的影响。完全竞争市场状况下，市场上的企业很多，买卖双方的交易都只占市场份额的一小部分，彼此生产或经营的产品是相同的；企业不能用增加或减少产量的方法来影响产品的价格，也没有一个企业可以根据自己的愿望和要求来提高价格。这种情况下，企业只能接受在市场竞争中现成的价格，买卖双方都只是“价格的接受者”，而不是“价格的决定者”，价格完全由供求关系决定，各自的行为完全受价格因素的支配。但应该指出的是，完全竞争市场仅仅存在于理论上，在现实生活中是不存在的。

2）分析不完全竞争态势因素对定价的影响。不完全竞争是一种介于完全竞争和完全垄断之间的市场态势。在不完全竞争条件下，市场上有许多的买主和卖主，但各个卖主所提供的产品都存在一定的差异，或者是质量、花色、式样和产品服务的差异，或者是不同品牌的产品。虽然本质上没有差异，但购买者因受广告宣传、产品包装的影响，在主观或心理上认为它们有差异，因而有所偏好，愿意花不同数额的钱来购买。

3）分析完全垄断态势因素对定价的影响。完全垄断是指在一个行业中的某种产品或劳务的生产和销售完全由一个卖主独家经营和控制，没有竞争对手。这种垄断一般有特定条件，如垄断企业可能拥有专利权、专营权或特别许可等。由于垄断企业控制了进入这个市场的种种要素，所以它能完全控制市场价格。从理论上分析，垄断企业有完全自由定价的可能，但现实中其价格也受到消费者情绪及政府干预等方面的限制。

4. 分析企业内部因素对定价的影响

价格的制定要受到企业内部因素的影响和制约，企业定价时必须考虑这些因素。企业内部因素包括企业的实力、市场营销目标、市场营销组合、产品成本、定价组织和产品自身的特性等。

5. 分析消费者心理预期因素对定价的影响

消费者心理预期，尤其心理行为，是影响企业定价的一个重要因素。无论是哪一种消费者，在消费过程中必然会产生种种复杂的心理活动，并支配消费者的消费过程。通常消费者在选购产品时，总是根据某种产品能为自己提供效用的大小来判定该产品的价格，他们对产品一般都有客观的估价。若企业定价高于消费者的心理期望值，则很难为消费者所接受。因此，企业制定产品价格时，不仅应迎合不同消费者的心理，还应促使或改变消费者行为，使其向有利于自己营销的方向转化。同时，企业要主动、积极地考虑消费者的长远利益和社会整体利益，提高性价比，为消费者创造价值。

6. 分析其他因素对定价的影响

除以上因素外，在市场营销实践中，企业或产品的形象因素、通货膨胀、政策、法规等也都对企业产品的定价产生不同程度的影响。

6.2 定价的程序与定价的方法

6.2.1 运用定价的操作程序

制定价格一般要经过确定定价目标、确定市场需求、估算成本、分析竞争状态、选择定价方法、确定最终价格6个程序，如图6–1所示。

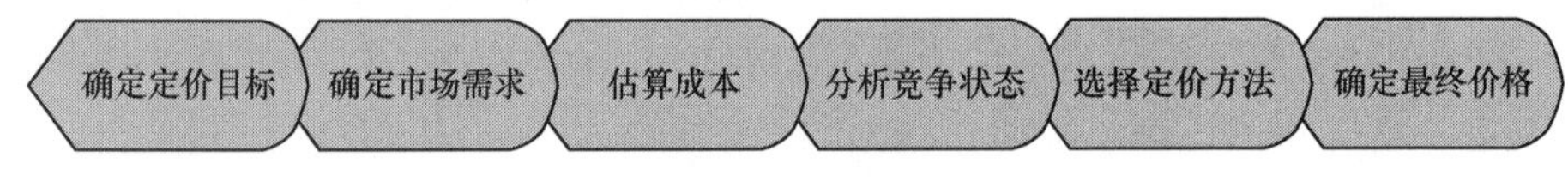

图6–1 定价的程序

1. 确定定价目标

定价目标是指企业要达到的定价目的。企业的定价目标从属于企业经营目标。企业的定价目标是以满足市场需要和实现企业赢利为基础的，它既是实现企业经营总目标的保证和手段，又是企业定价策略和定价方法的依据。企业面临的市场环境和竞争条件不同，企业的目标会有差别。不同的企业有不同的目标，就是同一企业在不同的发展时期也有不同的定价目标。

2. 确定市场需求

市场需求是影响企业定价的重要因素。当产品价格高于某一水平时，将无人购买，因此市场需求决定了产品价格的上限。一般来说，市场需求随着产品价格的上升而减少，随着产品价格的下降而增加。但是，也有一些产品的需求和价格之间呈同方向变化的关系，如能代表一定社会地位和身份的装饰品及有价值的收藏品等。企业定价时必须依据需求的价格弹性，即了解市场需求对价格变动的反应。影响需求价格弹性的因素：消费者对产品的需要程度；产品的重要性；产品替代品数目和可替代程度；产品用途的广泛性；产品的耐用程度；消费者的收入水平。

3. 估算成本

需求在很大程度上为企业确定了一个最高价格限度，而成本则决定着价格的下限。从长期来看，任何产品的价格都应高于所发生的成本费用，在生产经营过程中的耗费才能从销售收入中得到补偿，企业才能获得利润，生产经营活动才能继续进行。成本包括：①固定成本，在短期内不随企业产量和销售收入的变化而变化的生产费用，如厂房设备的折旧费、租金、利息、行政人员薪金等；②可变成本，随生产水平的变化而直接变化的成本，如原材料费、工资等。成本是企业收益的减项，降低成本是提高企业经济效益的有效途径之一。

4. 分析竞争状态

企业为产品定价时必须考虑竞争者的产品和价格，将竞争者的产品及其价格作为企业产品定价的参考。如果企业的产品和竞争者的同种产品质量差不多，那么两者的价格也应大体一样；如果企业的产品不如竞争者的产品，那么产品价格就应定低些；如果企业的产品优于竞争者的产品，那么价格就可以定高些。

5. 选择定价方法

影响企业定价的因素很多，其中最基本的因素是成本规定了价格的下限；市场需求或消费者对企业产品的评价，规定了价格的上限；竞争者产品的价格和替代品的价格，确定了企业产品的标价点在最高价格和最低价格之间。另外，消费者心理因素也会给定价造成影响。因此，企业在为产品定价时，主要考虑影响企业定价的因素中的一个或几个。

6. 确定最终价格

企业最后拟订的价格必须考虑以下因素。

（1）最后价格必须同企业定价政策相符合。企业的定价政策包括明确企业需要的定价形象、对价格折扣的态度及对竞争者的价格的指导思想。

（2）最后价格是否符合政府有关部门的政策和法令的规定。规范企业定价行为的法律和相关法规有《中华人民共和国价格法》《中华人民共和国反不正当竞争法》《关于商品和服务实行明码标价的规定》《制止牟取暴利的暂行规定》《价格违法行为行政处罚规定》《关于制止低价倾销行为的规定》等。

（3）选定最后价格时，还须考虑企业内部有关人员（如推销人员、广告人员等）对定价的意见，考虑经销商、供应商等对所定价格的意见，考虑竞争对手对所定价格的反应。

6.2.2 运用定价的方法

1. 运用成本导向定价法制定价格

成本导向定价法是一种主要以成本为依据的定价方法，包括成本加成定价法、目标收益定价法、边际贡献定价法等。

（1）运用成本加成定价法。成本加成定价是指按照单位成本加上一定百分比的加成来制定产品的销售价格。加成的含义就是一定比率的利润。所以，成本加成定价法的公式为

单位产品售价＝单位成本×（1+成本加成率）

例如，假设某产品的销售量为10 000件，总成本为1 000 000元，预期的成本加成率为20%，问单位产品售价是多少？

单位产品售价=1 000 000÷10 000×（1+20%）=120（元/件）

（2）运用目标收益定价法。目标收益定价法又称目标利润定价法或投资收益率定价法。它是在成本的基础上，按照目标收益率的高低计算售价的方法。其计算步骤如下。

1）确定目标收益率。目标收益率可表现为投资收益率、成本利润率、销售利润率、资金利润率等多种不同的形式。

2）确定目标利润。由于目标收益率的表现形式具有多种性，目标利润的计算也有不同的方法。其计算公式有：

目标利润＝总投资额×目标投资利润率

目标利润＝总成本×目标成本利润率

目标利润＝销售收入×目标销售利润率

目标利润＝资金平均占用额×目标资金利润率

3）确定价格。价格计算公式如下：

价格＝（总成本＋目标利润）÷预计销售量

例如，某房地产企业开发一个总建筑面积为20万平方米的小区，估计未来在市场上可实现销售16万平方米，其总开发成本为4亿元，企业的成本利润率为15%，问该小区的售价为多少？

该企业的目标利润＝总成本×成本利润率=4×15%=0.6（亿元）

每平方米售价＝（总成本＋目标利润）÷预计销售量

＝（400 000 000+60 000 000）÷160 000=2 875（元）

（3）运用边际贡献定价法。边际贡献是指产品销售收入与产品变动成本的差额。单位产品边际贡献指产品单价与单位产品变动成本的差额。边际贡献弥补固定成本后如有剩余，就形成企业的纯收入；如果边际贡献不足以弥补固定成本，那么企业将发生亏损。在企业经营不景气、销售困难、生存比获取利润更重要时，或企业生产能力过剩，只有降低售价才能扩大销售时，可以采用边际贡献定价法。这种方法的基本计算公式如下：

单位产品销售价格＝（总的变动成本＋边际贡献）÷总销量

从本质上讲，成本导向定价法是一种卖方定价的方法，它忽视了市场需求、竞争和价格水平的变化，有些时候与定价目标相脱节。此外，运用这一方法制定的价格都是建立在对销售量主观预测的基础之上，从而降低了价格制定的科学性。因此，在采用成本导向定价法时，还需要充分考虑需求和竞争状况，以确定最终的市场价格水平。

2. 运用需求导向定价法制定价格

需求导向定价法是一种以市场需求强度及消费者感受为主要依据的定价方法，包括理解价值定价法、反向定价法和需求差异定价法。

（1）运用理解价值定价法。理解价值定价法是企业以消费者对产品价值的感受和理解的程度作为定价依据的一种方法。此种定价方法不是仅考虑产品的成本费用，而是更多地考虑消费者对产品价值的理解及支付货币的能力。理解价值定价与现代市场定位观念相一致。企业在为其目标市场开发新产品时，在质量、价格、服务等各方面都需要体现特定的市场定位观念。运用这种定价法，产品在各个方面都能较好地满足需求，减少了使用过程中的麻烦，因此促进了产品的销售。

（2）运用反向定价法。反向定价法是指企业依据消费者能够接受的最终销售价格计算自己从事经营的成本和利润后，逆向推算出产品的批发价和零售价。这种定价方法不以实际成本为主要依据，而是以市场需求为定价的出发点，力求使价格为消费者所接受。分销渠道中的批发商和零售商多采取这种定价方法。反向定价法的运用条件是，为了满足在价格上与现存类似产品竞争的需要，设计出价格方面能够参与竞争的产品。对新产品的定价，企业可先通过市场调查或征询分销商的意见，拟定出购买者可以接受的价格，然后再从反向推算出出厂价。

例如，某产品市场零售价为 11 元，推算其出厂价。

其推算步骤如下：

某产品市场零售价	11.00 元（卖给消费者的价格）
零售商加成 20%	11.00×20%=2.20（元）
批发商售价	11.00−2.20=8.80（元）（卖给零售商的价格）
批发商加成 15%	8.80×15%=1.32（元）
出厂价	8.80−1.32=7.48（元）

（3）运用需求差异定价法。需求差异定价法以不同时间、地点、产品及不同消费者的消费需求强度差异为定价的基本依据，针对每种差异决定在基础价格上是加价还是减价。

实行需求差异定价法的条件：市场能够根据需求强度的不同进行细分；细分后的市场在一定时期内相对独立，互不干扰；高价市场中不能有低价竞争者；价格差异适度，不会引起消费者的反感。

3. 运用竞争导向定价法制定价格

这是指企业以竞争者的同类产品的价格为主要依据，充分考虑本企业产品的竞争能力，选择有利于在市场中获胜的定价方法。

（1）运用随行就市定价法。随行就市定价法是指企业按照行业的平均现行价格水平来定价。这种方法用于企业难以对顾客和竞争者的反映做出准确的估计，自己又难以另行定价的情况。随行就市是依照现有本行业的平均定价水平定价，这样就容易与同行业和平共处，并且易于集中本行业的智慧，获得合理的收益，少担风险。在竞争十分激烈的同一产品市场上，消费者对行情很清楚，企业之间也十分了解，价格稍有出入，消费者就会拥向价廉的企业。

（2）运用低于竞争者产品价格定价法。低于竞争者产品价格定价是指实力雄厚的大企业为了在短期内渗入乃至夺取其他企业的市场，扩大自己的市场占有率，常常以低于市场价格的价格（甚至低于成本的价格）进行倾销，以此战胜竞争对手后，再提高价格来弥补倾销时蒙受的损失。

（3）运用高于竞争者产品价格定价法。高于竞争者产品价格定价指能制造特种产品和高质量产品的企业，凭借其产品本身独具的特点和很高的声誉，以及能为消费者提供较别的企业更高水平的质量和服务，而与同行竞争的一种方法。这些按较高价格出售的产品，一般是受专利保护的产品或有良好企业形象影响的产品。

（4）运用投标定价法。投标定价法即采购机构发布采购公告，说明拟采购产品的品种、规格、数量等具体要求，邀请供应商在规定的期限内投标的方法。采购机构在规定的日期内开标，选择报价最低的、最有利的供应商成交，签订采购合同。这种价格是供货企业根据对竞争者的报价的估计制定的，而不是按照供货企业自己的成本费用或市场需求来制定的，一般应低于竞争对手的报价。

6.3 定价策略

6.3.1 运用新产品定价策略

1. 运用撇脂定价策略

撇脂定价策略又称高额定价策略，意为提取精华，快速取得利润，即在新产品投放市场的初期，利用消费者求新、求奇的心理动机和竞争对手较少的有利条件，以高价销售，在短期内获得尽可能多的利润，以后随着产量的扩大、成本的下降、竞争对手的增多，再逐步降低价格。

撇脂定价策略的适用条件：产品的质量与高价格要相符；要有足够的消费者能够接受这种高价并愿意购买；竞争者在短期内不易打入该产品市场。

2. 运用渗透定价策略

渗透定价策略又称低额定价策略，与撇脂定价策略相反，它是在新产品介绍期定较低的价格，以吸引大量消费者，提高市场占有率，实现赢利目标。在食品市场竞争激烈的环境中，采用此技巧有积极的作用，因为定价低，在市场潜力大、竞争者容易渗透的情况下，给予竞争者一个价低利少、无利可图的印象和感觉，从而抑制了竞争者的渗透。

渗透定价策略的适用条件：目标市场必须对价格敏感，即低价可扩大食品市场，促进销售；生产和分销成本必须能随销售量的扩大而降低。

3. 运用满意定价策略

满意定价策略又称中间定价策略，是介于撇脂定价策略和渗透定价策略之间的一种中间定价策略，因价格水平适中，生产者、中间商及消费者各方面都能顺利接受。作为一种中间定价策略，在新产品刚进入市场的阶段，将价格定在介于高价和低价之间，力求使买卖双方均感满意。一般产品都适宜采取这种定价策略。

6.3.2　运用心理定价策略

1. 运用尾数定价策略

尾数定价策略是食品企业或者零售商为产品制定一个与整数有一定差额的价格，使消费者产生心理错觉，从而促使购买的一种价格技巧。例如，本应定价 100 元的商品，定价 99.99 元，虽然只低 0.01 元，却可给买者以价廉的感觉。

2. 运用整数定价策略

整数定价策略与尾数定价策略正相反，有的产品不定价为 9.8 元，而定为 10 元，同样使消费者产生一种错觉，迎合消费者“便宜无好货，好货不便宜”的心理，以显示产品的高档。

这是针对求名或自尊心理较强的消费者所采用的定价策略。整数定价对低价产品来说有主观之嫌，但对高价产品是适宜的。

3. 运用声望定价策略

一些购买者通过联想与想象，把产品价格与个人的愿望、情感、个性心理结合起来，通过这种比拟来满足心理上的需要或欲望。例如，有的消费者热衷于追求时尚、高档、名牌的产品，以价格的高昂来炫耀自己的富有、能耐和社会地位，他们以拥有这类产品而获得心理上的满足。定价时利用这种比拟心理，将有声望的产品制定比市场同类产品高的价格，即声望性定价策略。

4. 运用促销定价策略

有些企业利用消费者有贪便宜的心理，将某几种产品定低价（低于正常价格甚至低于成本），或利用节庆日和换季时机举行“特价”“酬宾大减价”等活动，把部分产品按原价打折出售，以吸引消费者，促进全部产品的销售，如“原价 359 元的食品，现价 299 元”。但如果将原价虚增后再打折扣欺骗消费者，应受到法律制裁。

5. 运用习惯定价策略

消费者在长期、大量的购买活动中，对某种产品需要支付多少金额会产生牢固的印象，渐渐在购买时形成了一种价格定势。这种价格定势心理对消费者的购买行为有着重要的影响，他们往往从习惯价格中去联想和对比价格的高低涨落，以及产品质量的优劣差异。食品企业对这类产品定价时，要充分考虑消费者的这种心理定式，不可随意变动价格，应比照市场同类产品的价格定价。否则，一旦破坏消费者长期形成的消费习惯，就会使之产生不满情绪，导致购买的转移。

相关链接

沃尔玛在大众心里创立了低价的形象，最著名的口号是天天低价。沃尔玛是怎么做到这一点的呢？节约成本的意识，商品选择范围广，温馨的购物环境，较低的营业成本，训练有素的扩张，创新性的市场营销，以及优良的售后服务保证，这些无不彰显着沃尔玛的吸引力。

6. 运用招徕定价策略

招徕定价策略包括低价招徕定价和高价招徕定价两种基本形式。一些超市和百货商场利用消费者的求廉或好奇心理，有意将某种或某些产品的价格定低或按变动成本定价，甚至将某些产品的价格定高，高得足以令人吃惊，以吸引消费者进店。在购买了这些低价或高价产品之后，再购买其他正常价格的产品，消费者会改变以往的消费习惯而提高购物欲望。这是超市扩大销售、增加利润的心理定价技巧。

运用招徕定价策略应注意如下问题。

1）合理确定特廉价格的产品。这种食品既要对消费者有一定的吸引力，又不能价值过高，否则大量低价销售会给企业造成较大的损失。

2）数量要充足，保证供应，否则没有购买到特价产品的消费者会有一种被愚弄的感觉，会严重损害企业形象。

6.3.3 运用折扣定价策略

折扣定价策略是利用各种折扣和让价吸引经销商和消费者，促使他们积极推销或购买本企业产品，从而达到扩大销售、提高市场占有率的目的。这一技巧能增加销售上的灵活性，给经销商和消费者带来利益和好处，因而在现实中经常为食品企业所采用。

1. 运用现金折扣策略

现金折扣策略是指企业为了鼓励购买者尽早付清货款，加速资金周转，规定凡提前付款或在约定时间付款的买主可享受一定的价格折扣。运用现金折扣技巧，可以有效地促使消费者提前付款，从而有助于盘活资金，减少食品企业的利率和风险。折扣大小一般根据付款期间的利率和风险成本等因素确定。

2. 运用数量折扣策略

数量折扣策略是指按消费者购买数量的多少给予不同的价格折扣，也是企业运用最多的一种价格折扣策略。数量折扣分为一次折扣和累计折扣两种形式。一次折扣是指按照单项产品一次成交数量或金额的多少，规定不同的价格折扣率，一般适用于能够大量交易的单项产品，用于鼓励买方大批量购买。累计折扣是指在一定时期内购买一种或多种产品的数量，或金额超过规定数额时，给予买方的价格折扣，折扣的大小与成交数量或金额的多少成正比。

数量折扣策略一般适用于单位价值较小、品牌复杂、不宜一次大量进货的产品，以及大型机器设备和耐用消费品。

3. 运用功能折扣策略

功能折扣策略也称业务折扣，是生产厂家给予批发企业和零售企业的折扣，折扣的大小因商业企业在产品流通中的不同功能而各异。对批发商来厂进货给予的折扣一般要大些，零售商从厂方进货的折扣低于批发企业。

4. 运用季节折扣策略

季节折扣技巧是指企业对生产经营的季节性产品，为鼓励买主提早采购，或在淡季采购而给予的一种价格折让。卖方以价格折扣来鼓励买方在淡季购买产品，并向其转让一部分因节约流通费用而带来的利润。

6.3.4 运用地区定价策略

地区定价策略指与地理位置有关的修订价格的技巧。地区性定价技巧是企业对于销售给不同地区（包括当地和外地不同地区）消费者的某种产品，是分别制定不同的价格，还是制定相同的价格。也就是说，企业要决定是否制定地区差价。

（1）运用产地交货价格。产地交货价格，是指卖方按照厂价交货或按产地某种运输工具交货的价格。

（2）运用买主所在地价格。买主所在地价格是指企业负责将产品运到买主所在地，并承担运输费和保险费等费用。

（3）运用统一交货价格。统一交货价格是指企业对于卖给不同地区的顾客的某种产品都按照相同厂价（产地价格）加相同的运费（按平均运费）定价。

（4）运用区域定价。区域定价是指把产品的销售市场分成几个价格区域，对于不同价格区域的顾客制定不同的价格，实行地区价格。

（5）运用基点定价。基点定价是指企业选定某些城市作为基点，然后按一定的厂价加基点（最靠近顾客所在地的基点）至顾客所在地的运费来定价，而不管货物是从哪个城市起运的。

（6）运用运费免收定价。运费免收定价是指企业替买主负责全部或部分运费。企业采用运费免收价，一般是为了与购买者加强联系或开拓市场，通过扩大销量来抵补运费开支。

6.3.5 运用产品组合定价策略

1. 运用产品线定价策略

这是指对产品线内的不同产品，要根据不同的质量和档次、消费者的不同需求及竞争者产品的情况，确定不同的价格。例如，中秋月饼分别定价为 300 元、200 元、100 元，消费者自然会把这3种价格的月饼分为高、中、低3个档次进行选购。

运用产品线定价策略时，应注意产品线中不同产品的价差要适应消费者的心理要求，因为价差过大会诱导消费者趋向于某一种低价产品上，价差过小会使消费者无法确定选购目标。

2. 运用相关产品定价策略

相关产品，在此处特指互补品，是指有连带互补关系、必须配套使用才能满足消费者的某种欲望的产品。互补产品价格技巧是食品企业利用价格对消费互补品需求的调节，全面扩展销售量所采取的定价方式和技巧，操作方法是把价值高而购买频率低的主体产品价格定得低些。企业可以通过提高附带产品的价格来弥补主体产品低价所造成的损失，并获取长期的利益。

3. 运用捆绑定价策略

捆绑定价在超级市场上很常见，如几听饮料捆绑在一起销售的价格，低于单独购买的价格之和。捆绑定价也可以是不同食品捆绑在一起的定价，如牛奶和面包捆绑在一起销售，价格均低于单独购买的价格之和。捆绑销售给消费者一种优惠多多的感觉，刺激了消费者的大量购买。

4. 运用替代产品价格策略

替代产品是指功能和用途基本相同，消费过程中可以互相替代的产品。替代产品价格技巧是企业为达到既定的市场营销目标，有意识地安排企业替代产品之间的关系而采取的定价措施。企业若生产或经营着两种以上有替代关系的产品，这两种产品的市场销量常常表现为此消彼长，而这种增加或减少与商品价格的高低有着十分密切的关系。企业应主动地运用这一规律来实行组合价格技巧。

6.4 价格调整

6.4.1 运用降价策略

企业降价是指企业为了适应市场环境和内部条件的变化，把原有产品的价格调低。

1. 认知降价的时机

企业降低价格的时机与原因比较复杂，既有市场方面的因素，又有企业内部的因素，还有社会其他方面的因素，归纳起来有如下几点。

（1）生产能力过剩。企业迫切需要扩大销售，但是又不能通过产品的改进和加强等促销工作来扩大销售，此时企业就必须考虑降低价格，特别是季节性产品。

（2）企业面临激烈的价格竞争并且市场占有率正在下降。在强大的生存竞争压力下，企业为了增强竞争能力，维持和扩大市场占有率，必须被动降价。例如，彩电市场的价格调整，很多企业都是出于这种原因。

（3）企业的成本比竞争者低，但在市场上并未处于支配地位。在这种情况下，企业企图通过降价来提高市场占有率、控制市场，或者希望通过降价来扩大生产和销售规模，达到进一步降低成本、形成良性循环的目的。

（4）考虑竞争对手的价格策略。如果其他竞争企业降低价格，企业毫无选择地也要相应降低价格，特别是与竞争者区别不大的产品。

（5）需求价格富有弹性。需求价格弹性大于 1，说明价格下降可以引起需求量的较大幅度增加。在这种情况下，降价可以扩大销售量，增加收益。

（6）产品生命周期即将进入衰退期。由于消费者购买减少，企业需要采用降价方式，力求短期内出清库存，回收资金，而后淡出市场。

（7）经济形势。在通货紧缩的经济形势下，由于货币购买力上升，价格总水平下降，企业的产品价格也应降低，因为与之竞争的替代品价格同时也在降低。

2. 运用降价的方式

即使企业产品具备了必须降价的条件，但因不同产品所处的地位、环境及引起降价的原因不同，企业选择的降价方式也各不相同。

（1）运用增大各种折扣的比例和种类的降价方式。企业价格策略中往往采用各种折扣或回扣策略，如现金折扣、业务折扣、数量折扣。

（2）运用随产品赠送礼品的降价方式。指某种产品价格不变，但购买此产品时，免费赠送其他物品，如玩具、器皿、工艺品等礼品。赠送物品的支出也应从产品价格中补偿，企业实际上达到暗中降价的效果。

（3）运用改进产品的性能和提高产品的质量的降价方式。在价格不变的情况下，企业产品质量提高、性能改进、功能增加，实际上也就降低了产品本身的价格。例如，手机等产品的销售就属于这种方式。

（4）运用增加免费服务项目的降价方式。指在价格不变的情况下，厂商增加运输费用支出，实行送货上门，或者免费安装、调试、维修等。这些费用本应该从价格中扣除，实际上也降低了产品的价格。

实用链接

苹果变相降价

苹果手机遇冷已经不是什么新闻，怎么过冬才是问题，苹果不断尝试各种提振销量的措施。

2018 年年底，苹果宣布折抵换购的活动，2019 年 1 月 31 日之前可凭旧款手机换购 2019 年新机：iPhone XR 换购价 4399 元起，iPhone XS 是 6599 元起。2019 年 9 月，iPhone XR 推出时官方售价 6499 元起，iPhone XS 是 8699 元起。也就是说消费者凭老款手机最高可抵 2100 元。具体折价标准取决于所折抵 iPhone 的机型和状况。

据报道，一款购于 2015 年的 iPhone 6s（64G 内存）现在可以抵扣 735 元。但这款手机去年在苹果购买新机只能抵扣约 500 元。多用了一年，手机抵扣价格却有将近 50%

的增长。可见，苹果是在变相降价，来刺激用户的购买欲望。

（资料来源：新浪科技 https://tech.sina.com.cn/t/2018-12-26/doc-ihmutuee2713424.shtml）

3. 运用降价策略应注意的问题

降价看上去很简单，但有的企业运用起来从中获益，有的却受到损害，正如乔治·斯蒂格勒所说："降价已成为营销战中的一把利剑，它可以克敌，也可能伤己。"

（1）降价要"师出有名"，有一个恰当的理由，即取一个响亮的口号。这样听起来合情合理，叫起来响亮、上口，还与产品的卖点与消费者的买点挂钩，这样才能对消费者具有吸引力。

（2）防止渠道中间商挤榨利润。生产企业之所以降价促销，是因为想把利润直接让给最终的消费者，由他们来获取这部分利润，这样才能起到吸引他们前来购买产品，达到快速聚集消费者、提高销量的目的。但是，实际的操作中经常会发生渠道中间商侵吞吸收厂家的原本是让给消费者的利润，造成生产企业利益受损且没有达到预想的促销效果的后果。

（3）避免降价损害产品形象。当产品的生命周期正处在导入期时，不要随意降价过多，否则会给来年的销售造成巨大的隐患。因为产品上市前期就忙着降价，势必给消费者形成产品低价形象，等到来年再恢复原价时就会使消费者感到不能接受。

（4）提防竞争对手反击。由于竞争对手在终端市场竞争非常激烈，此时厂商进行降价促销，极易造成竞争对手反击，所以企业在策划降价时应该考虑如何提防竞争对手反击、预留应对方案的策略。

实用链接

新冠肺炎疫情下的汽车市场

疫情期间，微博上出现了一个讨论量挺高的话题：#疫情结束后你的新目标#。"等疫情结束了我就去考驾照、买车，看到有人生病了因为出租公交停运无法去医院，我感觉要窒息了。"在上海工作的小吴给自己立下了这个目标。刚结婚的她为了拨出买车预算，甚至延缓了在上海买房的计划。在这个阅读量超过 2.7 亿次的话题讨论里，突然有了购车"决心"或者意向的不止小吴一个。买车在这样特殊的时代背景下对于他们而言，不再是面子的需求，而成了生活工作中的刚需。在这样的特殊时期，各家车企已经开始陆续拿出自己的应急方案来尽可能地减少损失，吸引意向客户。以宝骏汽车为例，新宝骏推出了一系列疫情下的购车优惠和便捷措施，包括"0 接触"预约上门试驾、线上预约售后、三年 0 息分期、下订送车上门等服务。在线看车、上门试驾、在线订购、在线用车和上门维修保养服务基本成为大多数车企在这一特殊时期的共同应对措施，一些企业还推出了 7 天无理由退货的措施和一些比平时更具吸引力的金融政策。奇瑞、大众也纷纷亮出自己的"促销降价"政策，2 月 14 日情人节，人称"胖头俞"的上汽乘用车

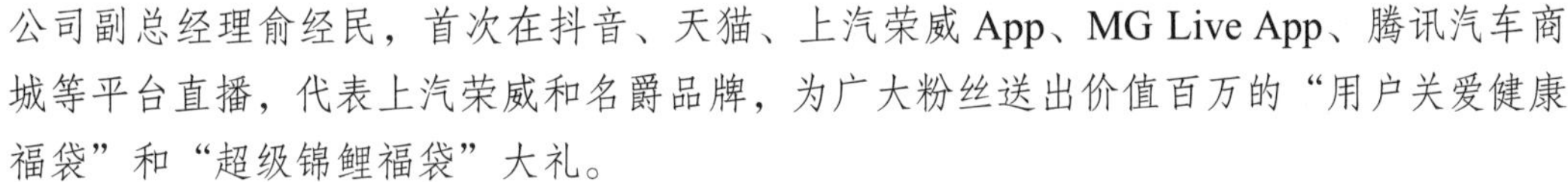
公司副总经理俞经民，首次在抖音、天猫、上汽荣威 App、MG Live App、腾讯汽车商城等平台直播，代表上汽荣威和名爵品牌，为广大粉丝送出价值百万的“用户关爱健康福袋”和“超级锦鲤福袋”大礼。

6.4.2 运用提价策略

提价是指在市场营销活动中，企业为了适应市场环境和自身内部条件的变化而把原有的产品价格调高。

1. 提价的时机

提价一般会引起消费者和中间商的不满，但在有些情况下，企业不得不考虑提高价格。

（1）为了应付成本上涨。这是产品涨价的主要原因之一，如果企业的原材料、工资等费用上升，成本增大，企业无法在内部自我消化，产品继续维持原价，势必妨碍取得合理的收益，甚至影响到再生产的进行。这时企业只有通过提价来转嫁部分负担，减轻成本上涨的压力。

（2）企业产品供不应求。企业产品供不应求，消费者会因为该产品短缺而抱怨，甚至哄抬市场价格。这时，可以用提价的方式抑制超前需求，缓解市场压力。

（3）出现通货膨胀。由于通货膨胀，货币贬值，使企业产品的市场价格低于产品价值，迫使企业不得不通过上涨价格的方式来减少因货币贬值而造成的损失。

（4）为补偿产品改进费用。由于企业通过技术革新提高了产品质量，改进了产品性能，增加了产品的功能，因而使产品在市场上的竞争能力大大增强，这时企业提价既可以增加收入，又不会失去顾客。

（5）出于竞争需要。虽然同行业的竞争经常发展成为削价求售的“价格战”，但也有以提价来维持竞争能力的。消费者在专业知识不足的情况下，通常以价格作为衡量产品质量的依据。也就是说，人们习惯于认为产品质量水平与价格成正比，这也说明了提高价格可以提高竞争能力的道理。

（6）出于策略的需要。有的企业产品涨价，并非前面几个原因，而是由于策略的需要。它将产品价格提高到同类产品价格之上，使消费者感到该产品是以质取胜的，使产品在市场上显示为“高档产品”的形象。这种提价在财力雄厚的大企业经常可见，如格力空调等。

（7）根据消费者的反应。消费者对于价值高低不同的产品的反应有所不同。他们对于那些价值高、经常购买的产品的价格变动比较敏感，而对于那些价值低、不经常购买的小商品，即使单位价格较高，消费者也不大注意。此外，消费者虽然关心产品价格的变动，但是更关心取得、使用和维修产品的总费用。因此，如果企业能使消费者相信某种产品取得、使用和维修的总费用较低，那么它就可以把这种产品的价格定得比竞争者高，以取得较多的利润。

实用链接

2019年3月，四特在口感、包装与渠道政策方面对弘韵、雅韵进行了全新升级，并正式发布了升级版产品，随后又召开多场全国招商会，逐步搭建了四特东方韵系列的核心销售终端网络，完善市场营销人员团队建设，制定了核心战略。2020年5月16日起，对四特东方韵系列产品做如下调整：弘韵出厂价上调14元/件，雅韵出厂价上调60元/件。四特此时对核心产品进行提价，一是有利于提振市场信心，二是进一步梳理渠道，三是提升核心产品竞争力，深入推进全国化。

2. 运用提价的方式

（1）运用公开真实成本直接提高产品价格的提价方式。这是指企业通过公共关系、广告宣传等方式，在消费者认识的范围内，把产品的各项成本上涨情况真实地告诉消费者，以获得消费者的理解，使涨价在没有或较少抵触的情况下进行。但是，有的企业趁成本上涨之机，过分夸大成本上涨的幅度，从而过高地提高产品价格，这种做法容易引起消费者的反感。

（2）运用提高产品质量提价的方式。为了减少消费者因涨价感受到的压力，企业在产品质量上多下功夫，如改进原产品，新设计同类产品，在产品性能、规格、式样等方面给消费者更多的选择机会，使消费者认识到，企业在提供更好的产品，索取高价是应该的。最典型的案例就是乳制品企业，特仑苏和金典纯奶线推出了“梦幻盖”包装，这种包装不用吸管，可以旋开瓶盖直接饮用。梦幻盖包装零售价格可以卖到9.5元/瓶，而成分一样的利乐包装的价格为7.5元/瓶。

（3）运用增加产品含量提价的方式。这是指涨价的同时，增加产品供应分量，使消费者感到，产品分量增多了，价格自然要上涨。

（4）运用附送赠品或优待提价的方式。涨价时，以不影响企业正常的收益为前提，随产品赠送一点小礼物，提供某些特殊优待，如买一赠一、有奖销售等。这种方式在零售商店最常见。

（5）运用采用延缓报价提价的方式。这是指企业决定到产品制成或者交货时才制定最终价格。工业建筑企业和重型设备制造企业等生产周期长的企业普遍采用延缓报价法。

（6）运用使用价格自动调整条款提价的方式。这是指企业要求消费者按当时的价格付款，并且支付交货前由于通货膨胀引起增长的全部或部分费用。

（7）运用分项定价提价的方式。这是指企业为了保持产品的价格，把产品进行分解，分别按每个零部件或构件定价出售。

（8）运用减少折扣提价的方式。这是指企业减少常用的现金折扣和数量折扣，以达到提价的目的。

头脑风暴

2020 年新冠肺炎疫情期间，海底捞和西贝因为涨价被“骂”上热搜，而后又火速道歉、降价。产品卖得贵一点，为什么消费者不能接受？消费者讨厌“贵”的东西？当然不是。海底捞和西贝涨价被网民批评，不是因为涨价本身，而是因为他们的涨价理由不成立。海底捞和西贝涨价原因是疫情期间成本上涨，但同样受疫情影响，为什么别人不涨价只有你们涨？何况还有老乡鸡这样的企业，高举不涨价的大旗，所以西贝和海底捞的行为就显得很“扎眼”。

如何涨价才能被消费者接受呢？

3. 运用提价策略时应注意的问题

（1）事前给提价一个合理的解释。

（2）学会使用不引人注目的提价策略，如取消现金折扣、销售折扣、限量供应、削减产量，并搭配销售一些低利润的产品，对以前的免费服务进行收费。

（3）采用合同或投标条款调整价格。这种方法能够使企业按以前的规定主动涨价。

6.4.3　分析消费者对企业调价的反应

毫无疑问，消费者对企业调价的反应将直接影响产品的销售状况。也就是说，消费者对价格调整的反应是检验调价是否成功的主要标准。分析消费者对调价的反应主要从两个方面入手。

（1）分析消费者的购买量是否增加。

（2）分析消费者的心理变化，了解消费者如何理解这次调价，以便采取有效措施。当企业降价时，消费者做出的有利反应是认为企业让利于消费者；不利反应则是产品可能要为新产品所替代；该产品存在缺陷，销售不畅；企业财务困难，难以在行业中继续经营下去；预期价格还会进一步下降，持币待购，等等再买；产品的质量有所下降，担忧将来售后服务没有保障等。

当企业提价时，消费者做出的有利反应是认为企业产品质量好，代表不同寻常的高价值；价格自然高或认为这种产品很畅销，供不应求，以后价格可能还要涨，应及早购买，甚至举债消费。消费者做出的不利反应是认为企业很贪心，要从消费者身上获取更多的利润，随便乱涨价等。

6.4.4　分析市场竞争者对企业调价的反应

市场竞争者对企业产品价格的反应是企业调整价格时要考虑的重要因素。特别是当某一行业的企业较少，又提供同质可替代产品，而购买者又有相当辨别能力且了解市场情况时，分析市场竞争者的反应就特别重要。

（1）分析相向式反应。这种反应表现为：你提价，他涨价；你降价他也降价。这样一致的行为，对企业影响不太大，不会导致严重后果。企业坚持合理营销策略，不会失掉市场和减少市场份额。

（2）分析逆向式反应。这种反应表现为：你提价，他降价或维持原价不变；你降价，他提价或维持原价不变。这种相互冲突的行为，影响很严重，竞争者的目的也十分清楚，就是乘机争夺市场。对此，企业要进行调查分析，首先要摸清竞争者的具体目的，其次要估计竞争者的实力，最后要了解市场的竞争格局。

（3）分析交叉式反应。众多竞争者对企业调价反应不一，有相向的，有逆向的，有不变的，情况错综复杂。企业在不得不进行价格调整时应注意提高产品质量、加强广告宣传、保持分销渠道畅通等。

6.4.5　分析企业对竞争者调价的反应

在市场竞争中，如果竞争对手率先调整了价格，那么企业也要采取相应的对策。

1. 企业在做出反应之前，首先要考虑的问题

（1）竞争对手为什么要变动价格。它是为了抢占市场，还是生产能力过剩；是因为成本发生变动，还是欲领导全行业价格变动。

（2）竞争对手意欲暂时变价还是永久变价，能否持久。

（3）如果企业对竞争对手变价视而不见，将对企业的市场占有率和利润有何影响，其他同类企业是否会做出反应。

（4）竞争对手和其他同类企业对于本公司的每一种可能的反应会有什么举措。

2. 应付竞争者调价的对策

（1）维持原价。如果竞争者降价的幅度较小，本企业的市场份额不会失去太多，则保持原有的价格不变。

（2）维持原价，并采取非价格手段进行反击。企业可改进产品质量、增加服务项目、加强与消费者的沟通等，这比单纯降价更有竞争力。

（3）跟随降价，保障原有的竞争格局。如果不降价会导致市场份额的大幅下降，而要恢复原有的市场份额将付出更大的代价时，企业应考虑采取这一对策，跟随降价。

（4）提价并推出新品牌来围攻竞争对手的降价品牌。这将贬低竞争对手降价的产品，同时提升企业产品的形象，不失为一种有效的价格竞争手段。

（5）推出更廉价的产品进行反击。企业可以在市场占有率正在下降、对价格很敏感的细分市场上采用这种策略进行反击，但应避免出现恶性价格竞争，导致两败俱伤。

【思考与应用】

1. 填空题

（1）选择（ ）定价目标是竞争性较强的企业所采用的定价策略，指为应付竞争，在定价前应注意收集同类产品的质量和价格资料，与自己的商品进行比较，然后选择应付竞争的价格。

（2）产品成本包括（ ）、（ ）和储运成本等，是产品价格的主要组成部分，也是定价的基础。

（3）制定价格一般要经过（ ）、确定市场需求、（ ）、分析竞争状态、（ ）、确定最终价格 6 个程序。

（4）影响企业定价的因素很多，其中最基本的因素是：成本规定了价格的（ ）；市场需求或消费者对企业产品的评价，规定了价格的（ ）；竞争者产品的价格和替代品的价格，确定了企业产品的标价点在（ ）和（ ）之间。

2. 判断题（对的打√，错的打 ×）

（1）在激烈的市场竞争中，企业为了保全自己，减少市场风险，或者限于实力不足，把取得最大利润作为定价目标。（ ）

（2）如果企业产品销路不畅，大量积压，甚至濒临倒闭时，则需要把维持生存作为企业的基本定价目标，因为生存比利润更为重要。（ ）

（3）当某种产品供不应求时，卖方之间竞争激烈，出价高者可以买到产品，那么卖方在交易中处于优势地位，掌握了买卖的主动权，即形成了卖方市场。（ ）

（4）通常情况下，某种产品的价格升高，其需求量就会减少，反之则增加。但是，价格升高并不意味着企业总收益的提高。（ ）

（5）成本在很大程度上为企业确定了一个最高价格限度，而需求则决定着价格的下限。（ ）

3. 思考题

（1）企业选择定价的目标有哪些？

（2）影响定价的因素有哪些？

（3）定价的方法有哪些？

（4）定价策略有哪些？

（5）如何运用降价策略和提价策略？

4. 案例分析与应用

3 年涨价 4 次，却越涨卖的越火，做到市值 200 亿！

近年来，消费升级似乎成了一个热词。然而，吃着涪陵榨菜，喝着二锅头，刷着拼多多的也不在少数。2019 年，“国民品牌”涪陵榨菜再次交出了一份亮眼的成绩单，喜提“榨菜届的茅台”之称。其公布的 2018 年财报显示，报告期内涪陵榨菜实现营收19.14亿元，同比增长25.92%；归属于上市公司股东的净利润6.62亿元，同比增长59.78%。

拆迁大户的“逆袭之路”

说起涪陵榨菜，首先想到的是那句著名的广告语：中国榨菜数涪陵，涪陵榨菜数乌江。吃正宗榨菜，当然选乌江。说起榨菜的人气度，排在第一的必然是乌江榨菜。如今，乌江榨菜不仅在国内家喻户晓，并且已经远销海外，成了日本、美国等餐桌上的佐餐开胃菜。然而，乌江榨菜只是涪陵榨菜的一个品牌，涪陵榨菜旗下还有惠通、铜钱桥、辣妹子等。涪陵榨菜地处重庆涪陵区，前身为四川省涪陵榨菜集团公司，至今已经有120年的历史了。尽管涪陵榨菜如今业绩暴涨，市值已经达到240多亿元，但它曾一度处在亏损的边缘，甚至险些破产。公开数据显示，1999年年底，涪陵榨菜负债达1.75亿元，已经资不抵债。其总经理赵平曾在接受媒体采访时表示：“当时公司有20多家工厂，但全是落后的手工式作坊，生产技术严重滞后。工厂要养活4 000多名工人，而年产量不到2万吨，一年的销售额不足1亿元。”徘徊在破产边缘的涪陵榨菜，在2000年迎来转机。先是新掌门周斌全上任。好事成双，就在同一年，涪陵榨菜又因为“拆迁”，得到一笔拆迁金。因为涪陵榨菜厂房多位于长江边，在三峡蓄水后，如果不搬迁，工厂将被完全淹没。涪陵榨菜因此获得1.4亿元的移民迁建资金。这笔钱，成了涪陵榨菜的救命钱，周斌全用它进行工业化改革，最终有了今天的百亿逆袭。

2002年，涪陵榨菜投入340多万美元，从德国定制了一条全自动化生产线，包括淘洗机、切分机等现代化设备。通过这些现代化的生产线，生产效率大大提升。也是在这一年，涪陵榨菜转亏为盈。此后经过几年深耕发展，涪陵榨菜于2010年在深交所上市。如果说周斌全是涪陵榨菜逆袭的领路人，那么那笔拆迁款可以说是“天降的幸运”。

市值跌83亿元，一次涨价翻身

涨价，对每个产品来说都是一场考验，甚至可能演化成一场灾难。为此，甚至有产品十几年价格没有发生变化。但是，有一家企业从成立至今，十几年涨价从来没有停止，售价翻数倍，却越卖越好，越涨越火。这样的企业可不多见。涪陵榨菜最近几年的提价相当频繁，可以说每一年就涨一次价。从最初的泡面伴侣之一，到现在价格已经比方便面要高。但是，每一次提价之后，销量反而上升。2016年7月，涪陵榨菜以“原材料和劳动力上涨”为由，将11个单品价格提高8%~12%；2017年2月，又以“缓解成本压力”为由，上调了80克和88克榨菜9个单品的产品到岸价格，提价幅度为15%~17%；2017年四季度，公司将脆口榨菜从175克包装降低至150克，主力榨菜由88克降至80克，但售价不变，变相提价10%~16.7%；2018年11月1日晚间，涪陵榨菜宣布上调80克鲜脆菜丝（全国版、北京版）、80克原味菜片、80克鲜爽菜芯、80克鲜脆菜丝量贩、80克原味菜片量贩、80克鲜爽菜芯量贩7个单品的产品到岸价格，提价幅度约10%。

在这一次次的涨价背后，除了价格的变化，也充满了传奇。以最近的2018年的涨

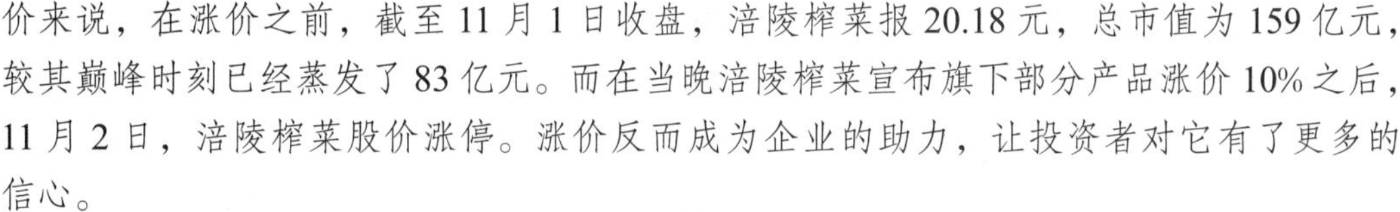

价来说，在涨价之前，截至 11 月 1 日收盘，涪陵榨菜报 20.18 元，总市值为 159 亿元，较其巅峰时刻已经蒸发了 83 亿元。而在当晚涪陵榨菜宣布旗下部分产品涨价 10% 之后，11 月 2 日，涪陵榨菜股价涨停。涨价反而成为企业的助力，让投资者对它有了更多的信心。

涪陵榨菜背后的涨价哲学

除了每一次涨价都有原因，涪陵榨菜涨价真正的核心仍然是产品和营销。相对于其他竞品，涪陵榨菜很早就开始了对品牌化的布局。2005 年，请演员张铁林代言乌江榨菜，并与央视及其他媒体进行联合行销；2006 年，又耗资数千万元中标了央视一套黄金时段广告。在当时的市场下，为了一个榨菜专门请大腕做广告，甚至耗资千万元在央视黄金时段打广告，是任何一个企业都不敢的。但是涪陵榨菜那么做了，也成就了自己的品牌和地位。随着时代的发展，涪陵榨菜在宣导和营销上也在不断变化。作为传统行业，涪陵榨菜不断让自己潮流化。

早在 2013 年乌江榨菜第一次“触电”，一天只有十几单。但是，到了 2018 年天猫“双 11”，乌江榨菜单日卖出了 200 万元，创造了行业第一的销售额。涪陵榨菜电商团队通过拍照、直播、讲故事等方式不断融入现在各种火爆的宣传方式中，让产品紧随着消费者的潮流，不断融入更多的新鲜元素，获得更多认可。

营销是一方面，更重要的是产品

2000 年，涪陵榨菜集团获得 1.8 亿元的三峡移民搬迁补偿资金，而这笔资金被直接投入榨菜的加工生产上，担起振兴涪陵榨菜的重任。引进了德国先进的机械设备，实现从清洗、切分、脱盐到成品包装的全自动化生产。在改良口感上，采用独创的乳化技术，将调料的有效成分浸提到液体中再进行搅拌，不但过滤了杂质，还保证了口感；为延长产品保质期，在部分产品包装中采用了充氮技术等。这一技术的创新使得“乌江”牌榨菜在市场上深受喜欢，畅销国内外。技术上的差异，让涪陵榨菜从众多产品中脱颖而出，就算是在低价横行的时代，仍然能够依靠品质存活。据终端数据反馈，在涪陵榨菜众多产品中 2.5 ～ 3 元 / 袋的小袋榨菜销量最大。与过去 1.5 ～ 2 元 / 袋相比，该产品价格有较大幅度提升，但销量仍然在大幅增长。

每一次的涨价，其实都是对产品、宣传、品牌的一次综合考验。

在所有同行迷茫的时候，涪陵榨菜再次出手，开始了新一轮的渠道下沉。据涪陵榨菜证券部的工作人员透露，涪陵榨菜 2019 年将全力以赴做渠道下沉，完成办事处从 37 个到 67 个的布局。涪陵榨菜虽早已稳坐行业第一的位置，但其依旧没有放慢发展的脚步。作为日常消费品，榨菜显然不能满足每个消费者的个性化需求。但涪陵榨菜想到了针对南方人、北方人不同的口味需求，来尝试研制不同地域风味的榨菜。不仅如此，周斌全也有了更大的野心。他的新目标是继续向调味品、大酱等领域挺进，用 5 ～ 10 年时间实现 100 亿元的销售额。到那时，涪陵榨菜无疑将成为一个庞大的佐餐食品帝国。

卡耐基曾说：“我们多数人的毛病是，当机会朝我们冲奔而来时，我们兀自闭着眼睛，很少人能够去追寻小的机会，甚至在绊倒时，还不能见着它。”在这个浮躁的年代，很多人眼高手低，满脑子想的就是寻找大的发财机会。但涪陵榨菜的逆袭恰恰告诉我们，再小的生意，只要能做到极致也会有庞大的市场，也非常的有利可图。正所谓“没有不好的生意，只有不好的经营者”！

（资料来源：新浪财经 http://finance.sina.com.cn/）

思考：

1. 涪陵榨菜采取了怎样的价格策略获得成功？

2. 为什么这种价格策略能取得成功？

项目 7

分销策略

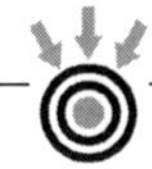

【课前五分钟】

1. 分销渠道的类型有哪些?
2. 中间商的类型有哪些?
3. 电子商务经营模式有哪些?
4. 如何进行分销渠道设计?
5. 如何进行分销渠道管理?
6. 如何解决渠道冲突?
7. 如何整合物流管理?

【教学目标】

知识目标:

- 通过学习，熟悉分销渠道的功能与类型，掌握中间商渠道和电子商务渠道，掌握如何设计和管理分销渠道，了解物流和供应链管理的主要职能。

能力目标:

- 通过培养，具备运用分销策略的能力。

7.1 分销渠道的功能与类型

7.1.1 分销渠道的功能

1. 分销渠道的概念

分销渠道，又称营销渠道，是指企业的产品（或劳务）从生产者向最终消费者或者工业用户直接转移所有权时所经过的路线、途径或流转通道，是联结生产和消费之间的“桥梁”和“纽带”。它包含两个方面的内容：一方面是把产品从生产者转售给消费者的中间经营环节或经营机构，如批发商、代理商、零售商、经纪人等分销机构和企业自己的销售机构等，即分销；另一方面是产品实体从生产者手中运送到消费者手中的运输和存储过程，即物流。分销和物流相结合便完成了企业产品的所有权和实体的转移，共同完成了分销渠道的任务。

2. 分销渠道的功能

分销渠道的基本功能是，在将产品和服务从生产者转移到消费者的过程中，消除存在的时间、空间和所有权上的差距。表7–1归纳了分销渠道的8种主要功能。

表7–1 分销渠道的主要功能

主要功能	描　述
信息	通过调研和收集营销环境中潜在和现有顾客群、竞争者及其他参与者的信息，及时地对各自的营销策略进行调整，并在渠道成员之间传递
促销	开发和传播具有说服力的沟通信息。分销渠道的成员，无论是中间商还是代理商或辅助机构，都要开展促销活动，保证商品顺利地转移到消费者手中
联系	寻找潜在的消费者，并与其沟通联络
匹配	根据购买者需求形成提供物，包括生产、分类、组装和包装等活动
谈判	就价格等一系列条件达成协议，以便所有权或使用权的转移
实体分销	运输和储存货物
融资	获得和使用资金，补偿渠道工作的成本
风险承担	在分销过程中，往往遇到周转资金不足、商品毁损或商品供求变化、自然灾害等不可抗力。一旦发生这类问题，渠道成员需要承担一定的风险

资料来源：科特勒（2015）

7.1.2 分销渠道的类型

1. 直接渠道和间接渠道

按是否使用中间商，可将分销渠道分为直接渠道和间接渠道。

直接渠道是指生产企业不通过中间商环节，直接将产品销售给消费者的渠道类型。直接渠道主要用于大型工业品的分销。例如，华为技术的通信网络产品、通用电气的医疗器械产品都采用直接渠道。消费品有时也采用直接渠道，如鲜花、海鲜产品等。

间接渠道实质是指生产企业通过中间商环节把商品传送到消费者手中的渠道。间接渠道是消费品分销的主要类型。间接渠道又分为长渠道和短渠道，如图 7–1 所示。

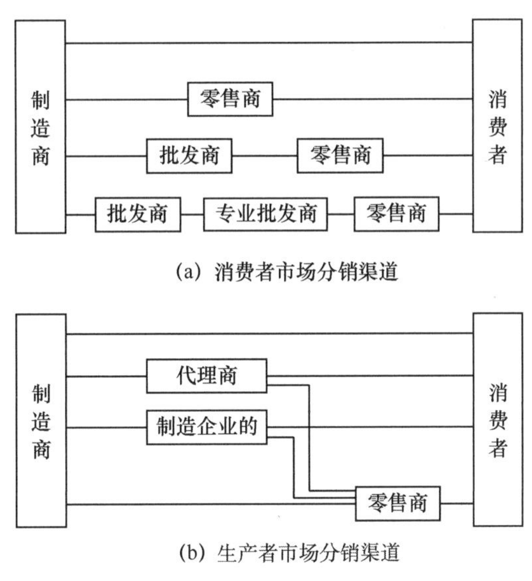

(a) 消费者市场分销渠道

(b) 生产者市场分销渠道

图 7–1　分销渠道的基本类型

2. 长渠道和短渠道

按分销过程中经历中间环节的多少，可将分销渠道分为长渠道和短渠道。

分销渠道可以根据中间层次的数目来分类，如图 7–1 所示。不算处于渠道起点的生产者和处于渠道终点的消费者，产品每经过一个直接或间接转移商品所有权的中介机构，就称为一个流通环节或中间层次（如批发商、代理商、零售商等）。在产品分销过程中，经过的环节或层次越多，渠道越长；反之，则渠道越短。

根据中间层次的多少可将渠道分为以下类型：零层渠道，即直接渠道；一层渠道，只包含一层中间销售机构，如零售商；二层渠道，包含两层中间环节，如包含一个批发商和零售商；三层渠道，包含 3 个中间层次，依此类推。

一般来说，并不以渠道的长短去评价其优劣：渠道层次的增加，会导致对渠道控制度的降低，降低对市场信息的灵敏反应程度；而渠道层次的减少，会增加层次中间商的销售职能，降低市场营销效率。所以，企业应选择适合自身特点的渠道类型，根据市场需求，尽可能提高效率和效益。总体来说，生产者市场一般用直接渠道，企业直接把设备和原料直接销售给用户；而消费者市场上一般采用间接渠道，由中间商把产品卖给分散的、小批量购买的消费者。

3. 宽渠道和窄渠道

按企业在销售中使用中间商的多少，可将分销渠道分为宽渠道和窄渠道。

渠道宽窄取决于渠道的每个环节中使用的同类型中间商数目的多少。企业使用的同类中间商数目多，产品在市场上的分销面广，称为宽渠道。例如，我国的日化企业纳爱斯在销售其细化用品时，中间由多家批发商批发并转卖给更多的零售商，以覆盖更广的地域范围及网点，大批量地销售产品。企业使用的同类中间商少，分销渠道窄，称为窄渠道。它一般适用于专业性强的产品，如耐用消费品。窄渠道在某一地区甚至只设一家中间商总经销，几家分销，特点是容易控制，但市场销售面受到限制。

相关链接

格力电器的渠道呈现多样化发展的态势，截至2018年年底，公司在全国拥有26家区域性销售公司，4万多家网点，与阿里巴巴、京东、苏宁和国美等电商及KA均保持良好合作伙伴关系。公司销售主要依赖于专卖店模式，专卖店销量占总销量的80%左右。格力线下专卖店可以分为销售公司直营专卖店、代理商直营专卖店及经销商专卖店3种。公司销售由区域性销售公司负责，区域性销售公司负责区域内代理商及经销商的对接与管理，从销售层级来看，经销商门店层级最长，需要经过“格力电器—区域性销售公司—代理商—经销商”多个层级，而电商渠道相对较短，只需经过“格力电器—电商”或者“格力电器—区域性销售公司—电商”，层级明显缩减。

7.2 中间商渠道

中间商是指介于生产者与顾客之间，参与商品交易业务，促使买卖行为发生的经济组织或个人，是生产者向顾客出售产品时的中间环节。中间商可以从不同的角度进行分类：按是否拥有商品所有权可以分为经销商和代理商；按其在流通过程中的不同作用可以分为批发商和零售商。

7.2.1 经销商和代理商

经销商是从事商品交易业务，在商品买卖过程中拥有商品所有权的中间商。代理商是从事商品交易业务，接受生产者委托，但不拥有商品所有权的中间商。

经销商和代理商的区别体现在以下几个方面。

（1）代理商与经销商在理论上的区别。

1）经销的双方是一种买卖关系，代理的双方是一种代理关系。

2）经销商以自己的名义从事销售；代理商以厂家的名义从事销售，签订销售合同。

3）经销商的收入是买卖差价的收入，而代理商的收入是佣金收入。

（2）代理商与经销商在实务上的区别。

1）在存货或交货方面，经销商以买卖商品为专业，为应付消费者需要，需配备适当的库存，自己多半拥有销售组织；代理商则多半只有样品而无存货，依订单进货。

2）在售后服务方面，经销商一般是自己承担，代理商则一般在合同中订明不负此责任。

3）发生索赔事件时，经销商一般是自己承担，代理商则一般在合同中订明不负责任。

7.2.2　批发商和零售商

（1）批发商。批发是为转售或加工服务的大宗产品的交易行为。批发商是介于制造商与零售商之间的中间商。通过批发商的购买，生产者可以迅速、大量地售出产品，减少库存，加速周转；批发商可以凭借自己的势力帮助生产者促销产品，提供市场信息。对零售商来说，批发商可按零售的要求，组合产品的花色、规格，便于其配齐品种；可对厂家购进的产品进行加工、整理、分类和包装，方便零售商进货，勤进快销；利用仓储设施储存产品，保证零售商的货源，减轻其存货负担；还可为零售商提供各种支持，帮助其开展业务。

批发商的类型很多，按其分销的地域，可划分为地方批发商、区域批发商和全国批发商；按其在流通领域的位置，可划分为产地批发商、中转地批发商和销地批发商；按其业务范围，可划分为专业批发商、综合批发商。

（2）零售商与零售业态。零售商是指以直接面向最终消费者销售商品为主，并提供相关服务的企业或个人，是分销渠道的最终环节和出口。零售商一般按照业态进行分类。零售业态是指零售企业为满足不同消费者需求而形成的不同经营形式。根据国家标准《零售业态分类》（GB/T 18106—2004），零售业态总体上分为有店铺零售和无店铺零售。有店铺零售是指有固定进行商品陈列和销售所需要的场所和空间，并且消费者的购买行为主要在这一场所内完成的零售业态。有店铺零售业态的分类如表 7–2 所示。无店铺零售是指不通过店铺销售，由厂家或商家直接将商品递送给消费者的零售业态。无店铺零售业态的分类和基本特点如表 7–3 所示。

表 7–2　有店铺零售业态的分类

业　态	定　义
1. 百货店	在一个大建筑内，根据不同商品部门设销售区，开展各自的进货、管理、运营的零售业态
2. 超市	采取自选销售方式，以销售生鲜商品、食品和向消费者提供日常必需品为主要目的的零售业态
3. 大型超市	采取自选销售方式，以销售大众化实用品为主，并将超市和折扣商店的经营优势合为一体的、满足消费者一次性购全、注重自有品牌开发的零售业态
4. 便利店	以满足消费者便利性需求为主要目的的零售业态
5. 专业店	经营某一大类商品为主，并且具有丰富专业知识的销售人员和提供适当售后服务的零售业态

续表

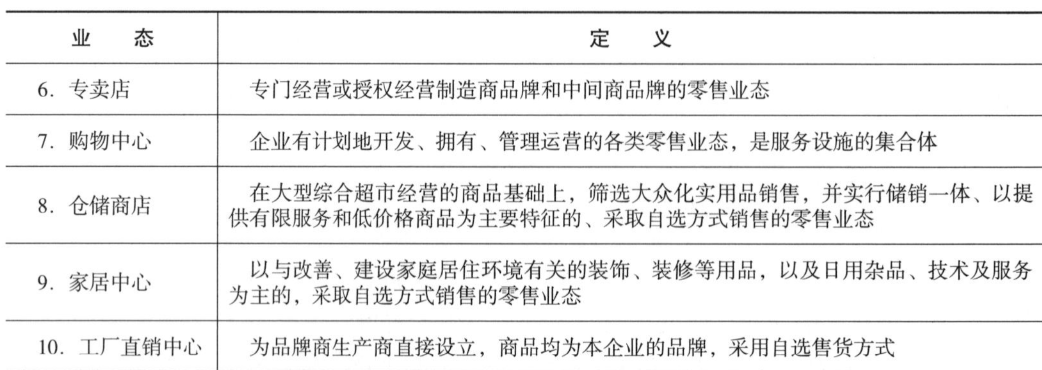

业　　态	定　　义
6. 专卖店	专门经营或授权经营制造商品牌和中间商品牌的零售业态
7. 购物中心	企业有计划地开发、拥有、管理运营的各类零售业态，是服务设施的集合体
8. 仓储商店	在大型综合超市经营的商品基础上，筛选大众化实用品销售，并实行储销一体、以提供有限服务和低价格商品为主要特征的、采取自选方式销售的零售业态
9. 家居中心	以与改善、建设家庭居住环境有关的装饰、装修等用品，以及日用杂品、技术及服务为主的，采取自选方式销售的零售业态
10. 工厂直销中心	为品牌商生产商直接设立，商品均为本企业的品牌，采用自选售货方式

表 7–3　无店铺零售业态的分类和基本特点

业　　态	基本特点			
	目标消费群	商品（经营）机构	商品售卖方式	服务功能
1. 电视购物	以电视观众为主	商品具有某些特点，与市场上同类商品相比，同质性不强	以电视作为向消费者进行商品宣传展示的渠道	送货到指定地点或自提
2. 邮购	以地理上相隔较远的消费者为主	商品包装具有规则性，适宜储存和运输	以邮寄商品目录作为向消费者进行商品宣传展示的渠道，并取得订单	送货到指定地点
3. 网上商店	有上网能力，追求快捷性的消费者	与市场上同类商品相比，同质性强	通过互联网进行买卖活动	送货到指定地点
4. 自动售货亭	以流动消费者为主	以香烟和碳酸饮料为主，商品品种在 30 种以内	由自动售货机器完成售卖活动	没有服务
5. 电话购物	根据不同的产品特点，目标消费群不同	商品单一，以某类品种为主	主要通过电话完成销售或购买活动	送货到指定地点

（3）零售业制。零售业制也称零售组织方式，是指由零售业产权关系所安排的经营制度，如连锁制、零售商合作制、消费者合作制、特许经营等。零售业制类型如表 7–4 所示。

表 7–4　零售业制类型

类　　型	描　　述
公司连锁	两个或两个以上的商店同属一个所有者所有和管理，经销同样的商品，有中心采购部和商品部，甚至连商店建筑也可以采用统一的基调
自愿连锁商店	由某个批发商发起，若干零售商参加的组织，从事大规模购买和统一买卖
零售商合作组织	由若干零售商组成，它们成立一个中心采购组织，并且联合进行促销活动
消费者合作社	指消费者自己筹款、自己所有、自己投票决定办店方针和选举管理小组的零售公司；合作社成员可按其个人购买量的多少分到相应的红利

续表

类　型	描　述
特许经营	指特许人（一家制造商、批发商或服务组织）和特许经营人（在特许经营系统中，购买拥有或者经营其中一个或几个单元的独立的生意人）之间的一种契约性联合。特许经营组织通常是以某种独一无二的产品、服务，某种经营方式，一个商标，一项专利，特许人的声誉为基础

7.2.3 零售业的发展趋势

中国零售业已经历了“百货商店—超级市场—连锁经营—电子商务”的四次变革，新零售则带来了线上融合线下的第五次变革。零售业的发展趋势是企业利用互联网和大数据，以实体门店、电子商务、移动互联网为核心，通过融合线上线下，实现商品、会员、交易、营销等数据的共融互通，向消费者提供跨渠道、无缝化的购物体验。

（1）以品质为中心优化商业供给。在高品质消费的大趋势下，高品质的品牌商品、品牌服务、品牌零售店等仍具有很强的竞争力。零售企业将进一步提升供给水平：倡导优质优价，特别是性价比高的安全食品和杀菌防护用品、严格把关进口商品质量、丰富商品品类、改善购物环境、提高服务质量，以此促进我国消费品市场向品牌、品质化方向稳步发展。

（2）以信息技术为中心满足新体验新需求。零售企业积极利用物联网、云计算、5G技术、人工智能、大数据等现代信息技术创新出更多的新业态、新模式、新场景，一方面向消费者提供新颖的产品体验，以功能丰富、种类多样、设计时尚、绿色智能的新产品，满足消费者的新需求，刺激和带动消费的增长；二是充分利用信息技术手段尽可能地去塑造、挖掘新的消费场景和模式，以满足消费者多元化、个性化的消费体验。

（3）以智能产品为中心活跃商品零售市场。零售企业将在减税降费、补贴促销等政策的支持下，更加主动地优化产品供给结构，根据消费观念、社会进步及技术迭代等的发展趋势，增加可穿戴体温检测设备、消毒杀菌家电、健康汽车等智能、健康、绿色、安全的商品供给，形成一批新的热点商品，以此活跃商品零售市场氛围，进而推动我国消费品市场更好地实现恢复性增长。

（4）以服务性业态为中心促进零售业态和服务业态深度融合。在实物商品市场增长幅度趋缓、居民服务性消费比重持续上升的大趋势下，零售业将与餐饮、旅游、体育、文化、娱乐、健康、养老等产业融合，推动实体零售场景与服务业态形成优势互补，有效带动客流增长，在满足服务性消费需求的同时促进相关商品的销售。此外，服务业以中小企业居多，传统零售企业以大型零售企业居多，两者融合有利于大型零售企业平台带动中小服务企业发展，促进中小企业的就业和收入增长。零售业还将通过积极举办多种形式的服务性活动，比如与文化、体育、旅游、公益等结合的活动，促进相关商品销售，增加服务性收入。

（5）以社区商业为中心提高居民幸福感。随着老龄化社会的到来及二孩家庭的增多，我国居民对便利、安全、健康的要求将越来越高，高性价比、有温度的社区消费将给家庭带来最温馨、最自然的幸福感和满足感。因此，以提供日常生活用品和切近生活服务为主的社区生鲜超市、社区菜店、便利店等社区商业表现出独有的竞争力，正在逐渐成为拉动消费的亮点。未来，社区商业也将转变千店一面的经营方式，根据社区的人口结构、社区消费者年龄以及他们的需求特点灵活地调整商品结构，充分地将文化元素、人文情怀、服务项目融入社区商业，为社区居民带来个性化、差异化的消费感受。

7.2.4 批发业的发展趋势

（1）由商品流通向实物流通转化。随着电子商务等商品直销活动的日益发展，商品流通逐渐从传统批发业中脱离出去，物流配送成为现代批发业的主要形式。批发企业可以利用自己在设施、技术、资金、销售网络、信誉等方面所具有的优势，逐渐发展成为集仓储、包装、加工、配送、运输为一体的社会化专业物流中心，形成自己的核心竞争能力。

（2）由商业批发商向商品代理商转化。批发企业可以利用自己的信誉优势和地域、人员、仓储优势，与生产商合作，建立伙伴关系，共同承担风险，充当生产商的国内或地区总代理。

（3）开发适合特定零售业态的批发机能。零售企业是批发企业的主要交易方，不同的业态要求批发企业提供的服务是不同的。批发企业必须改变以商品批发为中心的传统做法，在对不同零售业态特点进行充分调查的基础上，了解不同业态的交易条件或配送要求，根据特定的零售业态，开发适合特定零售业态的批发机能，以满足不同业态零售商的需求。

（4）发展批零一体化。目前，批发与零售之间的界限日益模糊，批零一体化已经成为发展趋势。批发企业应该发挥自己的信誉优势、渠道优势和人才优势等向零售领域延伸，这样可以将批零交易内部化，对降低成本、提高流通效率效果十分明显。

突破新零售“最后一公里”

嗖嗖身边创始人兼CEO程俊表示：“外卖市场目前存在两大痛点，一是配送时间长，在美团或饿了么下单，至少要等待30分钟，京东到家则要等待约1小时。二是配送费问题，无论哪个平台，几乎都需要用户支付配送费。”在这两大痛点的基础上，即时服务平台嗖嗖身边从一千米内的新零售配送业务切入，主打8分钟送达，同时免除货物的配送费。

成立于2015年的嗖嗖身边，对自己的定位是智能匹配身边需求的即时服务平台，公司致力于打造智能生活全入口，坚持成为需求匹配，万物互联的平台。其平台有多项功能，包括“嗖嗖快店”、共享时光、共享资讯等。其中，“嗖嗖快店”是其最核心的业务，其模式类似于“一公里内的美团”。程俊表示，“嗖嗖快店”想要挖掘的，是目前几大外卖巨头漏掉的市场——满足一千米内最基层的夫妻店、小便利店、花店、水果店等的需求和痛点。据他透露，目前美团等外卖平台的业务更多是专注于十千米内的订单，货物或食品配送主要依赖骑手，配送费也多由用户支付。因为订单范围较广，平均配送时间多在半个小时以上。对社区便利店或水果店等小商家来说，虽然通过线上平台有助于增加营业额，但考虑到平台进驻成本较高，有时会望而却步。“商家进驻几大外卖平台，平台通常要收取接近 17% 的抽成费用。这意味着，一家便利店每卖出 100 元，就需要给平台 17 元左右。”程俊举例，“同时，几大外卖平台有时会要求商家让利打折、送红包或签署独家协议等，这些都是小商家们的痛点。”

对比现存的外卖平台，“嗖嗖快店”模式主要有以下区别：公司希望覆盖的是用户周围大约一千米内的小商家，因为配送距离较短，其货物基本上由店家自行配送，用户无须支付配送费，平均配送时间约为 8 分钟；入驻商家支付给平台的抽成费用相对较少，为 4%；此外，其用户流量入口更多来自线下门店，而非线上平台。“比如，某个用户到小区门口的便利店买鸡蛋，店长告诉他说，你下载这个 App，以后你在这个 App 上买鸡蛋，我可以给你送上门去。这种情况下，用户基本上都会扫二维码。”程俊举例。为了提高平台对商家的吸引力，增加用户黏性，公司目前对入驻商家实行前 4 个月无须抽成的活动。同时实行双边补贴政策：商家成交一单，能获得平台的 5 元补贴；用户成交一单，能获得 2 元补贴。同时，新用户还能获得指甲钳、小扇子、餐巾纸等小礼物。目前，双边补贴和赠送物料等支出成了公司获得新融资后最主要的投入。

作为全球唯一店主自送货平台，嗖嗖身边打通线上线下，首倡实体商家聚合，用户可以一“店”购齐，店主快速送达，通过嗖嗖身边推出的全民省钱购物卡功能，可实现“人人可赚钱，购物更省钱”，终身绑定店主和顾客，深度挖掘每一个客户的潜在价值，让用户的衣食住行都和店主产生联系，永久赚取消费佣金。截至 2018 年年底，嗖嗖身边已在全国建立超过 500 个城市运营中心，平台业务覆盖 1 000 多座城市和区县，超过 50 万家嗖嗖快店，为超过 6 000 万用户带来“8 分钟送达”的便捷生活。嗖嗖身边集团将为实体商家带来新零售品牌的能量，整合线上线下资源，让亿万名用户享受高品质的超便利生活。

纵观 2020 年春节前后，不难发现受“新冠疫情”影响严重的是餐饮、娱乐、零售等传统产业，尤其只依靠线下渠道的传统门店，而已经进行线上智慧化转型的企业，则可通过其搭载的互联网平台在线上顺畅运营，甚至逆势突围。嗖嗖身边让传统门店秒变网店，商家可以通过手机上传商品，让周边的用户下单，再送货上门，打破疫情影响。在经历了一个漫长的“寒冬”之后，实体门店纷纷开启了“自救”之路，积极转型拥抱新零售，借助互联网的力量为自己的生意助力。

7.3　电子商务渠道

7.3.1　电子商务渠道的概念与特点

1. 电子商务渠道的概念

电子商务渠道是指以互联网为基础，以电子商务平台为支撑，将产品从生产者转移给消费者的中间环节，涉及信息沟通、资金转移、产品转移等。一方面，它要为消费者提供产品信息，方便消费者进行选择；另一方面，在消费者选择产品后要能完成一手交钱一手交货的交易手续，即使交钱和交货不一定同时进行。

2. 电子商务渠道的特点

（1）电子商务渠道同传统的分销渠道一样，起点是制造商，终点是最后的消费者或企业。

（2）电子商务渠道的中介模式为电子交易市场，即在线中间商，它们为买卖双方收集信息，同时利用其在各地的分支机构发挥批发商和零售商的作用。

（3）电子商务渠道既可能是在线中间商，也可能是企业的直销平台。例如，使“时尚、轻奢”概念席卷全球的著名珠宝品牌潘多拉在正式进入中国市场前，不仅有企业概念介绍和产品销售的官网，还通过天猫、聚美优品等其他电子商务平台进行营销。

实用链接

拼多多的成功之路

随着互联网技术的发展与完善，通过电商平台进行购物已经成为老百姓的日常行为，在国内，阿里巴巴和京东早早占据了电商行业的大半壁江山，是国内电商行业的两大巨头，而其他小众电商平台似乎是在夹缝中生存，其中拼多多作为一个出现仅仅几年的电商平台，凭借其独特的网络营销策略，在短短三年内便将其用户数量壮大到3亿以上，发展成为国内第三大电商平台，取得了骄人的成绩。

拼多多电子商务平台由黄峥于2015年9月创办的生鲜类自营平台拼好货发展而来，是目前中国电子商务领域中最受中低端消费者欢迎和青睐，以及近年来最具影响力的电子商务平台之一。它的出现不同于淘宝的C2C和京东的B2C的经营模式，其主要专注于利用C2B拼团的营销方式，在线销售各种服饰类、母婴类、电器类、食品类、家居百货等全品类商品，其商品主打低价，产品定位主要为低端市场。

第一，社交电商模式。拼多多以一种新形式C2B拼团的形式出现在大众面前。传统电商，如淘宝和京东，注重平台规模扩张，以平台优势提高销量。而“社交电商”最大的特点就是具有社交属性，它依靠的是电商与社交的结合，通过用户的社交关系进行平台推广。在拼多多上如想以更低价格获得商品，就可通过向亲朋好友发链接的方式进行拼团，而想拼团的人必须下载拼多多App并成为其用户。所以，一人购买商品，演变为多人共同参与，使拼多多的用户在短期内迅速增长，形成裂变式社交拼团。

第二，专注于“尾部”消费群体。中国目前的社会消费层次多元化，三线以下城市对中低端消费的需求仍然十分巨大，而一二线城市也有部分家庭以务实为主，购买商品的原则还是够用就行。有关数据显示，拼多多的用户70%为女性，65%来自三四线城市，仅有 7.56% 来自一线城市，大部分用户都属于低收入人群。相较于京东和淘宝等老牌电商平台采取较高的定价策略，把客户定位为具有高消费能力的中产者，拼多多则采用了低价策略，把市场面向这部分想要消费，想要享受高品质生活，但是没有足够收入的人群，以及之前没有接触过网购的老年人。与之对应，京东的用户中，有 15.68% 来自一线城市，50.1% 来自三四线城市。由此可见，拼多多正是把握住了三四线城市的用户才获得了飞速的发展。

第三，巧用消费者心理。一是低价诱惑。拼多多通过拼团提供给消费者比其他平台更低的价格。二是社交乐趣。拼多多使消费者通过拼单进行社交，与亲朋好友联络促进感情，从拼单中获得了极大的乐趣。三是刺激潜在需求。消费者有时对自己的消费需求和动机并不是十分明确，往往需要某一外在因素来刺激他们内心深处的潜在需求。商业广告是影响消费心理的外在因素之一，其主要具有认知信息、引导消费、思维导向、帮助决策和审美娱乐的心理功能。拼多多正是利用这种广告公关战略通过电视、网络、社交软件等一系列媒介来刺激需求。四是名牌效应。利用明星代言和冠名知名度较高的综艺节目（如《快乐大本营》）来吸引消费者，增加拼多多的曝光度，在消费者内心树立知名品牌的形象。五是追星心理。一些观众基于“明星都在使用的购物平台总是好的”这样的心理，便会不自觉地追随。一些流量明星有着强大的年轻粉丝群体，粉丝在为明星支持应援的驱使下，积极使用明星推广的产品。

7.3.2　电子商务渠道的功能与类型

1. 电子商务渠道的功能

一个完善的电子商务渠道应具有网上谈判、订货、结算和物流配送 4 个功能。

（1）网上谈判功能。网上商务谈判系统要能够实现供需双方的在线洽谈和咨询，以及订货前的商务谈判。谈判的内容大致包括产品的价格、规格与质量要求、付款结算方式、供货方式与时间、售后服务等。

（2）订货功能。企业在网上订货与传统方式订货有相同之处，即都要下订单。不同之处在于网上的订单具有网络的特征。订货系统要能为顾客提供产品信息，与此同时，让商家了解顾客的需求信息，以达到供需平衡。一个完善的订货系统可以最大限度地减少库存，降低销售费用。

（3）结算功能。顾客购买商品后，可以运用多种方式进行付款，商家也应有多种结算方式。

（4）物流配送功能。物流是指计划、执行与控制原材料和最终产品从产地到使用地点的实际流程，并在盈利的基础上满足顾客需求。产品一般分为有形产品和无形产品。无形产品如服务、软件和音乐等可以直接通过网络进行配送。现在许多软件都可以直接从网络上购买和下载。

配送系统则主要解决有形产品的配送问题，正如本项目实用链接中所提到的，京东通过自建物流来解决配送问题。

2. 电子商务渠道的类型

电子商务的发展改变了分销渠道的结构。电子商务渠道既可能是中间商，即第三方商务平台，也可能是企业的直销平台。因此，从总体上可以将电子商务渠道分为网络直接营销渠道和网络间接营销渠道两种（见图 7–2）。

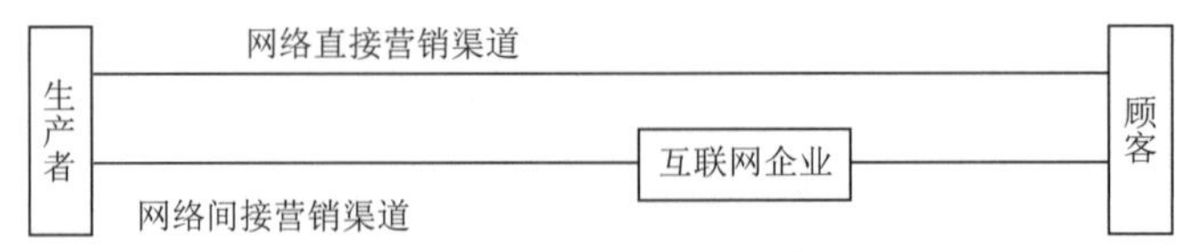

图 7–2 电子商务渠道的类型

（1）网络直接营销渠道。网络直接营销渠道与传统的直接分销一样，都没有营销中间商，商品直接从生产者转移给消费者或用户。网络直接营销渠道也有订货、支付和配送功能。在网络直接营销中，生产者可以通过建设网络营销站点，让顾客直接从网上订货；可以通过与一些电子商务服务机构的合作，如支付宝等，直接提供支付结算功能，解决资金流转问题；还可以跟一些专业的物流公司进行合作，借助互联网建立有效的物流体系。网络直接营销渠道一般适用于大型商品和生产材料的交易。

品牌官网是网络直接营销渠道最具代表性的体现：兰蔻（化妆品）、苹果（电子产品）、三只松鼠（食品）、优衣库（服饰）等国内外知名品牌都通过自己的品牌官网直接将商品销售给消费者。

（2）网络间接营销渠道。企业一般通过采用互联网技术的中间商提供网络间接营销渠道，由中间商把商品销售给消费者或用户。传统间接营销渠道可能有多个中间环节，而网络间接营销渠道只需要新型电子中间商这一个环节即可。间接营销渠道一般适用于小批量商品和生活资料的交易。然而，随着电子商务网络营销的发展，将来直接营销渠道很可能完全替代间接营销渠道。

网络间接营销渠道包括：以日常消费品（如化妆品）为主的聚美优品、唯品会等；以家用电器、电子设备为主的苏宁易购、国美在线等；以旅游休闲服务为主的途牛、携程、去哪儿等。

7.3.3 电子商务经营模式

1. 无形产品和劳务的电子商务经营模式

（1）网上订阅模式。网上订阅模式指的是企业通过网页安排向消费者提供网上直接订阅，消费者直接浏览信息的电子商务模式。网上订阅模式主要被商业在线机构用来销售报纸杂志、有线电视节目等。网上订阅模式主要有以下几种。

1）在线服务。在线服务是指在线经营商通过每月向消费者收取固定的费用而提供各种形式的在线信息服务。

2）在线出版。在线出版指的是出版商通过互联网向消费者提供非纸介质的电子刊物。所谓“在线”一般是指仅在网上发布。消费者可以通过网上订阅，下载刊物的

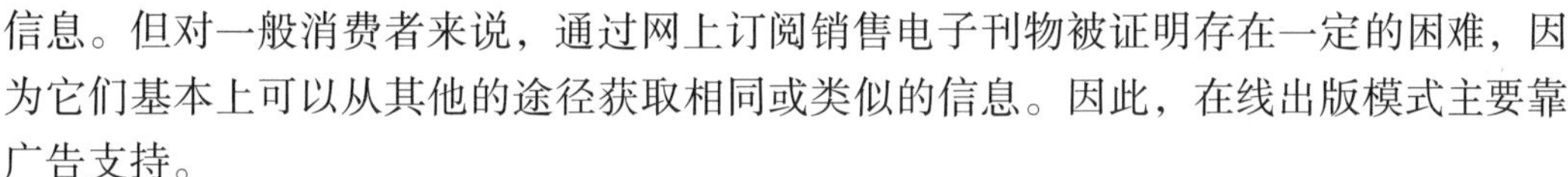

信息。但对一般消费者来说，通过网上订阅销售电子刊物被证明存在一定的困难，因为它们基本上可以从其他的途径获取相同或类似的信息。因此，在线出版模式主要靠广告支持。

3）在线娱乐。在线娱乐是无形产品和劳务在线销售中令人注目的一个领域。一些网站向消费者提供在线游戏，并收取一定的订阅费。目前看来，这一领域还比较成功。

（2）付费浏览模式。付费浏览模式指的是企业通过网页安排向消费者提供计次收费性网上信息浏览和信息下载的电子商务模式。付费浏览模式让消费者根据自己的需要，在网络上有选择地购买一篇文章、书的某一章节的内容或者参考书的一页；数据库里的内容也可付费获取；另外，一次性付费游戏娱乐将是很流行的付费浏览方式之一。

（3）广告支持模式。广告支持模式是指在线服务商免费向消费者或用户提供信息在线服务，而营业活动全部用广告收入支持。此模式是目前最成功的电子商务模式之一。信息搜索对于上网人员在信息浩瀚的互联网上找寻相关信息是最基础的服务。企业也最愿意在信息搜索网站上设置广告，特别是通过付费方式在网上设置广告图标，使有兴趣的上网人员通过击点图标就可直接到达企业的网址。

（4）网上赠予模式。网上赠予模式是一种非传统的商业运作模式，是企业借助于国际互联网用户遍及全球的优势，向互联网用户赠送软件产品，以扩大企业的知名度和市场份额。通过让消费者使用该产品，吸引消费者下载最新版本的软件或购买另一个相关的软件。由于所赠送的是无形的计算机软件产品，而用户是通过国际互联网自行下载，因而企业所投入的分发成本很低。因此，如果软件确有其实用特点，那么是很容易让消费者接受的。

2. 有形产品与实物的电子商务经营模式

实物商品指的是传统的有形商品和劳务，这种商品和劳务的交付不是通过电脑的信息载体，而仍然通过传统的方式来实现的。网上实物商品销售的特点主要是网上在线销售的市场扩大了。与传统的店铺市场销售相比，网上销售可以将业务伸展到世界各个角落。例如，美国的一种创新产品“无盖凉鞋”，其网上销售的订单有 2 万美元来自南非、马来西亚和日本。一位日本客户向位于美国纽约的食品公司购买食品，付出的运费相当于产品的价值，然而客户非常满意，因为从日本当地购买相同的产品，其代价更昂贵。

3. 综合模式

综合模式就是将各种商务模式有机结合，综合运用起来开展电子商务活动。例如，GolfWeb 是一家拥有 3 500 页有关高尔夫球信息的商业网站，该网站采用的就是综合模式。在它的收入中，其中 40% 的收入来自订阅费和服务费，35% 的收入来自广告，还有 25% 的收入是该网址专业零售点的销售收入。该网址已经吸引了许多大公司的广告，如美洲银行、美国电报电话公司等，它的专业零售点最开始两个月的收入就高达 10 万美元。

头脑风暴

刘强东宣布：京东将上线“自营房产”业务，2020年5月22日正式上线，京东打开了电商自营卖房的模式。现在，只要你打开京东App，搜索“京东房产自营”，就可以看到相关活动页面，1 000套北京全新房源在京东首发，在线预售。试水北京后，刘强东将根据用户分布，逐步把京东“自营房产”推向全国。

刘强东卖房，为什么会迅速刷爆朋友圈呢？

7.4 分销渠道的设计与管理

分销渠道策略是指制造商通过分析多种影响因素，制定出的有利于将其产品以最有效的方式传递给消费者的分销渠道计划和方案。制造商要使其分销渠道发挥应有的作用，必须制定完善合理的分销渠道策略。针对不同的情况，制造商的分销渠道策略是不同的，分销渠道策略的设计取决于多种复杂的因素。

7.4.1 分析影响分销渠道设计的因素

1. 分析产品因素对分销渠道设计的影响

（1）产品的技术特性。技术复杂、售后服务要求高的产品，宜采用短渠道，由企业自销或由专业代理商销售，以便提供周到服务。相反，技术服务要求低的产品，则可选择长渠道。

（2）产品的价值和重量。价值高的、笨重的产品往往有高价格和高的运输成本，一般来说用较短的渠道比较合适。

（3）产品本身的物理化学性质。凡是易腐、易毁产品，如鲜活产品、陶瓷制品、玻璃制品，以及有效期短的产品，如食品、药品等，应尽可能选择短而宽的渠道，以保持产品新鲜，减少腐坏损失。反之，则选择长而窄的渠道。

（4）产品的标准化程度。标准化意味着通用，不需要更多的特别指导，为了增加覆盖面往往采用长渠道。产品标准化越高，渠道便也越长、越宽。

（5）产品的通用性。通用产品由于产量大、使用面广，分销渠道一般较长较宽；定制产品由于具有特殊要求，最好由企业直接销售。产品的标准化程度高、通用性强，可选择较长、较宽的销售渠道；非标准化的专用性产品，则应选择较短的销售渠道。

（6）产品所处的生命周期阶段。产品处于生命周期的不同阶段，对分销渠道的要求也不同。处于投入期的产品，其分销渠道是短而窄的，因为新产品初入市场，许多中间商往往不愿经销，生产企业不得不直接销售；处于成长期和成熟期的产品，消费需求迅速扩大，生产者要提高市场占有率，就要选择长而宽的渠道，以扩大产品覆盖面。

2. 分析市场因素对分销渠道设计的影响

（1）潜在消费者数量。潜在消费者的多少，决定市场的大小。潜在消费者数量越多，市场范围越大，越需要较多的中间商转售，生产商应采用长渠道策略；反之，可以采用短渠道或直接销售策略。

（2）市场的集中程度。市场比较集中的产品，可采用短渠道；若消费者比较分散，则需要更多地发挥中间商的分销功能，采用长而宽的渠道。

（3）市场需求性质。消费者市场与生产者市场是两类不同需求性质的市场，其分销渠道模式有着明显的差异。一般来说，消费者市场人数众多，分布广泛，购买消费品次数多、批量少，宜选择长渠道策略方能满足其需求。而生产者市场的产业用户相对较少，分布集中，且购买生产资料次数少、批量较大，产品销售可采用直接销售渠道。

（4）消费者购买习惯。对于不同的产品，消费者的购买习惯和购买量是存在差异的。对于购买量较少、购买频率较高的产品，应选择较长、较宽的销售渠道；而对购买量较多、购买频率较低的产品，应选择较短、较窄的销售渠道。

（5）需求的季节性。季节性商品由于时间性强，要求供货快，销售也快，因此应充分利用中间商进行销售，渠道相应就长而宽一些。

（6）市场竞争状况。一般情况下，应尽量避免与竞争者采取相同或相近的分销渠道。但如果自己的产品有独到之处，制造商可将自己的产品与竞争对手的产品摆在一起出售，以供消费者选择，争取更多消费者。

（7）市场形势的变化。市场繁荣、需求上升时，生产者应考虑扩大其分销渠道；而在经济萧条、需求下降时，则需减少流通环节。

3. 分析企业因素对分销渠道设计的影响

（1）企业的规模和声誉。规模大、声誉好的企业在选择中间商时往往拥有更大的主动权，甚至可以建立自己的销售公司；而情况相反的公司找到好的中间商并非易事。

（2）企业的管理水平。长渠道需要有较高的管理水平，否则难以控制；管理水平较低的公司也可寻找管理和服务水平比较高的中间商进行合作，弥补公司的不足。

（3）企业的服务能力。如果生产企业有能力为最终消费者提供各项服务，如安装、调试、维修及操作服务等，则可取消一些中用环节，采用短渠道；如果服务能力有限，则应充分发挥中间商的作用。

（4）企业控制渠道的愿望。企业控制分销渠道的愿望各不相同。有的企业希望控制分销渠道，以便有效控制产品价格和进行宣传促销，因而倾向于选择短渠道；有些企业则无意控制分销渠道，因此采用宽而长的渠道。

4. 分析分销商因素对分销渠道设计的影响

分销商的分销能力是最先考虑的因素，因为它关系到产品的推广能力和扩散速度；分销商的意愿是另一个要考虑的因素，如果分销商在公司产品身上花费不到足够的精力，即使分销商能力很强，也不能达到好的效果。

5. 分析环境因素对分销渠道设计的影响

渠道的活动属于组织的运作，不可避免地要受到经济、社会文化、法律、竞争和技术因素的影响。例如，网络电商的发展使得企业可以通过网络直接与异地消费者进行交易，从而减少了企业在各个地区设立零售网点的成本。

7.4.2 分销渠道设计

企业可以通过多种分销渠道方式将产品送到消费者手中。例如良品铺子，它拥有自己的线下专卖店，也有自己的官网和微店，还可以授权天猫商城销售；又如苹果公司，在线下有直营店、特许经销商，还与通信公司合作，也有官网等。为了达到最佳效果，企业应当有目的地进行渠道研究和决策制定。分销渠道设计要求企业分析消费者需求、确定渠道模式、确定中间商的数目、规定渠道成员的权利和责任并对渠道方案进行评估。渠道设计是整个渠道决策的核心，而且渠道一旦建立就难以改变，所以渠道设计宜谨慎从事。

1. 分析消费者需求

分销渠道是顾客价值传递系统的一部分，每个渠道成员和渠道层级都为顾客增加价值。因此，设计渠道的第一步就是找出目标顾客希望从渠道中获得什么。一般来说，送货速度快，产品类型丰富，提供的服务全面，渠道服务水平就高。从以下几个方面可以衡量渠道服务水平。

（1）可购买批量。批量是指在一次购买中分销渠道能够提供给消费者的产品单位数量。比如在购买服装时，淘宝商家偏好能够大批量购买的渠道（厂家）；而买家只需要至少能买到一件衣服的渠道（店铺）。

（2）等待时间。营销渠道的快捷性非常重要，大多数消费者喜欢快捷的营销渠道。

（3）便利性。便利性是指在空间上分销渠道为消费者提供产品的方便程度。比如，可口可乐公司分销渠道的长度、宽度、密度都达到了非常高的水平，因此消费者可以很方便地买到可口可乐的产品。

（4）选择性。营销渠道应提供更多的产品品种，即更大的产品组合宽度，这样消费者的选择空间更大，有利于消费者留在该渠道内进行购买。

（5）服务支持。服务支持是指分销渠道能够提供的配套服务或附加服务，比如信贷、送货、安装、保修等。当然，营销渠道提供的服务支持越多，渠道运营成本越高。

2. 确定渠道的模式

确定渠道的模式即确定渠道的长度。企业首先分析市场营销分销渠道的因素，找出企业用何种类型的分销渠道比较合适。比如，直接销售还是间接销售；用一层渠道还是二层渠道；是利用中间商销售还是委托代理商销售；是利用传统的渠道模式还是开拓新的渠道模式，或同时采用多种渠道模式。

3. 确定中间商的数目

确定中间商的数目即确定渠道的宽度。企业在确定每一层所需中间商数目时，可用以下方式。

（1）密集分销。指生产企业尽可能通过更多的批发商、零售商为其推销产品。这种策略的重心在于扩大市场覆盖率或加快进入一个新市场的速度，使众多的消费者和用户能随时随地地买到这些产品。日常消费品通常用宽渠道密集分销。

（2）选择分销。指生产企业在某一地区仅通过几个精心挑选的、最合适的中间商推销产品。其目标是着眼于竞争地位的稳固，维护本企业在该地区的良好信誉。消费品中的选购品就适用于此策略，如某品牌的高档服装，在一个地区只选择几个经销商销售产品。

（3）独家分销。指生产企业在某一地区仅通过一家中间商推销其产品。通常情况下，双方签订独家经销合同，规定不得经营第三方特别是竞争对手的产品。其重心是控制市场、控制中间商，或彼此充分利用对方的商誉和经营能力。中间商比较欢迎这种方式，因排除了竞争，利润较高；但对企业来说，中间商运用不当，则存在较大的风险。

4. 规定渠道成员的权利和责任

渠道间的成员因是不同企业、不同利益的结合体，必然存在着利益的平衡问题，处理不当则会损伤渠道成员的合作关系，所以规定成员的权利和责任成了保证多方长期合作的基础。权利和责任包括：①生产企业给中间商的供货保证、质量保证、退换货保证、价格折扣、广告促销协助等；②经销商向生产企业提供市场信息、实行企业统一价格政策、提供售后服务等。

5. 对分销渠道的方案进行评估

分销渠道的方案确定后，生产企业就要对各种备选方案进行评价，找出最优的渠道方案。对渠道方案进行评估选择的标准如下。

（1）运用经济性标准评估。经济性标准评估主要是比较不同方案可能达到的销售额及费用水平，它是企业经济效益的要求。通过把用某种渠道所能引起的销售收入的增长同可能产生的费用成本进行比较，来选择最经济的渠道方案。当然也得和直接渠道相比较，若直接渠道更经济，就用直接渠道。

（2）运用可控性标准评估。一般来说，直接渠道可控性最好，间接渠道可控性差些；长渠道可控性难度大些，而短渠道可控性较为容易。企业必须权衡利弊，选择适合自己的方案。

（3）运用适应性标准评估。因渠道的建立和更改都比较困难，企业在建立渠道时就应考虑当环境条件发生变化时如何去应对的问题，即考虑适应性、灵活性的问题。比如，生产企业和中间商签订的合约时间较长，而在此期间网络的发展使公司直接销售更能节省成本，但生产企业又不能随便解除合同，这就造成了原有渠道的僵化，缺乏灵活性。

7.4.3 分销渠道管理

1. 选择分销渠道成员

选择分销渠道成员一般要考虑其如下条件。

（1）市场覆盖范围。市场是选择中间商最关键的因素。首先，考虑中间商的经营范围所包括的地区是否和企业产品预期销售地区一致；其次，考虑中间商的销售对象是否是企业所希望的潜在顾客。这是最基本的条件，因为生产企业希望所选的中间商能打入自己选定的目标市场。

（2）声誉。在目前市场游戏规则不健全的情况下，中间商的声誉显得尤为重要。它不仅直接影响货款回收，还直接关系到市场的网络支持。一旦中间商中途有变，企业往往欲进无力，欲退不能，重新开发市场往往需要付出更大的成本。

（3）历史经验。许多企业在选择中间商时很看重历史经验，往往会认真考察其一贯的表现和赢利记录。若中间商以往经营状况不佳，则将其纳入营销渠道风险就大。而且，经营某种商品的历史和成功经验是中间商自身优势的另一个来源。

（4）合作意愿。中间商与企业合作得好，会积极、主动地推销产品，这对双方都有利。态度决定销售的业绩，因此企业应该根据销售产品的需要，考察中间商对企业产品销售的重视程度和合作态度，然后考虑合作的具体方式。

（5）产品组合情况。在经销产品的组合关系中，一般认为如果中间商经销的产品与自己的产品是竞争产品，应避免选用；而实际情况是，如果产品组合有空当，或自己产品的竞争优势非常明显，选取未尝不可。

（6）财务状况。生产企业倾向于选择资金雄厚、财务状况良好的中间商，这样可以有还款保证，还可能在财务上给生产企业一些帮助，从而有助于扩大产品的生产和销路。

（7）区位优势。中间商理想的位置应该是顾客流量大的地点。批发商的选择则要考虑它所处的位置是否有利于产品的储运，通常以交通枢纽为宜。

（8）促销能力。中间商推销产品的方式及促销手段的运用，直接影响其销售规模。企业要考虑中间商是否具有促销经验和愿意承担一定的促销费用，以及有没有必要的物质、技术和人才优势。

2. 对分销渠道成员的激励和监督

中间商选定以后，还需要对其进行激励和监督，以促使其出色地完成任务。因为中间商和生产商是相对独立的企业，双方所处的位置不同，考虑问题的角度也不同，所以利益有时会发生冲突。企业要想得到中间商的合作，必须了解中间商的需要和愿望，了解其利益所在，然后提出切实可行的减少矛盾、加强合作的方案，通过物质和精神的激励，或者促销及服务上的支持，并经常进行相应的市场监督，以达到企业的目标。

3. 对分销渠道成员的评估和调整

（1）纵向比较法。指将每一中间商的销售额与上期的绩效进行比较，并以整个群体在某一地区市场的升降百分比作为评价标准。对于低于该群体的平均水平以下的中间商，应找出其主要原因，帮助改进。

（2）横向比较法。指将各个中间商的销售绩效与某一地区市场销售潜量分析所设立的配额相比较。也就是说，在一年的销售期过后，根据中间商实际销售额与其潜在销售额的比率进行对比分析，将各中间商按先后名次进行排列，对于那些比例极低的中间商，分析其绩效不佳的原因，必要时要予以取消。

（3）ABCDE 分类管理。按销售额的高低和货款回笼的快慢，可将中间商分为 A、B、C、

D、E 五类，如表 7-5 所示。企业可对它们实施不同的经销政策和管理策略，培植企业分销网络的竞争力。

表 7-5　ABCDE 分类表

分类	销售额	货款回笼	管理策略
A	高	快	给予奖励，扩大授权
B	中等以上	快	支持促销，向 A 转化
C	中等	慢	防范风险，向 A 转化
D	中等以下	快	支持促销，向 B 转化
E	中等以下	慢	逐步减少，最终放弃

按照一定的标准衡量分销商的表现是生产企业对分销商激励的依据，这些标准包括销售额的完成情况、平均库存、售后服务、与本公司合作情况等。另外，根据分销商的表现和销售完成情况可对渠道成员进行适当的调整，特别是市场环境发生变化或公司的分销策略发生变化时，就更需要对渠道进行调整。

对分销渠道的调整方式包括增减分销渠道中的个别中间商、增减某一个分销渠道和调整整个分销渠道。销售渠道是否需要调整，调整到什么程度，应视具体情况而定。

7.4.4　管理渠道冲突

制造商希望分销渠道成员之间展开合作，以获得更好的协同效应。然而当在渠道成员合作的过程中不能达成意见一致，或者关系变得紧张甚至濒临破裂时，渠道冲突就产生了。表 7-6 总结了 3 种渠道冲突：垂直渠道冲突、水平渠道冲突和多渠道冲突。

表 7-6　渠道冲突的类型

类　型	描　述
垂直渠道冲突	垂直渠道冲突是同一分销渠道内不同层次的中介机构之间的冲突。比如，零售商抱怨制造商产品品质不良，或者批发商不遵守制造商制定的价格政策等
水平渠道冲突	水平渠道冲突是同一分销渠道内同一层次的中介机构之间的冲突。比如，制造商的一些批发商可能投诉同地区的另一些批发商随意降低价格，扰乱市场
多渠道冲突	多渠道冲突是指一个制造商建立了两个或两个以上的分销渠道，这些分销渠道在向同一市场销售产品时产生的冲突。比如，某制造商决定通过大型综合商店出售产品，这会导致该制造商原有的独立专卖店的不满

1. 渠道冲突产生的原因

在分销渠道系统中，制造商、批发商、零售商和消费者构成一个复杂的行动整体。由于渠道成员的所有权差别，以及在社会再生产过程中所处的地位不同，渠道冲突产生的原因是多样的。

（1）目标差异。分销渠道冲突产生的一个主要原因是制造商与中间商的目标不一致。比如，制造商希望通过低价策略迅速占领市场，中间商为了获取更高利润希望实行高价政策。

（2）知觉差异。制造商可能认为未来一段时间内的经济前景比较好，因而要求中间商多准备存货，而中间商对经济前景并不看好。

（3）依赖性差异。这种差异是指制造商和中间商互相依赖的程度存在差别。比如，采用独家分销的汽车经销商对汽车制造商的依赖性很大，不得不受制造商产品设计和定价决策的影响。

2. 渠道冲突的解决方法

应该在分析冲突原因的基础上，找到合适的解决方法。分销渠道冲突的解决方法主要有以下 5 种。

（1）激励手段。对渠道成员的激励可以在一定程度上解决渠道冲突。企业可以对较懒散的渠道成员采用提高利润、补贴、津贴，组织销售竞赛，给予销售奖励等方法达到缓和与解决渠道冲突的目的。

（2）说服协商。让分销渠道成员将问题找出来，共同协商和沟通意见，寻求大家普遍接受的冲突解决方案。

（3）适当惩罚。在激励和协商不起作用的情况下，可利用团体规范，通过警告、减少服务和帮助，甚至取消合作等方法，迫使冲突一方放弃不合作行为。

（4）分享管理权。通过建立合同式垂直分销渠道系统，使制造商、批发商和零售商以契约的形式联合起来，实行有计划的管理，以减少成员内部的冲突；或成立分销渠道的管理委员会，定期商议并决定分销渠道内部的管理事项，以增进相互理解和减少冲突。

（5）积极寻求合作。在解决分销渠道冲突时，制造商要主动争取与中间商的合作。制造商可采用提供适销对路的产品、加强广告宣传、支持中间商的促销活动、协助中间商进行市场调查、延长付款期限、协助经营管理等合作方法。同时，中间商要认真搞好市场调查与预测，采取有效的促销方式，积极推销产品，及时将市场信息反馈给制造商。

3. 分销渠道窜货管理

窜货又称倒货、冲货，即产品跨区销售，是渠道冲突的典型表现形式。

（1）窜货现象的种类。根据窜货的表现形式及其影响的危害程度，可以把窜货分为以下几类。

1）自然性窜货。指中间商在获取正常利润的同时，无意识地向自己辖区以外的市场倾销产品的行为。这种窜货在市场上是不可避免的，同种商品只要存在市场分割从而导致价格存在地区差异，或者只要在不同市场的畅销程度不同，就必然产生地区间的流动。这主要表现为在相邻辖区的边界附近互相窜货，或是在流通型市场上，产品随物流走向而倾销到其他地区。

2）良性窜货。指企业在市场开发初期，有意或无意地选择了流通性较强的市场中的中间商，使其产品流向非重要经营区域或空白市场的现象。在市场开发初期，良性窜货对企业是有好处的。一方面，企业在空白市场上无须投入，就提高了知名度；另一方面，企业不但可以增加销售量，还可以节省运输成本。

3）恶性窜货。指为获取非正常利润，中间商蓄意向自己辖区以外的市场倾销产品的行为。中间商向辖区以外倾销产品通常以价格为手段，主要以低于厂家规定的价格向非辖区销货，以加大自己的出货量，拿到厂家所规定的销售奖励或达到其他目的。恶性窜货给企业造成的危害是沉重的，它扰乱了企业整个营销网络的价格体系，引发中间商之间的价格战，降低了产品的通路利润，使得中间商对产品失去信心，丧失经营产品的积极性而最终放弃经销此种产品。混乱的价格将导致企业的产品、品牌、信誉失去消费者的信任和支持，从而导致企业的衰败和破产。

4）假冒伪劣产品窜货。企业还必须警惕另一种更为恶劣的窜货现象：中间商销售假冒伪劣产品。假冒伪劣产品以其超低的价格、巨大的利润空间诱导着中间商铤而走险。中间商往往将假冒伪劣产品与正规渠道的产品混合在一起销售，挤占正规产品的市场份额，或者直接以低于市场的价格进行低价倾销，打击了其他经销商对此种产品的信心。

综上所述，可以看到不是所有的窜货现象都具有危害性，也不是所有的窜货现象都应该加以制止。以往的销售经验表明，没有窜货的销售是不红火的销售，而大量窜货的销售是很危险的。适量的窜货会形成一种红红火火的热烈销售的局面，这样有利于提高产品的市场占有率和品牌知名度，所以需要严加防范、制止、打击的是恶性窜货和假冒伪劣产品窜货。

（2）窜货现象的原因。在市场经济中，窜货现象具有一定的必然性。因为商品流通的本性是从低价区向高价区流动，从滞销区向畅销区流动。出现窜货有以下原因。

1）中间商选择不当。窜货往往离不开中间商的参与，因此在选择中间商时必须慎重考虑。中间商选择不当有两种情况：一种是独家与多家选择不当；二是中间商资格审查不严。

2）销量任务设计不妥。如果销售任务指标太高，目标奖励又十分诱人，往往导致中间商为了完成年度销量任务而窜货。例如，三株公司在鼎盛时期，公司高层盲目乐观，采取掠夺式的营销手段，制定了巨大的销量任务，造成市场窜货达到疯狂的地步，可以说基本上所有的分公司都卷入了这场惊天动地的窜货大战。其实，这与总公司营销管理理念的重大失误有很大关系，以致导致市场秩序梯度混乱、营销队伍贪污腐败严重，企业处于高风险状况也就不足为奇。

3）管理制度有漏洞。管理制度的漏洞包括激励制度的漏洞和约束制度的漏洞。例如，返利、经理制度偏颇，区域价格设计不合理，没有窜货方面的惩罚制度，出了问题无法可依等，都属于管理制度的漏洞。

4）管理监控不力。有些企业虽然制度健全，但执行不力，有法不依，或者片面追求销量，采取短期行为，对窜货重视不够，这都属于管理监控不力。另外，营销员大都战斗在销售第一线，天高皇帝远，如果企业营销管理不到位，就会有一些营销员利用营销管理方面的漏洞，自己单独操作或与经销商勾结，大肆窜货，降价倾销，以谋求私利。

5）抛售滞销品和处理品。一些企业为了蝇头小利，对积压货物不予退货，让中间商自行处理。中间商不顾企业信誉和消费者利益，将积压过期的甚至变质的产品在市场出售，严重扰乱了市场，甚至毁了企业的牌子。

6）竞争对手恶意造成的窜货。窜货是市场超级杀手，会危及一个企业的营销网络的安全。正因为如此，有时竞争对手就用窜货作为工具来破坏企业的市场。它们会通过某种途径获取企业的产品，然后再低价抛向市场。

（3）治理窜货的对策。

1）加强自身销售队伍和外部中间商队伍的建设与管理。企业自身销售队伍建设一方面要严格招聘、培训制度；另一方面还要设计合理的考核、激励制度。中间商队伍的建设也要在选择上下功夫，绝不能让不合理的经销商滥竽充数。

2）堵住制度上的漏洞。这一方面的措施既要防止制度缺失，又要防止制度不合理。例如，要严格窜货的处罚规定，销售目标要在调查的基础上做到切实可行，建立合理的差价体系。

3）签订不窜货不乱价协议。协议中要规定中间商交纳风险抵押金，运用风险抵押金对中间商进行窜货前的控制。例如，奥普浴霸为防止窜货，与中间商签订了《防窜货市场保护协议》和《控价协议》，明确双方的责、权、利，较好地维护了市场秩序。

4）归口管理，权责分明。企业分销渠道管理应该由一个部门负责，多头负责、令出多门容易导致市场的混乱。

5）加强销售通路监控与管理。即要时刻观察销售终端，及时发现问题；信息渠道要畅通，充分利用受窜货危害中间商的反馈信息；出了问题，要及时严肃处理。

6）包装区域差异化。指生产企业对销往不同地区的相同产品采取不同包装的方式，可以在一定程度上控制窜货。其主要措施有给予不同的编码、外包装印刷条形码、文字识别、采用不同颜色的商标或不同颜色的外包装等。

信息化技术助力防窜货

随着信息技术的提升，不少企业已选择利用防伪防窜货软件来管理产品的流通。市面上大部分防伪防窜货系统是数码防伪与物流软件的结合体，即将防伪标签、条形码、套标式标签与喷码技术进行有机结合，利用现代的高科技技术来实现数字的信息化管理，为企业提供一个可靠的渠道管理的环境。例如，一物一码防窜货渠道系统可集成计算机、网络通信、信息编码和数码喷印防伪等高新的技术，结合全新的物流追溯管理的理念，通过为每一件产品贴上一个商品身份码，并且借助于网络实现生产厂家、下属经销商、消费者之间的商品信息互相了解，彻底地为企业商品假冒、窜货等一系列问题提供了解决方案。

7.5　物流与供应链的管理

7.5.1　物流的重要性

在如今的市场中，销售一件产品有时比将产品送到消费者手里容易得多。企业必须决定仓储、装卸和运送商品的最佳方法，在正确的时间和地点为消费者送上他们想要的产品。物流的效率对顾客满意度和企业成本起着重要作用。对于现代物流来说，营销物流远远不止卡车和仓库。它是指物质实体从供应者向需求者的物理移动，由一系列创造时间价值和空间价值的经济活动组成，包括运输、保管、配送、包装、装卸、流通加工及物流信息处理等多项基本活动，是这些活动的统一。

现代物流为电子商务快速推广创造了条件。每笔电子商务交易一般需要具备三项基本要素：物流、信息流和资金流，其中，物流是基础，信息是桥梁，资金是目的。每一笔商业交易的背后往往伴随着物流和信息流，贸易伙伴需要这些信息以便对产品进行发送、跟踪、分拣、接收、存储、提货及包装等。物流配送体系是电子商务的支持系统。现代物流配送为电子商务的客户提供服务，根据电子商务的特点，对整个物流配送体系实行统一的信息管理和调度，按照用户要求在物流基地完成理货，并将配好的货物送交收货人。这一现代物流方式对物流企业提高服务质量、降低物流成本、提高企业经济效益及社会效益具有重要意义。信息化、全球化、多功能化和一流的服务水平，已成为电子商务下的物流企业追求的目标。

7.5.2　供应链管理

如今的企业更倾向于以顾客为中心的物流思路，它始于市场并反向延伸至供应源。营销物流不仅指输出物流，还包括输入物流及反向物流。这一思路涉及整个供应链管理，即管理那些在供应商、企业、中间商和消费者之间流动的，涉及渠道增值的原材料、最终产品和相关信息（见图7–3）。

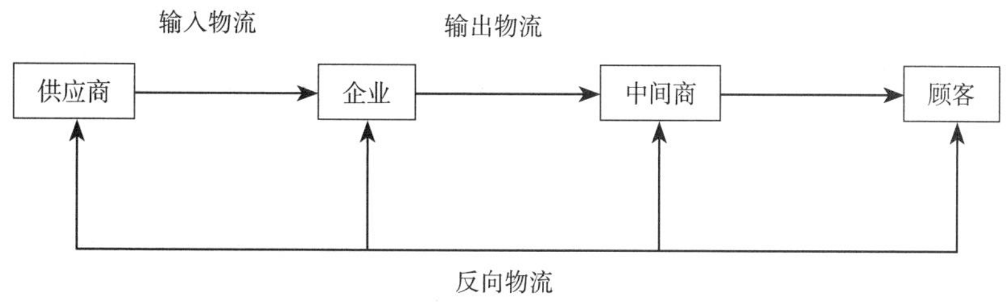

图7–3　供应链管理

菜鸟物流

2013 年 5 月 28 日，阿里巴巴集团、银泰集团联合复星集团、富春集团、顺丰集团、三通一达（申通、圆通、中通、韵达），以及相关金融机构共同宣布：“中国智能物流骨干网”（简称 CSN）项目正式启动，合作各方共同组建的菜鸟网络科技有限公司正式成立。“菜鸟”名字小志向大，其目标是通过 5~8 年的努力打造一个开放的社会化物流大平台，在全国任意一个地区做到 24 小时送达。

菜鸟网络专注打造的中国智能物流骨干网将通过自建、共建、合作、改造等多种模式，在全国范围内形成一套开放的社会化仓储设施网络。同时，利用先进的互联网技术，建立开放、透明、共享的数据应用平台，为电子商务企业、物流公司、仓储企业、第三方物流服务商、供应链服务商等各类企业提供优质服务，支持物流行业向高附加值领域发展和升级。最终推动建立社会化资源高效协同机制，提升中国社会化物流服务品质。菜鸟通过打造智能物流骨干网，对生产流通的数据进行整合运作，实现信息的高速流转，而生产资料、货物则尽量减少流动，以提升效率。有人认为这种运作模式将颠覆传统物流模式。

菜鸟实质上是淘宝大物流计划，不过这次是阿里巴巴借助第三方物流来实现的。阿里巴巴再次搅动电商物流，将引发新一轮电商物流竞赛。

（资料来源：搜狗百科 http://baike.sogou.com/v60608425.htm?fromTitle= 菜鸟网络）

7.5.3 物流系统的目标与职能

营销物流的目标应该是以最低的成本提供既定水平的顾客服务。企业必须了解和分析各种分销服务对顾客的重要性，然后为每个部门制定既定的顾客服务水平。对于企业来说，正确的目标是利润最大化，因此企业要权衡更高水平服务所带来的收益和导致的成本及竞争者的策略。

确定了物流目标，企业就该着手设计物流系统，这一系统应当以最小成本实现目标，主要包括 4 种渠道职能：仓储、存货管理、运输和物流信息管理。

1. 仓储

大多数企业必须将待售的产品储存起来，以消除生产和需求在数量和时间上的差异。仓储功能有效地保证了企业能够及时提供消费者购买的产品。因此，企业必须决定仓库的数量、类型及地理位置。有的企业会采用储备仓库（storage warehouse）或配送中心（distribution centers），以便更有效地将产品递送到顾客手中。储备仓库适用于企业中长期的货物储存，配送中心则用于配送货物而非仓储。配送中心是高度自动化的大型仓库，它们接收各个工厂和供应商的货物，接受订单并高效地供应相应的货物，从而尽快将货物交付给顾客。

2. 存货管理

存货管理会影响顾客的满意度。具体来说，若存货不足，企业就会面临在顾客需要产品时却出现断货的危险；若存货过量，则会加大存货成本。为了避免这一现象的发生，企业在进行渠道管理时必须在持有大量存货的成本与销售利润之间进行权衡。

准时制物流系统大大降低了存货水平及相关成本。在这个系统中，制造商和零售商只需储存少量的可维持几天的商品，新的存货会在需要时准时到达而不是一直储存在仓库中。此系统要求进行精确的预测及迅速、频繁和灵活的货物递送，可以大幅降低存货水平和经营成本。

一些大型企业，如沃尔玛、宝洁开始使用射频识别技术来管理物流，它能够随时精确地跟踪产品在供应链上的位置。不仅如此，它还可以让企业知晓什么时候需要下单或直接自动向供应商下单。

3. 运输

在将产品运送至仓库、经销商和顾客的时候，企业通常选择的运输模式有5种：卡车、铁路、水运、管道和空运，还有一种数字产品的递送模式——网络。运输公司的选择会影响到产品的定价、递送效率和到达时货物的状况，这些因素对消费者的满意度有重要影响。因此，许多企业开始选择联合运输的方式，将两种或两种以上的运输方式相结合来获得单一方式无法实现的优势。

4. 物流信息管理

企业利用信息管理其供应链。渠道伙伴之间通常需要共享信息以便更好地做出物流决策，这时，一个简单、易操作、迅速、精准地获取、处理和分享渠道信息的流程必不可少，而互联网企业更为需要。一些像淘宝这样的大型互联网零售商通常会与宝洁这样的主要供应商保持密切的联系，它们会建立供应商库存管理（VMI）系统或连续更新系统，从而了解销售和存货水平的实时数据。

7.5.4 整合物流管理

整合物流管理是指要提供更好的客户服务并降低分销成本，需要企业内部及所有营销渠道之间的团队合作。对于企业内部而言，不同部门必须紧密合作以使企业自身的物流绩效最大化；就企业外部而言，企业必须整合自身的分销网络以使绩效最大化。

1. 企业内部跨职能的团队协作

大多数企业会将物流活动的不同职能分派给不同部门，如营销、运营、采购等。很多情况下，各个部门会努力使自身的物流绩效达到最优而忽视与其他部门的配合。整合物流管理的目标则是协调企业所有的物流决策，因此部门间可以通过组成永久性物流委员会或者设立供应链管理职位来衔接所有的物流活动。

2. 建立物流伙伴关系

企业不能仅仅满足于自身的物流系统，还需要与其他渠道成员共同改进整个渠道系统。很多企业已经建立起跨职能、跨企业的团队来协调物流战略，与供应商和顾客建立紧密的联系；也有企业通过共同的项目进行合作，时刻秉承着以顾客为中心的高效运作的理念。

3. 第三方物流

有些公司会对物流相关工作感到厌烦，因此将其交给第三方物流提供商。第三方物流服务不仅可以更加有效且低成本地让产品抵达市场，还可以让企业从枯燥的物流工作中解放出来，更加专注于核心业务。

京东自建仓储物流

京东商城是中国最大的综合网络零售商，目前在全国拥有超过6 000万注册用户，在线销售家居百货、服饰、图书、食品、旅游等12大类数万个品牌百万种优质商品，日订单处理量超过50万单。为提高配送效率、改进消费者购物体验，京东建立了灵活多样的物流配送模式。总体来说，京东商城的配送模式可以概括为“自建物流+第三方物流”相结合的模式：京东自建了一套完善、庞大的物流配送体系，目前已经在全国建立了六大物流中心和多个二级城市配送中心，并推出了“211限时达”配送服务、GIS包裹实时跟踪系统、上门自提及自助式提货点等；在京东自营物流无法抵达的地区，则转发第三方快递，在节约成本的前提下，相对提高了配送效率。

7.5.5 电子商务环境下物流发展趋势

1. 信息化

物流信息化表现为物流信息的商品化、物流信息收集的数据库化和代码化、物流信息处理的电子化和计算机化、物流信息传递的标准化和实时化、物流信息存储的数字化等。因此，条码（bar code）技术、数据库（database）技术 、电子订货系统（EOS）、电子数据交换（EDI）、快速反应（QR）及有效的客户反映（ECR）、企业资源计划（ERP）等技术与观念在物流中将得到普遍应用。信息化是一切的基础，没有物流的信息化，任何先进的技术设备都不可能应用于物流领域，信息技术及计算机技术在物流中的应用将彻底改变世界物流的面貌。

2. 自动化

自动化的基础是信息化，自动化的核心是机电一体化，自动化的外在表现是无人化，自动化的效果是省力化，它可以扩大物流作业能力、提高劳动生产率、减少物流作业的差错等。

3. 网络化

网络化有两层含义：一是物流配送系统的计算机通信网络，包括物流配送中心与供应商或制造商的联系要通过计算机网络，另外与下游顾客之间的联系也要通过计算机网络通信，比如物流配送中心向供应商提出订单的过程，就可以使用计算机通信方式，借助于增值网（Value Added Network，VAN）上的电子订货系统（EOS）和电子数据交换技术（EDI）来自动实现，物流配送中心通过计算机网络收集下游客户的订货的过程也可以自动完成；二是组织的网络化，即所谓的企业内部网（Intranet）。比如，中国台湾的计算机业在 20 世纪 90 年代创造出了“全球运筹式产销模式”，这种模式的基本点是按照客户订单组织生产，生产采取分散形式，即将全世界的计算机资源都利用起来，采取外包的形式将一台计算机的所有零部件、元器件、芯片外包给世界各地的制造商去生产，然后通过全球的物流网络将这些零部件、元器件和芯片发往同一个物流配送中心进行组装，由该物流配送中心将组装的计算机迅速发给订户。这一过程需要有高效的物流网络支持，当然物流网络的基础是信息和计算机网络。

4. 智能化

物流作业过程大量的运筹和决策，如库存水平的确定、运输（搬运）路径的选择、自动导向车的运行轨迹和作业控制、自动分拣机的运行、物流配送中心经营管理的决策支持等问题都需要借助大量的知识才能解决。在物流自动化的进程中，物流智能化是不可回避的技术难题。好在专家系统、机器人等相关技术在国际上已经有比较成熟的研究成果。为了提高物流现代化的水平，物流的智能化已成为电子商务下物流发展的一个新趋势。

5. 柔性化

柔性化本来是为实现“以顾客为中心”理念而在生产领域提出的，但要真正做到柔性化，即真正地能根据消费者需求的变化来灵活调节生产工艺，没有配套的柔性化的物流系统是不可能达到目的的。20 世纪 90 年代，国际生产领域纷纷推出弹性制造系统（FMS）、计算机集成制造系统（CIMS）、制造资源系统（MRP）、企业资源计划（ERP），以及供应链管理的概念和技术，这些概念和技术的实质是将生产、流通进行集成，根据需求端的需求组织生产，安排物流活动。因此，柔性化的物流正是适应生产、流通与消费的需求而发展起来的一种新型物流模式。这就要求物流配送中心根据消费需求“多品种、小批量、多批次、短周期”的特色，灵活组织和实施物流作业。

另外，物流设施、商品包装的标准化，物流的社会化、共同化也是电子商务环境下物流发展的趋势。

【思考与应用】

1. 填空题

（1）分销渠道，又称（　　），是指企业的产品（或劳务）从生产者向最终消费者或者工业用户直接转移所有权时所经过的路线、途径或流转通道，是联结生产和消费之间的“桥梁”和“纽带”。

（2）按是否使用中间商，可将分销渠道分为（　）和（　）。

（3）按分销过程中经历中间环节的多少，可将分销渠道分为（　）和（　）。

（4）（　）是指以直接面向最终消费者销售商品为主，并提供相关服务的企业或个人，是分销渠道的最终环节和出口。

2. 判断题（对的打√，错的打×）

（1）直接渠道是指生产企业通过中间商环节，直接将产品销售给消费者的渠道类型。（　）

（2）按企业在销售中使用中间商的多少，可将分销渠道分为宽渠道和窄渠道。（　）

（3）网络直接营销渠道与传统的直接分销一样，都没有营销中间商，商品直接从生产者转移给顾客或用户。（　）

（4）以电子商务平台为支撑的网络营销渠道不具备传统分销渠道的功能。（　）

3. 思考题

（1）分销渠道的类型有哪些？

（2）中间商的类型有哪些？

（3）电子商务经营模式有哪些？

（4）影响分销渠道设计的因素有哪些？

（5）如何进行分销渠道设计？

（6）如何进行分销渠道管理？

（7）如何解决渠道冲突？

（8）如何整合物流管理？

4. 案例分析与应用

苏宁转型记

从1990年一个200平方米的家电专营店，到中国连锁经营的龙头，再到探路智慧零售的世界500强企业，苏宁从无到有，从小到大，不断探索“转型”，见证又推动着消费升级与零售业变革。翻阅2018年的“成绩单”，苏宁在零售业整体增速放缓“寒意”之下，逆势扩张、强劲上扬，规模增长、营收增长速度远超行业平均水平，智慧零售门店突破1万家。站在中国商业连锁百强第一、中国民营企业500强第二的位置上，苏宁正瞄准“智慧零售”筑城发展。

聚焦主业

苏宁创立于1990年，从南京宁海路上一家不到200平方米的空调专营店起步，发展到如今拥有中国和日本两家上市公司，多产业协同发展的版图布局。从苏宁电器到苏宁云商，再到苏宁易购，伴随着两次更名、三次转型、多次战略调整，苏宁却始终坚守以零售为核心，心无旁骛，不断谋求高质量转型发展。

“1998年，我们发起了企业的第一次转型；2008年，我们开始酝酿企业的互联网转型；2018年，在中国零售业发展的第三个阶段‘场景互联网零售’大幕全面开启之际再次转型。”公司创始人及董事长张近东如是说。

近 30 年的发展分为三个阶段，分别对应着苏宁“创业期转型”“社会化转型”“数字化转型”的三次转身。苏宁易购副董事长孙为民说：“无论哪一次转型或更名，我们一如既往聚焦于主业，推动商业零售本源业务全品类、全渠道、场景化、智能化。”

2009 年，苏宁抓住互联网机遇，开启了互联网转型的探索之路。一年后，苏宁易购正式上线，随后不断深化互联网转型。2013 年，苏宁率先提出 O2O 线上线下融合战略，并在之后完成了从“+ 互联网”到“互联网 +”的转型。2017 年，苏宁正式提出智慧零售战略，拉开智慧零售大开发战略帷幕，全面迈入了苏宁智慧零售的新阶段。

2018 年是零售行业深化的一年，也是苏宁智慧零售落地开花的一年，在零售行业整体增速放缓的情况下，苏宁智慧零售逆势极速增长，全年增速将远高于行业平均水平，新开超过 8 000 多家智慧零售门店，创造了行业新纪录。苏宁小店、苏宁极物、苏鲜生、苏宁红孩子、苏宁影城、苏宁体育、苏宁汽车超市等业态在全国范围内快速落地。

布局未来

从实体零售到互联网零售，再到如今的智慧零售，回顾苏宁发展史，在每一次的时代变革中，苏宁总能凭借着其战略眼光，走出自己的升级路。

苏宁易购最新财报显示，公司 2018 年前三季度实现商品销售规模 2 348.83 亿元，同比增长 41.91%，其中线上平台商品交易规模为 1 379.54 亿元，同比增长 70.89%，远超行业平均增速，“线上重塑线下，线下反哺线上”作用越发凸显。

孙为民说：“早在 1993 年，苏宁就开始了数字化、信息化起步。从企业内部信息化建设开始，到电子商务、云架构建设，正是因为有人才和技术储备，以及前期的布局与投入，我们才没有传统企业转型中的焦虑，坚定的拥抱互联网，拥抱全渠道数字化变革。”

“最近 10 年，基于物联网、大数据、云计算、智能设备等技术的发展与普及，智慧型零售已成为商业发展的必然趋势，也成为引领消费的重要抓手。”孙为民说。苏宁能够成为零售业服务产业升级的代表，根本原因在于这种智慧零售模式。

“未来 10 年，苏宁处于全球市场一体化、知识经济实体化的时代，没有科技的转型，没有智慧再造，就没有苏宁大企业的未来。”张近东说。

心系民生

企业不仅是创造利润的社会单元，还是承担社会责任的重要载体。每年春天，苏宁都会发布“苏宁易购年度社会责任报告”，到今年已经坚持了 11 年。

截至 2019 年 12 月，苏宁员工总数已达 25.3 万人。仅在 2018 年，苏宁解决就业人口 6.8 万人，包括 4 万多名终端服务人员，以及 2 万多名的互联网运营人员、IT 研发人员和新业态运营人员。针对高校毕业生就业问题，苏宁自 2002 年起推出了“1200 工程”。目前已连续创办 17 期，前 16 期已实现了 5 万名优秀高校毕业生在苏宁稳定就业，并在苏宁高标准带教与管理的培养下，现已经或将成长为苏宁集团的中坚力量。据统计，通过“1200 工程”成长起来的总裁（含正副职）级别干部占总裁人数的 26%；总经理 / 总监级别占比 36%；经理级别占比 33%。在推动返乡人员就业创业及精准扶贫方面，超

4 000 家苏宁零售云为全国县镇市场带来了超过 2 万人的就业。苏宁在全国首创的苏宁扶贫实训店，已落地全国超 100 个贫困县，2018 年培训人次超 40 万人，带动脱贫及创业人口超过 3 500 人。“每一位苏宁人都是企业发展的见证者，也是零售变革的探路者、建设者。”张近东说，“迈向崭新的 2019 年，我们要继续把握消费升级、新旧动能转换带来的发展机遇，持续推动智慧零售模式的发展。”据悉，2019 年，苏宁将进一步稳定投资、扩大就业，全年计划新增员工 8 万人。

（资料来源：财友）

思考：

从营销渠道角度分析，苏宁易购在发展中有哪些机遇与挑战？

项目 8 促销策略

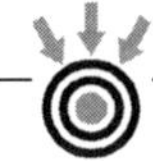

【课前五分钟】

1. 什么是产品利益？
2. 如何运用广告促销策略？
3. 营业推广促销的操作程序是什么？
4. 公共关系促销方式有哪些？
5. 网络促销与传统促销有何区别？
6. 网络促销的主要方法有哪些？

【教学目标】

知识目标：

- 通过学习，掌握人员推销促销、广告策略促销、营业推广促销、公共关系促销的内容和方法。掌握网络促销与传统促销的区别、网络促销的主要工具和主要方法。

能力目标：

- 通过培养，具备运用促销策略的能力。

8.1 人员推销

8.1.1 人员推销

1. 人员推销的概念

人员推销是指企业推销人员直接向消费者推销产品和服务的一种促销活动，是推销人员通过与顾客面对面或以电子方式交流进行产品促销的行为。人员推销作为世界上最古老的职业之一，在企业的促销活动中起到很大的作用。在人员推销活动中，推销人员、推销对象和推销商品是 3 个基本要素。其中前两者是推销活动的主体，后者是推销活动的客体。企业通过推销人员与推销对象之间的接触、洽谈，将商品推销给推销对象，从而达成交易，实现既销售商品又满足顾客需求的目的。

2. 推销人员的角色定位

推销员是企业形象代表，是热心服务者，是信息情报员，是“客户经理”，是实现公司与消费者双向沟通的桥梁和媒介之一，是公司里最重要、最宝贵的财富之一，它是公司生存和发展的支柱。

8.1.2 运用产品利益推销

1. 产品利益

（1）产品利益的概念。产品利益是指产品带给消费者的好处，而不是指产品带给消费者的用途或特点。传统的推销观念强调的是推销产品的用途、质量、优点、特点等。而现代推销观念强调，消费者不会由于产品是什么而购买它，而是因为产品能给他们带来某些好处而购买它。这是推销人员首先要掌握的思路与方法。

（2）推销产品利益的思路。推销产品利益要从卖方和买方两个方面分析。从卖方分析产品利益，即产品的卖点；从买方分析产品利益，即产品的买点。只有产品的卖点与产品的买点达到平衡，消费者才会购买。

1）用产品利益吸引消费者。推销人员靠什么吸引消费者，这是解决产品卖点的问题。一个化妆品公司的推销人员要向消费者推销的仅仅是化妆品吗？有一个著名的化妆品广告，“今年二十，明年十八”，这 8 个字没有一个字向消费者说明它的化妆品质量多么好，也没有一个字说明它的化妆品价格多么便宜，更没有一个字说明它的化妆品有多少营养元素，但是这个化妆品广告打动了许多消费者的心，吸引了无数消费者的注意。

这则化妆品广告靠什么吸引了无数消费者呢？是由于化妆品的质量高吗？是因为化妆品便宜吗？是由于化妆品含有多少天然营养元素吗？不是的，消费者购买化妆品只有一个希望，就是希望自己能永葆青春、漂亮。因此，化妆品带给消费者的不是质量多么高，也不是价格多么便宜，而是化妆品能让消费者显得年轻、漂亮。一位化妆品公司经理有句名言：“我们公司生产的是化妆品，在市场上出售的却是消费者要求美容的希望。”“今年二十，明年十八”通过形象化的手段，把化妆品带给消费者的利益作为卖点，把化妆品带给消费者的好处卖给了消费者，也就把产品卖给了消费者。那么，是什么吸引了消费者呢？是产品能给消费者带来的利益。

2）消费者购买的是产品利益。消费者为什么要购买你的产品？根据调查发现，消费者花费 90% ～ 95% 的时间考虑自己的需要，消费者在弄清楚“我能从这件产品中得到什么好处”之前，他是绝不会下决心购买产品的。消费者之所以要购买产品，不是为买产品本身，他要买的是产品带给他的利益或好处。因此，一个推销人员卖给消费者的不应该是纯粹的产品，应该是产品带给消费者的利益。

（3）从产品特点推销转化为产品利益推销。现实生活中，推销人员常犯的错误是特点推销。他们见了消费者以后，告诉消费者：自己的产品是什么样的形状、什么样的颜色、都有哪种型号、有什么样的规格等，把产品的一个又一个特点介绍得清清楚楚、明明白白。总之，他们告诉消费者的是自己所推销的是一个什么样的产品，唯独没有告诉消费者产品的这些特点能够带给消费者什么好处。

推销人员能否赢得消费者购买的可能性与向消费者讲述利益时的努力成正比。推销人员越是努力向消费者讲明产品带给他的利益，就越能够打动消费者，取得更多的业绩。因此，推销人员必须实现产品特点推销向产品利益推销的转变。

2. 产品利益推销的概念

产品利益推销就是推销人员在向消费者介绍产品特点的基础上，进一步向消费者指出这些特点能给消费者带来什么好处。每一位推销人员都必须考虑两个问题：第一，每位消费者都要求回答一个问题——产品对我有什么好处；第二，推销人员也必须考虑这样的问题——产品对消费者有什么好处。在解决这两个问题的基础上，围绕产品利益去设计和实施推销策略和推销技术，才能从特点推销转化到利益推销上来。

3. 运用推销产品利益的操作程序

（1）鉴别利益。一个推销人员在拜访消费者之前，一定要明白自己将要带给消费者哪些利益。推销人员带给消费者的利益包括两个方面：一是让消费者得到好处，通常表现为感觉如何好、赚取更多的钱、省时、省力、提高效率等，它代表着顾客能更多地拥有或更好地利用的东西；二是让消费者避免或减少损失，如解决问题的方案就可以使消费者摆脱困境或使消费者避免损失，让消费者减少一些肯定的损失比向消费者承诺更大的获得更有说服力。

1）产品利益的类型：①一般利益，即各类产品都具有的利益；②特殊利益，即本产品的特点带给消费者的利益，其他产品无法与其相比的利益；③意中利益，即产品能够提供消费者所期望的利益。在推销中，具有竞争优势的利益不是一般利益，而是特殊利益和意中利益。推销人员根据产品属性和消费者的特殊要求，总结和推销特殊利益和意中利益，才能满足不同消费者的需求，取得优异的销售业绩。

2）企业利益。企业利益就是企业带给消费者的利益。消费者在购买产品的时候，如果他觉得企业没有知名度，并且在消费者心目中的形象也不好，那么他就可能不会购买该企业的产品。如果企业是一个知名度高、重信誉且在消费者心目中的形象较好，那么消费者就愿意和这样的企业打交道，成为企业的忠诚消费者。

消费者认知产品的过程一般是先认知产品所在的企业，再认知推销人员，最后认知产品，所以要做到让消费者对产品放心、对企业放心、对推销人员放心，才能实现购买。如果对三者中的一个不放心，购买就不会完成。例如，消费者对产品比较满意，但他们听说这个企业从前是个皮包公司，消费者就会想，这个企业的产品会不会是假冒伪劣产品，所以推销人员向消费者推销产品的时候，要告诉消费者，企业有生产这种产品的专利，这就是企业带给消费者的利益。塑造良好的企业形象，用良好的企业形象吸引消费者，用良好的企业形象带给消费者新的利益，已经成为更多企业的追求。

3）差别利益。差别利益就是向消费者提供竞争对手所没有的利益，就是用一些别人没有的东西吸引消费者。“人无我有，人有我优，人优我新，人新我变”，就是通过不断带给消费者与众不同的利益打动更多的消费者。

差别利益被誉为是推销人员吸引消费者的关键因素，也是企业在竞争中取胜的关键。企业界流传这样一句格言：一个推销人员在与竞争对手竞争的时候，如果不能找出3条以上竞争对手没有的差别利益，就很难在竞争中取胜。

差别利益的内容如下：①产品差别，就是产品与众不同，比竞争对手的更好；②服务差别，就是企业为消费者提供竞争对手所没有的服务，并且支付条件比竞争对手更优惠；③人员差别，就是推销人员的差别，即推销人员在形象、素质、沟通能力、为顾客排忧解难等方面的差别。

（2）消费者需求。利益是相对而言的，世界上没有绝对的利益，任何产品的利益对消费者来讲都是相对的。有位科学家说过这样一句话：对于一个人来说是蜜糖，但对于另一个人来说可能是毒药。消费者是追求利益的，但是不同的消费者追求不同的利益。推销人员要考虑和了解消费者的真正要求，提供对方迫切需要的利益，对症下药，才能迅速消除病痛，把产品利益展现在消费者面前，使消费者因利益而购买产品。

头脑风暴

淘宝“口红一哥”李佳琦对于自己的定位比较清晰，认为自己不是艺人也不是网红，只是一名销售员，他希望可以通过自己的微薄之力改变更多人的心态，帮助更多的女生追求美丽，享受自信。

李佳琦推销的利益点是什么？给我们什么启示？

1）不同类型的消费者对利益的需求。消费者可以分为工业用户、中间商、消费者三大类，他们对产品利益的需求是不同的，如表8-1所示。

表 8–1　不同类型的消费者对产品利益的需求

类　型	对产品利益的需求
企业	节省成本、费用，降低物耗；提高产量、质量、效率，增加收益
中间商	市场潜力、产品利润、服务制度
消费者	使用寿命、方便、安全、卫生、便宜、服务、精神需要等

2）不同购买心理的消费者对利益的需求。作为一名推销人员，去拜访消费者的时候，必须了解消费者的购买心理，然后针对消费者购买心理来介绍产品能带给消费者什么利益。只要能摸准消费者的购买心理，根据消费者购买心理介绍产品，就能打动消费者。

针对不同购买心理的消费者，推销人员推销产品利益的要点有以下几个方面。

适合性：是否适合对方的需要。

通融性：是否也可用于其他的目的。

耐久性：是否能长期使用。

安全性：是否具有某种潜在的危险。

舒适性：是否会给人带来愉快的感觉。

简便性：是否可以很快地掌握它的使用方法，而不需要反复研究说明书。

流行性：是否是新产品。

效用性：是否能够给消费者带来利益。

美观性：外观是否美观。

便宜性：价格是否合理，是否可以为对方所接受。

（3）将产品特点转化为消费者利益。产品具有什么样的特点比较容易明白，但是产品这些特点能带给消费者什么样的利益，这就需要推销员去思考、分析如何把产品特点转化为消费者利益的问题。

将产品特点转化为消费者利益的程序如下。

1）编制产品特点目录。推销人员要把产品的每一个特点都列出来，编成目录。产品特点不仅包括物质特点，如款式、色调、配方、工艺、质量、性能、耐用性等，还要包括企业和推销工作相关的特点，如物流、定价、服务、信誉等。

2）选择消费者最感兴趣的产品特点。因为没有一个消费者对所有的产品特点都感兴趣，所以推销人员要了解消费者对哪些特点最感兴趣。

3）确定所选特点的重要程度。在认真分析各种特点的基础上，按照对消费者重要程度的不同进行顺序排列，将消费者最感兴趣的特点放在首位。

4）论证每一特点是如何满足消费者利益的。FABE 法是一种向消费者推销产品利益的实用方法。该方法就是首先找出产品所具有的特点，然后分析每个特点有什么样的优点，在分析这一特点能带给消费者什么样的利益后，再找出证据，证实产品确实具有这些利益。F（feature）代表产品具有的特点，A（advantages）代表由这一特点所产生的优点，B（benefits）代表这一优点带给消费者的利益，E（evidence）代表证据。

头脑风暴

请你选择一种熟悉的日用品，运用 FABE 法总结其利益点。

8.1.3 运用人员推销的操作程序

1. 寻找消费者

推销人员制订推销计划后，首要的工作就是寻找潜在的目标消费者，因为只有确定了推销对象，推销工作才能真正开始展开。推销人员寻找潜在的消费者，可以从多个途径去寻找。

（1）企业外部。比如，从现实的消费者那里得到其他潜在类似消费者的信息，通过亲朋好友得到相关潜在消费者的信息，通过无竞争关系的其他销售人员得到相关信息等。

（2）企业内部。比如，从公司的资料库、电话本等方面得到相关信息，或者通过会议的电话及邮件等得到相关信息等。

（3）亲自寻找。通过分析产品的目标消费者的特点，进行深入探访以得到潜在消费者的信息。为避免盲目性，应事先确定一个可能的目标范围。

（4）其他方面。比如，通过网络、电话、微信、微博、展会、销售讨论会等途径得到潜在消费者的信息。

2. 评估消费者

找到潜在消费者，还要对其进行评估，看其是否具有购买的意愿及能力，把时间优先放在最具潜力的消费者身上，以达到最高的产出效果。

一般来说，只有那些对产品有真实需求、有足额的货币支付能力、有购买决策权的准消费者，才是合格的顾客，才是推销人员应重点推销的对象。

（1）购买需求的审查。需求审查是消费者购买资格的核心内容，它决定了整个推销活动的成败。购买需求的审查包括对消费者有现实的需求、消费者确实没有需求、消费者表示出虚假的没有需求的审查。

（2）支付能力的审查。在完成了对消费者需求的审查之后，推销人员就要审查消费者的支付能力。这项工作是在推销人员寻找消费者、与消费者洽谈时同步进行的。支付能力的审查包括针对终端消费者支付能力的审查、针对企业支付能力的审查、针对中间商支付能力的审查。

（3）购买决策权的审查。很多情况下，人们虽然对推销人员推销的产品有现实需求，而且也具有相应的货币支付能力，但他们不能采取购买行动，其中一个重要的原因就是他们没有购买决策权。购买决策权的审查包括终端消费者购买决策权的审查、企业购买决策权的审查、中间商购买决策权的审查。

3. 接近消费者

接近消费者是推销人员开始推销洽谈的前奏，也是推销过程的一个重要环节。接近消费者一般包括推销准备、约见消费者与接近消费者 3 个环节。

（1）推销准备。其基本内容包括消费者资料的准备和推销工具的准备。针对不同的消费者，消费者资料的准备可分为约见政府机构型购买者的准备、企业型购买者的准备、中间商型购买者的准备、终端型消费者的准备和熟悉消费者的准备。

（2）约见消费者。约见消费者既是接近准备的延续，又是接近过程的开始。约见的基本内容是确定约见对象、明确约见目的、安排约见时间和选择约见地点。约见消费者的方式有当面约见、信函约见、委托约见、广告约见和网上约见等。

（3）接近消费者。其主要方法有介绍接近法、产品接近法、利益接近法、好奇接近法、问题接近法、赞美接近法、调查接近法、求教接近法等。

4. 推销洽谈

推销洽谈是整个推销过程中的一个关键性环节。能否说服消费者，进一步激发消费者的购买欲望，最后达成交易，关键在于推销洽谈是否成功。

（1）推销洽谈的内容。推销洽谈涉及的面很广，内容也非常丰富。不同产品的推销有不同的洽谈内容，但基本内容主要有产品品质、产品数量、产品价格、销售服务、消费者获得利益和保证条款。

（2）推销洽谈的步骤。正式的推销洽谈，买卖双方一般在事前已通过不同渠道有所接触，双方均有交易的动机和意愿，在经过一定的准备之后双方在约定的时间、地点进行正式洽谈。一般来说，正式洽谈活动从开始到结束，可以划分为制定洽谈方案、洽谈导入和正式洽谈几个步骤。

（3）推销洽谈的方法。推销洽谈要想成功进行，推销人员必须熟练掌握并灵活运用推销洽谈的提示法、演示法和介绍法，同时要注意运用推销洽谈的倾听技巧、语言技巧和策略技巧。

5. 推销成交

对于推销人员来说，无论推销过程多么艰辛或多么完美，如果最后没有拿到订单，其结果都是失败。对于企业来说，只有不断地成交，才能促进资金回笼，才能赚取利润，赢得企业的良性发展。

（1）要善于识别消费者发出的购买信号，把握住有利时机，采取合适的促成交易的方法，达到成交的目的。

（2）常用的成交方法有请求成交法、假定成交法、优惠成交法、保证成交法、选择成交法、从众成交法、小点成交法、异议成交法、试用成交法、最后机会成交法和激将成交法。

实用链接

十种推销术

（1）步步为营法。牢牢掌握顾客说过的话来促使洽谈成功。在与顾客交谈中，抓住顾客所说的话大做文章，提供一个符合条件的地方，由于事先说好，顾客一般都不会反驳。

（2）保证赔偿法。告知顾客购买此产品后，在一定期限内，对由于非人为因素造成的产品损坏，企业可以免费维修。这样可以减少顾客的怀疑，促进交易成功。

（3）激将成交法。推销员通过一定的语言技巧刺激顾客的自尊心，促使顾客在逆反心理的作用下完成交易行为。激将成交法适用于那些高傲孤僻、严肃拘谨、自以为是、自算心强的顺客。

（4）施加压力法。推销员在进行商品推销时，要想方设法先使顾客感到慌张，乱了阵脚，然后再进行推销，给顾客营造一种压力。

（5）诱导方式成交法。为了引起顾客的兴趣，激发顾客的购买欲望，从谈论顾客的需要与欲望出发，巧妙地把顾客的需要与欲望同推销产品紧密地结合起来，让顾客明确自己对推销产品的雷求，最终说服其购买。

（6）抓住习惯成交法。对于签字类成交，当顾客的购买意愿达到一定程度时，让顾客产生信任感，促使交易达成。对于口头约定，当顾客有一定的购买意愿时，可以充满自信地对他们说："您是不是买一些试试看？"与顾客主动握手，利用人的本能促使交易成功。

（7）变换语气成交法。当用同一种方式和顾客进行交谈而毫无结果时，就要考虑怎样才能打破僵局，即改变自己说话的语气和方式。

（8）为他着想成交法。在和顾客洽谈时，尽量让他们知道你是诚心诚意为他们着想，而不是为自己着想。

（9）"假败方式"成交法。在顾客没有防备的情况下，可快速向他们"请教"。一般来说，他们都会告诉你怎样做。

（10）"对抗方式"成交法。对于两句话不对头就对你大动肝火的顾客，要以强硬对强硬，从气势上压住他。

6. 售后服务

产品售出后，要及时了解消费者的满意程度，及时处理消费者的意见，消除他们的不满，提高消费者满意程度。良好的售后服务可以培养消费者对产品的忠诚程度，增加产品再销售的可能性。推销人员也可通过售后的综合分析，对重点消费者进行重点管理，进一步强化再销售的可能性。

8.1.4 运用人员推销管理

1. 对销售队伍的规模管理

推销人员是企业最重要的资产，也是花费最多的资产。推销人员的规模是否适当，直接关系到企业的经济效益。推销人员多，会带来销售额的增加，但同时也会带来销售成本的上升，因此企业必须进行成本和销售额之间的权衡，确定最佳的推销人员数量。

确定销售人员规模最常用、最简单的方法有两种：一是工作量法，即通过确定总工作量的方法来确定销售人员的规模；另一种是销售能力法，即先测量每个销售人员的销售能力，再计算在可能的销售人员规模下公司的销售额和投资报酬率，以此确定销售人员的规模。

2. 对销售队伍的组织结构管理

在相同的环境下，不同的销售队伍组织结构的运作效率是不同的。换句话说，不同的企业，在不同的环境下，要通过不同的组织结构去运作，才能达到效果最大化。营销实践中，推销人员的组织结构有如下几种形式。

（1）区域式组织结构。指企业将市场划分为若干销售区域，每个销售人员负责一个区域的全部销售工作。这是最简单的一种结构形式，为国内大部分产品单一的中小企业所采用。

（2）产品式组织结构。指企业将产品分成若干类，每一个销售人员或每几个销售人员为一组，负责销售其中的一种或几种产品的推销组织结构形式。

（3）顾客式组织结构。指企业将其目标市场按顾客的属性进行分类，不同的推销人员负责向不同类型的顾客进行推销活动的组织结构形式。例如，金蝶在销售 ERP 软件的时候，依据顾客的类型（如银行、商业企业、制造企业、流通企业等）来组织销售人员进行销售。

（4）复合式组织结构。指当企业的产品类别多、消费者的类别多且分散时，综合考虑区域、产品和消费者因素，运用两种或三种因素来分派销售人员的结构形式。在此情况下，一个销售人员可能要同时对多个产品经理或部门负责。

3. 对推销人员的管理

推销人员为企业创造利润，一支有能力的、高效的销售队伍对企业有着非常重要的意义。要想拥有高效的队伍，企业必须在推销人员管理的每一个环节做足功夫。

（1）推销人员的招聘。招聘为优秀的销售队伍把好第一关。公司要根据实际情况制定销售人员招聘的条件，以确保选出公司所需要的优秀销售人才。高素质的销售人员对销售的贡献要比低素质的销售人员高出很多，所以在招聘推销人员时，宁可花高价请一个高水平的销售人员，而不花低价去招几个低素质的销售人员。

（2）推销人员的培训。推销人员被招聘进来以后，一般公司都要对其进行相应的培训。

企业对推销人员的培训内容有企业文化培训、道德培训、业务培训及管理培训等方面。不同的培训内容往往是根据需求的层次分阶段进行的。

企业对推销人员的培训方法：一是课堂培训，这是比较系统的正规培训方法；二是会议培训，是组织销售人员就某一专题进行研讨，受训人有充分的交流机会；三是实地培训，即新销售人员在接受一定的课堂培训的基础上被安排到工作岗位上，在有经验的销售人员的带领下逐步独立工作的培训方法，效果比较显著。

（3）推销人员的激励。一般来说，组织中的任何成员都需要激励，推销人员也是如此。企业可以通过多种方式对推销人员进行激励，以提高销售人员的工作积极性。激励措施的方式有固定工资加奖金、提成制工资和固定工资加提成。企业还要考虑销售人员的福利待遇，包括休假工资、医疗保险、养老保险等，特别应该根据销售人员工作特点，必要时还可以给予意外保险，这样可以让销售人员有安全感和对企业的依附感，从而愿意为企业奉献自己的干劲、热情和才智。

（4）监督和评价推销人员。常见的销售人员监督方法包括制定现有和潜在顾客的访问规范、指导销售人员有效支配时间、制定有效的内勤与外勤人员的责任和协调规范等。对推销人员的评价建立在对其任务的控制基础之上。企业可以从销售报告、销售管理者观察、顾客调查及与其他销售人员的谈话中了解销售人员的绩效。在评估销售人员的过程中，企业应当从销售人员规划工作的能力和完成计划的能力这两方面进行评估。评估的过程要求相关部门有明确的业绩评估标准并做到及时沟通，评估的目的是为销售人员提供建设性的反馈并激励他们更努力地工作。

头脑风暴

为帮助消费者识别骗局，保护自身权益，警方总结了保健品欺诈和虚假推销常用的九个套路。

套路一：免费礼品。推销人员大多通过发宣传单，免费发放如鸡蛋、大米、购物车、面、油、杯等礼品，或用保健品包装盒、票据换礼品，让老年人进入圈套。

套路二：假借公益。保健品销售公司会假冒某某公益活动的名义，打着公益的幌子，吸引老年人来听普及健康知识的讲座，其实是为推销产品做铺垫。

套路三：夸大承诺。保健品销售公司往往无据承诺、虚假承诺、夸大承诺。他们宣称销售的产品能治高血压、降血脂，对胃好、对肾好、对肝好，还可控制糖尿病……类似的保健品诈骗销售方式不断重复，最终引诱老年人信以为真。

套路四：登记信息。无论通过什么途径吸引来的老年人，保健品推销人员往往会要求他们详细填写住址、病史、电话等基本信息。同时趁机问问老人家里有没有老伴、几个孩子、身体怎么样，一方面拉近关系，另一方面套取更重要的信息，为后续销售保健品打基础。

套路五：“专家”讲座。保健品公司会邀请所谓的专家、医生到推销现场。宣称此专家对某些疾病有非常专业的治疗水平，比如在某大医院光挂号费就要 300 元。利用老年人对健康的迫切需求推销保健品。

套路六：现身说法。保健品推销人员安排老年人参与活动并上台分享。被安排好的老年人会说自己是本公司的会员，这个保健品效果确实好，成为会员还有各种福利待遇。

其他老年人会因为这些现身说法的老年人是自己的邻居、同事、同一个小区的住户而轻信他们，随之购买产品。

套路七："亲情"服务。有些保健品推销人员经常家访，去老人家里提点水果、蔬菜看望，陪老人聊天。只要老人高兴，让他们买保健品就不是问题了。

套路八：免费旅游。保健品销售公司会组织老年人免费旅游、免费吃住，以公司搞庆祝活动、回馈客户为名，实际上到了所谓的旅游地点，就关起门来进行保健品效果诱导，然后去参观保健品生产车间。

套路九：非法集资。有些保健品销售公司以购买总公司股票，或者以某公司将要上市为名，宣称现在存钱或者购买股票，可以获得高额回报，比如 20% 的年利息，引诱老年人去大额投资、购买。这样的投资实际上有去无回。

你认为应该如何整治"保健品"市场乱象？

8.2 广告策略

8.2.1 广告策略的概念

广告策略是在一般营销策略的基础上，利用各种推销手段，在广告中突出消费者能在购买的商品之外得到其他利益，从而促进销售的广告方法和手段。

广告策略既要告知消费者购买产品所能得到的好处，又要给予消费者更多的附加利益，以激发消费者对产品的兴趣，在短时间内收到即效性广告的效果，从而推动产品销售。

8.2.2 运用广告定位

广告定位是指在与所宣传产品相类似的众多商品中，寻找到该产品有竞争力的特点和独特个性，在消费者心中树立该产品的一定地位。广告定位的方式有以下几种。

1）确定广告对象和宣传概念，强调产品特点，以及信息传递的方法、技巧和具体步骤等。

2）明确广告区域和宣传力度。针对广告区域的地方性、区域性、全国性、国际性的不同，选择不同广告覆盖方法，如全面覆盖、渐进覆盖或轮番覆盖。

3）确立广告目标，即在一个特定时期内对特定受众所要达到的宣传效果。广告目标可分为 3 种类型：通知型、说服型、提醒型。通知型广告主要用于某种新产品的入市前期，目的在于强化品牌形象、推出新产品；说服型广告的目的是培养消费者对某种品牌的需求，说服消费者在同类产品中选择它；提醒型广告对产品进入旺销期后十分重要，目的是引起消费者对该种产品的记忆和连续购买。

4）选择广告媒体组合。根据产品和媒体的特性选择投入费用小而宣传效果好的媒体组合。

头脑风暴及应用

从20世纪90年代到21世纪，中国的营销活动快速发展，诞生了很多经典的营销传播概念，它们在广告语中传递了很好的传播诉求。

1. 白加黑传递了“白天服白片，不瞌睡；晚上服黑片，睡得香”的理性诉求。

2. “有效除菌护全家”让舒肤佳传递杀菌清洁的理性诉求。

3. “今年过节不收礼，收礼只收脑白金”让脑白金向消费者传递送礼首选的感性诉求。

4. 乐百氏传递了“27层净化”的理性诉求。

5. “农夫山泉有点甜”传递了甘甜天然水的理性诉求。

6. 借助滑稽的父子俩形象，农夫果园传递了果汁含量高、“唱前摇一摇”的兼顾差异化的理性诉求和有趣的感性诉求。

7. 金龙鱼1∶1∶1传递了“最佳营养配方”的理性诉求。

8. 采乐洗发水传递了杀菌止屑的理性诉求。

9. 海尔氧吧空调传递了保证室内氧气充足的理性诉求。

10. 汇源果汁冷灌装传递了新鲜、营养成分不变的感性诉求。

试分析身边熟悉的产品的营销传播诉求。

8.2.3 运用广告促销策略

1. 运用馈赠型广告促销策略

（1）运用赠券广告。利用报刊向消费者赠送购物券。报刊上登载商店赠券，赠券周围印有虚线，读者沿虚线将赠券剪下即可持券到商店购物。赠券一般优惠供应商品。赠券广告的作用是薄利多销，提高商店和品牌知名度，吸引消费者到商店来，从而带动其他产品的销售。

（2）运用赠品广告。将富有创新意识与促销产品相关的广告小礼品，选择时机，在较大范围内赠送给消费者，从而引起轰动效应，促进商品销售。比如，现在市面上经常看到日化公司、医药公司制作一种印有其某种产品（如驱蚊露、止痒水、风油精）字样的小型手摇广告扇，在入夏前期赠送给路人和柜台前的消费者，扩大影响，可极大地促进产品的销售，而每把手摇扇的成本只有0.15元人民币。

（3）运用免费试用广告。将产品免费提供给消费者，一般让消费者在公共场合试用，以促进产品宣传。例如，化妆品公司针对大学生、年轻人集体外出户外活动之前，免费为他们提供防晒霜使用，同时赠送印有该产品字样的遮阳伞为企业做广告，将会产生不同凡响的广告效应。

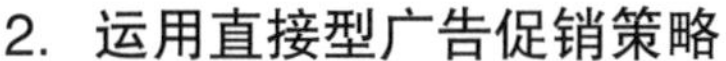

2. 运用直接型广告促销策略

（1）运用上门促销广告。促销人员不在大众媒体或商店做广告，而是把商品直接送到用户门口，当面向用户做产品宣传，并给用户一定的附加利益。例如，城市居民经常会遇到陌生的女大学生为某些企业兼职上门推销化妆品、洗涤剂、保健品等，这种广告式的促销能及时回答消费者的问题，解除消费者的疑虑，直接推销产品，但效果不能尽如人意，往往会为戒备心很强的住家所拒绝，甚至被逐出家门。

（2）运用邮递促销广告。促销人员将印有“某产品折价优惠”或“请君试用”等字样，并备有图案和价目表之类的印刷品广告，通过邮局直接寄到用户家中或办公室。为了减少邮递促销广告的盲目性，企业平时要做经常性的资料收集工作，掌握用户的姓名、地址和偏好，双方保持一定形式的联系，提高用户对企业的信任感。

（3）运用派发促销广告。指促销人员将印刷品广告在目标消费群的聚集区递送给消费者。

3. 运用示范型广告促销策略

（1）运用名人示范广告，即让社会名人替商品做广告。

（2）运用现场表演示范广告，即选择特定时间和地点，结合人们的生活习惯，突出产品的时尚功效，在公开场合示范表演。

4. 运用集中型广告促销策略

集中型促销广告是利用大型庆典活动、赞助公益事业、展销会、订货会、文娱活动等人群集中的场合进行广告宣传，其广告形式多种多样。

对于需要使用技术指导的精细化学品的广告促销，还可以通过在相关技术类刊物上发表具有隐形广告意义的科研论文以达到类似的促销效果。

5. 运用直播广告促销策略

直播广告促销有两种形式，一是直播商品，二是直播品牌。直播方式包括 CEO 直播促销、县长直播促销、个人直播促销、明星直播代言促销、发布会直播促销等多种方式。

8.2.4　运用广告促销设计的操作程序

1. 确定广告目标

广告目标是指企业通过广告活动要达到的目的。其实质就是在特定的时间对特定的受众完成特定内容的信息沟通任务。广告目标是广告方案设计的出发点，为整个广告营销活动指明了方向，它应从属于营销目标。根据广告目标特点的不同，可以把广告目标划分为告知、劝说和提示三大类。

2. 确定广告预算

在广告预算设计中，企业要充分认识广告支出与广告收益的关系。广告宣传的目的就是吸引消费者，扩大产品的销售，提高企业的经济效益。因此，企业在选择广告形式时必须注意广告宣传所取得的经济效益要大于广告费用的支出。企业选择确定广告预算的方法有如下几种。

（1）承受能力法，即根据企业的资金实力来决定广告预算。生产企业广告预算的计算方法是：先从企业产品的市场售价，减去批发商与零售商所得的价差，以及本企业的生产成本，再确定企业可用于广告的费用比例。

（2）一种准销售额百分比法，即根据销售额的一定百分比制定广告预算。这种方法使广告费用与销售收入挂钩，简便易行。但它忽视了广告促销作用，颠倒了二者的关系，忽视了未来市场的环境变化，并且二者比例系数很难确定。

（3）竞争平衡法，即参考竞争对手的广告费用而定出自己的广告费用，广告预算与竞争者大体相同。这种方法有助于避免广告战的白热化，但它忽视了竞争者广告费用不一定合理的情况。此外，竞争者与本企业情况也是存在差异的。

（4）目标任务法，即根据企业营销的目标和任务确定广告预算。这是一种较科学的方法，但它也会有主观性，因此也需要采用上述某些方法对其加以修正。

（5）投资收益法，即预测广告投资与所能产生的收益决定广告预算，但关键是难以确定广告的收益。因此，广告预算必须综合考虑各种因素，综合运用各种方法以校正某种方法的缺陷。广告预算总额确定以后，必须在不同广告媒体之间、广告管理的各个程序之间，在不同目标市场和不同地区之间，并依据不同媒体的传播时间和传播次数进行合理分配，才能收到预期的效果。

3. 确定广告信息

这是指根据促销活动所确定的广告目标来设计广告的具体内容。产品设计要注重广告效果，只有高质量的广告，才能对促销起到宣传、激励的作用。高质量广告应该体现合法性、真实性、针对性、简明性、艺术性和统一性。

4. 选择广告媒体

不同的广告媒体有不同的特征，这决定了企业广告必须对广告媒体进行正确的选择，否则将影响广告效果。正确地选择广告媒体，一般要考虑下列影响因素。

（1）产品特征。掌握产品特征是选择广告媒体的重要条件。产品的特征主要是指产品的需求特征和需求范围，以及产品形象化程度。工业品和消费品，以及技术性能高的复杂产品和较普及性产品，应采取不同的广告媒体。

（2）消费者接触媒体的习惯。一般来说，能使广告信息传递到目标市场的媒体是最有效的媒体。消费者接触媒体的习惯是不同的，掌握这种区别才能有针对性地进行广告宣传，提高广告宣传的效果。

（3）广告的内容。不同的广告内容应选择不同的广告媒体。例如，广告内容是“明天大降价”，选择日报、晚报、电视、广播、微博、微信、短信、直播等最及时。如果是一项技术性很强、较为复杂的产品，广告则宜登在专业杂志上或采用印刷品邮寄做广告媒体。

5. 评估广告效果

促销广告是一项投资，对于这种费用较高的投资活动，企业必须进行评估，目的在于提高广告的经济效益。要准确地评估广告效果绝非易事，但并不意味着不能评估。企业可以采用“预审法”检查广告是否将信息正确、有效地传递给目标受众。此方法是在广告公布于众之前对其效果进行评估。广告投放市场以后，可用下列方法进行评估。

（1）运用回忆测定法。指通过消费者观看（阅读）广告后对广告内容的记忆度和理解度来测定广告的效果。回忆测定法又可分为纯粹回想法和辅助回想法两种。纯粹回想法是让消费者独立地对已推出的广告进行回忆，调查人员不做任何提示；辅助回想法则是测定在一定的提示下，消费者能够回忆出广告多少内容，以及理解程度和联想力。

（2）运用认知测定法。指抽取一组消费者做样本，然后询问他们是否观看（阅读）过某个广告。根据实际情况，将认知程度分为三等：约略认知，即曾看到过；联想认知，即能记起某一部分内容，由这部分内容能联想起有关的产品名称；较深认知，即能记起广告一半以上的内容。计算这三部分的百分比，即可得出该广告的观看（阅读）效率。

（3）运用实验室测定法。指利用各种仪器观察被测者的生理反应，如心跳、血压、瞳孔等的变化，以此来判断广告的吸引力。

此外，也可用销售量的变化来测定广告效果，但其结果往往因其他因素及广告滞后作用的影响而不大准确。

8.3　营业推广

8.3.1　认知营业推广的概念

营业推广又称销售促进，是指企业在特定的目标市场中，为迅速刺激需求和鼓励购买而采取的各种短期性促销方式的统称。营业推广是一种辅助促销手段，它的着眼点在于解决某些更为具体的促销问题，最适用于完成短期的具体目标。营业推广具有非规则性和非周期性、灵活多样性的特点。

8.3.2　运用营业推广的操作程序

1. 确定营业推广的目标

营业推广的目标由企业的营销目标确定，一般有以下 3 个方面的目标。

（1）以刺激消费者购买为目标，如鼓励现有产品使用者增加使用量、吸引未使用者使用、争取其他品牌的使用者等。

（2）以鼓励中间商购买为目标，如鼓励中间商增加库存、打击竞争对手、增强中间商的品牌忠诚度、开辟新销售渠道等。

（3）以激发推销人员的销售努力为目标，如鼓励推销人员努力推销产品，刺激其去寻找更多的潜在消费者，努力提高业绩。

2. 选择营业推广的工具

营业推广的工具是多种多样的，各有其特点和使用范围。在选择营业推广的工具时，要考虑市场的类型、促销目标、竞争条件和促销预算分配，以及每种推广工具的预算。此外，同一推广目标可以用多种推广工具来实现，这就需要有一个营业推广工具的比较选择和优化组合问题，目的是实现最优的推广效益。

（1）运用面向消费者的促销工具，如表8–2所示。

表8–2 面向消费者的促销工具

工　具	运　用
样品	样品是指免费提供给消费者供其使用的产品。样品可以挨家挨户地送上门，邮寄发送，在商店内提供，附在其他产品上赠送，或作为广告品。赠送样品是最有效也是最昂贵的介绍新产品的方式
优惠券	证明持有者在购买某特定产品时可凭此优惠券按规定少付若干钱。优惠券可以邮寄、包进其他产品或附在其他产品上，也可以刊登在杂志和报纸上。其回收率随分送的方式不同而不同。优惠券可以有效地刺激成熟期产品的销售，诱导消费者对新产品的早期使用。专家认为，优惠券必须提供15%～20%的价格减让才有效果
现金折扣	现金折扣是在购物完毕后提供减价，而不是在零售店购买之时。消费者在购物后将一张指定的“购物证明”寄给制造商，制造商用邮寄的方式“退还”部分购物款项
特价包	以低于正常价格向消费者提供一组商品的促销方法，其做法是在商品包装上或标签上加以附加标明。可以采取减价包的形式，即将商品单独包装起来减价销售（如原来买一件商品的钱现在可以买两件），或者可以采取组合包的形式，即将两件相关的产品组合在一起（如牙刷和牙膏）。特价包在刺激短期销售方面甚至比折价券更有效
赠品（礼品）	以比较低的代价或免费向消费者提供赠品，以刺激其购买某一特定产品。一种是附包装赠品，即将赠品附在产品内（包装内附赠品）或附在包装上面（包装上附赠品）；还有一种是免费邮寄赠品，即消费者交上购物证据就可获得一份邮寄赠品；另一种是自我清偿性赠品，即以低于一般零售价的价格向需要此种商品的消费者出售的商品。目前，制造商给予消费者品目繁多的赠品，这些赠品上都印有公司的名字
奖品（竞赛、抽奖、游戏）	奖品是指消费者在购买某物品后，向他们提供赢得现金、旅游或物品的各种获奖机会。竞赛要求消费者呈上一个参赛项目，然后由一个评判小组确定；些人被选为最佳参赛者；抽奖则要求消费者将写有其名字的纸条放入一个抽签箱中抽签；游戏则在消费者每次购买商品时送给他们某样东西，如纸牌号码、字母填空等，这些有可能中奖，也可能一无所获。所有这些都将比优惠券或者几件小礼品赢得更多的注意
光顾奖	指以现金或其他形式按一定的比例来奖励某一个消费者或消费集团的光顾。购买积分卡也是一种光顾奖励
免费试用	对于潜在消费者免费试用产品，以期他们购买此产品
联合促销（捆绑促销）	指两个或两个以上的品牌或公司在优惠券、销售折扣和竞赛中进行合作，以扩大它们的影响力。相关企业的推销人员合力把这些联合促销活动介绍给零售商，使其参与这些促销活动，从而增加商品陈列和广告面积，使其商品在销售点能更好地显露出来
交叉促销	用一种品牌来为另一种非竞争品牌做广告
售点陈列和商品示范（POP）	售点陈列和商品示范出现在购买现场或销售现场，但是许多零售商不喜欢放置来自制造商的数以百计的陈列品、广告牌和广告招贴。对此，制造商要提供较好的售陈列资料，并将它们与电视或者印刷品宣传结合起来运用，努力建立起一种新方式
会议促销	举办各类展销会、博览会、业务洽谈会，会议期间现场进行相关产品的介绍、推广和销售活动
产品保证	销售者或明或暗地保证产品在一定时期内将达到规定要求，否则销售者将修理产品或退款给顾客
现场体验	3D场景购、AR试妆试鞋、“一小时达”等新体验

（2）运用面向中间商的交易促销工具，如表 8-3 所示。

表 8-3 面向中间商的交易促销工具

工 具	运 用
价格折扣（又称发票折扣或价目单折扣）	在某段指定的时期内，每次购货都给予低于价目单定价的直接折扣，这一优待鼓励了经销商去购买一般情况下不愿购买的数量或新产品。中间商可将购货补贴用来作为直接利润、广告费用或零售价减价
补贴或津贴	制造商提供补贴，以此作为零售商同意以某种方式突出宣传制造商产品的报偿。广告补偿用于补偿为制造商的产品做广告宣传的零售商，陈列补贴用以补贴对产品进行特别陈列的零售商
免费商品	制造商给购买某种质量特色的、使其产品增添一定风味的或购买达到一定数量的中间商额外赠送几箱产品。他们也可向零售商提供促销资金或免费广告礼品，如免费赠送附有公司名字的特别广告赠品，如钢笔、铅笔、年历、镇纸、备忘录等
扶持零售商	生产商对零售商专柜的装潢予以资助，提供 POP 广告，以强化零售网络，促使销售额增加；可派遣厂方信息员或代培销售人员，以此来提高中间商推销本企业产品的积极性和能力
销售竞赛	根据各个中间商销售本企业产品的业绩，分别给优胜者以不同的奖励，如现金奖、实物奖、免费旅游、度假奖等，以起到激励的作用

（3）运用面向业务和销售队伍的促销工具，如表 8-4 所示。

表 8-4 面向业务和销售队伍的促销工具

工具	运 用
商品展览会和集会	行业协会一般都组织年度商品展览会和集会，向特定行业出售产品和服务的公司在商品展览会上租用一个摊位，陈列和演示产品。业务市场营销者每年将 35% 的促销预算用于商品展览会。他们要做出一系列的决策，包括参加哪个商品展览会，如何将展台布置得富有吸引力，如何有效地追踪销售线索等
销售竞赛	销售竞赛是一种包括推销员和经销商参加的竞赛，其目的在于刺激他们在某一段时间内增加销售量。方法是谁成功谁就可以获得奖品。许多公司出资赞助，为其推销员办年度竞赛或经常性的竞赛。他们用刺激项目来刺激经销商或推销员完成较高的公司指标。优胜者可以获得免费旅游、现金或礼品等。有些公司则给各参赛者打分，可用这些分去换取各种奖品
纪念品广告	纪念品广告是指由推销员向消费者或潜在消费者赠送一些有用的低成本的物品，条件是换取对方的姓名和地址，有时还要送给消费者一条广告信息。常用物品有圆珠笔、日历、打火机和笔记本等。这些物品使潜在消费者记住了公司名字，并由于这些物品的有用性而引起对公司的好感。一个研究报告指出，超过 86% 的制造商供应给他们的推销员这些特定的物品

实用链接

2020 年 6 月 19 日凌晨，京东公布“618”全程战报。2020 年 6 月 1 日 24 时至 6 月 18 日 24 时，京东“618”全球年中购物节累计下单金额达到 2 692 亿元，超过 2019 年天猫“双 11”数据 2 684 亿元，创下新的纪录。

2020 年“618”天猫把顾客的消费体验放在了首位，那些规则复杂的活动都取消了。没有淘宝组队，没有天猫盖楼，甚至无须提前领取购物津贴，下单自动扣减，消费者只需提前选好心仪的商品即可。在整个“618”期间，天猫发放了超过 100 亿元的现金消费券和补贴，优惠力度空前。此外，天猫邀请了超过600位总裁上淘宝直播，为这场“618”大促增加了看点。

5月27日，京东和快手签署了战略合作协议，宣布进行供应链方面的深入合作，京东将优势品类商品提供给快手小店，由快手主播选品销售。同时，还联合推出了“双百亿”补贴。消费者在享受京东补贴优惠的基础上，通过快手App观看直播还能享受额外的优惠，力度可谓前所未有。

3. 制定营业推广方案

制定营业推广方案要做出如下决策。

（1）营业推广激励规模的决策。对营业推广对象的激励规模，要根据费用与效果的最优比例来确定。要获得营业推广活动的成功，一定规模的激励是必要的，关键是找出最佳的激励规模。最佳激励规模要依据费用最低、效率最高的原则来确定。如果激励规模过大，虽然仍会促使销售额上升而产生较多的销售利润，但效率将相对递减。

（2）营业推广激励对象的决策。这种激励是面向目标市场的每一个人还是有选择的某部分人，这种范围管控有多大，哪类消费者是主攻目标，这种选择正确与否会直接影响到促销的最终效果。通常，某种赠品只可能送给那些寄回包装物的购买者；抽奖可能限定在某一范围内，而不允许企业员工的家属或一定年龄以下的人参加。企业在选择激励对象时，要尽量限制那些不可能成为长期消费者的人参加。当然，限制面不能太宽，否则会导致只有大部分品牌忠诚者或喜好优待的消费者才有可能参加，不利于目标消费群范围的扩大。

（3）营业推广送达方式的决策。企业要根据激励对象及每一种渠道方法的成本和效率来选择送达方式。例如，赠送试用样品可用通过邮寄、通过经特别训练的人挨户分发，也可以通过牛奶配送员或其他地区性的路线送货人员分送、促销人员店内发送、附于其他产品包装上等方式来配送。每种方法都有其优点，企业应从费用与效果的关系角度仔细斟酌，反复权衡选择最佳的送达方式。

（4）营业推广活动期限的决策。任何促销方式在实行时都必须规定一定的期限，不宜过长或过短。如果促销活动的期间过短，可能使一些潜在消费者错过参与到促销活动中来而达不到预期效果；如果持续时间过长，又会引起开支过大和减弱刺激购买的力量，并容易使企业产品在消费者心目中降低身价。具体活动期限应综合考虑产品特点、消费者购买习惯、促销目标、竞争者策略及其他因素，按照实际需求而定。

（5）营业推广时机选择的决策。一般来讲，营业推广时机的选择要考虑产品所处的生命周期阶段、竞争状况、消费者购买的时间习惯等因素。同时应注意与生产、分销、促销的时机和日程协调一致。在不同的地区推出促销活动应与该地区营销管理人员一起根据整个地区的营销战略来研究与决定。例如，某饮料生产企业在开拓某地市场时，10月才开始做广告促销和大量的营销推广活动，这就是在时机选择上的失误，因为10月一般来说开始进入饮料销售的淡季。生产企业应在每年饮料销售旺季到来之前及旺季中的4～9月开展营业推广活动，这样效果才会显著。

（6）营业推广预算及其分配的决策。促销费用的预算一般考虑的费用有广告费用、销售促进费用、公关费用、人员推销费用等。在促销活动中，企业按具体活动情况及其有关规定来确定一定的促销费用。为了能使费用的投入得到更大的促销效果，预算要注意尽可能细化、准确，以求得最优的经济效益。

4．试验、实施和控制营业推广方案

促销方案制定后一般要经过试验再予以实施。通过试验，明确所选用的促销工具是否适当、刺激是否最佳、实施的方法效率如何等。一些大企业常在选定的市场区域中采用不同的策略进行试验。面向消费者市场的营业推广能够较轻易地进行试验，可邀请消费者对几种不同的可能优惠方法做出评价，给出评分，也可以在有限的地区范围内进行试用性试验。企业对于每一项营业推广工作都应该确定实施和控制计划。实施计划必须包括前置时间和销售延续时间。前置时间是从开始实施这种方案前所必需的准备时间，它主要包括最初的计划和设计工作，包装修改的批准或者材料的邮寄，配合广告宣传的准备工作和销售点材料，通知现场销售人员，为个别分销店建立地区的配额，购买或印刷特别赠品或包装材料，预期存货的生产及发放等。销售延续时间是指从开始实施优惠措施起到大约 95% 的采取此优待方法的产品已经到达消费者手中为止的时间。这段时间可能是一个月至几个月，主要取决于活动持续时间的长短。在计划制定及执行过程中，应有相应的监控机制做保障，应有专人负责管控事态的进展，一旦出现偏差或意外情况应及时予以纠正和解决。

5．评估营业推广的效果

营业推广活动结束后，应立即对其进行效果评估，以总结经验和教训。

（1）运用前后比较法评估。前后比较法即将开展营业推广活动之前、之中和之后 3 段时间的销售额（量）进行比较，以测评促销效果。这是常用的消费者促销评估方法，促销前、促销期间和促销后产品的销售额（量）水平的变化会呈现出几种不同的情况，这说明促销产生了不同的效果。

1）促销初期销售集额（量）上升，但在促销中销售额（量）就逐渐下降，结束时又恢复到原有正常水平，这说明本次促销的冲击力虽强，但没能对消费者的重复购买或大量购买产生真正的影响。

2）促销期间销售额（量）有较明显的上升，促销结束后则跌落到通常水平以下，这说明促销可能破坏了产品原有的品牌形象，或者由于产品的质量问题或其他外来因素，使原有消费者的信心受到了伤害。

3）促销期间销售额（量）同促销前基本一致，促销结束后也无多大变化，这说明促销无效果。

4）促销期间销售额（量）有明显增加，促销结束后低于通常水平，过一段时间后又回归到通常水平，这说明促销可能只是吸引了产品的习惯消费者在促销期间多批量的购买，并没有刺激多少新的消费者实施购买行为。促销结束到产品销售额（量）回归到通常水平这段时间也被称为“存货消耗期”。

5）促销期间销售有明显增加，促销结束后销售额（量）回归到通常水平，这说明促销虽然暂时刺激了一些新的消费者购买行为，但新的消费者对于促销产品并没有养成“品牌忠诚”。

6）促销期间销售有明显增加，促销结束后销售额（量）高于通常水平，这说明促销刺激了一些新的消费者实施购买行为，且一些新的消费者对于促销产品还养成了一定的“品牌忠诚”，而原有的消费者信心也没有受到负面影响。这是一种理想的促销效果。

（2）运用市场调查法评估。市场调查法采用的方法是寻找一组消费者样本，和他们面谈，了解有多少消费者还记得促销活动、他们对促销的印象如何、有多少人从中获利、对他们今后的品牌选择有何影响等，通过分析这些问题的答案，就可以了解到促销活动的效果。这种方法尤其适用于评估促销活动的长期效果。调查的项目包括促销活动的知名度、消费者对促销活动的认同度、销势增长（变化）情况、企业形象的前后变化情况。

（3）运用观察法评估。观察法是通过消费者对促销活动的反应，从而得出对促销效果的综合评价，主要是对消费者参加竞赛和抽奖的人员、优惠券回报率、赠品的兑现情况加以观察，从中得出结论。这种方法相对而言较为简单，而且费用较低，但结论易受主观影响，不是很精确。

8.4 公共关系

8.4.1 公共关系促销的概念

公共关系是指某一组织为改善与社会公众的关系，促进公众对组织的认识、理解及支持，达到树立良好组织形象、促进产品销售的目的的一系列促销活动。

企业公共关系实质是“在商不言商”，即企业公共关系活动在形式和内容上没有任何商业气息，完全是公益性活动，这样公众才容易接受，容易理解。企业公共关系活动是“既求名又求利”，只不过“名”是指企业形象，是美誉度，是现实的、直接的，而“利”是潜在的、间接的。公众只有理解了企业，接纳了企业，才能支持企业，成为企业的顾客。企业大张旗鼓做好事，追求的是知名度、美誉度和更大的社会效应。

运用公共关系促销是企业促销的主要策略之一，但是公共关系促销并不是推销某个具体的产品，而是企业利用公共关系把企业的经营目标、企业文化、企业形象等传递给社会公众，使公众对企业有充分的了解。公共关系促销的作用是对内协调各部门的关系，对外建立广泛的社会联系，密切企业与公众的关系，树立企业的良好形象，扩大企业的知名度、信誉度与美誉度。其目的是为企业的营销活动创造一个和谐、亲善、友好的营销环境，从而间接地促进产品的销售。

8.4.2 运用公共关系促销的方式

1. 运用交际型公共关系促销方式

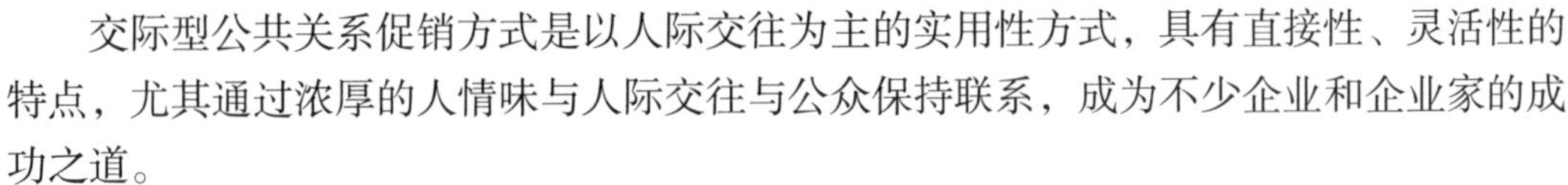

交际型公共关系促销方式是以人际交往为主的实用性方式，具有直接性、灵活性的特点，尤其通过浓厚的人情味与人际交往与公众保持联系，成为不少企业和企业家的成功之道。

2. 运用服务型公共关系促销方式

服务型公共关系促销方式是企业为消费者提供优质产品的同时提供优质服务，树立起自身的知名度和消费者的信任感，招徕更多的消费者。

3. 运用社会型公共关系促销方式

社会型公共关系促销方式即通过各种有组织的社会性、公益性、赞助性活动来体现企业对社会进步和发展的责任，同时在公众中增加非经济因素的美誉度来展示良好形象，促进企业营销。

4. 运用征询型公共关系促销方式

这种方式主要通过采集信息、调查、民意测验等形式，既收集公众意见、建议、愿望等，又借此向公众传播企业营销信息，扩大企业的知名度，为企业营销活动提供便利。

5. 运用同化型公共关系促销方式

同化型公共关系促销方式由于能超然于各种利益纠纷甚至冲突之上，因而在激烈的市场竞争中显得技高一筹。例如，有些商店的经理为在本店买不到合适产品的消费者介绍他家商店的产品，使消费者对该商店留下良好的印象。

6. 运用情感型公共关系促销方式

情感型公共关系促销方式由于直接从消费者情感、心理需要出发，具有很大的感染力和渗透力。例如，某企业率先推出的“爱妻型”洗衣机就因为增进了夫妻感情而受到欢迎。

7. 运用心理型公共关系促销方式

心理型公共关系促销方式通过打破固有思维定式、心理定式，使公众产生异乎寻常的感觉和印象，因而格外地对企业和产品产生关注，引起购买欲。

8. 运用开拓型公共关系促销方式

这是企业在初创时期采用的方式，指借助大众媒体异乎寻常的迅速方式使企业形象、产品形象在公众中一举定位，较快地打开营销局面。

9. 运用矫正型公共关系促销方式

在企业形象受到损害时，为了校正受到歪曲的企业形象，解除公众的误解，就要使用矫正型公共关系。矫正型公共关系促销方式指及时发现问题，积极采取有效措施，纠正错误，改善不良形象，用真诚的解释和负责的态度来赢得公众的理解，最终被消费者认可。运用矫正型公共关系促销方式的关键是实事求是、以诚待人、不隐瞒不欺骗，努力在组织和公众之间架起信任的桥梁。

实用链接

公共关系常用的工具

公共关系常用工具的类型、含义及举例如表8-5所示。

表8-5 公共关系常用的工具

类型	含义	举例
新闻稿	通过各种渠道发布的有新闻价值的消息	“华为击败高通，获选5G编码标准”的新闻稿
独家报道	授予某一特定媒体独家报道的权利	第一财经独家报道“银天下”公司，称该公司为互联网科技型企业
采访	对代表企业的个人进行的采访	凤凰网总裁专访格力集团董事长董明珠
新闻发布会	正式向新闻界公布信息的活动	小米Note 2发布会
品牌巡回展	进行品牌宣传的展览会	汽车、房地产、教育、工业品等各类展览会
赞助	企业无偿提供人力、物力、财力资助某一项事业	加多宝在汶川地震时捐款1亿元、玉树地震时捐款1.1亿元
社区参与	直接或间接参与当地社区事务	浦尔电器有限公司、上海申威塑料有限公司、三齐蔬菜种植专业合作社等8家企业走 进浦江镇活动
互联网	利用互联网手段进行信息发布	各类企业的网站、官方微博、微信公众号
社交网站和博客	企业利用社交网站或博客向利益相关者传播信息	上海迪士尼旅游度假区博客的官方发布

8.4.3 运用公共关系促销的操作程序

1. 运用公共关系促销的调查

公共关系促销调查是运用科学的方法，通过收集必要的资料，综合分析各种因素及其相互关系，以达到掌握实际信息、了解和考察组织的公共关系状态、解决组织面临问题为目的的一种实践活动。公共关系促销调查便于有的放矢地开展公共关系促销活动。

（1）公共关系促销调查的内容包括对公共关系的主体——组织情况的调查，对公共关系的客体——公众意见的调查，以及同公共关系的主客体密切相关的社会环境的调查。

（2）公共关系促销调查的方法有抽样调查法、问卷调查法、访谈调查法、实地观察法、文献调查法等。

（3）公共关系促销调查的程序包括确定调查课题、把握调查对象、制订调查方案、开展实地调查和调查结果处理。

（4）公共关系促销调查报告是一种以文字和图表将整个调查工作所得到的结果系统、集中、规范地反映出来的形式。调查报告的主要部分有标题、导语、主体和结尾。

2. 运用公共关系促销的策划

公共关系促销策划主要探讨如何在调查研究的基础上对公共关系促销活动进行谋划和韬略，制订方案，为公共关系促销活动的实施和评估提供依据。

（1）公共关系促销策划的过程包括信息分析、确定目标、设计主题、分析公众、选择媒介、经费预算和评估方案。

（2）公共关系促销策划的方法，即运“势”、驾“时”、使“术”。①“势”指公共关系促销策划时，企业环境形势的发展变化，也就是通常所说的“氛围”“大环境”“形势”“趋势”“潮流”等，因此，公共关系促销策划之前，要先“度势”，后“运势”，只有认清了势的发展规律，并且顺应它，才能使“势”真正为我所用。“势”的策划方法包括借“势”、造“势”、顺“势”、转“势”。②“时”指根据形势的发展变化而决定公共关系促销策划的最佳时机、时间、机会和机遇。对“时”的把握要求：要与时俱进，适应主流文化，牢牢地树立时间观念和时效原则，善于发现和把握公共关系促销策划的最佳时机。“时”的策划方法包括寻时、等时、用时。③“术”指公共关系促销策划过程中所采用的战术、招数、套路或手段。运用“术”公共关系促销策划的要求：“术”要有让人眼前一亮的“兴奋点”。在遵循基本游戏规则前提下，先守正后出奇，敢为天下先，为别人所不能，出奇制胜，非同寻常，想别人想不到的，做别人做不到的。

3. 运用公共关系促销的实施

公共关系促销活动实施就是在公共关系促销活动策划方案被采纳以后，将方案所确定的内容变为公共关系促销实践的过程。公共关系促销实施控制方法主要是反馈控制法。反馈控制法包括事前控制法、事中控制法和事后控制法。

4. 运用公共关系促销的评估

公共关系促销评估就是依据特定的标准，对公共关系促销策划方案、实施及效果进行检验、评价和估计。通过对公共关系促销效果的分析评估，肯定工作成绩，找出实施效果与目标之间的差距，适时地调整公共关系促销目标和策划方案，保证公共关系促销活动的持续、有效开展。

（1）公共关系促销活动评估的内容包括分析评估公共关系促销活动原定目标是否实现，分析评价公共关系促销活动所选择的模式、传播媒介是否符合目标公众的需求，分析评估公众态度。

（2）公共关系促销活动分析评估的程序包括设立评估统一目标、选择合适的评价标准、确定获取数据的最佳途径、及时报告评估结果和运用评估结果。

（3）实施效果的评估方法包括自我评定法、专家评定法和实施人员评定法。

（4）公共关系促销评估报告的内容包括评估的目的及依据、评估的范围、评估的标准和方法、评估的过程、评估对象的基本情况、内容评估、分析与结论、存在的问题及建议、附件、评估人员名单和评估时间。

公共关系促销评估主要是对公共关系促销过程进行总结、分析，确定公共关系促销活动的最终结果，估计公共关系促销计划和活动实施的各种效果，为调整下一步公共关系促销目标和制订公共关系促销计划提供翔实的资料。

8.5 网络促销

8.5.1 网络促销的概念及特点

1. 网络促销的概念

网络促销是指利用计算机及网络技术向虚拟市场传递有关商品和劳务的信息，以引发消费者需求，唤起消费者的购买欲望和促成购买行为的各种活动。网络促销是通过SEO、网站推广、网络广告、营销事件等众多技术方法来做的促销。

2. 网络促销的特点

（1）网络促销是在互联网这个虚拟市场环境下进行的。作为一个连接世界各国的大网络，它聚集了全球的消费者，融合了多种生活和消费理念，显现出全新的无地域、时间限制的电子时空观。在这个环境中，消费者的概念和消费行为都发生了很大的变化。他们普遍实行大范围的选择和理性的消费，许多消费者还直接参与生产和流通的循环，因此，网络营销者必须突破传统实体市场和物理时空观的局限性，采用虚拟市场全新的思维方法，调整自己的促销策略和实施方案。

（2）互联网虚拟市场的出现，将所有的企业，无论其规模的大小，都推向了一个统一的全球大市场，传统的区域性市场正在被逐步打破，企业不得不直接面对激烈的国际竞争。如果一个企业不想被淘汰，就必须学会在这个虚拟市场中做生意。

（3）网络促销是通过网络传递商品和服务的存在、性能、功效及特征等信息。多媒体技术提供了近似于现实交易过程中的商品表现形式，双向的、快捷的信息传播模式，将互不见面的交易双方的意愿表达得淋漓尽致，也留给对方充分思考的时间。在这种环境下，传统的促销方法显得软弱无力，这种建立在计算机与现代通信技术基础上的促销方式还将随着这些技术的不断发展而改进。因此，网络营销者不仅要熟悉传统的营销技巧，而且需要掌握相应的计算机和网络技术知识，以一系列新的促销方法和手段，促进交易双方撮合。

网络促销与传统促销有一定区别，如表8-6所示。

表8-6　网络促销与传统促销的区别

类别项目	网络促销	传统促销
时空观	电子时空观	物理时空观
信息沟通方式	网络传输、形式多样、双向沟通	传统工具、单向传递
消费群体	网民	普通大众

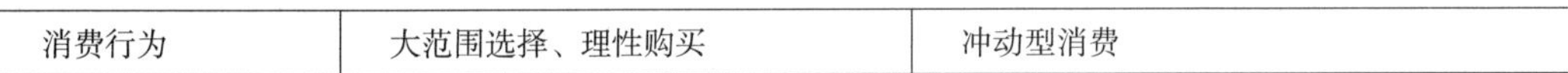

消费行为	大范围选择、理性购买	冲动型消费

8.5.2 网络促销的主要工具

网络促销是企业在互联网上进行促销活动的过程，企业可以借助公司主页、线上广告、电子邮件、在线视频和博客等方式进行促销。网络促销的工具主要包括网站和品牌社区、网络广告、电子邮件、网络视频、博客和网络论坛等。

1. 网站和品牌社区

对大多数公司而言，开展网络促销的第一步是建立一个网站。网站一般分为两种类型：营销网站和品牌社区网站。营销网站是专门吸引顾客，推动他们直接购买或实现其他营销目的的网站。比如，苹果官方网站就提供醒目的标题介绍产品，并提供详尽的信息和工具，以及相关产品对比来帮助顾客比较产品进而购买。另一种网站是品牌社区网站，这类网站不销售任何东西，其主要目的是展现品牌内容、吸引消费者和建设顾客品牌社区。这类网站通常提供种类丰富的品牌信息、视频、博客、活动及其他有利于建立紧密的顾客联系和促进顾客与品牌互动的特色内容。例如，在小米社区中，顾客可以接触到大量的产品信息，参与各种讨论。顾客在社区中能够与小米公司直接互动，也能够和其他顾客互动。这为小米的顾客提供了一个方便参与并了解彼此的虚拟品牌社区，为顾客带来难忘的体验。

创建网站之后，企业还需要考虑如何吸引顾客访问。企业一般通过印刷品和广播广告，以及其他网站的广告和链接大力推广自己的网站。但今天的网络使用者很容易抛弃那些不合格的网站，因此，带来高价值和良好的体验是使顾客停留并再次访问网站的关键。一个有效的网站不仅便于使用、外观设计专业且内容具有吸引力，还应该包含更多深入和有用的信息、帮助购买者发现和评估感兴趣的产品的互动工具、与其他相关网站的链接、不断更新的促销优惠，具有一定的娱乐性。

2. 网络广告

由于消费者上网的时间越来越多，许多企业将更多的促销支出投向网络广告，以期提高品牌销售量或吸引顾客访问其网站。网络展示广告可能出现在顾客屏幕的任何位置并与其正在游览的网站内容相关。比如，当你登录网易浏览新闻时，你会看到一些企业或产品的广告；或者你在爱奇艺观看某部剧的时候，你的屏幕上会跳出一个与此剧相关的小广告；或者在你看剧前播放的广告里，会有你所看剧集演员代言的广告。这种内容丰富有趣的广告可能只有短短的十几秒，或者只是出现在你屏幕的一个小方块里，但能产生很大的影响。网络广告按照其表现形式可分为静态广告、动态广告两类。从具体形式来看，网络广告可分为横幅式、漂移式、对联式、弹出窗口式、全屏式、拉链 / 撕页式等几种形式，由其名称即可看出各自的特点。

在网络广告中，还有一种重要的形式是搜索内容关联广告（或与上下文有关的广告）。这类与内容和图片相关的广告及其链接，会出现在百度和必应等搜索引擎的搜索结果列表旁边。比如用百度搜索纸巾的时候，在屏幕的上侧和右侧会出现相关广告或相关企业。排名在前的广告信息能够让企业实现快速、高度相关的企业信息传递，消费者也更容易锁定自己想要的商业信息。

头脑风暴

微商（wechat business）是基于微信生态，集移动与社交为一体的新型电商模式，是一种社会化分销模式。它是企业或者个人基于社交媒体开店的新型电商，从模式上来说主要分为两种：基于微信公众号的微商称为B2C微商，基于朋友圈开店的称为C2C微商。微商和淘宝一样，有天猫平台（B2C微商），也有淘宝集市（C2C微商），所不同的是微商基于微信“连接一切”的能力，实现商品的社交分享、熟人推荐与朋友圈展示。微商已从一件代发逐渐发展成自己存货自己发，有等级的区分，等级越高利润越大。

目前人们对微商印象不佳，你认为怎样才能改变这种看法?

3. 电子邮件

虽然互联网的发展带来多种多样的网络传播方式，但电子邮件营销依旧是一种重要的、逐步发展的网络营销工具。根据美国直复营销协会（DMA）的报告，促销者在电子邮件上每花1美元，就可以获得44.25美元的回报。你可能经常忽略那些给你发来的垃圾邮件，所以对这个数字会觉得不可思议。但是，由于发送电子邮件的成本非常低，所以，这种成本收益的比例是完全合理的。电子邮件依旧是具有最高投资回报率的促销方式之一。要想充分地利用电子邮件的好处，企业需要将具有高度针对性个性化和有利于建立关系的信息传递给顾客。另外，在电子邮件形式上，企业应该选择多彩多样、引人入胜、个性化的邮件信息来吸引顾客。企业在实际操作电子邮件的时候可以增加更多关系导向的内容，这可以帮助企业提升顾客忠诚度。

不过，随着电子邮件促销的广泛使用，垃圾邮件日益泛滥，不请自来的广告邮件将顾客的邮箱塞得满满的，激起了顾客的不满和愤怒。使用电子邮件促销的企业必须在为顾客增加价值和成为令人讨厌的入侵者之间寻求平衡。不少企业采取一些措施来避免这些不受欢迎的打扰。比如，亚马逊通过让顾客选择营销资料目录，基于顾客的偏好和以往的购买经历，向那些选择加入的消费者发送少量有用的“我们认为你想知道”的信息。这样的信息很少遭到顾客的反对，相反，不少顾客欢迎这样的信息。

4. 网络视频

线上促销的另一种形式是在品牌网站主页或者诸如微信、微博、抖音等社交媒体上发布视频。一些视频是专门为网站和社交媒体制作的，包括指导操作的视频和公共关系视频，旨在进行品牌促销和与品牌相关的娱乐活动。其他的多是公司为电视和其他媒体制作的在广告活动前后上传到网络的视频，以提高广告活动的到达率和影响。企业希望自己的视频能够像病毒一样迅速传播。

但是，企业通常无法控制它们发布的视频的最终效果。企业可以在网上撤下视频内容的种子，但是除非内容能够在顾客间产生共鸣，否则这个种子的作用不大。因此，在企业制作网络视频的时候，需要对内容进行合理的设计，以达到传播企业信息的目的。

5. 博客和网络论坛

品牌还可以通过各种吸引具有特殊兴趣爱好的人群的网络论坛开展网络促销。博客是在线日志，在这里，个人或企业可以写下他们的想法和其他内容。博客的主体可以是任何内容，从政治、NBA、日本料理、汽车修理、品牌到最近的电视剧。大多数企业会通过一些与品牌相关的博客来接触顾客群。比如，上海迪士尼度假区的微博时常会介绍园区内的一些活动与美景以吸引顾客游玩。此外，企业会选择和一些网络红人或明星等第三方合作来传播促销信息。比如，美即面膜与网络红人 Papi 酱合作推广自己的产品。

头脑风暴

粉丝经济泛指架构在粉丝和被关注者关系之上的经营性创收行为，是一种通过提升用户黏性并以口碑营销形式获取经济效益与社会效益的商业运作模式。以前，被关注者多为明星、偶像和行业名人等，如粉丝购买歌星的专辑、演唱会门票，以及明星所喜欢或代言的商品等。现在，互联网突破了时间、空间的限制，粉丝经济被广泛地应用于文化娱乐、销售商品、提供服务等领域。此外，商家会借助一定的平台打造网络红人，通过网红聚集消费者粉丝，以此来推动产品和服务的销售，形成基于网红的粉丝经济，即网红经济。

《仙剑奇侠传》作为传统粉丝经济的经典案例，靠其感人的剧情和对中国文化的认同感，吸引了一大批消费者。庞大的粉丝群创造了游戏衍生的电视剧的收视狂潮。网红经济的一个典型是“6・18”电商大战中苏宁易购雇用冯提莫等进行直播，通过这些网络红人在网购直播间里卖萌自拍、深情演唱，进行相关营销活动，在 1 小时的直播时间内，联想 ZUK Z2 手机的预约量达到 10 万部。

谈谈你对粉丝经济与网红经济的看法。

作为一种营销工具，博客具有许多独特的优势。它为企业加入消费者的网络和社交媒体对话提供了一种新的、原创的、个性化的、低成本的方法。但博客空间是杂乱和难以控制的。尽管企业有时可以利用博客来吸引顾客，建立有意义的关系，但博客仍是一种由消费者主导的媒介。无论是否积极参与博客，企业都应该监督和倾听。企业营销人员可以通过对消费者网上对话内容的洞察改进自己的营销计划。

6. 视频营销

视频营销即用视频来进行营销活动。在网络中，企业可以通过广告、视频、宣传片、微电影等各种方式进行营销信息的传播。受到受众喜爱的视频能够便捷地通过社交媒体进行转发、分享。网络视频营销具有更高的互动性、主动传播性，并且传播速度快、成本低廉，目前已经成为企业网络传播中不可缺少的工具。例如，益达邀请彭于晏和桂纶镁拍摄的《酸甜苦辣》微电影视频广告，就做了很好的营销传播。还有一些专门的视频网站，如抖音、火山小视频、西瓜视频等。

7. 二维码营销

二维码是按一定规律在平面上分布的黑白相间的图形。二维码的出现由来已久，但是伴随着能够“扫一扫”的智能手机的普及，二维码的应用迅速扩张，成为一个非常重要的流量入口。使用二维码的营销主要有以下 4 种形式。

（1）线下虚拟商店。电商是最早使用二维码营销这一方式的。早在几年前，1 号店建立了地铁虚拟商店，京东商城也在各大楼宇建立了商品展示系统。具体操作方法是在展示的商品旁边贴上二维码，消费者可通过扫描二维码进行支付，进而完成商品的购买。这种线下虚拟商店的发展使消费者可以随时随地通过商品的传单进行购买，为消费者提供了极大的方便。

（2）线上线下广告。二维码营销的另一个重要方式是二维码广告。二维码广告基本的做法就是在商品的平面广告或网站视频中提供二维码，消费者可以通过扫描二维码了解更多关于产品的信息。这种方式最大的优点就是趣味性强。

（3）实体包装。实体包装形式的二维码被用在很多淘宝商家所卖的商品上。商家会在包装上印制自己店的二维码，鼓励消费者进一步到线上去了解有关商品的信息，从而进行二次购物。也有一些商家会给扫二维码购买的用户一定比例的优惠，以刺激消费者购买。这种实体包装的形式促进了线上线下宣传的结合。

（4）线上预订，线下消费。这种形式是消费者在线上完成对二维码的扫描，以二维码作为凭证到线下商店进行消费。这种形式的二维码经常用于电影票的预订，或者麦当劳等餐饮企业的线上预订。

8. 微信小程序

微信小程序是于 2017 年 1 月 9 日上线的微信新功能。这种小程序是一种不需要下载、安装即可使用的应用。用户扫一扫或者搜一下就可以打开应用，实现了用完即走的理念。

用户不用安装太多应用，应用随处可用，无须安装卸载。作为微信加载项的一种，微信小程序能够帮助企业实现基于线下场景的“即时”服务。比如，商超停车场可以提供停车导引服务，用户通过扫描二维码，便可享受停车场全景、空位引导、车牌查询等服务。由于这些小程序不需要用户经历烦琐的下载过程并且能够很好地集成线下场景，可以为用户带来更好的体验。

9. 网络直播营销

直播营销是指在现场随着事件的发生、发展进程同时制作和播出节目的营销方式。该营销活动以直播平台为载体，达到企业获得品牌的提升或销量增长的目的。

（1）直播营销的优势。直播营销是一种营销形式上的重要创新，也是非常能体现出互联网视频特色的板块。对于广告主而言，直播营销有着极大的优势。

1）某种意义上，在当下的语境中直播营销就是一场事件营销。除了本身的广告效应，直播内容的新闻效应往往更明显，引爆性也更强。一个事件或者一个话题，相对而言，可以更轻松地进行传播和引起关注。

2）能体现出用户群的精准性。在观看直播视频时，用户需要在一个特定的时间共同进入播放页面。这其实是与互联网视频所宣扬的“随时随地性”是背道而驰的，但这种播出时间上的限制，能够真正识别并抓住这批具有忠诚度的精准目标人群。

3）能够实现与用户的实时互动。相较传统电视，互联网视频的一大优势就是能够满足用户更为多元的需求。不仅仅是单向的观看，还能一起发弹幕吐槽，喜欢谁就直接献花打赏，甚至还能动用民意的力量改变节目进程。这种互动的真实性和立体性，也只有在直播的时候能够完全展现。

4）深入沟通，情感共鸣。在这个碎片化的时代里，在这个去中心化的语境下，人们在日常生活中的交集越来越少，尤其情感层面的交流越来越浅。直播，这种带有仪式感的内容播出形式，能让一批具有相同志趣的人聚集在一起，聚焦在共同的爱好上，情绪相互感染，达成情感气氛上的高位时刻。如果品牌能在这种氛围下做到恰到好处的推波助澜，其营销效果一定也是四两拨千斤的。

（2）直播营销的流程。无论是大品牌还是个人，在利用直播进行营销时往往离不开以下几个流程。

1）精确的市场调研。直播是向大众推销产品或者个人，推销的前提是深刻的了解到用户需要什么，我们能够提供什么，同时要避免同质化的竞争。因此，只有精确地做好市场调研，才能做出真正让大众喜欢的营销方案。

2）项目自身优缺点分析。精确分析自身的优缺点。做直播，营销经费充足，人脉资源丰富，可以有效地实施任何想法。但对大多数公司和企业来说，没有足够充足的资金和人脉储备，这时就需要充分的发挥自身的优点来弥补，一个好的项目也不仅仅是人脉、财力的堆积就可以达到预期的效果，只有充分的发挥自身的优点，才能取得意想不到的效果。

3）市场受众定位。营销能够产生结果才是一个有价值的营销，我们的受众是谁，他们能够接受什么等，都需要做恰当的市场调研，只有找到合适的受众才是做好整个营销的关键。

4）直播平台的选择。直播平台种类多样，根据属性可以划分为不同的几个领域。如果做电子类的辅助产品，直播推销衣服、化妆品将带来意想不到的流量。所以，选择合适的直播平台也很关键。

5）良好的直播方案设计。做完上述工作之后，成功的关键就在于最后呈现给受众的方案。在整个方案设计中需要销售策划及广告策划的共同参与，让产品在营销和视觉效果之间恰到好处。在直播过程中，过分的营销往往引起用户的反感，所以在设计直播方案时，如何把握视觉效果和营销方式，还需要不断的商酌。

6）后期的有效反馈。营销最终要落实在转化率上，实时的及后期的反馈要跟上，同时通过数据反馈可以不断地修整营销方案。

实用链接

“口红一哥”李佳琦5分钟卖光15 000支口红，“淘宝直播一姐”薇娅全年完成27亿元的成交量，罗永浩首场直播带货销售额超过1.1亿元，“直播带货”成为2020年最受关注的热点词语。越来越多的电商平台、视频直播平台、MCN机构、品牌厂商参与到直播电商行业，直播电商产业链基本成型，行业进入高速发展期。随着5G商用的快速布局，商品信息展示动态化的趋势逐渐明显，直播电商行业将迎来新的发展红利阶段。2020年，中国在线直播用户规模将达到5.5亿人，用户增长速度超过9.2%。

8.5.3 网络促销的主要方法

网络促销是在网络营销中使用的手段之一，在适当时候利用网络促销，可以更好地促使转化销售，更好地为销售服务。

1. 打折促销

打折促销是最常见的网络促销，需要所销售的产品有价格优势，或者有比较好的进货渠道。

2. 赠品促销

在客户买产品或服务时，可以赠送客户一些产品，目的是带动主产品的促销。赠品可选择一些有特色的产品，让客户感兴趣的产品。

3. 积分促销

许多网站都支持虚拟的积分，如采用会员积分卡，客户每消费一次，给会员累积积分，这些积分可以兑换小赠品或在以后消费中当成现金使用。

4. 抽奖促销

抽奖促销也是网络上促销常用的方法，抽奖时要注意公开公正公平，奖品要对大家有吸引力，这样才会有更多的用户对促销活动感兴趣。

5. 联合促销

如果你的网站或网店与别家的，在产品上有些互补性，可以联合一起做促销，对扩大双方的网络销售都很有好处。

6. 节日促销

在节日期间网络促销，也是大家常用的方法，节日促销时应注意与促销的节日关联，这样才可以更好地吸引用户的关注，提高转化率。

7. 纪念日促销

如果遇到了建站周年，或访问量突破多少大关，成为第多少个用户，成交额突破多少额大关，可以利用这些纪念日展开网络促销。

8. 优惠券促销

在网友购买时，每消费一定数额或次数，给用户优惠券，会促使用户下次继续来这里消费，达到网络促销的目的。

9. 限时限量促销

限时限量促销在大超市中是常见的，在网络促销中也可以用上。

10. 返利促销

供货方将自己的部分利润返还给销售方，它不仅可以激励销售方提升销售业绩，而且是一种很有效的针对销售方的控制手段。返利一般为现金或货物，二者只能取其一。

11. 发行虚拟货币促销

当顾客申请成为会员或参加某种活动时可以获得网站发给的虚拟货币，用来购买本网站的商品，如酷必得的“酷币”等，实际上是给会员购买者相应的优惠。

12. 反促销促销

声明自己的网站或网店质量有保证，从不打折促销，这样做要有一定的实力，以不促销作为促销的卖点。

头脑风暴

今年天猫“双 11”网络促销主要采取了哪些方法？

8.5.4　网上促销实施

根据国内外网络促销的大量实践，网络促销的实施程序可以由以下 6 个方面组成。

1. 确定网络促销对象

网络促销对象是针对可能在网络虚拟市场上产生购买行为的消费者群体提出来的。随着网络的迅速普及，这一群体也在不断膨胀。这一群体主要包括三部分人员：产品的使用者、产品购买的决策者、产品购买的影响者。

2. 设计网络促销内容

网络促销的最终目标是希望引起消费者购买。这个最终目标是通过设计具体的信息内容来实现的。消费者的购买过程是一个复杂的、多阶段的过程，促销内容应当根据购买者所处的购买决策过程的不同阶段和产品所处的寿命周期的不同阶段来决定。

3. 决定网络促销组合方式

网络促销活动主要通过网络广告促销和网络站点促销两种促销方法展开。由于企业的产品种类不同，销售对象不同，促销方法与产品种类和销售对象之间将产生多种网络促销的组合方式。企业应当根据网络广告促销和网络站点促销两种方法各自的特点和优势，根据自己产品的市场情况和顾客情况，扬长避短，合理组合，以达到最佳的促销效果。

网络广告促销主要实施“推战略”，其主要功能是将企业的产品推向市场，获得广大消费者的认可。网络站点促销主要实施“拉战略”，其主要功能是将顾客牢牢地吸引过来，保持稳定的市场份额。

4. 制订网络促销预算方案

在网络促销实施过程中，使企业感到最困难的是预算方案的制定。在互联网上促销，对于任何人来说都是一个新问题。所有的价格、条件都需要在实践中不断学习、比较和体会，不断地总结经验。只有这样，才可能用有限的精力和有限的资金收到尽可能好的效果，做到事半功倍。

首先，必须明确网上促销的方法及组合的办法。

其次，需要确定网络促销的目标。

最后，需要明确希望影响的是哪个群体，哪个阶层，是国外的还是国内的？

5. 衡量网络促销效果

网络促销的实施过程到了这一阶段，必须对已经执行的促销内容进行评价，衡量一下促销的实际效果是否达到了预期的促销目标。

6. 加强网络促销过程的综合管理

促销活动的终极目标是销量，但是也不能只看到销量，通过活动我们可以看的数据很多：流量、跳失率、转化率、客单价，这些数据都是非常有用、非常值得我们深入分析的。哪些数据好，哪些数据差，为什么差？都可以在今后的活动中加以改善和优化。只有了解了用户的喜好和需求，才能做到迎合他们的胃口，才能赢得市场。

【思考与应用】

1. 填空题

（1）人员推销是指企业推销人员直接向消费者推销（　　）的一种促销活动。

（2）（　　）是最常见的人员推销形式。

（3）产品利益是指产品带给消费者的（　　），而不是指产品带给消费者的用途或特点。

（4）（　　）是整个推销过程中的一个关键性环节。

2. 判断题（对的打√，错的打 ×）

（1）对于推销人员来说，无论推销过程多么艰辛或多么完美，如果最后没有拿到订单，其结果都是失败。（　　）

（2）良好的售后服务可以培养消费者对产品的忠诚程度，增加产品再销售的可能性。（　）

（3）推销人员是企业最重要的资产，也是花费最多的资产。（　）

（4）营业推广是企业正确处理企业与社会公众的关系、树立企业良好形象、促进产品销售的活动。（　）

（5）网络促销是企业在互联网上进行促销活动的过程，企业可以借助公司主页、线上广告、电子邮件、在线视频和博客等方式进行促销。（　）

3. 思考题

（1）如何推销产品利益？

（2）如何运用广告促销策略？

（3）如何运用营业推广促销？

（4）公共关系促销方式有哪些？

（5）网络促销与传统促销有何区别？

（6）网络促销的主要工具有哪些？

（7）网络促销的主要方法有哪些？

4. 案例分析与应用

“千播登淘”启示录：淘宝直播如何撬动 5 000 亿元规模市场

2019 年春节前夕，直播圈发生了一件具有风向标意义的事。

在 1 月 6 日到 1 月 17 日的淘宝年货节直播活动中，上千名来自各大直播平台腰部以上的主播和网络红人都参与其中，争先利用自己的粉丝号召力帮助淘宝卖年货，从而实现商业变现。据不完全统计，目前抖音、快手、映客、花椒、喜马拉雅、UC、微博等多个平台都在大力推广淘宝年货商品，其中快手更是带领平台内多位千万级粉丝达人前来捧场。那么，这么庞大的一个局，淘宝究竟是如何攒出来的呢？

直播电商始终长在淘宝上

近日，淘宝直播联合淘榜单公布了一则数据：2018 年共有 81 名淘宝主播年引导销售额过亿元，进入淘宝直播亿元俱乐部。直播电商是一个在秀场直播兴起后才出现的新兴直播模式，但为何直播电商发展会如此迅猛？淘宝为什么可以悄然成为直播电商的代名词？其实，直播电商模式就是在淘宝长出来的。2016 年，在秀场直播最火爆之时，淘宝直播诞生，首次将直播与消费联系在一起，并率先探索出直播电商模式。直播行业经过粗犷式的发展后，随着秀场的落寞，2018 年以来，各大直播平台纷纷紧随淘宝步伐，向直播电商转型。直播电商，本质是一个将直播和电商两大业态结合起来的新模式，在电商上长出直播，天生就比在直播中插入电商更有优势。事实也证明了这一点——很多直播平台空有直播属性，却苦于没有电商基因，这就导致他们要想短时间内搭建自身的商品物流体系，几乎不可能。诸如抖音、快手等，不论前台带货能力如何，电商都是外包，最终的购买转化还要回到淘宝等电商平台上。在电商已被证明是直播平台关键变现模式的前提下，此次淘宝年货节，快手和抖音就纷纷引导他们的主播，大力组织参与营销活动销售来自淘宝的商品。放眼整个市场，既有庞大的流量生态又有非常稳健的电商体系，还真是只有淘宝有这个优势。直播电商本身就从淘宝长出来，未来直播电商行业也注定和淘宝不可分割。

"人""货""场"助力淘宝直播形成竞争壁垒

在直播电商兴起的过程中，很多人都有个疑问：为什么是淘宝？而随着秀场直播公会、短视频平台纷纷跟淘宝合作涉水电商，更多人发现，人们无论在哪直播，带货都离不开淘宝。淘宝直播凭什么成为电商直播的代名词？我们的观察是：直播电商的人、货、场都在淘宝，这是淘宝直播最大的优势和"护城河"。

人。作为全世界最大的电商生态之一，6亿名消费者都在淘宝上。传统直播平台通过秀场内容吸引用户短时关注，淘宝的消费者却是长期主动地来淘宝看商品、买东西，这是任何一个直播平台都难以拥有的优势。全行业最顶尖的人才也在淘宝，2018年，在淘宝平台一年带货超亿元的主播就有81人。秀场主播可能有颜值、才艺或者能出位就行，但电商主播是一门技术活，需要懂消费者、懂货，需要专业知识，门槛远高于秀场主播。淘宝上最初一批极具带货能力的主播就是从淘宝成长起来的淘女郎。此外，耕耘15年的淘宝，聚焦了最优质的商家和最活跃的电商消费者。在直播电商的崛起下，越来越多的商家渴望拥抱直播。这样一来，既拥有大规模高质量的消费者，又拥有最擅长带货的主播，还存在懂直播、愿意拥抱直播的商家，淘宝直播不火也不行。

货。如果说沉淀对电商感兴趣的直播用户还是一条对所有直播平台都开放的发展之路，那么，能否有好的货品和好的服务，则是一道硬门槛，很多直播平台因此被阻拦在门外。货品是淘宝直播的最强项。背靠淘宝15亿多的商品，淘宝直播的内容品类不断扩大。淘宝内容生态资深总监闻仲日前在北京表示，向更多行业渗透是淘宝直播2018年的关键词，"2016年、2017年大家看到淘宝直播有上卖衣服的，卖美妆的，或者卖珠宝的，但是到了2018年，你会发现很多挖藕的、抓鱼的、养蜂的，还有健身、旅游乃至在海外直播的。"目前，淘宝直播的内容品类已从服饰、珠宝、美妆扩充到农产品、数码产品、保健食品、旅游产品等各个品类。依托于淘宝生态庞大商品库，淘宝直播可以成为一个真正实现无所不播的直播平台。在海量的商家和货品不断积累下，淘宝让直播电商的未来机会也变得更多。现在直播还只是卖货，将来直播新品首发、直播品牌发布会等计划，无疑将赋予整个直播电商更多想象力。依托生态的力量，不断放大直播电商对整个直播和电商行业各个角色的服务能力，这是淘宝的优势所在，也是其他平台难以跨越的门槛。

场。在当下场景经济时代，淘宝直播在场景方面的优化不容小觑。越来越丰富的场景出现，淘宝也拥有了让消费者和主播们需求精准对接的能力，从而让内容的播放和商品的交易都更为自然。

（1）电商直播的玩法跟秀场直播不同。秀场直播，更多是主播单方向地向用户索求打赏，淘宝直播间的互动工具却都是为电商而服务。这不仅可以帮助主播提升转化率和客户留存，同时可以帮助主播维护粉丝关系，实现多方的互利互惠。2019年，淘宝直播间的互动工具将做得更多，比如抽奖、拍卖、答题、粉丝专享、粉丝红包等功能。拥有这些新功能后，主播有机会给其忠实粉丝一定回馈，这势必将拉近主播和消费者之间的关系，进而构建出更多的场景来匹配和传播直播内容。

（2）同时，平台内对场景的优化也非常关键。现在市场中的直播内容非常多，如果无法给消费者匹配到他需要的，那这样的内容无疑就是一则广告。国际著名广告人霍华德·拉克·哥萨奇曾说过一句话："事实上，没有人喜欢看广告。人们只喜欢看自己感兴趣的事情，而有时候恰巧是一则广告。"广告大家都不爱看，淘宝坚定推荐内容化、社区化、智能化，这样就可以更精准地向潜在消费者推送直播等优质内容。依托于淘宝积累多年的数据和技术优势，给用户推送他们潜在需要的直播内容，帮助消费者找到他们想要购买的好商品，这样极具针对性的场景优势，悄然成了淘宝直播的一条护城河。

（3）除此以外，对比其他的直播平台，淘宝直播还拥有独特的场景机会。众所周知，直播的下一个增长点是走到线下更丰富的消费场景，背靠阿里经济体，依托阿里的农村战略和新零售战略，淘宝直播可以让用户更直观地了解商品产地、商品加工流程。在淘宝线下场景直播的宣传下，不仅有利于部分细分行业的健康规范发展，也可以让广大消费者更放心地购买曾经那些因为信息不透明而引发争议的商品。同时，线下场景也意味着主播们在内容上有更多的选择，线下直播也会让他们的时间更为灵活。这种情况下，线下场景的加入，就能让淘宝直播的用户和主播共同获利。

综上所述，凭借着在"人""货""场"三个方面的实力，淘宝直播已经在直播电商领域形成了非常坚实的竞争壁垒，淘宝直播在电商直播效率上也是其他平台的十倍。对比当下的直播电商行业，2019 年，淘宝直播或许会迎来更大的爆发。淘宝曾做出预计，未来三年间，淘宝直播将带动 5 000 亿元规模成交。可以肯定的是，对直播电商商业模型进行创新的淘宝直播，未来一定会吸引更多的直播平台和主播前来合作，从而加速行业"好者更好，大者更大"的马太效应，实现直播电商的赢家通吃。

（资料来源：百度百科 https://baike.baidu.com，2019.1.29）

思考：

淘宝直播电商为何会迅猛发展？分析思考直播电商模式的发展。

第 3 模块

管生意（管理生意）

——管理消费需求

【学习指导】

企业解决了如何做生意（经营生意）——满足消费需求以后，就进入了市场营销活动的第 3 个环节，即解决如何管生意（管理生意）——管理消费需求的问题。市场营销管理的任务，就是调整市场的需求水平、需求时间和需求特点，使供求之间相互协调，实现互利的交换，达到企业的市场营销目标。因此，现代市场营销管理实质上是对消费的需求管理，市场营销管理是科学组织企业的所有资源满足消费需求的过程。市场营销管理首先要制定市场营销战略。市场营销战略的制定是一个动态的过程，要分析市场机会，把握市场需求，研究自身的优势和劣势，适当地配置和利用资源，从时间上、整体上、过程上对市场营销活动进行规划与管理，制定和实施企业营销战略和竞争战略。市场营销计划、实施、组织与控制是市场营销管理的基本环节，市场营销活动管理的 4 个环节相互联系、相互制约。市场营销计划是根据企业市场营销战略规划制订的，市场营销计划是市场营销组织活动的指导，市场营销组织负责实施市场营销计划，市场营销计划实施需要控制，保证市场营销计划的实现。

项目 9
市场营销战略

【课前五分钟】

1. 什么是市场营销管理?
2. 根据需求状况和市场营销任务的不同，市场营销管理可分为哪些类型?
3. 市场营销战略的特征有哪些?
4. 企业发展战略的类型有哪些?
5. 波士顿咨询集团法包括哪些内容?
6. 企业基本的市场竞争战略有哪些？

【教学目标】

知识目标：

- 通过学习，掌握市场营销管理的实质、市场营销管理的类型与任务，掌握市场营销管理的操作程序，掌握市场营销战略的操作程序，掌握基本的市场竞争战略的内容和确立市场竞争战略地位的方法。

能力目标：

- 通过培养，具备市场营销管理分析的能力。

9.1 市场营销管理

9.1.1 市场营销管理的概念

市场营销管理是通过分析、计划、实施和控制，谋求创造、建立及保持企业与目标消费群之间互利的交换，以达到企业市场营销的目标。

在一般人的心目中，营销管理者的工作就是刺激消费者对企业产品的需求，以便尽量扩大销售量和市场占有率。事实上，营销管理者的工作不仅仅是刺激和扩大需求，同时包括调整、缩减和抵制需求，这要依据需求的具体情况而定。市场营销管理的任务，就是调整市场的需求水平、需求时间和需求特点，使供求之间相互协调，实现互利的交换，达到企业的市场营销目标。因此，现代市场营销管理实质上是对消费的需求管理。

9.1.2 市场营销管理的类型

不同的需求状况有不同的市场营销任务。根据需求状况和市场营销任务的不同，市场营销管理可分为 8 种类型，如表 9–1 所示。

表 9–1　市场营销管理的类型、需求状况和任务

市场营销管理类型	需求状况	营销任务
扭转性营销	负需求	扭转需求
刺激性营销	无需求	激发需求
开发性营销	潜在需求	实现需求
恢复性营销	需求衰退	恢复需求
同步性营销	不规则需求	调节需求
维护性营销	饱和需求	维持需求
限制性营销	过剩需求	限制需求
抵制性营销	有害需求	消除需求

1. 扭转性市场营销管理

扭转性市场营销是针对负需求实行的。负需求是指全部或大部分潜在消费者对某种产品或服务不仅没有需求，甚至厌恶。例如，素食主义者对所有肉类有负需求；许多人对预防注射、节育手术有负需求。针对这类情况，扭转性市场营销管理的任务是扭转人们的抵制态度，使负需求变为正需求。营销者必须首先了解这种负需求产生的原因，然后对症下药，采取适当的措施来扭转。

2. 刺激性市场营销管理

刺激性市场营销是在无需求的情况下实行的。无需求是指市场对某种产品或服务既无负需求也无正需求，只是漠不关心，没有兴趣。无需求通常是因消费者对新产品或新

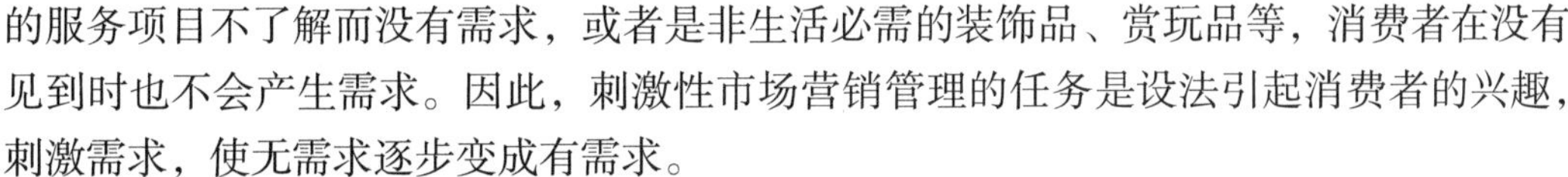
的服务项目不了解而没有需求，或者是非生活必需的装饰品、赏玩品等，消费者在没有见到时也不会产生需求。因此，刺激性市场营销管理的任务是设法引起消费者的兴趣，刺激需求，使无需求逐步变成有需求。

3. 开发性市场营销管理

开发性市场营销是与潜在需求相联系的。潜在需求是指多数消费者对现实市场上还不存在的某产品或服务的强烈需求。因此，开发性市场营销管理的任务是努力开发新产品，设法提供能满足潜在需求的产品或服务，将潜在需求变成现实需求，以获得极大的市场占有率。

4. 恢复性市场营销管理

恢复性市场营销管理的任务是设法使已衰退的需求重新兴起，使人们已经冷淡下去的兴趣得以恢复。实行恢复性市场营销的前提是处于衰退期的产品或服务有出现新的生命周期的可能性，否则将劳而无功。

5. 同步性市场营销管理

许多产品和服务的需求是不规则的，即在不同时间、不同季节其需求量不同，因而与供给量不协调，如运输业、旅游业等都有这种情况。对此，同步性市场营销管理的任务是设法调节需求与供给的矛盾，使二者达到协调同步。例如，游乐场在节假日需求量特别大，而平时营业清淡，可通过灵活的定价、广告和安排活动等办法，使供求趋于协调，如人多的时间可适当提高价格，人少的时间可适当降低价格，并多安排一些吸引游人的活动，多做些广告宣传等。

6. 维护性市场营销管理

在需求饱和的情况下，应实行维护性的市场营销。饱和需求是指当前的需求在数量和时间上同预期需求已达到一致。这时维护性市场营销管理的任务是设法维护现有的销售水平，防止出现下降趋势；主要策略是培养忠诚消费者、保持合理的售价、稳定推销人员和代理商、严格控制成本费用等。

7. 限制性市场营销管理

当某产品或服务需求过剩时，应实行限制性市场营销。例如，对风景区里过多的游人，对市场中过多的能源消耗等，都应实行限制性市场营销。限制性市场营销管理的任务就是长期或暂时地限制市场对某种产品或服务的需求，通常可采取提高价格、减少服务项目和供应网点、劝导节约等措施。实行这些措施难免要遭到反对，营销者要有思想准备。

8. 抵制性市场营销管理

抵制性市场营销是针对有害需求实行的。有些产品或服务对消费者、社会公众或供应者有害无益，对这种产品或服务的需求就是有害需求。抵制性市场营销管理的任务是抵制和清除这种需求，实行抵制性市场营销或禁售。抵制性市场营销与限制性市场营销不同：限制性市场营销是限制过多的需求，而不是否定产品或服务本身；抵制性市场营销则是强调产品或服务本身的有害性，从而抵制这种产品或服务的生产和经营。例如，对毒品、赌博、黄色书刊等，就必须采取抵制措施。

9.1.3 运用市场营销管理的操作程序

1. 分析市场营销机会

企业寻找新的市场机会，就要认真研究企业面临的宏观环境和竞争者状况，分析消费者市场、生产者市场和中间商市场。寻找新的市场机会的途径有市场渗透、市场开发、产品开发和多种经营。

2. 选择目标市场

1）需求测定和预测。需求测定就是估测某一产品市场实际存在的需求量和所有经营者拥有的销售量，以确定现有市场的规模；或者根据影响某一产品市场的因素和发展趋势，对未来的需求量做出预测。

2）市场细分。如果测量结果表明某产品具有较好的发展前景，企业面临着如何进入该产品市场的问题。在每一个细分市场中，顾客对产品的性能、特色等具有类似的需求，而在不同的细分市场之间，顾客的需求则存在较大的差异性。

3）确定目标市场。市场细分是企业确定目标市场的前提，任何实行科学经营的企业都要通过细分市场，然后选择适合本企业经营目标和资源条件的细分市场作为目标市场。许多经营有方的企业往往为一个或少数的几个细分市场服务，取得成功后再逐步增加细分市场。

4）市场定位。在确定目标市场的基础上，企业为了满足目标市场消费者的需求，有必要进行市场定位。所谓市场定位，主要是指企业通过市场调查和实际努力，为某一种产品在消费者的心目中树立起一个明显区别于其他竞争者产品的、符合其需要和愿望的地位，进而为企业树立良好的市场形象。

3. 设计市场营销组合

市场营销组合的内容有产品策略、定价策略、分销策略和促销策略。因为这 4 个策略的组合通常是由市场营销人员来决定的，所以它们也时常被称为可控变量。其中的每一个策略都包含了许多相关的决策因素，各自又形成一个组合，如产品组合、价格组合、分销组合和促销组合。

4. 管理市场营销活动

管理市场营销活动就是制订市场营销计划、实施和控制市场营销计划。这是整个市场营销管理过程的一个关键性的、极其重要的步骤。因为企业制订市场营销计划不是纸上谈兵，而是为了指导企业的市场营销活动，实现企业的战略任务和目标。

9.2 市场营销战略

9.2.1 市场营销战略的概念

市场营销战略是企业在复杂的市场环境中，为实现特定的市场营销目标而设计的长期、稳定的行动方案，形成指导企业市场营销全局的奋斗目标和经营方针。市场营销战

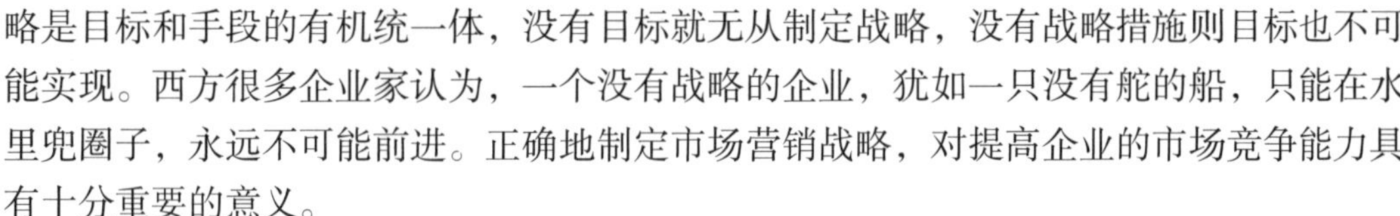
略是目标和手段的有机统一体，没有目标就无从制定战略，没有战略措施则目标也不可能实现。西方很多企业家认为，一个没有战略的企业，犹如一只没有舵的船，只能在水里兜圈子，永远不可能前进。正确地制定市场营销战略，对提高企业的市场竞争能力具有十分重要的意义。

9.2.2　市场营销战略的特征

1. 全局性特征

市场营销战略是以企业全局和营销活动的发展规律为研究对象，是为指导整个企业营销整体发展全过程的需要而制定的，它规定的是营销总体活动，追求的是企业营销总体效果，着眼点是营销总体的发展。全局性表示营销战略的地位、重要性及范围。

2. 长远性特征

市场营销战略是对企业未来较长时期（一般是 5 年以上）营销发展或营销活动的谋划。因此，它着眼于未来，在分析外部环境变异性和内部条件适应性的基础上，谋求企业的长远发展，关注的主要是企业的长远利益。其实质是高瞻远瞩、深谋远虑、立足长远、兼顾当前。

3. 纲领性特征

市场营销战略中所规定的战略目标、战略重点、战略对策等都属于方向性、原则性的，是企业营销发展的纲领，对企业具体的营销活动具有权威性的指导作用。营销战略是企业领导者对重大营销问题的决策，是企业营销发展过程的指路明灯。纲领性是指营销战略的统帅作用。

4. 竞争性特征

市场营销战略是指导企业如何在激烈的市场竞争中与竞争对手抗衡，如何迎接来自各方面的冲击、压力、威胁和困难带来的挑战。竞争性是指营销战略实施过程中的激烈竞争。

5. 应变性特征

市场营销战略应根据企业外部环境和内部条件的变化，适时加以调整，以适应变化。应变性是指要适时地对营销战略进行适当的调整。

6. 相对稳定性特征

市场营销战略必须在一定时期内具有稳定性，才能在企业营销实践中具有指导意义。由于企业营销实践活动是一个动态的过程，指导企业营销活动的战略也应该是动态的，以适应外部环境的多变性，所以企业市场营销战略的稳定性是相对的稳定性。稳定性是指营销战略必须保持相对的稳定，不能朝令夕改。

9.2.3　市场营销战略的类型

1. 稳定战略

稳定战略，又称防御型战略，是以保持原有的业务经营水平为主要目标的一种战略。

企业通过详细地分析市场环境和内部条件，如果发现业务的增长面临困难，即使投入大量资金并对企业的各项资源进行有效的配置，仍然难以为企业的业务增长找到与之相匹配的市场机会，则可以采用这种战略，维持现有的业务经营水平或求得较少的增长。稳定战略又包括两种基本类型，即积极防御战略和消极防御战略。前者以积极的态度积蓄力量，对抗竞争者的攻击；后者则一味回避竞争，力图维护企业的现状。

2. 发展战略

发展战略是指企业在现有市场基础上开发新的目标市场的一种战略，企业可供选择的发展战略包括如表 9–2 所示的 3 种基本类型。

表 9–2　企业发展战略的类型

密集性发展	一体化发展	多元化发展
市场渗透	后向一体化	同心多元化
市场开发	前向一体化	水平多元化
产品开发	水平一体化	集团多元化

（1）密集性发展战略。当企业现有的产品和现有的市场还有发展力，而且企业尚未完全开发出潜在产品和市场机会，则要采取密集性发展战略。这种战略有以下 3 种类型。

1）市场渗透，即企业采取更积极的销售措施，在现有的市场中增加现有的产品销售。这种战略的具体形式有：采取降价和增加销售网点等办法，千方百计地使现有的消费者多购买本企业的现有产品；加强促销活动或增加产品的品种，把竞争者的消费者吸引过来，使他们购买本企业现有的产品；采取提供样品等活动，想办法在现有市场上把产品卖给那些从未买过本企业产品的消费者。

2）市场开发，即企业采取种种措施，千方百计地在新市场上扩大现有产品的销售。其具体形式有：扩大销售区域，可以从区域性销售扩大到全国性销售，也可以从国内销售扩大到国际市场销售；进入新的细分市场，可以根据消费者的需要，增加产品的新设计、利用新的销售渠道和广告宣传，满足新市场未满足的需求。

3）产品开发，即企业在现有市场提供新产品或改进的产品，如增加花色品种、规格、型号等，以满足消费者的需要，扩大销售。

（2）一体化发展战略。运用一体化发展战略的条件是企业面临的行业很有发展前途，而且企业在供、产、销等方面实行一体化能提高发展效率，加强控制，扩大销售，增加利润，从而提高经济运行效率。一体化包括以下 3 种类型。

1）后向一体化，即企业收买或合并原材料供应商，从过去向供应商购买原材料改变为自己生产原材料，实行供产联合，如一家拖拉机厂原来买进轮胎，现在自己生产轮胎。一些大零售公司和连锁超市不仅设有中央采购配运中心，自己采购货物，集中供应其所属的零售商店，实行批零一体化，而且拥有许多工厂，自己生产所经营的商品，实行商工一体化，它们这样控制其供应系统也是一种后向一体化。

2）前向一体化，即企业收买或合并批发商、经营商或零售商，使产销联合，自产自销，实行产销一体化。例如，美国胜家公司设有批发零售机构，并且在全国各地设有缝纫机商店，自产自销，这种产销一体化就是前向一体化。此外，一些经营原料或原材料的企业，向前伸延生产相应的产品，如纺织企业生产经营服装、木材公司生产家具、造纸公司打算经营印刷业务、批发企业延伸开办零售商店，这也属于前向一体化。

3）水平一体化，即企业收购、兼并竞争者的同种类型的企业，如某家大企业公司收购、兼并若干小公司，或者与其他同种类型企业合资生产经营，这些都是水平一体化。

（3）多元化发展战略。这是企业尽量增加产品种类，实行跨行业生产经营多种产品和业务的一种战略。如果企业所在行业缺乏有利的市场机会，或其他行业具有更大的吸引力，可以实行多元化发展战略。这种战略有以下 3 种类型。

1）同心多元化，即以现有产品为中心向外扩展业务范围，利用现有的技术、特长和营销力量，逐渐开发与现有产品近似的或同一类的产品，吸引更多的新顾客，如制药厂利用制药技术开发护肤美容品、运动保健产品等。这种多元化经营有利于发挥企业原有的技术优势，风险较小，比较容易成功。

2）水平多元化，即企业利用原有市场的优势，采用不同的技术开发新产品，增加产品的种类和品种。比如，某企业主要经营农用收割机和食品机械，面向农村市场，后又开发农药、化肥等农用化工产品，以多条产品线来增加企业产品系列，既增强了企业实力，又满足了农村市场的需求。

3）集团多元化，即大企业通过收购、兼并其他行业的企业，或者在其他行业投资，把业务扩展到其他行业中去，新产品、新业务与公司现有的产品、技术、市场无联系，如某大钢铁公司经营金融业、旅馆、快餐等。

3. 收割战略

收割战略也称缩减战略，是以短期利润为目标的一种营销战略。战略决策者考虑的不是某种产品或业务未来的长期发展，而是如何增加产品短期的投资收益率，以谋求尽可能多的现金收入。采取这一策略的原因主要在于企业现有产品或业务组合中的某个或某几个的状况不佳，且已无发展潜力，企业通过大幅度裁减其投资，用某些短期性的营销行为来谋求短期利益，以便有利于优化企业现有的产品组合，促进企业的不断发展。

4. 撤退战略

撤退战略是将现有产品或业务从现有市场退出的一种战略。如果某项业务已经没有增长潜力，或者从事这项业务会妨碍企业进一步增加利润，可以考虑采用这种战略。撤退战略通常有 3 种类型。

1）临时性撤退。产品销售不佳，企业暂时停止经营，待查明原因对产品进行改进后，再生产投放市场，争取赢得用户的欢迎。

2）转移性撤退。市场上，往往有这样一种情况：在甲地滞销的产品，在乙地却十分畅销。此种情形下，企业可能从原市场退出，去开发其他吸引力较强的新市场。企业放弃原经营方向，转向生产经营其他范围的产品（或业务），这也是转移性撤退战略。

3）彻底性撤退。这是指企业针对处于衰退期的老产品，或是刚上市但已表明“不对路”而过早夭折的新产品，采取断然退出市场的战略。

9.2.4 运用制定市场营销战略的操作程序

1. 确定企业任务

企业任务所反映的是一个企业的目的、特征和性质。企业要对本企业是干什么的、本企业应该是怎么样的等问题进行思考和明确。一些看似简单的问题有时候往往很难回答，这其实是对企业的使命缺乏认识的表现。例如，我们是干什么的，我们的顾客是谁，我们对于顾客的价值是什么，我们的业务应该是什么，我们的业务将来会是什么，对这些问题，都要有一个明确的答案。例如，李宁体育用品有限公司的任务：我们以体育激发人们突破的渴望和力量，即致力于专业体育用品的创造，让运动改变生活，追求更高境界的突破。

对于企业任务的认识和界定，可以参照以下因素加以确定。

（1）企业的历史与文化。每个企业都有它自己的过去和历史，即企业过去的目的、政策和性质，以及公众形象、企业文化等。界定企业任务时，要将企业的历史与文化因素考虑进去，注意企业的历史与文化延续问题。

（2）企业的出资者和上级主管的意图。例如，北京燕莎友谊商城最高管理层的意图是为较高收入的消费者服务，那么这种意图将影响企业的任务。

（3）外部市场和环境的变化。市场环境是动态变化的，其变化会给企业带来新的机会或威胁，企业在考虑自身使命时要能适应外部环境的变化。

（4）企业自身的禀赋资源条件。禀赋资源条件的不同，约束了企业进入的业务领域。

（5）企业自身的核心能力。核心能力，从竞争的角度来看表现为核心竞争力。它是企业对手无法模仿的、企业所独有的竞争优势。界定企业使命时一定要结合其自身的核心能力，使之能扬长避短，倾注全力发挥出优势。

（6）本企业的活动领域。参照本企业的活动领域即要说明本企业在哪些领域有所作为。一般可以从以下几个方面加以说明。

1）行业范围，指企业已经从事的和将要从事的行业范围。有些企业只在一个行业中有所作为，而有些企业能够同时在多个行业中有所作为。

2）产品和应用范围，指企业愿意参加的产品和应用范围。

3）能力范围，指企业掌握和支配的技术与其他核心能力的领域。例如，日本的NEC在计算机、通信和集成元件方面建立了核心能力，它就能提供电视接收器、手机、手提电脑等产品。

4）市场范围，指企业想服务的市场和顾客类型。有些企业只向上流社会提供服务，有些企业则主要为中下层消费者提供服务；有些企业只为女性提供服务，有些企业则为儿童提供全面的服务。

5）纵向范围，又称垂直范围，是指企业自己生产所需产品的供应程度。有些企业

的纵向范围几乎覆盖了整个供应链，如福特汽车从自己的橡胶园、钢铁厂、玻璃制造开始，一直延续到整车出厂进入消费领域；有些企业则从事供应链中很短的一环。

6）地理范围，指公司想开拓的地理区域市场有多大。有些企业只在区域性市场有所作为，而有些企业是全球营销。

（7）本企业的主要政策。参照本企业的主要政策，以此指导企业员工如何来对待消费者、供应商、经销商、市场竞争者和一般公众。企业任务书中规定了企业的主要政策，就能使整个企业在重大问题或原则上步调一致，在行动上有共同的参照标准可遵循。规定本企业主要政策时应遵循的原则是尽量缩小个人任意发挥和随意解释的空间。

（8）本企业的远景和发展方向。企业任务书要指明企业若干年的远景和发展方向。企业任务是全局性的、长远性的，因此企业任务书又要有一定的弹性和预见性。要使企业任务书收到实效，则内容必须具体化，特点应当明晰化，好的企业任务书在表达和陈述上要富有激励性。

2. 确定企业目标

（1）目标体系。

1）目标体系的内容。确定了企业的战略任务，只是对企业的业务范围和发展方向做了规定，而战略任务还必须分解成相应的目标，以便实施。在战略制定工作中，制定出的战略目标往往是一个目标体系，这一体系包括对不同的活动环节所规定的目标，也包括对不同的部门和人员所规定的目标。就总体性的目标来说，常见的有赢利（率）、销售（增长）量、市场占有额（率）、品牌的知名度、质量等级等。表 9–3 所示为管理学大师彼得·德鲁克提出的保证企业总任务实现的目标体系。

表 9–3　进行成功管理的企业应包括的各种目标

目标体系（各分类目标）	目 标 内 容
市场方面的目标	应表明本公司希望达到的市场占有率或在竞争中占据的地位
技术改进与发展方面的目标	对改进和发展的新产品，提供新型服务内容的认识及其措施
提高生产力方面的目标	有效地衡量原材料的利用，最大限度地提高产品的数量和质量
物质和金融资源方面的目标	获得物质和金融资源的渠道及其有效利用
利润方面的目标	用一个或几个经济指数表明希望达到的利润率
人力资源方面的目标	人力资源的获得、培训和发展；管理人员的培养及其个人才能的发挥
员工积极性发挥方面的目标	发挥员工在工作中的积极作用，奖励和报酬等措施
社会责任方面的目标	本公司对社会发生的影响

2）目标体系的层次。目标体系的建立是分层次的，首先是提出公司任务，进而形成公司总目标，然后在总目标的指导下分解成许多子目标，各层目标共同形成目标体系。图 9–1 所示为一个假设生产某种家用计算机的股份公司的营销目标层次图，为了使股东能得到更高的分红，以提高公司的市场声誉，确定了“提高投资报酬率”的目标。这一目标首先符合企业的战略任务的要求，在这一目标下层层分解，得到了一个目标体系。

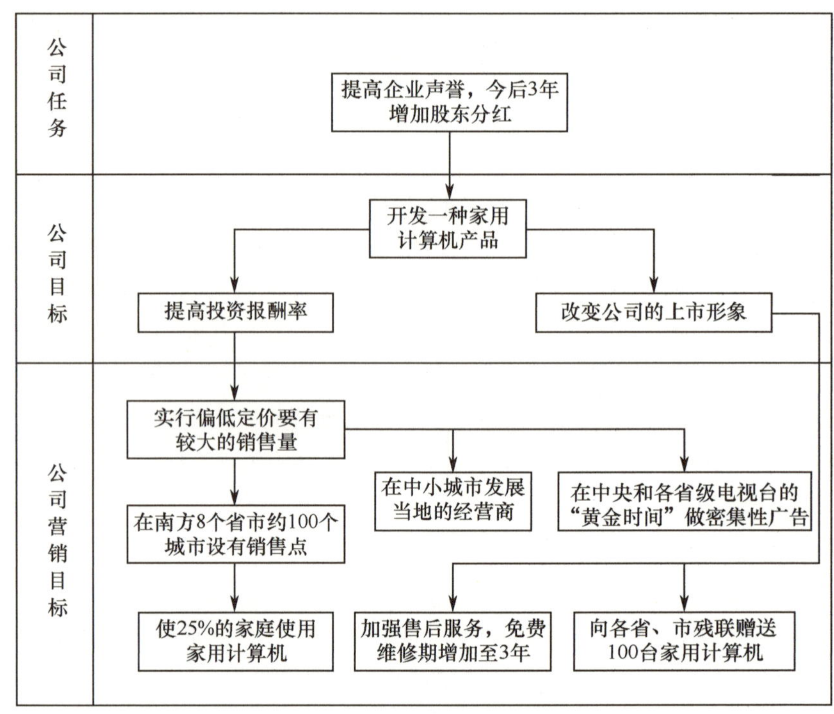

图 9-1　某股份公司营销目标层次

（2）目标的要求。企业所确定的营销战略目标应符合以下要求。

1）突出重点。对于企业来说，它想实现的目标往往不止一个。但在一个战略周期内，由于受各种条件的限制，多个目标不可能都实现，而且在不少的时候，有些目标放在一起施行，还会相互冲突。因此，在"鱼与熊掌不可兼得"时，企业应该确定一个当前更为重要、更为迫切需要实现的目标，或者是对实现企业的战略任务更有利的目标，即采取"有所得必有所失"的思维方法来优先解决目前更为关键的问题。

2）可以测量。目标必须是具体的和唯一的，即能够被执行者理解，而且此种理解应是唯一的（不可能做出另一种解释或理解）。为此，要求一般能够定量化的目标应定量化，而不能定量化的目标也应清楚地加以说明。否则，所制定的目标既无法真正得到贯彻执行，也无法进行检验，甚至当执行者对所确定的目标都按照自己的想法理解执行时，还会造成企业内部的混乱。

3）一致性。一致性也指目标之间的协调性。因为目标涉及对企业营销活动的诸多方面的要求和规定，因此它们必须是相互协调或是相互补充的。如果目标之间是相互矛盾、相互冲突和排斥的，这种目标不是不可能执行就是执行后会给企业造成重大损失。

4）可行性。目标的可行性是指它按企业现有的资源条件是可以完成或实现的，但又应是经过企业员工付出相应的努力才能实现的。一方面，目标不应成为"精神性的口号"，可望而不可即，没有实现可能的目标是毫无意义的；另一方面，目标也应对其执行对象具有一定的挑战性，必须付出相应的努力才能完成，过于轻松就可以完成的目标，对企业的发展是绝无益处的。

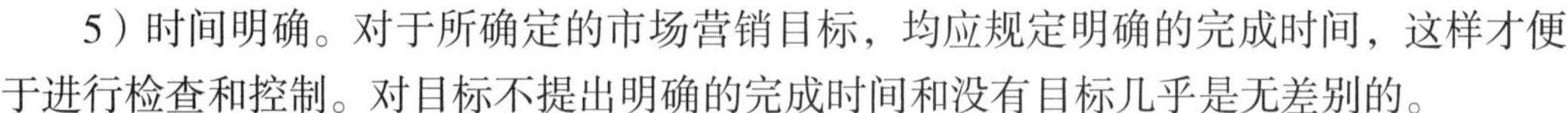

5）时间明确。对于所确定的市场营销目标，均应规定明确的完成时间，这样才便于进行检查和控制。对目标不提出明确的完成时间和没有目标几乎是无差别的。

3. 规划业务组合

在确定企业任务和目标的基础上，企业的最高管理层应着手对业务组合进行分析和规划，即确定哪些业务单位是最能使企业发挥竞争优势，从而最有效地利用市场机会的。一个企业的资源有限，各个业务单位的增长机会、经营效益大不相同，所以企业如何将有限的资源在现在和未来的不同业务单位中进行配置，是营销战略中必须考虑的重要内容。完成这个工作需要从两个方面入手：一是分析现有的业务组合，确定哪些业务应当发展，哪些业务应当维持，哪些业务应当减少，哪些业务应当淘汰；二是对企业未来的业务发展做出战略规划，即制定企业发展战略，运用波士顿咨询集团法进行业务组合。

（1）波士顿咨询集团法。波士顿咨询集团法是美国波士顿咨询公司于 20 世纪 60 年代初创建的市场增长率 / 相对市场占有率矩阵，用来分类和评价企业的现有战略业务单位，以进行战略投资分配的方法，如图 9–2 所示。

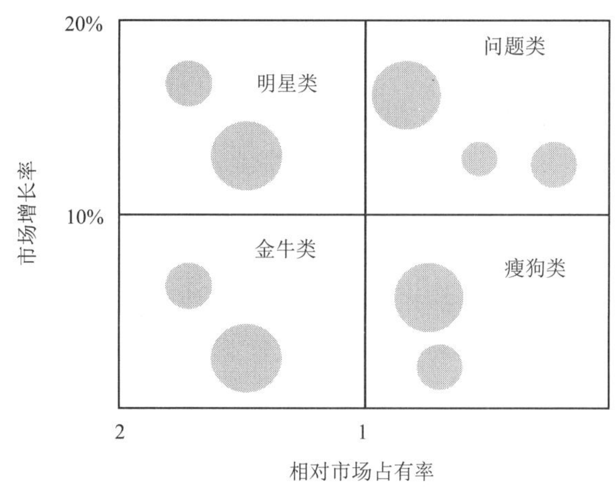

图 9–2　市场增长率 / 相对市场占有率矩阵

市场增长率，即某项业务的年销售增长率。市场增长率为矩阵的纵坐标，习惯上以 10% 的增长率作为高、低增长率的分界线。但在不同的国家及不同的行业，面对不同的市场状况，可以取 5%、20%、30% 等作为高、低增长率的界限，大小以能准确反映本行业的增长率的衡量水平为准。市场增长率反映业务单位在市场上的成长机会和发展前途。

相对市场占有率，表示业务单位的市场占有率与最大竞争对手市场占有率之比。相对市场占有率为矩阵的横坐标，它表明企业竞争实力的大小，用公式可表示为：

相对市场占有率 = 本企业的市场占有率 / 最大竞争对手的市场占有率 ×100%

业务单位，指一个分公司、一个部门、一个产品线、一个产品项目，以圆圈的形式绘于矩阵图中。圆圈的位置表明它的市场增长率和相对市场占有率，圆圈的大小代表该项业务的销售额的大小。

（2）战略业务单位的类型与分析运用。

1）问题类。表现形式：一高一低，即问题类业务具有较高的市场增长率，但其相对市场占有率很低。产生条件：市场需求发展较快，企业在这些业务项目上过去的投资较少，因而其市场占有率较低；企业经营的这些业务项目比竞争对手经营的相同业务来说，可能缺少竞争优势，所以属问题类业务。特点：需要较多资源投入；前途未卜，难以确定远景。决策：发展战略——增加投入，发展为明星类；维持战略——不增加投入，维持现状；收割战略——尽快获取利润；放弃战略——精简合并，甚至淘汰。运用：此类业务单位以少为好。

2）明星类。表现形式：双高，即明星类具有很高的市场增长率及很高的相对市场占有率。产生条件：企业在当前经营比较成功，具有市场领先地位的业务。特点：是企业的现金消耗者而不是现金生产者，需要大量投入来保持其高速增长。当明星类业务的地位稳固后可以发展为金牛类，是企业未来的财源；如果企业没有适量的明星类业务，其发展前景堪忧，企业缺乏“后劲”。决策：发展战略为加大投资，使之升为金牛类业务单位。运用：有若干明星类业务单位，企业才有希望。

3）金牛类。表现形式：一低一高，即金牛类业务市场增长率很低，但其相对市场占有率很高。产生条件：金牛类业务进入了市场的成熟期。特点：企业业务的市场增长率降低，不再需要大量的资源投入；相对市场占有率较高，业务单位能取得较高的利润，称为摇钱树，用于扶持问题类业务、明星类业务。决策：维持战略——采取措施，延长金牛类业务单位的生命周期；收割战略——对弱小的金牛类业务单位，应尽快获取最后利润。运用：有若干金牛类业务单位为好，多多益善。如果企业的金牛类业务单位过少或者金牛类业务单位过“瘦”，说明企业的业务投资组合是不健康的。如果市场对这类业务的需求发生突然的变化（减少），将使企业面临危机。

4）瘦狗类。表现形式：双低，即瘦狗类业务的市场增长率很低，其相对市场占有率也很低。产生条件：瘦狗类业务进入了市场衰退期，或者企业经营的业务是不成功的业务，或者这类业务不具有和竞争对手竞争的实力。瘦狗类业务的存在往往是企业过去成功地经营过这类业务，保留这些业务是企业主要管理决策人员的“感情因素”在起作用。特点：瘦狗类业务或许能提供一些收益，但赢利甚少或亏损。决策：收割战略——获取最后利润；放弃战略——亏损扭转无望，淘汰，俗称“杀狗”。运用：由于瘦狗类业务单位占用了企业的资金而又没有发展前途，因此需要决策者下决心放弃这类业务，尤其瘦狗类业务单位太多时，必须坚决地加以清理。此类业务单位越少越好。

（3）业务组合健康状态分析。把企业经营的各项业务在矩阵图上定位后，就要对企业的业务组合是否正常、合理，以及其状态是否健康进行分析。分析主要从以下两个方面进行。

1）静态分析。分析业务单位组合现状的情况，包括如下方面：①业务组合健康，即明星类、金牛类业务单位较多，超过业务单位总数的50%，企业有利可图；②业务组合不健康，即问题类、瘦狗类业务单位较多，超过业务单位总数的50%，企业无利可图，甚至亏损；③明星类、金牛类与问题类、瘦狗类单位各占业务单位总数的50%，企业处于维持状态。

2）动态分析。企业应把当期的矩阵图与上期的矩阵图进行比较，同时要对各项业务在未来的矩阵图中的可能变化情况做出预计，才能做出正确的投资决策。例如，某项现在属于问题类的业务，在上期矩阵图中处于明星类，企业对其进行了较大的投资，说明该业务没有按企业预期的要求发展为金牛类业务，反映企业投资失误。因此，企业要查找原因，纠正投资错误或避免在本战略周期内再出现同样的错误。

3）投资决策。企业利用矩阵图中所反映的经营业务的现有发展情况进行投资决策，以便决定哪些业务需要在本战略期内增加投资，哪些业务在本战略期内不应再增加投资甚至需要收回投资，哪些业务需要在本战略期内采取维持战略，哪些业务需要在本战略期内采取放弃战略。一般采用以下调整战略：①发展战略，即以提高业务单位的相对市场占有率为目标，对某项业务进行追加投资，对问题类业务追加投资使其尽快成为明星类，对明星类业务追加投资使其成为金牛类业务。②维持战略，即维持业务单位的相对市场占有率。例如，对金牛类业务单位，以此为目标，可使它们提供更多的收益。③收割战略。这种战略以获取短期效益为目标，不顾长期效益。例如，较弱小的金牛类单位，因其很快要由成熟期进入衰退期，前景黯淡，企业又需要较多的收益，可以采用收割战略。此外，此战略也可用于问题类及瘦狗类业务单位。④放弃战略。这种战略的目标是清理、撤销某些业务单位，减轻企业负担，以便把有限的资源用于效益较高的业务。这种战略尤其适合没有前途或妨碍企业赢利的问题类及瘦狗类业务单位。

4. 拟订预选、评价方案

在企业市场营销战略目标的制约下，根据对现有业务和企业实力的分析，要拟订若干不同策略组合的市场营销战略方案，供企业领导决策。

每一个备选的方案要有详尽的信息分析，还要有优劣比较，对所实现的目标一定要有量化分析，对不能量化的也应清楚地加以说明。拟订预选方案要提倡创新精神，不要因循守旧地搞老一套，要发挥群众智慧，不要只设计一种方案。

综合评价优选方案的具体方法就是企业领导组织专家，对各种预选方案进行经济与技术的全面评价，分析论证其技术可行性与财务效果，从中择优选出一个既能满足目标市场需求，又能为企业带来较大经济效益的最优方案或满意方案。

5. 实施控制战略方案

市场营销战略方案选定以后，就要控制其正确执行。在执行中，发现问题要及时反馈给决策机构，以便及时采取措施进行控制。对市场营销战略方案加以必要的补充或做较大的变更，能够使市场营销战略在市场营销实践中不断发展、不断完善。

9.3 市场竞争战略

9.3.1 选择基本的市场竞争战略

在激烈的市场竞争中，企业能够长时间维持高于平均水平的经营业绩，其根本基础是持久性竞争优势。企业的竞争优势有两个：一是成本优势，即在生产同一档次产品的经营活动中能体现出成本领先的优势；二是产品优势，即在不断提高产品档次的经营活动中能体现出产品差异的优势。根据企业的两个基本竞争优势，可以采用以下3种基本市场竞争战略，顺利地进行市场竞争。

1. 选择成本领先市场竞争战略

成本领先市场竞争战略是指企业通过有效途径，使本企业的总成本低于竞争对手的成本，甚至达到全行业最低，以构建市场竞争优势的战略。

（1）选择成本领先市场竞争战略的条件。

1）企业管理水平较高。企业在采购成本、生产成本、资金占用、人力成本等方面都能精打细算，厉行节约，从而达到低成本运作。

2）规模经营。一般来说，单位产品成本与经营规模的扩大呈按比例下降的趋势。

3）提高市场占有率。市场容量大，销售增长率高，成本也随之降低。

4）不断提高技术水平。对企业进行技术改造，在扩大生产的同时大大提高效率，以技术领先来降低成本，同样可以达到低价竞争的优势。

（2）实现成本领先市场竞争战略的措施。成本领先市场竞争战略可以给企业带来很多优势，但要取得这种地位并不容易，需要采取一种或多种有效的措施。

1）实现规模经济。通过规模经济生产和分销是实现成本领先战略最重要的措施。规模经济是指在技术水平不变时，单位产品的成本随着累计产量的增加而下降。如果一个企业可以比其竞争对手更快地扩大其产量，则其经验曲线将比它的竞争对手下降得更快，从而可以拉大它们之间的成本差距。

2）产品的再设计。要实现规模经济进而取得成本优势，企业还必须设计出易于制造的产品。可以说，能否利用新的制造技术和工艺来提高劳动生产率的关键在于产品的重新设计。

3）降低输入成本。大多数行业，由于各种各样的原因，不同企业输入的成本有很大差异。企业要从多方面采取措施降低输入成本。①减少由于地域原因造成的输入成本上的差异；②选择低成本的供应来源；③提高讨价还价的能力；④稳定与供应商的关系。

4）采用先进的工艺技术。多数产品生产过程中，总有几种或更多种生产工艺技术可供选择。在产出相同的情况下，如果某种工艺技术少消耗某种输入要素，而同时不多消耗其他输入要素，那么这种工艺技术就有一定的优越性。

5）紧缩间接费用和其他行政性费用的支出；保持适度的研究开发、广告、服务和分销费用。

（3）选择成本领先市场竞争战略应注意的问题。运用成本领先市场竞争战略，一定要考虑技术革新和技术进步的影响，注意竞争对手的战略反应和产品、市场的变化，降低或规避成本领先战略存在的风险。

2. 选择差异化市场竞争战略

差异化市场竞争战略是指为使本企业的产品与服务明显区别于竞争对手，形成与众不同的特点而采取的战略。这种战略的重点是创造被全行业和消费者都视为是独特的产品与服务，能比同行业竞争者更有效地满足目标消费群的需求。

（1）选择差异化市场竞争战略的条件。

1）企业比竞争者拥有独特的、明显的有利条件，即无论是产品特色、市场营销战略、服务水平、技术水平都是竞争者暂时不具备的。保持这种有利地位，可以使企业在市场竞争中能暂时独占鳌头，但当竞争者奋起直追，也拥有某方面的独特性后，差异化即会减弱。

2）企业在硬技术和软技术开发上具有很强的创新能力。硬技术的创新使企业产品不断推陈出新，以技术领先，保证企业的差异化；软技术的开发和运用，保证企业高效运作，也是竞争者难以模仿和比拟的。

3）企业具有很强的市场营销能力，即企业的市场营销战略、策略和方法手段别具一格。与竞争者相比，有独特的市场营销创意，对市场的适应能力和应变能力都很强，也是保持企业差别化的重要方面。

（2）差异化市场竞争战略的内容。

1）产品差异化。产品差异化是指某一企业生产的产品，在质量、性能上明显优于同类产品的生产厂家，从而形成独自的市场。对同一行业的竞争对手来说，产品的核心价值是基本相同的，不同的是性能和质量。在满足消费者基本需求的情况下，为消费者提供独特的产品是差异化战略追求的目标，而实现这一目标的根本在于不断创新。

2）形象差异化，即由企业的品牌战略和 CI 战略而产生的差异。企业通过强烈的品牌意识和成功的 CI 战略，借助媒体的宣传，使企业在消费者心目中树立起优异的形象，从而对该企业的产品发生偏好，一旦需要，就会毫不犹豫地选择这一企业生产的产品。

3）市场差异化。指由产品的销售条件、销售环境等具体的市场操作因素而生成的差异。它包括销售价格差异、分销差异、售后服务差异。

（3）选择差异化市场竞争战略应注意的问题。

1）实现差异化的成本很高，形成较高的产品价格。如果这种价格超过消费者的承受能力，为了大量地节省费用，消费者会放弃差异化的产品特征、服务或形象，转而选择物美价廉的产品。

2）消费者不太关注所需的产品的差异性。尤其当市场转向标准化产品的生产时，技术的进步和行业的成熟使产品的差异性被忽略。

3）竞争对手的模仿使消费者看不到产品之间的差异。企业的技术水平越高，形成产品差异化时需要的资源和能力越具有综合性，则竞争对手模仿的可能性越小。因此，企业要注意保护自己的知识产权。

3. 选择集中化市场竞争战略

集中化市场竞争战略是指企业将目标市场锁定在某一个或某几个较小的细分市场，实行专业化经营，走小而精、小而专的道路。集中化市场竞争战略并不是一种独立的市场竞争战略，它是企业因受到资源与能力的约束而采取的一种折中战略。集中化市场竞争战略的基本思想是一个规模和资源有限的企业很难在其产品市场上展开全面的市场竞争，因而需要集中力量于某一特定的细分市场，为特定的消费群提供特定的产品和服务，实现有限的目标市场上的竞争优势。

（1）选择集中化市场竞争战略的条件。企业所拥有产品或技术是某一特定目标市场必备的要求，企业在这一特定细分市场上有能力占领极大的市场占有率，成为小行业中的小巨人，并在充分挖掘特定目标市场需求之后有拓展能力。

（2）选择集中化市场竞争战略应注意的问题。

1）原来以较宽的市场为目标的竞争对手找到了可以再细分的市场，并以此目标来实施集中化战略，从而使企业一直保持的集中化战略受到挑战，失去优势。

2）由于技术进步、替代品的出现、价值观念的更新、消费者偏好改变等各种原因，细分市场和总体市场之间的产品和服务需求的差异逐步缩小，企业原先赖以生存的目标集中战略的基础将逐渐失掉。

3）企业采用集中化市场竞争战略与竞争对手拉开差距，保持自己的特色，有时需要增加一定的成本费用。随着市场竞争的逐步加剧，采用集中化市场竞争战略的企业与在较宽范围经营的市场竞争对手之间的成本差距会逐步扩大，有可能抵消企业采取集中化市场竞争战略所取得的成本优势或产品优势，导致企业集中化市场竞争战略的失败。

9.3.2 确立市场竞争战略地位

随着企业在行业中所占市场份额逐渐拉开并维持一个相对稳定的局面，不同市场份额者之间会进行比较长久的市场竞争。因此，企业要明确自己在同行业市场竞争中的地位，制定和实施不同的市场竞争策略。

1. 确立市场领先者竞争战略地位

市场领先者是在行业中处于领先地位的企业，占有最大的市场份额，一般是该行业的领导者。一般来说，大多数行业都有一家企业被认为是市场领先者，它在价格变动、新产品开发、分销渠道的宽度和促销力量等方面处于主宰地位，为同行业所公认。

市场领先者要保持自己的市场占有额和在行业中的经营优势，有3种策略可供选择。

（1）选择扩大市场需求量策略。

1）寻找新的使用者。一些潜在的消费者可能因为不了解企业的产品，或者因为对企业的产品不感兴趣，或者因为他们认为企业产品的价格不合理或存在缺陷等因素，从而没有购买企业的产品，企业可以从这些群体中发掘新的使用者。

2）发现和推广产品的新用途。如果企业能够发现和推广产品的新用途，也能扩大市场总需求。

3）促使使用者增加使用。企业可通过适当方式，说服消费者更多地使用企业的产品，这也能有效地增加产品的销售量。例如，日本铃木公司曾将盛有味精的小瓶内盖打了许多小孔，不仅方便了消费者使用，又使人们在不知不觉中增加了消费量。

（2）选择保持市场占有率策略。

1）阵地防御。采取阵地防御，是在现有市场四周构筑起相应的“防御工事”。典型的做法是企业向市场提供较多的产品品种和采用较大分销覆盖面，并尽可能地在同行业中采用低定价策略。这是一种最为保守的竞争做法，因缺少主动进攻，长期实行会使企业滋生不思进取的思想和习惯。这一策略只有当竞争者发起的攻击不出企业所料时，才能奏效，而这是很难做到的；当竞争者的攻击出乎企业预料时，可能会导致企业防线的崩溃，给企业造成重大损失。简单地防守企业现有的地位或产品，即使竞争者没有向企业直接发起攻击，企业也可能因为患上“营销近视症”而丧失市场领导者地位。

2）侧翼防御。侧翼防御是指市场领先者对在市场上最易受攻击处，设法建立较大的业务经营实力或是显示出更大的进取意向，借以向竞争对手表明：在这一方面或领域内，本企业是有所防备的。企业不但要保护自己的主要阵地，还应建立一些侧翼阵地以保护企业的薄弱部分或作为今后出击的前哨阵地。

3）先发制人。这是一个以进攻的姿态进行积极防御的做法。即在竞争对手欲发动进攻的领域内，或是在其可能的进攻方向上，首先挫伤它，使其无法进攻或不敢再轻举妄动。

4）反击防御。当市场领先者受到竞争对手攻击时，采取主动的甚至是大规模的进攻，而不是仅仅采取单纯防御做法，就是反击式防御。这种反击可能是正面反击，也可能是进攻竞争者的侧翼，或采取锥形攻势切断进攻者的退路。有时有效的方式是进入竞争者的领域里发起攻击。

5）运动防御。运动防御指市场领先者将其业务活动范围扩大到其他领域中，一般是扩大到和现有业务相关的领域中，而这些新领域又可能成为企业未来的防御或进攻的中心。企业扩展市场可以采用两种方式：一种是市场扩大化，即企业将其注意力从现有产品转移到主要的基本需要和对与该需要相关联的整套技术上进行研究开发；另一种是市场多元化，即进入与现有市场不相关联的市场，实行集团多元化经营。

6）收缩防御。当市场领先者的市场地位受到来自多个方面的竞争对手的攻击时，企业可能受到短期资源不足与竞争能力限制，只好采取放弃较弱业务领域或业务范围，收缩到企业应该主要保持的市场范围或业务领域内，称为收缩防御。收缩防御并不放弃企业现有细分市场，只是在特定时期，集中企业优势，应付来自各方面竞争的威胁和压力。

（3）选择提高市场占有率策略。

1）产品创新策略。产品创新是市场领先者主要应该采取的能有效保持现有市场地位的竞争策略。

2）质量策略。质量策略也是市场领先企业采用较多的市场竞争策略，即不断向市场提供超出平均质量水平的产品。这种竞争做法，或者是为了直接从高质量产品中得到超过平均投资报酬率的收入；或者是在高质量产品的市场容量过小时，不是依靠其获得主要市场营销收入，而仅仅是为了维持品牌声誉或保持企业产品的市场号召力，从而能为企业的一般产品保持较大市场销售量。

3）多品牌策略。在企业销路较大的产品项目中，采用多品牌营销，使品牌转换者在转换品牌时都是在购买本企业的产品。

4）大量广告策略。市场领先企业往往可以在一定的时期，采用高强度多频度的广告来促使消费者经常保持对自己的品牌印象，使其增加对品牌熟悉的程度或产生较强的品牌偏好。

5）有效或较强力度销售促进，即通过更多销售改进工作来维持市场份额。例如，不断加强售后服务，提供更多的质量保证，建立更多的销售和消费者服务网点。

2. 确立市场挑战者竞争战略地位

市场挑战者是市场占有率位居市场领先者之后而在其他的市场竞争对手之上，采取向市场领先者或其他竞争者发起攻击的方式来争取更多市场份额的企业。但是，并不能完全把它们看成是竞争实力一定次于市场领先者的，因为它们有时很可能是一些很有实力的企业，因为暂时对某项业务还没有投入更多精力或还没有将其作为主要业务来发展。

（1）市场挑战者成功进攻市场领先者的条件。

1）市场挑战者拥有一种持久的竞争优势，如成本优势或创新优势。以前者之优创造价格之优，继而扩大市场份额；或以后者之优创造高额利润。

2）市场挑战者必须有某种办法部分或全部地抵消领先者的其他固有优势。

3）具备某些阻挡市场领先者报复的办法，必须使市场领先者不愿或不能对市场挑战者实施旷日持久的报复。如果没有一些阻挡报复的办法，拥有资源和稳固地位的市场领先者一旦卷入战斗就能用进攻性的报复，迫使市场挑战者付出无法承受的经济和组织代价。

（2）选择市场进攻对象。

1）攻击市场领先者。市场挑战者需仔细调查研究市场领先者的弱点和失误，如有哪些未满足的需要、有哪些使顾客不满意的地方，然后确定自己进攻的目标。

2）攻击与自己实力相当者，设计夺取它们的市场阵地。

3）攻击小企业。对一些地方性小企业中经营不善、财务困难者，可夺取它们的消费者，甚至这些企业本身。

4）连横合纵。与同行业的竞争企业结成战略伙伴或者整体合并。

（3）选择市场挑战者的战略目标。

1）进攻目标。市场挑战者在市场上发起进攻，或是攻击市场领先者较弱的细分市场，或是攻击比自己更小的企业。当市场挑战者具备如下条件时，就可以考虑选取进攻目标：当企业在行业中具有一定的市场声望，并且可以利用已有声望来扩大现有的市场份额，而又难以寻找到新的市场时；当食品企业财力较强，有充足的资金积累，却还没有更为适宜的新投资领域时；当主要的竞争者——它们可能是一个市场领先者，也可能是一个和自己的地位相差不多的挑战者转换了战略目标，而市场竞争对手所实行的新的市场营销战略和本企业已经实行的市场营销战略很类似时；主要的市场竞争者如果正在犯某种市场营销错误，留下可乘之机时。

2）固守目标。市场挑战者具备下列条件时，可以采取固守目标：当行业市场需求处于总体性缩小或衰退时；估计市场竞争对手会对所遭受的进攻做出激烈反应，而本企业缺乏后继财力予以支撑可能出现的长期竞争消耗战时；企业虽找到了更好的新的投资发展领域，但对新领域的发展风险不能准确估计，因而需要在现有的市场中维持一段时间时；主要的市场竞争对手调整了竞争战略或采用了新的营市场销战略目标，本企业一时还不能摸清对手意图时。

（4）选择市场挑战者进攻战略。

市场挑战者在行业中要寻求进一步的发展，一般要采取进攻战略。因此，进攻战略是市场挑战者主要奉行的市场竞争战略。市场挑战者的进攻战略主要有以下几方面。

1）正面进攻。这是正面向对手发起进攻，攻击对手真正实力所在而不是它的弱点，即便不能一役以毙之，也可极大消耗对手实力。进攻的结果，取决于谁的实力更强或更有持久力，即正面进攻采取的是实力原则。正面进攻的常用方式有以下几种。

①产品对比。将自己的产品和市场竞争对手的产品用合法的形式进行特点对比，使竞争者的用户相信应重考虑是否有必要更换品牌。

②采用攻击性广告。使用与市场竞争者相同的广告媒介，拟定有对比性的广告文稿，针对市场竞争者的每种广告，或广告中体现的其他的市场营销定位因素进行攻击。

③价格战。价格战既是传统市场竞争手法，也是今天的市场挑战者在比较极端的情况下仍会考虑采用的市场竞争战略。价格战的后果是难以预料的，尤其可能使参战的每一方都受到损失，甚至损失严重。所以，在现代市场营销活动中，价格战并不是市场挑战者所首选的战略。价格战有两种方法：一是将产品的价格定得比市场竞争者价格更低，或是调整到低于市场竞争者的价格。如果市场竞争者没有采取降价措施，而且消费者相信本企业所提供的产品在价值上和其他市场竞争者尤其和市场领先者的产品相当，则此种方法会奏效。二是采用相对降低价格的做法，即食品企业通过改进产品的质量或提供更多的服务，明显提高产品可觉察价值，但保持原销售价格。这就要求企业：必须在提高质量的同时，采取降低成本的方法，以能够保持原来赢利水平；必须能使消费者相信或有相应的价值感觉，让消费者认为本企业的产品质量高于竞争者；必须是为“反倾销”立法所允许的，即在法律许可的范围内。

2）侧翼进攻。侧翼进攻采取的是“集中优势兵力攻击对方弱点”的战略原则。当市场挑战者难以采取正面进攻时，或者是使用正面进攻风险太大时，往往会考虑采用侧翼进攻。侧翼进攻包括两个战略方向——地理市场或细分市场，以向一个对手发动攻击。地理市场战略方向，即向同一地理区域市场范围内的市场竞争对手发起进攻。常用的做法有两种：一是在市场竞争对手所经营的相同市场范围内，建立比市场竞争对手更强有力的分销网点，以“拦截”市场竞争对手的用户；二是在同一地理区域内，寻找到市场竞争对手产品没有覆盖的市场即“空白区”，占领这些区域并组织市场营销活动。

3）包围进攻。包围进攻是指在对手市场领域内，同时在两个或两个以上的方面发动进攻的做法。这主要用来对付如果只在单一方面进攻，会迅速反应的市场竞争对手，使被攻击者首尾难顾。

4）绕道进攻。绕道进攻如同采用军事上的“迂回进攻”的方法，即尽量避免正面冲突，在对方所没有防备的地方或是不可能防备的地方发动进攻。

5）游击进攻。游击进攻是采用“骚扰对方”“拖垮对方”的策略方法进攻对手。市场挑战者往往是在准备发动较大的进攻时，先依靠游击进攻作为全面进攻的战略准备，迷惑对手，干扰对手的战略决心或者是“火力侦察”。其特点是进攻不是在固定的地方、固定的方向上展开，而是“打一枪换一个地方”。例如，采用短期促销、降价、不停变换广告等进行骚扰，就属于游击进攻。

3. 确立市场追随者竞争战略地位

市场追随者是在市场中居于次要地位，参与市场竞争，但不准备向市场领先者或其他市场竞争者发起进攻，而是跟随在领先者之后自觉地维持共处局面的企业。市场追随者选择的追随策略有以下 3 种。

（1）紧紧追随。紧紧追随是指在尽可能多的细分市场和市场营销组合中模仿市场领先者的做法。这种情况下，市场追随者很像一个市场挑战者。但是，市场追随者采取避免直接发生冲突的做法，使市场领先者的既有利益不受妨碍或威胁。例如，在产品功能上，市场追随者可以和市场领先者一致；但是，在品牌声望上，和市场领先者保持一定差距。

（2）距离追随。距离追随即市场追随者总是和市场领先者保持一定的距离。例如，在产品的质量水平、功能、定价的性能价格比、促销力度、广告密度及分销网点的密度等方面，都不使市场领先者和挑战者觉得市场追随者有侵入的态势或表示。市场领先者往往很乐意有这种追随者存在，并让它们保持相应的市场份额，以使市场领先者自己更符合“反垄断法”的规定。采取这种策略的市场追随者一般靠兼并更小的企业来获得增长。

（3）有选择地追随。有选择地追随是指采取在某些方面紧跟市场领先者，而在另一些方面又走自己的路的做法。这类企业具有创新能力，但是它在整体实力不如对方的时候，需要采用完全避免直接冲突的做法，以便食品企业有时间悉心培养自己的市场和市场竞争实力，可望在日后成长为市场挑战者。

实用链接

蒙牛初创期选择跟随策略要做行业的“老二”，是为了避开竞争品牌伊利的打压，并在跟随的过程中结合“借势行销”，使自己实现了快速壮大。在强大到与主要竞争对手伊利几乎可以平分天下的时候，蒙牛开始转换角色，同时加大攻势，最终在部分市场领域超越了最初的领先品牌。

4. 确立市场补缺者竞争战略地位

市场补缺者是指那些致力于在一个或很少几个细分市场上开展市场营销活动和建立相对的市场竞争优势而避免与大企业竞争的那些企业。作为市场补缺者，在市场竞争中重要的是应该寻找到一个或多个安全的和有利可图的补缺基点。补缺策略的关键是“专

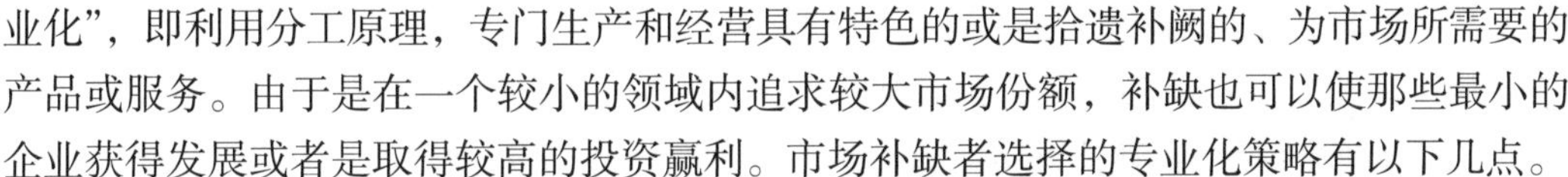

业化”，即利用分工原理，专门生产和经营具有特色的或是拾遗补阙的、为市场所需要的产品或服务。由于是在一个较小的领域内追求较大市场份额，补缺也可以使那些最小的企业获得发展或者是取得较高的投资赢利。市场补缺者选择的专业化策略有以下几点。

（1）最终用户专业化，即企业专门为最终使用用户提供服务或配套产品。

（2）纵向专业化，即企业专门在市场营销链的某个环节上提供产品或服务。

（3）消费者类型专业化，即市场补缺者可以集中力量专为某类消费者服务。

（4）地理区域专业化，是指企业将市场营销范围集中在比较小的地理区域，这些地理区域往往具有交通不便的特点，为大企业所不愿经营。

（5）产品或产品线专业化，即企业专门生产一种产品或是一条产品线，而所涉及的这些产品，是被大企业看作市场需求不够、达不到经济生产批量要求而放弃的。这就为市场补缺者留下很好的发展空缺。

（6）定制专业化，当市场领先者或是市场挑战者比较追求规模经济效益时，市场补缺者往往可以碰到许多希望接受定制业务的用户。专门为这类用户提供服务，可以构成一个很有希望的市场。

（7）服务专业化，即专门为市场提供一项或有限的几项服务。例如，农村中的“农技服务公司”“种子服务公司”等，都为市场提供专业化肥服务。

【思考与应用】

1. 填空题

（1）市场营销管理是通过分析、（　　）、（　　）和（　　），谋求创造、建立及保持企业与目标消费群之间互利的交换，以达到企业市场营销的目标。

（2）现代市场营销管理的实质是（　　）。

（3）企业发展战略包括（　　）、（　　）和（　　）。

（4）根据企业的竞争优势，可以采用（　　）、（　　）和（　　）3种基本市场竞争战略。

2. 判断题（对的打√，错的打×）

（1）需求测定就是估测某一产品市场实际存在的需求量和所有经营者拥有的销售量，以确定现有市场的规模；或者根据影响某一产品市场的因素和发展趋势，对未来的需求量做出预测。（　　）

（2）企业制订市场营销计划不是纸上谈兵，而是为了指导企业的市场营销活动，实现企业的战略任务和目标。（　　）

（3）市场营销战略是目标和手段的有机统一体，没有目标也可以制定战略，没有战略措施则目标也可以实现。（　　）

3. 思考题

（1）市场营销管理的操作程序是什么？

（2）市场营销战略的操作程序是什么？

（3）企业如何确立市场竞争战略地位？

4. 案例分析与应用

“新恒大、新起点、新战略、新蓝图”，成就世界百强企业

恒大集团（简称恒大）是以民生地产为基础，文化旅游、健康养生为两翼，新能源汽车为龙头的世界500强企业集团。目前，恒大总资产为2.1万亿元，年销售规模超6 000亿元，累计纳税超2 300亿元、慈善捐款超146亿元，员工14万人，每年解决就业260多万人，世界500强排名第138位。

恒大地产在中国280多个城市拥有810多个项目，与全球860多家知名企业战略合作，实施精品战略，打造高品质、高性价比产品，开创行业“全精装修交楼”和“无理由退房”先河，让600多万名业主实现宜居梦想。

恒大新能源汽车秉持“核心技术必须世界领先、产品品质必须世界一流”的发展定位，已构建覆盖整车制造、电机电控、动力电池、汽车销售、智慧充电、共享出行等领域的新能源汽车全产业链，在各关键环节拥有世界最顶尖的核心技术。实施全球一体化研发模式，在中国、瑞典、德国、英国、荷兰、奥地利、意大利、日本、韩国等国协同研发。拥有瑞典和中国广东、上海、天津、辽宁等多个高端制造基地，打造世界一流品质的全系列产品。未来3～5年，力争成为世界规模最大、实力最强的新能源汽车集团，助力中国从汽车大国迈向汽车强国。

恒大旅游全方位构建文化旅游综合体版图，着重打造填补世界空白的两大拳头产品“恒大童世界”和“恒大水世界”。“恒大童世界”是专为2～15岁的少年儿童打造，全球唯一全室内、全天候、全季节的大型童话神话乐园，15个项目已布局完成，2021年起陆续开业；“恒大水世界”已筛选出全球最受游客欢迎的120个水上游乐项目，建设全球最大的全室内、全天候、全季节的大型温泉水乐园，未来2～3年布局20～30个。打造全球人向往的文化旅游胜地“中国海南海花岛”，拥有童话世界、雪山王国、海洋乐园、植物奇珍馆及顶级酒店群等28大业态，2020年正式开业。另外，打造世界超前高新技术的全国农业现代化与观光农业标杆“恒大高科农业”。

恒大健康践行“健康中国”战略，着重打造填补中国空白的养生养老拳头产品“恒大养生谷”。“恒大养生谷”整合一流医疗、健康管理、养生、养老、保险和旅游资源，独创“四大园”，搭建会员制平台，提供全周期、高品质、多维度的867项健康服务，是国内最大、档次最高、世界一流的全方位全龄化养生养老胜地。目前已布局19个，未来三年布局超50个并陆续开业。博鳌恒大国际医院是哈佛大学附属教学医院布莱根医院境外唯一附属医院，提供顶级肿瘤专科医疗服务。

到2020年年底，恒大将实现总资产3万亿元，年销售规模8 000亿元，年利税1 500亿元，成为世界百强企业。恒大的企业精神是全体恒大人的思想成果和精神力量，并在发展过程中不断完善和升华，有助于员工最大限度地挖掘自身潜力、最大限度地释放自身创造力，与企业同呼吸共命运，从而使企业产生巨大的凝聚力和竞争力。恒大精神包括：艰苦创业——集中体现为员工勤俭朴实、坚忍不拔、吃苦耐劳，是恒大实现超常规、跨越式发展的原动力，是恒大人的优良传统；无私奉献——集中体现为员工的主人翁意识，胸怀广阔、奉公正己、献身事业、回报社会，实现恒大和个人共同进步，是恒大人的价值取向；努力拼搏——集中体现为员工勇往直前、孜孜以求、敢于挑战、奋发有为，是恒大人的精神写照；开拓进取——集中体现为员工光大传统、与时俱进、勇于创新、追求卓越，是恒大人的制胜法宝。

2019福布斯中国慈善榜发布后，大家再次看到了一个熟悉的名字——许家印。他带领恒大，以40.7亿元的总捐赠额，蝉联2019中国慈善榜首善。这是继2012年、2013年、2018年后，许家印第四次荣登福布斯中国慈善榜榜首。“慈善责任是企业社会责任的最高境界，行善是企业发展的内在动力之一”。恒大董事局主席许家印在接受福布斯中国采访时，对社会责任、慈善公益捻熟于心：只有富有爱心的财富才是有意义的财富，只有积极承担社会责任的企业才是最有竞争力和生命力的企业。恒大创办23年来，累计为扶贫、民生、教育、环保、体育等慈善公益事业捐款100余次，总慈善捐款超136亿元。

（资料来源：中国恒大集团第七次重大战略决策；http://www.evergrande.com）

思考：

恒大的企业战略与市场战略是什么？

项目 10 市场营销计划、组织、实施与控制

【课前五分钟】

1. 什么是市场营销计划?
2. 市场营销计划与市场营销战略有着什么样的关系?
3. 市场营销计划的类型有哪些?
4. 什么是市场营销组织?
5. 影响市场营销组织设计的因素有哪些?

【教学目标】

知识目标:

- 通过学习，掌握市场营销计划的类型、市场营销计划编制的操作程序;掌握市场营销组织的形式、市场营销组织设计的操作程序;掌握市场营销实施的操作程序;掌握市场营销控制的操作程序、市场营销控制的方法。

能力目标:

- 通过培养，具备运用市场营销计划、组织、实施与控制的能力。

10.1　市场营销计划

10.1.1　市场营销计划概述

1. 市场营销计划的概念

市场营销计划是在对企业市场营销环境进行调研分析的基础上，制定企业及各业务单位对营销目标和实现这一目标所应采取的策略、措施和步骤的明确规定和详细说明。

一般情况下，营销计划一旦制订，就应保持其相对的稳定性，这样有利于执行者充分利用所掌握的有限资源，富有成效地开展工作并且顺利地完成营销目标。但是，应当注意营销计划也不是一成不变的。在营销活动期内，与营销目标有关的一些因素可能会发生巨大的变化，这足以使计划本身失去效用。因此，对于已制订的营销计划，应随时根据营销活动变化的实际情况进行调整和修订，使营销计划保持有效性。

2. 市场营销计划与市场营销战略的关系

市场营销计划是企业的战术计划，市场营销战略对企业而言是“做正确的事”，而市场营销计划则是“正确地做事”。在企业的实际经营过程中，营销计划往往碰到无法有效执行的情况，一种情况是市场营销战略不正确，市场营销计划只能是“雪上加霜”，加速企业的衰败；另一种情况是市场营销计划无法贯彻落实，不能将市场营销战略转化为有效的战术。市场营销计划充分发挥作用的基础是正确的战略，一个完美的战略可以不必依靠完美的战术；从另一个角度看，营销计划的正确执行可以创造完美的战术，完美的战术则可以弥补战略的欠缺，还能在一定程度上转化为战略。

3. 市场营销计划的类型

（1）按计划时期的长短划分。

1）长期计划。期限一般5年以上，主要是确定未来发展方向和奋斗目标的纲领性计划。

2）中期计划。期限1～5年。

3）短期计划。期限通常为1年，如年度计划。

（2）按计划涉及的范围划分。

1）总体营销计划。指企业营销活动的全面、综合性计划。

2）专项营销计划。指针对某一产品或特殊问题而制订的计划，如品牌计划、渠道计划、促销计划、定价计划等。

（3）按计划的程度划分。

1）战略性计划。针对企业将在未来市场占有的地位及采取的措施而制订的计划。

2）策略计划。指对营销活动某一方面而制订的计划。

3）作业计划。指各项营销活动的具体执行性计划，如一项促销活动，需要对活动的目的、时间、地点、活动方式、费用预算等做策划。

10.1.2 运用编制市场营销计划的操作程序

1. 分析营销状况

1）分析市场状况，即列举目标市场的规模及其成长性的有关数据、顾客的需求状况等，如目标市场近年来的年销售量及其增长情况、在整个市场中所占的比例等。

2）分析产品状况，即列出企业产品组合中每一个品种近年来的销售价格、市场占有率、成本、费用、利润率等方面的数据。

3）分析竞争状况，即识别出企业的主要竞争者，并列举竞争者的规模、目标、市场份额、产品质量、价格、营销战略及其他的有关特征，以了解竞争者的意图、行为，判断竞争者的变化趋势。

4）分析分销状况，即描述公司产品所选择的分销渠道的类型及其在各种分销渠道上的销售数量，如某产品在百货商店、专业商店、折扣商店、邮寄等各种渠道上的分配比例等。

5）分析宏观环境状况，即主要对宏观环境的状况及其主要发展趋势做出简要的介绍，包括人口环境、经济环境、技术环境、政治法律环境、社会文化环境，从中判断某种产品的命运。

2. 分析机会与威胁、优势与劣势

首先，对计划期内企业市场营销所面临的主要机会和风险进行分析，再对企业市场营销资源的优势和劣势进行系统分析。在分析机会与风险、优势与劣势分析的基础上，企业可以确定在该计划中所必须注意的主要问题。

3. 确立市场营销目标

对机会、威胁、优势、劣势分析的结果是确定市场营销要解决的主要问题，即拟定市场营销目标。目标是市场营销计划的核心与制定下一步具体市场营销策略和行动方案的基础。市场营销目标包括：①财务目标，包括即期利润指标、长期的投资收益率等；②营销目标，主要是销售额、市场占有率、目标利润率及有关广告效果、分销网点、定价等方面的具体目标。所有目标都应以定量的形式表达，并具有可行性、一致性，能够分层次地加以说明。

4. 制定市场营销策略

制定市场营销策略是指拟定企业将采用的市场营销策略，包括目标市场、市场定位、市场营销组合策略等。

5. 制定市场营销行动方案

对各种市场营销策略的实施制订详细的行动方案，即阐述以下问题：将做什么？何时开始？何时完成？谁来做？成本是多少？整个行动计划可以列表加以说明，即未来实际行动的计划。表中具体说明每一时期应执行和完成的活动时间安排、任务要求和费用开支等，使整个市场营销战略落实于行动，并能循序渐进地贯彻执行。

6. 编制市场营销预算方案

根据市场营销行动方案还要编制相应的预算方案，表现为预计损益表。在收益的

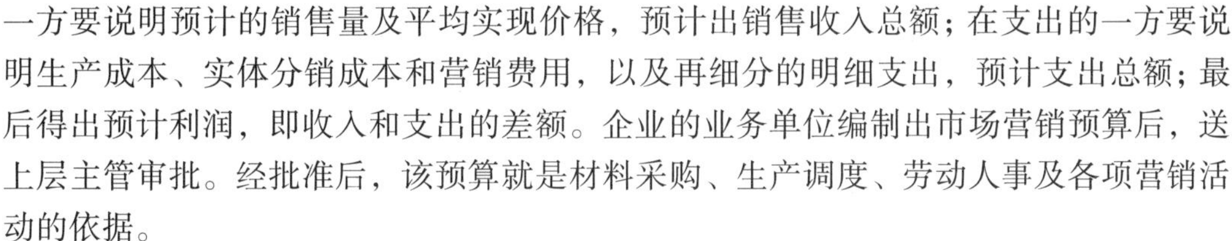

一方要说明预计的销售量及平均实现价格，预计出销售收入总额；在支出的一方要说明生产成本、实体分销成本和营销费用，以及再细分的明细支出，预计支出总额；最后得出预计利润，即收入和支出的差额。企业的业务单位编制出市场营销预算后，送上层主管审批。经批准后，该预算就是材料采购、生产调度、劳动人事及各项营销活动的依据。

7. 进行市场营销计划控制

这是指对市场营销计划执行进行检查和控制，用以监督计划的进程。为便于监督检查，具体做法是将计划规定的市场营销目标和预算按月或季分别制订，市场营销主管每期都要审查市场营销各部门的业务实绩，检查是否完成实现了预期的市场营销目标。凡未完成计划的部门，应分析问题原因，并提出改进措施，以争取实现预期目标，使企业市场营销计划的目标任务都能落实。

头脑风暴

瑞贝卡从一个游走于乡间“找头发换针”的货郎摊，一步步成长为发制品国际一线大品牌。2003 年，瑞贝卡实现了在国内 A 股上市，入围“2019 河南民营企业 100 强”和“2019 河南民营企业制造业 100 强”，靠的是新型的市场营销计划、组织、实施与控制。

搜索瑞贝卡公司的资料，归纳瑞贝卡公司计划、组织、实施与控制的特点。

10.2　市场营销组织

10.2.1　市场营销组织

1. 市场营销组织的概念

市场营销组织是指企业内部涉及市场营销活动的各个职位及其结构。它是执行市场营销计划、服务市场购买者的职能部门。市场营销组织是保证市场营销计划执行的一种手段，同时也是企业实现市场营销战略目标的核心职能部分。

2. 市场营销组织的特征

1）系统性特征。指用系统理论来管理营销组织，即企业的各个部门包括市场营销、研究与开发、生产、财务、人事及市场营销所属部门（如市场调研、广告宣传、人员推销、实体分销等）都能相互配合，具有整体协调性，为一个共同的满足消费者需要的目标协同工作，获得整体大于部分之和的效果。

2）适应性特征。指企业的营销组织机构必须适应外界环境的变化，对瞬息万变的市场环境能做出迅速的反应和决策。如果企业的营销组织不能根据外界环境的变化做出决策，就可能坐失良机。一般来说，越是成熟的组织，由于经验和惯性的作用，越容易失去组织的适应性和灵活性。为此，管理学家也设计了种种管理组织模式，试图使营销组织成为具有适应调节功能的系统。

3. 市场营销组织的形式

现代企业的市场营销部门有各种组织形式，但不论采用何种形式，都必须体现“以消费者为中心”的指导思想，才能使其发挥应有的作用。

（1）职能型组织。职能型组织是最常见的市场营销组织形式。如图 10–1 所示，在市场营销副总经理的领导下，集合各种市场营销专业人员，如广告和促销人员、推销人员、市场营销调研人员、新产品开发人员，以及客户服务人员、市场营销策划人员、储运管理人员等，组成职能型组织。市场营销副总经理负责协调各个市场营销职能科室、人员之间的关系。

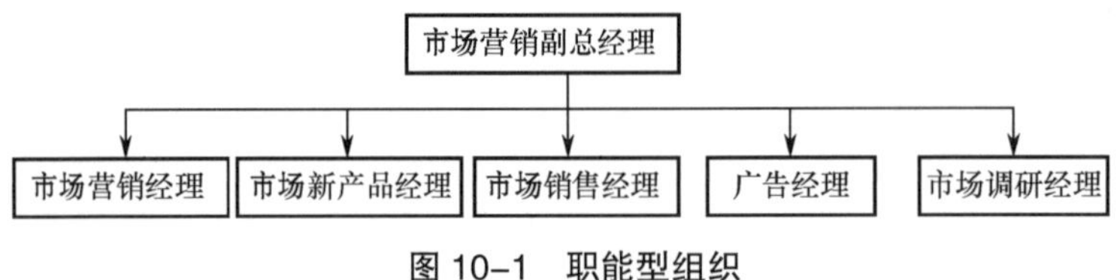

图 10–1 职能型组织

职能型组织的主要优点是行政管理简单、方便。当企业只有一种或少数几种产品，或者企业产品的市场营销方式大体相同时，职能型组织形式才比较有效。随着产品的增多和市场的扩大，这种组织形式会逐渐失去其有效性，具体表现如下。

1）在这种组织形式中，没有一个人对一种产品或者一个市场全盘负责，因而可能缺少按产品或市场制订的完整计划，使得有些产品或市场被忽略。

2）各个职能科室之间为了争取更多的预算，得到比其他部门更高的地位，相互之间进行竞争，市场营销副总经理可能经常处于调解纠纷的“旋涡”之中。

（2）地区型组织。业务涉及全国甚至更大范围的企业，可以按照地理区域组织、管理营销人员。例如，在营销部门设有中国市场经理，下有华东、华南、华北、西北、西南、东北等大区市场经理；每个大区市场经理的下面，按省、直辖市、自治区设置区域市场经理；再往下，还可以设置若干地区市场经理和营销代表。从全国市场经理依次到地区市场经理，所管辖下属人员的数目即“管理幅度”逐级增加，形成一个“金字塔”形结构。当然，如果销售任务艰巨、复杂，营销人员的工资成本太高，他们的工作成效又对利润影响重大，管理幅度就可以适当缩小。

地区型组织形式的优点是构成一个分布全国的销售网络，而且营销网络自上而下的控制幅度逐步扩大，使较高层次的主管人员有更多的时间管理其直接下属，使形成的网络在管理上较为严密和有效。为了使整个市场营销活动更为有效，地区型组织通常都是与其他类型的组织形式结合起来使用的。地区型组织的结构如图 10–2 所示。

（3）产品（品牌）管理型组织。生产多种产品或拥有多个品牌的企业，往往按产品或品牌建立市场营销组织，如图 10–3 所示。通常是在一名总产品（品牌）经理的领导下，按每类产品（品牌）分设一名经理，再按每种具体品种设一名经理，分层管理。在一个企业，如果经营的各种产品差别很大，产品的数量又很多，超过了职能型组织所能控制的范围，就适合建立产品（品牌）管理型组织。例如，美国通用食品公司就采取产品管理型组织——设有若干独立的产品线经理，分别负责粮油食品、动物食品和饮料等；在粮油产品线，又分设若干品种经理，分别负责营养食品、儿童加糖食品、家庭食品和其他食品；在营养食品产品经理之下，又设置若干品牌经理。

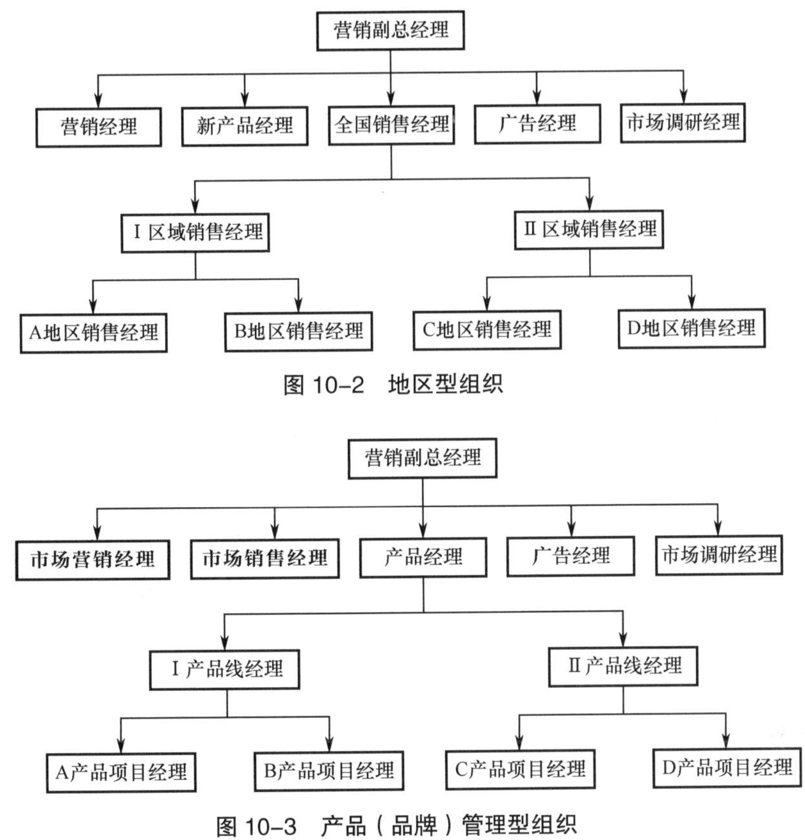

图 10-2 地区型组织

图 10-3 产品（品牌）管理型组织

产品（品牌）经理的任务是制订产品（品牌）计划，监督计划实施，检查计划的执行结果，并采取必要的调整措施，为自己负责的产品（品牌）制定长期的竞争战略和政策。

这种组织形式的优点如下。

1）便于统一协调产品（品牌）经理负责的特定产品（品牌）的市场营销组合战略。

2）能够及时反映特定产品（品牌）在市场上发生的问题。

3）产品（品牌）经理各自负责自己管辖的产品（品牌），可以保证每一产品（品牌）纵然眼下不太出名，也不会被忽视。

4）有助于培养人才——产品（品牌）管理涉及企业经营、市场营销的方方面面，是锻炼年轻管理人员的最佳场所。

这种组织形式的不足之处有如下方面。

1）造成了一些矛盾冲突。由于产品（品牌）经理权力有限，不得不依赖同广告、销售、制造部门之间的合作，这些部门又可能把他们视为“低层的协调者”而不予重视。

2）产品（品牌）经理容易成为自己负责的特定产品（品牌）的专家，但是不一定熟悉其他方面（如广告、促销等）的业务，因而可能在其他方面成为不了专家，影响其综合协调能力。

3）建立和使用产品管理系统的成本，往往比预期的费用要高。产品管理人员的增加，导致人工成本增加；企业要继续增加促销、调研、信息系统和其他方面的专家，必然承担大量的间接管理费用。要解决这些问题，应对产品（品牌）经理的职责同职能管理人员之间的分工与合作，做出明确、适当的安排。

（4）市场管理型组织。当市场范围不断扩大，市场细分日益繁杂时，产品经理的机构设置就不合适了，一种新的机构形式即市场管理型组织应运而生。市场管理型组织同产品（品牌）管理型组织相似，由一个总市场经理管辖若干细分市场经理，各个市场经理负责自己所辖市场的年度销售利润计划和长期销售利润计划，如图 10–4 所示。这种组织形式的主要优点是企业可以围绕特定消费者或用户的需要，开展一体化的市场营销活动，而不是把重点放在彼此隔离的产品或地区上面。在市场经济发达国家，许多企业都是按照市场型结构建立市场营销组织的。有些学者甚至认为，以企业的各个主要目标市场为中心，建立相应的市场营销部门和分支机构，是确保实现“以消费者为中心”的现代市场营销观念的唯一办法。

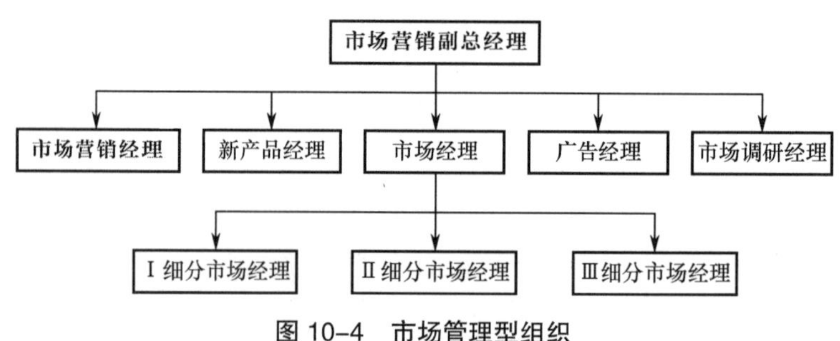

图 10–4　市场管理型组织

（5）产品 / 市场管理型组织。产品 / 市场管理型组织是一种把产品型管理组织与市场管理型组织相结合的矩阵组织形式，如图 10–5 所示。面向不同市场、生产多种产品的企业，它们在确定市场营销组织结构时经常面临两难抉择，是采用产品管理型还是市场管理型，能否吸收两种组织形式的长处且摒弃它们的不足之处。所以，有的企业建立一种既有产品（品牌）经理又有市场经理的矩阵组织，以求解决这个难题。这种组织形式的优点是避免了产品（品牌）经理制和市场经理制各自为政的缺陷。但是，矩阵组织的管理费用高，容易产生内部冲突，因此又产生了新的两难抉择：一是如何组织销售力量，究竟是按每种产品组织销售队伍，还是按各个市场组织推销队伍，或者销售力量不实行专业化；二是由谁负责定价，是产品（品牌）经理还是市场经理。绝大多数大企业认为，只有相当重要的产品和市场，才需要同时设立产品经理和市场经理。也有企业认为，管理费用高和潜在矛盾并不可怕，这种组织形式能够带来的效益，远远超过需要为它付出的代价。

（6）事业部制营销组织。当企业达到一定的规模时，企业大都根据产品群实行事业

图 10-5　产品 / 市场型管理组织

部制管理，将营销职能下放到事业部，如图 10-6 所示。企业进行营销的形式大致有如下 4 种。

1）企业将营销职能权力全部下放，由事业部独立完成某产品群的全部营销工作。

2）企业有小规模营销机构，它只负责协调高层决策机构对整体市场机会的评估，给下属事业部提供参谋性咨询，代行那些没有成立营销机构的小事业部的营销职能，建立全企业的营销观念。

3）企业设立中等规模的营销机构，它除负责一定量的广告业务、促销服务、营销研究及营销管理工作外，主要负责跨事业部的工作，这一工作并不只对某一事业部，有的还担负对销售计划提供指导和对培训推销人员提供帮助的任务。

4）企业设立强大的营销部门，它参与事业部的计划制订和控制活动，对事业部的营销方案行使审批权。

事业部是一种分权组织模式，一般都是按产品或服务领域使每一事业部成为利润中心。其优点是把每类产品或服务作为一个利润中心进行管理，每个事业部经理都经历广泛的职能活动，为培养高层管理者提供了机会。其缺点是各事业部之间可能出现竞争，处理不好会损害企业的整体利益；由于各事业部经理相当于一家单一产品或服务的经理，因而可能加大总公司的控制难度。

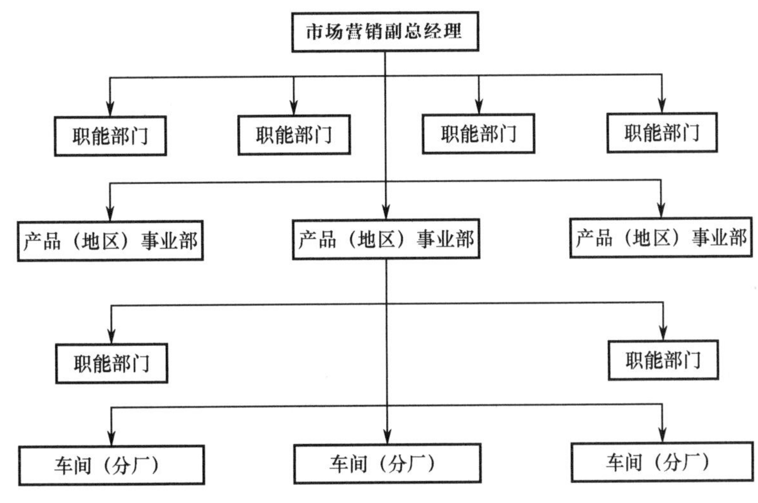

图 10-6　事业部制营销组织形式

4. 互联网时代组织结构发展趋势

互联网时代，企业为了适应市场的需求，朝着扁平化、弹性化等方向发展。

（1）扁平化。扁平化要改变高耸的“金字塔”结构，最直接有效的方法就是削减管理层，减少组织层级，扩大管理幅度，实现组织扁平化。然而扁平化的结构需要一定条件。根据生命周期理论，当企业进入协作阶段，企业运营管理比较成熟，扁平化结构便有了萌芽的土壤，同时，扁平化结构也适应了企业对快速反应市场的需求，克服了企业纵向信息传递慢的困难。

（2）弹性化。弹性化的组织如团队、矩阵组织，拥有不同知识、技能的员工灵活地结合在一起，大大增加企业组织结构的灵活性。这些组织如一个个多功能的细胞，能够自由组合演变，擦出新的火花。尤其对于创新要求高的企业，弹性化的组织结构能大大缩短产品研发的时间，但对于团队绩效的考核方式需加以重视。

（3）无边界化。首先，本企业的员工可以实现跨地区工作，如一家企业的分公司员工可以通过互联网建立虚拟团队，合作完成工作任务。其次，互联网时代，信息更加公开透明，本企业的员工可以自由向外流动，员工不再忠诚于企业而是忠诚于自己的客户和职业，员工的智慧具有流动性，可以在能力范围内同时选择其他自己认可的企业工作。同时，企业对员工的界定不仅仅是为企业工作的人，还包括前员工，甚至是他们的亲朋好友和所有和企业接触的人。

（4）网络化。网络化有两层含义，首先，网络化是指企业只需专注经营自己最擅长的领域，不断提升自己的核心技能，将其他工作进行外包，各个企业结合长处实现合作共赢。另一层含义是指利用QQ、微信、邮箱等交流工具，建立一张密切联系企业员工的沟通网络，企业内部结构呈一张网络状，员工均处于同一层面，连接员工的是对用户的承诺和契约，不再去定义核心员工，每一位对企业做出贡献的员工均是核心员工，领导和中层消失了，有利于密切员工之间的横向联系，消除了上级对下级的压迫感，使沟通更加畅通，企业可以迅速对市场做出反应。

10.2.2 影响市场营销组织设计的因素

1. 企业规模对市场营销组织设计的影响

企业规模的大小是企业实力大小的标志，也是营销组织设计的基础。规模大的企业，担负的营销任务就大，工作量就多，营销职能部门就要求比较齐全，配备的人员就较多，相应的组织层次也就较多。

2. 市场对市场营销组织设计的影响

市场的地理位置是决定市场营销人员分工和负责区域的依据。如果地理位置分散，则需要按地区设置营销组织；如果市场由较大的几个细分市场组成，则需要为每个细分市场任命一个市场经理，那就应采用市场管理型组织形式。市场规模大、范围广，就需要庞大的市场营销组织、众多的专职人员和部门；市场范围窄、销量有限，市场营销组织自然也规模有限。

3. 产品对市场营销组织设计的影响

产品的性质和类型影响市场营销组织设计、组织模式的选择。例如，面对产业市场的企业，它们的产品更多地通过推销人员直接销售，依赖广告较少，故推销部门庞大，广告部门较小；面对消费者市场的企业，经营的是消费品，则往往需要较大的广告部门，推销部门则相对简单。同时，产品类型多，企业也应相应地设置产品经理。

4. 企业类型对市场营销组织设计的影响

从事不同行业的企业，其市场营销组织的构成也各不相同。例如，服务行业的市场营销重点之一就是市场调研，市场调研部门规模就较大；而原材料行业，如木材和农产品初加工企业，它们的市场营销重点则在储存和运输，因而组织中储运部门规模就比较大。

10.2.3　运用市场营销组织设计的操作程序

1. 分析组织环境

任何一个市场营销组织都是在不断变化的社会经济环境中运行的，要受这些环境因素的制约。由于外部环境是企业的不可控因素，因此市场营销组织必须随着外部环境的变化而不断地调整和适应。外部环境对市场营销组织影响最为明显的主要是市场和竞争者状况。此外，作为企业的一部分，市场营销组织也受整个企业特征的影响。

2. 确定组织内部活动

市场营销组织内部活动主要有两种类型。

1）职能性活动。它涉及市场营销组织的各个部门，范围相当广泛。企业在制定战略时要确立各个职能在市场营销组织中的地位，以便开展有效的竞争。

2）管理性活动。它涉及管理任务中的计划、协调和控制等方面。企业通常是在分析市场机会的基础上，制定市场营销战略，然后再确定相应的市场营销活动和组织的专业化类型。假定一个企业年轻时易于控制成本，企业的几种产品都在相对稳定的市场上销售，竞争战略依赖于广告或人员推销等技巧性的活动，那么该企业就可能设计职能型组织。同样，如果企业产品销售区域很广，并且每个区域的购买者行为与需求存在很大的差异，那么它就会建立地区型组织。

3. 建立组织职位

企业在确定了市场营销组织活动之后，还要建立组织职位，使这些组织活动有所归附。为此，企业需要考虑职位类型、职位层次和职位数量，以弄清楚各个职位的权力、责任及其在组织中的相互关系。

（1）职位类型。每个职位的设立都必须与市场营销组织的需求及其内部条件相吻合。对职位类型的划分有 3 种方法。

1）划分为直线型和参谋型。处于直线职位的人员行使指挥权，能领导、监督、指挥和管理下属人员；而处于参谋职位的人员拥有辅助性职权，包括提供咨询和建议等。

2）划分为专业型和协调型。显然，一个职位越是专业化，它就越无法起协调作用。但是各个专业化职位又需要从整体上进行协调和平衡，于是协调型职位就产生了，像项目经理或小组制都是类似的例子。

3）划分为临时型和永久型。严格地说，没有任何一个职位是永久的，它只是相对于组织发展而言较为稳定而已。临时型职位的产生主要是由于在短时期内企业为完成某项特殊任务（如组织进行大规模调整时）的需要而设立。

（2）职位层次。职位层次是指每个职位在组织中地位的高低。例如，公共关系经理和销售经理的地位孰高孰低，对于不同的企业情况就大不一样。这主要取决于职位所体现的市场营销活动与职能在企业整个市场营销战略中的重要程度。

（3）职位数量。职位数量是指企业建立组织职位的合理数量，它同职位层次密切相关。一般地，职位层次越高，辅助性职位数量也就越多。很明显，市场研究经理在决策时就要依靠大批市场分析专家和数据处理专家的帮助。职位决策的目的是把组织活动纳入各个职位。因此，建立组织职位时必须以市场营销组织活动为基础。企业可以把市场营销活动分为核心活动、重要活动和附属性活动3种。核心活动是企业市场营销战略的重点，所以首先要根据核心活动来确定相应的职位，其他的职位则要围绕这一职位依其重要程度逐次排定。

职位的权力和责任的规定主要体现在工作说明书上。工作说明书包括工作的名称、主要职能、职责职权与组织中其他职位的关系，以及与外界人员的关系等。如果企业决定设立新的职位，有关部门主管就要会同人事专家拟出一份关于该职位的工作说明书，以便对应聘人员进行考核和挑选。

4. 设计组织结构

组织结构的设计和职位类型密切相关。企业如果采用矩阵型组织，就要对组织结构建立大量的协调性职位；如果采用金字塔形组织，则要求有相应的职能性职位。因此，设计组织结构的首要问题是使各个职位与所要建立的组织结构相适应。此外，市场营销组织总是随着市场和企业目标的变化而变化，所以设计组织结构要立足于将来，为未来组织结构的调整留下更多的余地。

5. 配备组织人员

在分析市场营销组织人员配备时，必须考虑两种组织情况，即新组织和再造组织（在原组织的基础上加以革新和调整）。相比较而言，再造组织的人员配备要比新组织的人员配备更为复杂和困难。这是因为人们总是不愿意让原组织发生变化，往往把再造组织所提供的职位和工作看成一种威胁。

事实上，组织经过调整后，许多人在新的职位上从事原有的工作，这就大大损害了再造组织的功效；同时，企业解雇原有的职员或招聘新的职员也非容易的事情，考虑到社会安定和员工个人生活等因素，许多企业不敢轻易裁员。但是，不论哪种情况，企业配备组织人员时必须为每个职位制定详细的工作说明书，从受教育程度、工作经验、个性特征及身体状况等方面进行全面的考察。

此外，在市场营销组织中，小组的人员配备也应引起重视。小组往往是企业为完成某项特殊任务而成立的，是组织的一个临时单位，其成员多从组织现有人员中抽取。要使小组有效地发挥作用，市场营销组织必须使小组成员与其他成员之间保持协调关系。例如，以下层组织的人为领导来管理来自组织高层的成员构成的小组，肯定是行不通的。同样，小组领导的职位也不应该比该小组所隶属的经理的职位高。还有一点，如果人们意识到参与小组工作将影响到其正常工作和晋升机会，那么市场营销组织就很难为小组配备合适的人员。

6. 组织评价与调整

没有尽善尽美的组织，它总是不同程度地存在摩擦和冲突。因此，从市场营销组织建立之时，市场营销经理就要经常检查、监督组织的运行状况，并及时加以调整，使之得到发展。市场营销组织需要调整的原因主要有以下几点。

1）外部环境的变化，包括商业循环的变化、竞争加剧、新的生产技术出现、工会政策、政府法规和财政政策、产品系列或销售方法的改变。

2）组织主管人员的变动。因为新的主管人员试图通过该组织来体现其管理思想和管理方法。

3）改组是为了证明现存组织结构的缺陷。有些缺陷是由组织本身的弱点所造成的，如管理宽度过大、层次太多、信息沟通困难、部门协调不够、决策缓慢等。

4）组织内部主管人员之间的矛盾，也可以通过改组来解决。所以，为了不使组织结构变得呆板、僵化和缺乏效率，企业必须适当地、经常地对组织结构加以重新调整。

10.3　市场营销实施

10.3.1　市场营销实施的概念和技能

1. 市场营销实施的概念

市场营销实施是指企业将市场营销战略和市场营销计划转为行为和任务，并保证这种任务的完成，以实现市场营销战略目标的过程。市场营销实施就是市场营销执行，要解决“谁去做”“何时做”“怎么做”的问题。

实用链接

市场营销执行力主要体现为营销人员在市场营销流程中如何将企业营销计划具体化、方案化，最终表现为营销结果是否符合企业发展目标。简而言之，营销执行力就是将营销战略和计划转化为实际行动的能力。由于市场营销执行力是市场营销战略成功的关键和实现高绩效的必要条件，所以如何提升企业的市场营销执行力显得尤为重要。

2. 市场营销实施具备的技能

企业营销人员必须具备和善于运用市场营销实施技能。

1）分配技能。分配技能指营销经理为各种职能、政策和计划分配时间、费用和人力资源的能力。

2）调控技能。调控技能包括建立和管理对市场营销活动实施效果进行追踪的控制系统的能力，以便市场营销活动的实施。

3）组织技能。组织技能涉及确定市场营销人员之间的关系结构，以利于实现企业的各项目标。制定有效的实施程序的重要前提是将企业集中化和正规化程度掌握在与控制系统相适应的限度内，以及理解非正式组织的地位和作用。非正式组织和正式组织相互配合，才能对实施活动的效果产生影响。

4）相互配合技能。相互配合技能指营销经理借助于其他力量影响企业内部的人员来完成自己工作的能力。

10.3.2 运用市场营销实施的操作程序

1. 制定行动方案

为有效实施市场营销战略和市场营销计划，必须制订详细的行动方案。这个方案应当明确的具体问题是：

1）市场营销实施的任务有哪些？哪些是关键性任务？

2）采取什么样的措施完成这些任务？

3）本企业拥有什么样的实力？

2. 建立组织结构

企业的正式组织在市场营销战略和市场营销计划的实施过程中起决定性的作用。建立组织结构应当明确的具体问题是：

1）本企业的组织结构是什么样的？

2）各部门的职权是如何划分的？信息是如何沟通的？

3）临时性组织，如专题工作组和委员会的作用是什么？

3. 设计决策和报酬制度

决策和报酬制度直接关系到实施市场营销战略和市场营销计划的成败。设计决策和报酬制度应当明确的具体问题是：

1）重要制度有哪些？

2）主要控制因素是什么？

3）产品和信息是如何沟通的？

4. 开发人力资源

市场营销实施最终是由企业内部人员来完成的，所以人力资源的开发至关重要。这涉及人员的考核、选拔、安置、培训和激励等问题。此外，企业还必须决定行政管理人员、业务管理人员和一线业务人员的比例。开发人力资源应当明确的具体问题是：

1）本企业人员的技能、知识和经验各是什么？

2）本企业人员的期望是什么？

3）本企业人员对企业和工作是何态度？

5. 建设企业文化和管理风格

企业文化是一个企业内部全体人员共同持有和遵循的价值标准、基本信念和行为准则。企业文化对企业经营思想和领导风格，对职工的工作态度和作风均起着决定性的作用。管理风格是指企业中管理人员不成文的习惯约定和共同工作的方式，是一种人际关系和组织环境气氛。不管何种管理风格，都应有利于市场营销的实施。建设企业文化和管理风格应当明确的具体问题是：

1）企业内部是否具有共同价值观？

2）共同价值观是什么？它们是如何传播的？

3）企业经理的管理风格是什么？

4）如何解决矛盾？

10.3.3　市场营销实施中应注意的问题

1. 计划脱离实际

由于企业的市场营销战略和市场营销计划的制定过于专门化，市场营销实施则要依靠市场营销管理人员。制定者和实施者之间常常缺乏必要的沟通和协调，导致以下问题的出现：

1）制定者只考虑总体战略而忽视实施中的细节，结果使市场营销计划过于笼统和流于形式。

2）制定者往往不了解实施过程中的具体问题，所以常常脱离实际。

3）制定者和实施者之间没有必要的沟通与协调，致使实施者在实施过程中经常遇到困难，因为实施者不能完全理解需要他们去实施的营销战略和营销计划。

4）脱离实际的战略导致制定者与实施者相互对立和不信任。

2. 长期目标和短期目标的不一致

市场营销战略通常着眼于企业的长期目标，涉及今后 3 ～ 5 年的市场营销活动。而具体执行这些市场营销战略的市场营销组织人员是依据其短期工作绩效（如销售量、市场占有率或利润率等指标）来实施奖惩的，因而市场营销组织人员常常选择短期行为。为克服企业的长期目标和短期目标之间的矛盾，企业必须采取适当措施，设法求得两者的协调。

3. 因循守旧的惰性

企业的市场营销活动往往是为了实现既定的市场营销战略目标。新的市场营销战略如果不符合企业的传统和习惯，就会遭到抵制。新旧战略之间的差异越大，实施新战略可能遇到的阻力也就越大。要想实施与旧战略截然不同的新战略，常常需要打破企业传统的组织结构。

4. **缺乏具体明确的实施方案**

有些市场营销战略和市场营销计划之所以失败，是因为制定者没有进一步制订具体明确的实施方案。企业的决策者和营销管理人员必须制订详尽的实施方案，规定和协调各部门的活动，编制详细周密的实施时间表，明确各部门经理的职责。只有这样，企业的市场营销战略和市场营销计划的实施才能有保障。

10.4 市场营销控制

10.4.1 市场营销控制的概念

市场营销控制就是企业的管理者对市场营销计划实施情况和效果进行检查与评估，了解计划与实际是否一致，找出两者之间的偏离及造成偏离的原因，并采取修正措施以确保市场营销计划的有效执行。例如，一个公司为了达到一定的市场份额，规定了顾客渗透率必须在 60% 以上，在检查过程中，公司如果发现顾客渗透率为 55%，就应进一步调查为什么会失去一些顾客，并采取相应的措施。在这个例子中，达到预期的市场计划要求就是组织的市场营销目标；对市场渗透率进行控制检查的目的是实现市场营销目标；为实现市场营销目标所采取的各种调整措施就是控制活动。

10.4.2 市场营销控制的类型

市场营销控制可分为正式控制和非正式控制。正式控制是指公司高层管理者制定计划、预算、规章制度和工作任务来实现对员工行为的控制。按时间划分，正式控制可分为事前控制、过程控制和结果控制。

非正式控制分为自我控制、团队控制和文化控制。自我控制是指每个员工基于个人建立的目标对自己进行监督、控制和调整。自我控制的员工一般素质较高、自觉性较强、工作经验丰富、具有较强的责任心和事业心等。团队控制主要利用团队成员共同认可的价值观、目标愿景和利益等因素对成员施加影响。文化控制是指通过组织文化如榜样、仪式、规章制度对员工施加影响。

10.4.3 运用市场营销控制的操作程序

市场营销控制的程序如图 10–7 所示。

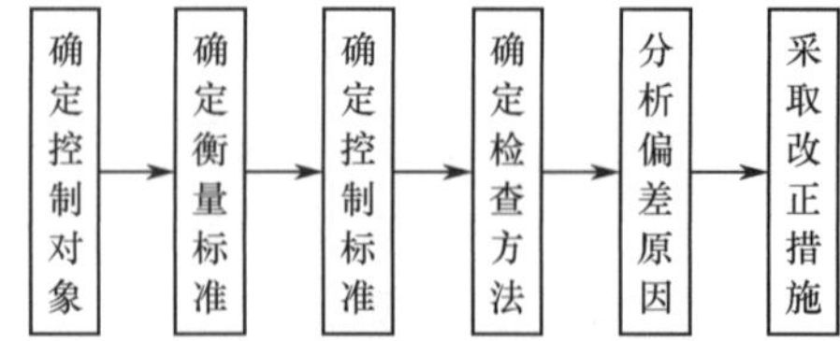

图 10–7 市场营销控制的程序

1. 确定控制对象

确定控制对象即确定对哪些市场营销活动进行控制。如果企业施行控制的范围广，可获得更多的信息，有利于市场营销管理。但任何控制活动都需要一些费用，所以在决定控制对象时，应当权衡利弊，使控制成本小于控制活动所带来的效益。

市场营销控制的对象包括销售收入、销售成本和销售利润3个方面。其他如市场调查的效果、新产品开发、销售人员的工作效率、广告效果等营销活动也应该通过控制加以评价。所以，企业可以根据实际情况对控制对象加以选择，同时应确定控制的量，即控制频率。因为不同的控制对象对企业营销成功的重要作用不同，应该有不同的控制频率。一般来说，对于影响重大的、容易脱离控制或容易出现问题的对象应加大控制频率。

2. 确定衡量标准

一般情况下，企业的市场营销目标就可以作为市场营销控制的衡量标准，如销售额指标、销售增长率、利润率、市场占有率等。进行市场营销过程控制时，问题则比较复杂，需要建立一套相关的标准。例如，控制过程中，可能要将一个长期目标转化为各个时期的阶段目标，将战略目标分解为各个战术目标等。由于各企业的具体情况不同、市场营销目标不同，市场营销控制的衡量标准也各不相同。

3. 确定控制标准

控制标准是对衡量标准的定量化，即以某种衡量尺度表示控制对象的预期活动范围或可接受的活动范围。例如，规定每个营销员每年必须增加30名新客户，规定营销员每次访问顾客的费用标准等。企业制定的控制标准一般应该允许有一定的浮动范围，不可绝对化。同时，应注意因地制宜、因时制宜、因人而异。以建立营销员的绩效标准为例，要充分考虑到个人之间的差别。为了激发营销员的工作热情，可实行两个标准：一个是基本标准，是必须完成的；另一个是奖励标准，达到这个标准必须付出较大的努力，因此能获得相应的奖励。

应该指出的是，任何标准都不是一成不变的。随着市场营销环境及企业内部条件的变化，各类标准也应不断修正，以适应新的情况。

4. 确定检查方法

确立了控制标准后，就要把控制标准与实际结果进行比较。检查的方法有很多种，如直接观察法、统计法、访问法和问卷调查法等，可根据实际需要进行选择。此外，企业营销信息系统提供的各种信息也可以用来作为检查对照的依据。

任何检查都是在一定的频率和范围前提下进行的。频率是指检查的时间间隔有多长，这主要取决于控制对象是否经常变动。范围取决于是将全面情况同计划进行对照比较，还是进行局部的、单项的检查，这要根据需要进行抉择。

5. 分析偏差原因

执行结果与计划发生偏差的情况是经常出现的，原因不外乎有两种：一种是实际过程中的问题，这种偏差较容易分析；另一种是计划本身的问题。而这两种原因经常是交织在一起的，加大了问题的复杂性，致使分析偏差原因成为营销控制的一个难点。

要确定产生偏差的原因，就必须深入了解情况，占有尽可能多的相关资料，从中找出问题的症结。例如，某部门没有完成计划，可能只是某种产品的亏损影响了整个部门的赢利或推销率不高，也可能是推销员的组织结构不尽合理。如果是由于定额太高，则应适当降低。

6. 采取改正措施

针对存在的问题，应提出相应的改进措施，提高工作效率。这是市场营销控制的最后一个程序。采取改正措施宜抓紧时间。有的企业在制订计划的同时提出应急措施，在实施过程中一旦发生偏差则可以及时补救。很多企业事先没有制订措施，这就必须根据实际情况迅速制订补救措施并加以改进，以保证计划目标的顺利实现。

10.4.4 运用市场营销控制的方法

1. 运用年度计划控制的方法

年度计划控制是指企业在本年度内采取控制步骤，检查实际绩效与计划之间是否有偏差，并采取改进措施，以确保市场营销计划的实现与完成。许多企业每年都制订相当周密的计划，但执行的结果往往与之有一定的差距。事实上，计划的结果不仅取决于计划制订的是否正确，还有赖于计划执行与控制的效率如何。

（1）认知年度计划控制系统。年度计划控制系统包括如下 4 个方面。

1）制定标准，即确定本年度各个季度（或月）的目标，如销售目标、利润目标等。

2）绩效测量，即将实际成果与预期成果相比较。

3）因果分析，即研究发生偏差的原因。

4）改正行动，即采取最佳的改正措施，努力使成果与计划相一致。

（2）运用绩效工具控制的方法。

1）运用销售分析方法。就是衡量并评估实际销售额与计划销售额之间的差距，具体有两种分析方法：一是运用销售差距分析的方法，二是运用地区销量分析的方法。

运用销售差距分析的方法主要用来衡量造成销售差距的不同因素的影响程度。例如，一家企业在年度计划中规定，某种产品第一季度出售 5 000 件，单价 1 元，总销售额为 5 000 元。季末实际售出 4 000 件，售价降为 0.80 元，总销售额为 3 200 元，比计划销售额少 36%，为 1 800 元。显然，引起差距既有售价下降方面的原因，也有销量减少的原因。但是，二者各自对总销售额的影响程度又是多少呢？计算如下：

$$\text{销售下降的差距} = (P_s - P_a) \times Q_a = (1.00 - 0.80) \times 4\,000 = 800\text{（元）}$$

$$\text{销售下降的影响} = (800 \div 1\,800) \times 100\% \approx 44.4\%$$

$$\text{销售减少的差距} = (Q_s - Q_a) \times P_s = (5\,000 - 4\,000) \times 1.00 = 1\,000\text{（元）}$$

$$\text{销售减少的影响} = (1\,000 \div 1\,800) \times 100\% \approx 55.6\%$$

式中 P_s——计划售价；

P_a——实际售价；

Q_s——计划销售量；

Q_a——实际销售量。

由此可见，没有完成计划销售量，是造成差距的主要原因。因此，企业需要进一步深入分析销售量减少的原因。

运用地区销售量分析的方法用来衡量导致销售差距的具体产品和地区。例如，某企业在 A、B、C 这 3 个地区的计划销售量，分别为 1 500 件、1 500 件和 2 000 件，共 5 000 件。但是，各地实际完成的销售量分别为 1 400 件、1 525 件和 1 075 件，与计划的差距为 -6.67%、+1.017% 和 -46.25%。显然，引起差距的主要原因在于 C 地区销售量大幅度减少。因此，有必要进一步查明原因，加强该地区的市场营销管理。

2）运用市场占有率分析的方法。企业的销售绩效并没有反映出相对于其竞争者来讲企业的经营状况如何。市场占有率正是剔除了一般的环境影响来考察企业本身经营工作状况的。

全部市场占有率以企业的销售额占全行业销售额的百分比来表示。使用这种测量方法必须做两项决策：一是以单位销售量或以销售额来表示市场占有率；二是正确认定行业范围，即明确本行业所应包括的产品和市场等。

可达市场占有率以其销售额占企业所服务市场的百分比来表示。所谓可达市场，一是指企业产品最适合的市场，二是指企业市场营销努力所及的市场。企业可能有近 100% 的可达市场占有率，却只有相对较小百分比的全部市场占有率。

相对市场占有率（相对于 3 个最大竞争者）以企业销售额对最大的 3 个竞争者的销售额总和的百分比来表示。例如，某企业有 30% 的市场占有率，其最大的 3 个竞争者的市场占有率分别为 20%、10%、10%，则该企业的相对市场占有率是 30/40=75%。一般情况下，相对市场占有率高于 33% 即被认为是强势的。

相对市场占有率（相对于市场领导竞争者）以企业销售额相对市场领先竞争者的销售额的百分比来表示。如果相对市场占有率超过 100%，表明该企业是市场领先者；相对市场占有率等于 100%，表明企业与市场领先竞争者同为市场领导者；相对市场占有率的增加表明企业正接近市场领先竞争者。

（3）运用市场营销费用率分析的方法。年度计划控制要确保企业在达到销售计划指标时，市场营销费用没有超支。因此，企业需要对各项费用率加以分析，并控制在一定的限度。如果费用率的变化不大，在安全范围内，可以不采取任何措施；如果变化幅度过大，上升速度过快，接近或超出上限，就必须采取有效的措施。

通过上述分析，发现市场营销实绩与年度计划指标差距太大，就要采取相应的措施，或是调整市场营销计划指标，使之更切合实际；或是调整市场营销战略、策略和战术，以利于计划指标的实现。如果指标和战略、策略、战术都没有问题，就要在计划的实施过程中查找原因。

（4）运用财务分析的方法。市场营销管理人员应就不同的费用对销售额的比率和其他的比率进行全面的财务分析，以决定企业如何及在何处展开活动，以获得利润，尤其要利用财务分析来判别影响企业资本净值收益率的各种因素。

（5）运用消费者态度追踪的方法。追踪消费者态度的系统构成如下。

1）抱怨和建议系统。企业对消费者书面的或口头抱怨应该进行记录和分析，并做出适当的反应。企业对不同的抱怨应该分析归类做成卡片，较严重的和经常发生的抱怨应及早予以注意。企业应该鼓励消费者提出批评和建议，使消费者有经常的机会发表意见，这样才有可能收集到消费者对其产品和服务反映的完整资料。

2）固定消费者样本。有些企业建立由一定代表性的消费者组成的固定消费者样本，定期地由企业通过电话访问或邮寄问卷了解其态度。这种做法有时比抱怨和建议系统更能代表消费者态度的变化及其分布范围。

3）消费者调查。企业定期让一组随机消费者回答一组标准化的调查问卷，其中问题包括职员态度、服务质量等。通过对这些问卷的分析，企业可及时发现问题，并及时予以纠正。

通过上述分析，企业在发现实际绩效与年度计划发生较大偏差时，可考虑采取如下措施：削减产量；降低价格；对销售队伍施加更大的压力；削减杂项支出；裁减员工；削减投资；出售企业财产；出售整个企业。

2. 运用赢利能力控制的方法

除了年度计划控制，企业还需要运用赢利能力控制来测定不同产品、不同销售区域、不同消费者群体、不同渠道及不同订货规模的赢利能力。

（1）运用市场营销成本控制的方法。市场营销成本直接影响企业利润，它由如下项目构成。

1）直接推销费用，包括促销人员的工资、奖金、差旅费、培训费、交际费等。

2）促销费用，包括广告媒体成本、产品说明书印刷费用、赠奖费用、展览会费用、促销人员工资等。

3）仓储费用，包括租金、维护费、折旧、保险、包装费、存货成本等。

4）运输费用，包括托运费用等；如果是自有运输工具，则要计算折旧、维护费、燃料费、牌照税、保险费、司机工资等。

5）其他市场营销费用，包括市场营销管理人员工资、办公费用等。

上述成本连同企业的生产成本构成了企业总成本，直接影响企业的经济效益。其中，有些与销售额直接相关，称为直接费用；有些与销售额并无直接关系，称为间接费用。有时二者也很难划分。

（2）运用赢利能力考察指标控制的方法。赢利能力考察指标有以下几种。

1）销售利润率。一般来说，企业将销售利润率作为评估企业获利能力的主要指标之一。销售利润是指利润与销售额之间的比率，表示每销售100元使企业获得的利润。其公式为：

$$销售利润率=本期利润\div销售额\times100\%$$

但是，同一行业各个企业间的负债比率往往大不相同，而对销售利润率的评价又常需通过与同行业平均水平来进行对比，所以在评估企业获利能力时最好能将利息支出加上税后利润，这样将能大体消除由于举债经营而支付的利息对利润水平产生的不同影响。因此，销售利润率的计算公式应该为：

$$销售利润率=税后息前利润\div产品销售收入净额\times100\%$$

这样的计算方法，在同行业间衡量经营水平时才有可比性，才能比较正确地评价市场营销效率。

2）资产收益率。指企业所创造的总利润与企业全部资产的比率。其计算公式为：

资产收益率 = 本期利润 ÷ 资产平均总额 ×100%

与销售利润率的理由一样，为了在同行业间有可比性，资产收益率可以用如下公式计算：

资产收益率 = 税后息前利润 ÷ 资产平均总额 ×100%

其分母之所以用资产平均总额，是因为年初和年末余额相差很大，仅用年末余额作为总额显然不合理。

3）净资产收益率。指税后利润与净资产所得的比率。净资产是指总资产减去负债总额后的净值。这是衡量企业偿债后的剩余资产的收益率。其计算公式为：

净资产收益率 = 税后利润 ÷ 净资产平均余额 ×100%

其分子之所以不包含利息支出，是因为净资产不包括负债在内。

4）资产管理效率。这可通过以下两个比率来分析。

一是资产周转率。该指标是指一个企业以资产平均总额去除产品销售收入净额而得出的全部资产周转率。其计算公式为：

资产周转率 = 产品销售收入净额 ÷ 资产平均占用额

该指标可以衡量企业全部投资的利用效率，资产周转率高说明投资的利用效率高。

二是存货周转率。该指标是指产品销售成本与存货（指产品）平均余额之比。其计算公式为：

存货周转率 = 产品销售成本 ÷ 存货平均余额

这项指标说明某一时期内存货周转的次数，从而考核存货的流动性。存货平均余额一般取年初和年末余额的平均数。一般来说，存货周转率次数越高越好，说明存货水准较低，周转快，资金使用效率较高。

资产管理效率与获利能力密切相关。资产管理效率高，获利能力相应也较高。这可以从资产收益率与资产周转率及销售利润率的关系中表现出来。资产收益率实际上是资产周转率和销售利润率的乘积。

3. 运用效率控制的方法

（1）运用销售人员效率。企业各地区的销售经理要记录本地区内销售人员效率的几项主要指标。这些指标包括以下几项。

1）每个销售人员每天平均的销售访问次数。

2）每次会晤的平均访问时间。

3）每次销售访问的平均收益。

4）每次销售访问的平均成本。

5）每次访问的招待成本。

6）每百次销售访问而订购的百分比。

7）每个期间新增加的消费者数。

8）每个期间流失的消费者数。

9）销售成本对总销售额的百分比。

企业可以从以上分析中发现一些非常重要的问题，如销售代表每天访问的次数是否太少，每次访问的时间花费是否太多，是否在招待费上花费太大，每百次访问中是否签订了足够的订单，是否增加了足够的新消费者并且留住了原有的消费者等。当企业开始重视销售人员效率的改善后，通常会取得很多实质性的改进。

（2）运用广告效率。广告效率的高低可以通过以下几项指标来衡量。

1）每一媒体类型、每一媒体工具接触每千名购买者所花费的广告成本。

2）消费者对每一媒体工具注意、联想和阅读的百分比。

3）消费者对广告内容和效果的意见。

4）广告前后消费者对产品态度的衡量。

5）受广告刺激而引起的询问次数。

企业高层管理可以采取若干步骤来改进广告效率，包括进行更加有效的产品定位、确定广告目标、利用计算机来指导广告媒体的选择、寻找较佳的媒体、进行广告后效果的测定等。

（3）运用促销效率。为了改善销售促进的效率，企业管理层应该对每一销售促进的成本和对销售影响做记录，具体应注意做好如下统计。

1）由于优惠而销售的百分比。

2）每一销售额的陈列成本。

3）赠券收回的百分比。

4）因示范而引起询问的次数。

企业还应观察不同销售促进手段的效果，并使用最有效果的促销手段。

（4）运用分销效率。提高分销效率是探索节约流通时间、降低流通费用、更好地满足用户和消费者需要的问题。分销效率主要是对企业存货水准、仓库位置及运输方式进行分析和改进，以达到最佳配置并寻找最佳运输方式和途径。例如，分销网点的市场覆盖面，销售渠道中的各级各类成员——经销商、制造商代表、经纪人和代理商发挥的作用和潜力，分销系统的结构、布局及改进方案，存货控制、仓库位置和运输方式的效果等，这些都是提高分销效率要考虑的问题。

效率控制的目的在于提高人员推销、广告、营业推广和分销等市场营销活动的效率，市场营销经理必须重视若干关键比率，这些比率表明上述市场营销组合因素的有效性及应该如何引进某些资料以改进执行情况。

4. 运用战略控制的方法

战略控制的目的是确保企业的目标、政策、战略和措施与市场营销环境相适应。由于在复杂多变的市场和环境中，原来的目标和战略往往容易落伍或过时，因此企业很有必要通过市场营销审计这一工具，定期地、批判性地重新评估企业的战略、计划及其执行情况。

市场营销审计不只在出了问题的地方、出现问题的时候才有用，其范围已覆盖了整个的市场营销环境、市场营销系统及具体的市场营销活动的所有方面。市场营销审计通常由企业内部的相对独立、富有经验的市场营销审计机构客观地进行。市场营销审计需要定期进行，而不是出了问题才采取行动。市场营销审计不仅能为陷入困境的企业带来效益，同样可以帮助经营卓有成效的企业增加效益。

【思考与应用】

1. 填空题

（1）市场营销专项营销计划是针对某一产品或特殊问题而制订的计划，如（ ）、（ ）、（ ）、（ ）等。

（2）市场营销实施最终是由企业内部人员来完成的，所以（ ）的开发至关重要。

2. 判断题（对的打√，错的打 ×）

（1）对机会、威胁、优势、劣势分析的结果是确定市场营销要解决的主要问题，即拟定企业发展战略。（ ）

（2）根据市场营销行动方案还要编制相应的预算方案，表现为预计损益表。（ ）

（3）市场营销计划是企业的战术计划，市场营销战略对企业而言是“做正确的事”，而市场营销计划则是“正确地做事”。（ ）

3. 思考题

（1）市场营销实施的操作程序是什么?

（2）市场营销实施中应注意哪些问题?

4. 案例分析与应用

海尔集团的组织模式创新

一、海尔集团简介

海尔集团是一家全球知名美好生活解决方案服务商。在互联网和物联网时代，海尔从传统制造企业转型为共创共赢的物联网社群生态，率先在全球创立物联网生态品牌。公司创始人张瑞敏先生任董事局主席、首席执行官。公司创立于1984年12月26日。在张瑞敏时代的企业管理思想和经营哲学指引下，海尔集团顺应时代发展潮流，历经五个战略发展阶段，从资不抵债、濒临倒闭的集体小厂发展成为物联网时代引领的生态型企业。2018年，海尔集团全球营业额达到2 661亿元，同比增长10%；全球利税331亿元，同比增长10%。2018年海尔集团实现全年生态收入151亿元，同比增长75%。目前，海尔在全球拥有十大研发中心、25个工业园，122个制造中心，106个营销中心。

海尔集团拥有：海尔、卡萨帝、GEA、斐雪派克、Candy、AQUA、统帅等智能家电品牌；日日顺、海尔消费金融、COSMOPlat、顺逛等物联网服务品牌；海尔兄弟等文化创意品牌。物联网时代，海尔将围绕“智家定制”（智慧家庭定制美好生活）的战略原点，构建食联生态、衣联生态、住居生态、互娱生态等物联网生态圈，满足全球用户不断迭代的个性化家居服务方案的需求。在持续创业创新过程中，海尔坚持“人的价值第一”的发展主线，首创物联网时代的人单合一模式，颠覆西方传统经典管理模式，并以其时代性、普适性和社会性实现跨行业、跨文化的输出和复制。哈佛大学、斯坦福大学等世界一流商学院把人单合一模式探索和实践写入教学案例，诺贝尔经济学奖获得者哈特给予高度评价，加里·哈默等管理学家称其为下一个社会模式。人单合一模式下的大规模定制解决方案COSMOPlat领先于德国工业4.0和美国工业互联网，牵头制定了三项大规模定制模式国际标准。

二、人单合一，组织创新

互联网时代放大了用户话语权，企业必须从以产品为导向转为以用户为导向，一切以用户为中心。管理大师彼得·德鲁克说过：“企业唯一目的就是创造顾客。”海尔认为，互联网时代顾客不等于用户，顾客是消费者，先有产品后有顾客；而用户是能够与企业实时交互的群体，先有用户后有产品。进入互联网时代，海尔积极把握时代变革探索新模式，2005年9月正式提出“人单合一双赢”模式。“人”即员工；“单”不是狭义的订单，而是用户资源；“双赢”，就是把每一个员工和用户结合到一起，让员工在为用户创造价值的同时实现自身价值。有自己的用户并不是目的，最终目的是为用户创造颠覆性的产品。“人单合一双赢”模式使每个人都是自己的CEO，它把员工从传统的科层制中解放出来，组成一个一个直面市场和用户的小微企业。这些小微企业把全球资源都组合起来，对产品不断迭代升级，自发现市场需求，自演进达到目标。

互联网时代，用户与企业的关系正在发生改变：第一，企业和用户之间实现了信息零距离，原来企业的大规模制造注定要为大规模定制所代替；第二，去中心化，每个人都是中心，金字塔式的组织架构变得扁平化；第三，分布式管理，全球的资源企业都可以为我所用，全球就是企业的研发部和人力资源部。传统企业的组织是串联式的，从企划研发、制造、营销、服务一直到最后的用户，企划与用户之间有很多传动轮，但这些传动轮并不知道用户在哪里，这是企业里的中间层。还有一些社会上的中间层，比如供应商、销售商。总而言之，这些中间层拉远了企业和用户之间的距离。

海尔“外去中间商，内去隔热墙”，把架设在企业和用户之间的引发效率迟延和信息失真的传动轮彻底去除，让企业和用户直接连在一块，从传统串联流程转型为可实现各方利益最大化的利益共同体。在这个利益共同体里面，各种资源可以无障碍进入，同时能够实现各方的利益最大化。

要建成并联的生态圈，组织结构一定要变。现在的海尔，没有层级，只有三种人——平台主、小微主、创客，都围着用户转。平台主从管控者变为服务者，员工从听从上级指挥到为用户创造价值，必须变成创业者、创客，这些创客组成小微创业企业，创客和小微主共同创造用户、市场。小微主不是由企业任命的，而是创客共同选举的。创客和小微主间可以互选，如果小微主做了一段时间被小微成员的创客认为不称职，可以换掉。如果企业内部的人都不行，还可以引进外部的资源。这些小微加上社会的资源，就变成了一个生态圈，共同去创造不同的市场。这就会形成有很多并联平台的生态圈，对着不同的市场，对着不同的用户。

截至目前，海尔集团已支持内部创业人员成立200余家小微公司。创业项目涉及家电、智能可穿戴设备等产品类别，以及物流、商务、文化等服务领域。另外，在海尔创业平台，已经诞生 470 个项目，汇聚 1 328 家风险投资机构，吸引 4 000 多家生态资源，孵化和孕育着 2 000 多家创客小微公司。越来越多的社会人员选择海尔平台进行创业，海尔创建的创业生态系统已为全社会提供超过 100 万个就业机会。

三、驱动机制，全球营销

海尔抓住第三次工业革命的机遇，加快探索实践“人单合一双赢”模式，搭建“人人创客，引爆引领”的创业生态系统，不断推动员工、组织和企业实现转型。为保障员工、组织、企业三个转型的顺利展开，2015 年，海尔聚焦两大平台的建设——投资驱动平台和用户付薪平台。其中，投资驱动平台就是将企业从管控组织颠覆为生生不息的创业生态圈，为创业者在不同创业阶段提供资金支持。用户付薪平台是指创客的薪酬由用户说了算，从企业付薪到用户付薪，促使创业小微公司不断自演进和迭代升级。投资驱动平台和用户付薪平台是海尔模式创新的驱动力量。

在“2019 年 BrandZ ™全球最具价值品牌 100 强”榜单中，海尔成为该世界权威品牌榜单史上首个“物联网生态品牌”；海尔集团旗下子公司之一，海尔智家股份有限公司凭借智慧家庭生态品牌的全球落地蝉联《财富》世界 500 强。物联网时代，海尔生态品牌和海尔模式正在实现全球引领。

（资料来源：中国海尔 http://www.haier.net/cn/）

思考：

1. 海尔集团为什么要进行营销组织创新?

2. 基于营销组织理论，海尔集团是如何做到“人单合一”的?

附录

制定《×× 公司市场营销方案》工学结合团队项目任务化实战培养模式

1. 制定《×× 公司市场营销方案》工学结合团队项目任务化实践培养模式的特色

选择两家经营状况一般或经营处于低谷的中小型企业进行市场营销实战，根据“市场营销”课程的培养目标，设计 11 个《×× 公司市场营销方案》工学结合团队实战项目任务，让学生针对选择的企业运用学习的营销理论同步进行诊断分析、策划，形成实战培养模式的特色。

（1）改变了传统的由教师依据每章内容主观设计实训内容和方式的做法。

（2）改变了课后主观设计实训内容和方式，采取课前按照营销岗位工作内容和工作任务整体设计实训内容和方式，与学习内容同步进行。

（3）改变了传统实训方式“空对空”（虚）缺乏针对性、实践性的做法。由于学生针对客观存在的、活生生的、营销存在问题的企业进行诊断、策划，变“虚”为“实”。

（4）由于学生毕业后大多数要到中小型企业工作，所以选择了中小型企业作为实训对象，为“零距离上岗”打下基础。

（5）采用团队化运作，项目管理的方式，培养学生团队意识。

因此，《×× 公司市场营销方案》团队项目任务化实战培养模式突出了实战，体现了职业性、实践性、技能性，使学生在真实的企业营销环境中体验市场营销实践活动，有利于学生职业能力和社会能力的培养。

2. 制定《×× 公司市场营销方案》工学结合团队项目任务化实战培养模式的培养目标

制定《×× 公司市场营销方案》工学结合团队项目任务化实战培养模式的创立是为了保证实现“市场营销”课程的培养目标，因此，“市场营销”课程的培养目标就是实战培养模式的培养目标。

3. 制定《×× 公司市场营销方案》工学结合团队项目任务化实战培养模式的内容

实战项目 1　×× 公司市场营销理念分析

项目要求：

按照自愿组合的原则，4 ~ 6 人组建项目团队。民主选举队长，由队长组织团队成员进行 CIS 设计，确立团队理念，根据团队理念设计队名、队旗、队歌及团队管理制度。每次上课时，每个团队由队长带领成员展示团队形象，朗诵队名、团队理念，合唱队歌，增强团队意识，培养学生团队合作的能力。

选择一个公司，运用市场营销理念学习内容，对该公司的市场营销理念进行分析，提出建设性意见。每个团队撰写《×× 公司市场营销理念分析方案》后，在“×× 公司市场营销理念分析研讨会”上宣讲交流分享，由同学们讨论、评议、交流，教师指导，达到交流、提高的目的。

实战项目 2　×× 公司营销环境分析

项目要求：

选择一个公司，运用营销环境学习内容，对该公司的营销环境进行分析，提出建设性意见。每个团队撰写《×× 公司营销环境分析方案》后，在“×× 公司营销环境分析研讨会”上宣讲交流分享，由同学们讨论、评议、交流，教师指导，达到交流、提高的目的。

实战项目 3　×× 公司消费者购买行为分析

项目要求：

选择一个公司，运用消费者购买行为分析学习内容，对该公司的消费者购买行为进行分析，提出建设性意见。每个团队撰写《×× 公司消费者购买行为分析方案》后，在“×× 公司消费者购买行为分析研讨会”上宣讲交流分享，由同学们讨论、评议、交流，教师指导，达到交流、提高的目的。

实战项目 4　×× 公司目标市场分析

项目要求：

选择一个公司，运用目标市场选择学习内容，对该公司的目标市场进行分析，提出建设性意见。每个团队撰写《×× 公司目标市场分析方案》后，在“×× 公司目标市场分析研讨会”上宣讲交流分享，由同学们讨论、评议、交流，教师指导，达到交流、提高的目的。

实战项目 5　×× 公司产品策略分析

项目要求：

选择一个公司，运用产品策略学习内容，对该公司的产品策略进行分析，提出建设性意见。每个团队撰写《×× 公司产品策略分析方案》后，在“×× 公司产品策略分析研讨会”上宣讲交流分享，由同学们讨论、评议、交流，教师指导，达到交流、提高的目的。

实战项目 6 ×× 公司定价策略分析

项目要求：

选择一个公司，运用价格策略学习内容，对该公司的价格策略进行分析，提出建设性意见。每个团队撰写《×× 公司定价策略分析方案》后，在“×× 公司定价策略分析研讨会”上宣讲交流分享，由同学们讨论、评议、交流，教师指导，达到交流、提高的目的。

实战项目 7 ×× 公司分销策略分析

项目要求：

从线下和线上各选出一个公司，运用分销策略学习内容，对该公司的分销策略进行分析，提出建设性意见。每个团队撰写《×× 公司分销策略分析方案》后，在“×× 公司分销策略分析研讨会”上宣讲交流分享，由同学们讨论、评议、交流，教师指导，达到交流、提高的目的。

实战项目 8 ×× 公司促销策略分析

项目要求：

选择一个公司，运用促销策略学习内容，对该公司的促销策略进行分析，提出建设性意见。每个团队撰写《×× 公司促销策略分析方案》后，在“×× 公司促销策略分析研讨会”上宣讲交流分享，由同学们讨论、评议、交流，教师指导，达到交流、提高的目的。

实战项目 9 ×× 公司市场营销管理分析

项目要求：

选择一个公司，运用市场营销管理学习内容，对该公司的市场营销管理现状进行分析，提出建设性意见。每个团队撰写《×× 公司市场营销管理分析方案》后，在“×× 公司市场营销管理分析研讨会”上宣讲交流分享，由同学们讨论、评议、交流，教师指导，达到交流、提高的目的。

实战项目 10 ×× 公司组织分析

项目要求：

选择一个公司，运用组织学习内容，对该公司的组织进行分析，提出建设性意见。每个团队撰写《×× 公司组织分析方案》后，在“×× 公司组织分析研讨会”上宣讲交流分享，由同学们讨论、评议、交流，教师指导，达到交流、提高的目的。

实战项目 11　制定、考评 ×× 公司市场营销方案

项目要求：

在完成市场营销 10 个单项实战任务的基础上，形成《×× 公司市场营销方案》，制作 PPT，在《×× 公司市场营销方案研讨会》上宣讲交流，由同学们讨论、评议、交流，教师指导、评价，达到交流、学习、提高的目的。评选优秀的《×× 公司市场营销方案》，在全系进行展示，推荐给 ×× 公司参考，密切产学关系。实战考核由个人“平时成绩＋团队中个人表现＋团队合作成果”3 个部分构成。

1）个人平时成绩。主要考核平时的课堂纪律、学习态度、学习的积极性和主动性、个人课业完成质量、服从意识及课堂表现。

2）团队中个人表现。主要考核团队活动参与态度、为团队做贡献、对外沟通交往表现、学习创意表现、克服学习困难表现。

3）团队合作成果。主要考核策划创意方案具有一定的创意、方案具有可行性，能够具体实施并能取得一定的市场效果、完整性，符合一份完整策划书的内容要求、符合策划书格式的要求，封面、目录等齐全，PPT 制作美观大方。

参考文献

[1] 刘厚钧 . 市场营销实务（第 2 版）[M]. 北京：电子工业出版社，2014.
[2] 孟韬 . 市场营销：互联网时代的营销创新 [M]. 北京：中国人民大学出版社，2018.